Comentários à Lei Geral de Proteção de Dados

Comentários à Lei Geral de Proteção de Dados

LEI N. 13.709/2018, COM ALTERAÇÃO DA LEI N. 13.853/2019

2020

Coordenadora
Cíntia Rosa Pereira de Lima

ALMEDINA

COMENTÁRIOS À LEI GERAL DE PROTEÇÃO DE DADOS
LEI N. 13.709/2018, COM ALTERAÇÃO DA LEI N. 13.853/2019

COORDENADORA: Cíntia Rosa Pereira de Lima
DIAGRAMAÇÃO: Almedina
DESIGN DE CAPA: FBA
ISBN: 9788584935796

Dados Internacionais de Catalogação na Publicação (CIP)
(Câmara Brasileira do Livro, SP, Brasil)

Comentários à lei geral de proteção de dados : Lei n. 13.709/2018, com alteração da lei n. 13.853/2019 / coordenadora Cíntia Rosa Pereira de Lima. – São Paulo : Almedina, 2020.

Vários autores.
Bibliografia.
ISBN: 978-85-8493-579-6

1. Direito à privacidade 2. Proteção de dados - Leis e legislação 3. Proteção de dados pessoais I. Lima, Cíntia Rosa Pereira de.

19-32125 CDD342.721(094.56)

Índices para catálogo sistemático:

1. Proteção de dados pessoais e da privacidade : Leis : Comentários : Direito 342.721(094.56)

Maria Paula C. Riyuzo - Bibliotecária - CRB-8/7639

Este livro segue as regras do novo Acordo Ortográfico da Língua Portuguesa (1990).

Fevereiro, 2020

EDITORA: Almedina Brasil
Rua José Maria Lisboa, 860, Conj.131 e 132, Jardim Paulista | 01423-001 São Paulo | Brasil
editora@almedina.com.br
www.almedina.com.br

SOBRE A COORDENADORA

Cíntia Rosa Pereira de Lima
Professora de Direito Civil da Faculdade de Direito da USP Ribeirão Preto – FDRP.
Livre-docente em Direito Civil Existencial e Patrimonial pela Faculdade de Direito da USP Ribeirão Preto – FDRP.
Pós Doutora em Direito Civil na Università degli Studi di Camerino – Itália com fomento FAPESP e CAPES.
Doutora em Direito Civil pela Faculdade de Direito da USP com estágio na Ottawa University – Canadá com bolsa CAPES – PDEE - Doutorado Sanduíche.
Líder e Coordenadora dos Grupos de Pesquisa "Tutela Jurídica dos Dados Pessoais dos Usuários da Internet" e "Observatório do Marco Civil da Internet", cadastrado no Diretório de Grupos de Pesquisa do CNPq.
Advogada.

SOBRE OS AUTORES

Adalberto Simão Filho
Pós Doutor em Direito pela Faculdade de Direito da Universidade de Coimbra – Portugal.
Doutor e Mestre em Direito pela PUC-SP.
Professor Titular dos programas de Mestrado e de Doutorado da UNAERP – Universidade de Ribeirão Preto.
Advogado.

Augusto Tavares Rosa Marcacini
Livre-docente, Doutor e Mestre em Direito Processual pela Faculdade de Direito da USP.
Foi Presidente da Comissão de Informática Jurídica e da Comissão da Sociedade Digital da OAB-SP.
Advogado.

Claudio do Prado Amaral
Livre-docente, Doutor e Mestre em Direito pela USP.
Professor da Faculdade de Direito da USP Ribeirão Preto – FDRP.
Juiz de Direito.

Evandro Eduardo Seron Ruiz
Ph.D. in Electronic Engineering, University of Kent at Canterbury, Reino Unido.
Mestre em Engenharia Elétrica pela UNICAMP.
Bacharel em Ciências da Computação pela USP.
Professor Associado da Faculdade de Filosofia Ciências e Letras de Ribeirão Preto – USP.

Gabrielle Bezerra Sales Sarlet
Pós-doutoranda em Direito pela PUC-RS.
Pós-doutora em Direito pela Universidade de Hamburg, Alemanha.
Ex-bolsista do Max-Plank-Institut für ausländisches und internationales Privatrecht Hamburg.

Doutora em Direito pela Universidade de Augsburg, Alemanha.
Mestre e Bacharel em Direito pela Universidade Federal do Ceará.
Professora do curso de graduação em Direito da Universidade Feevale.
Advogada.

Guilherme Magalhães Martins
Doutor e Mestre em Direito Civil pela UERJ.
Professor da Faculdade Nacional de Direito da Universidade Federal do Rio de Janeiro.
Promotor de Justiça do Ministério Público do Estado do Rio de Janeiro.

Henrique Cunha Souza Lima
Mestre em Direito Empresarial pela Universidade Federal de Minas Gerais – UFMG.
Graduado em Direito pela UFMG, com formação complementar pela University of Leeds, Inglaterra, cursando módulos da graduação e do LLM.
Professor da Pós-Graduação em Direito e Tecnologia da Faculdade Arnaldo.
Advogado no NetLex.

José Luiz de Moura Faleiros Júnior
Mestrando em Direito pela UFU.
Advogado.

Kelvin Peroli
Pesquisador bolsista USP em Iniciação Científica da Faculdade de Direito da USP Ribeirão Preto – FDRP.
Graduando em Direito pela Faculdade de Direito da USP Ribeirão Preto – FDRP.
Estagiário no Curso de Especialização "LLM Direito Civil" da Faculdade de Direito da USP Ribeirão Preto – FDRP.

Leonardo Netto Parentoni
Doutor em Direito pela USP.
Mestre em Direito Empresarial pela UFMG.
Especialista em Direito Processual Civil pela UnB.
Professor Adjunto da Faculdade de Direito da UFMG e Titular do IBMEC/MG.
Fundador e Conselheiro Científico do Centro de Pesquisa em Direito, Tecnologia e Inovação – DTIBR (www.dtibr.com).
Foi Pesquisador Visitante na Universidade do Texas, em Austin/USA.
Procurador Federal de Categoria Especial – AGU.

Lívia Froner Moreno Ramiro
Mestre em Direito Civil pela Faculdade de Direito da USP.
Especialista em Direito Processual Civil pela EPM.

Docente do curso de Direito da Faculdade de Americana.
Advogada

Marcelo Benacchio
Doutor em Direito pela PUC-SP.
Professor Permanente do Programa de Pós-Graduação *Stricto Sensu* da UNINOVE.
Juiz de Direito do TJSP.

Mário Frota
Antigo Professor da Faculdade de Direito da Universidade de Paris XII.
Fundador e primeiro presidente da AIDC – Associação Internacional de Direito do Consumo.
Fundador e presidente da APDC – Associação Portuguesa de Direito do Consumo.
Director do CEDC – Centro de Estudos de Direito do Consumo de Coimbra.

Newton De Lucca
Livre-docente, Doutor, Mestre, Adjunto e Titular pela Faculdade de Direito da USP.
Professor do Corpo Permanente da Pós-Graduação *Stricto Sensu* da UNINOVE.
Desembargador Federal do Tribunal Regional Federal da 3ª Região.

Renata Mota Maciel
Doutora em Direito Comercial pela USP.
Professora Permanente do Programa de Pós-Graduação *Stricto Sensu* da UNINOVE.
Juíza de Direito do TJSP.

Rosane Leal da Silva
Doutora em Direito pela UFSC.
Mestre em Integração Latino-Americana pela UFSM.
Professora da UFSM, da UFN e da AMF.

Ruth Maria Guerreiro da Fonseca Armelin
Especialista em Direito Empresarial pela PUC-PR.
Advogada.

Silvano José Gomes Flumignan
Doutor, Mestre e Bacharel em Direito pela USP.
Professor da UPE e da Asces/UNITA.
Foi pesquisador visitante na Universidade de Ottawa.
Procurador do Estado de Pernambuco. Advogado.

Tarcisio Teixeira
Doutor e Mestre em Direito Empresarial pela USP.
Professor universitário (graduação, *lato* e *stricto sensu*).
Advogado.

Wévertton Gabriel Gomes Flumignan
Mestre em Direito Civil pela USP.
Bacharel em Direito pela PUC-SP.
Membro dos grupos de pesquisa Tutela jurídica dos dados pessoais na Internet e Observatório do Marco Civil da Internet no Brasil da USP-FDRP.
Advogado.

LISTA DE ABREVIATURAS

ALI	American Law Institute
ANPD	Autoridade Nacional de Proteção de Dados (Brasil)
BCFI	Brazilian Civil Framework of the Internet (Brasil)
BCL	Brazilian Copyright Law (Brasil)
BGDPL	Brazilian General Data Protection Law (Brasil)
BR	Brasil
CA	Canadá
CC	Código Civil (Brasil)
CDC	Código de Defesa do Consumidor (Brasil)
CNIL	Commission Nationale de l'Informatique et des Libertés (França)
CNPD	Comissão Nacional de Proteção de Dados (Brasil)
CNPD/PT	Comissão Nacional de Protecção de Dados (Portugal)
CPC	Código de Processo Civil (Brasil)
CPF	Cadastro de Pessoas Físicas (Brasil)
CRFB	Constituição da República Federativa do Brasil
DPO	Data Protection Officer
ECA	Estatuto da Criança e do Adolescente (Brasil)
EPD	Encarregado de Proteção de Dados
ES	Espanha
EU	European Union
EUA	Estados Unidos da América
FCPA	Foreign Corrupt Practices Act (EUA)
FR	França
FTC	Federal Trade Commission (EUA)
GDPR	General Data Protection Regulation (União Europeia)
HTML	Hypertext Markup Language
ICO	Information Commissioner's Office (Reino Unido)
ID	Identity
IoT	Internet of Things

IP	Internet Protocol
IT	Itália
LAI	Lei de Acesso à Informação Pública (Brasil)
LGPD	Lei Geral de Proteção de Dados Pessoais (Brasil)
LICRA	Ligue Contre La Racisme Et L'Antisémitisme (França)
LINDB	Lei de Introdução ao Direito Brasileiro (Brasil)
MCI	Marco Civil da Internet (Brasil)
MP	Medida Provisória (Brasil)
MPF	Ministério Público Federal (Brasil)
NASA	National Aeronautics and Space Administration (EUA)
OECD	Organization for Economic Co-Operation and Development
ONG	Organização Não-Governamental
ONU	Organização das Nações Unidas
P2P	Peer-to-Peer
PbD	Privacy by Design
PSI	Provedor de Serviços de Internet
PT	Portugal
RGPD	Regulamento Geral de Proteção de Dados (União Europeia)
SEC	Securities and Exchange Commission (EUA)
STJ	Superior Tribunal de Justiça (Brasil)
TICs	Tecnologias da Informação e Comunicação
TJ	Tribunal de Justiça (Brasil)
TJUE	Tribunal de Justiça da União Europeia
TRF	Tribunal Regional Federal (Brasil)
UE	União Europeia
UEJF	Union des Estudiants Juif de France (França)
UK	United Kingdom
USA	United States of America
USP	Universidade de São Paulo (Brasil)

APRESENTAÇÃO

A Lei Geral de Proteção de Dados Pessoais, Lei n. 13.709, de 14 de agosto de 2018 (LGPD), é resultado de intensos debates que se iniciaram em 2011, no Ministério da Justiça, a partir do Anteprojeto de Lei de Proteção de Dados de 2011. De maneira democrática, o texto foi submetido a diversas consultas públicas durante quatro anos e muitas mudanças foram feitas até a versão do Anteprojeto de Lei de Proteção de Dados ser consolidada, em 2015. Na época, ainda vigorava na União Europeia a Diretiva 95/46 sobre o tema, mas que já estava em xeque, dadas as profundas alterações proporcionadas pelos avanços tecnológicos. Em meio à reforma do Direito Comunitário europeu, a academia, o mercado e o governo brasileiro se debruçaram sobre o Projeto de Lei Geral de Proteção de Dados, em especial o Projeto de Lei n. 5.276-A de 2016, de iniciativa da Presidência da República. Esta proposta foi claramente inspirada no *General Data Protection Regulation – GDPR (Regulation 2016/679)*, cujo texto foi objeto de análise desde 2012, quando intensificaram os debates sobre a necessária atualização da Diretiva 95/46.

No Brasil, o ponto mais polêmico da LGPD foi a criação ou não de um órgão competente com atribuições regulatórias, fiscalizatórias e sancionatórias para se garantir o *enforcement* da lei. Assim, o texto original da LGPD foi aprovado, porém os artigos que faziam referência à Autoridade Nacional de Proteção de Dados Pessoais (ANPD) foram vetados pelo Presidente da República, a fim de se evitar um questionamento quanto à origem do órgão regulatório, pois o Projeto de Lei n. 5.276-A foi apensado ao Projeto de Lei n. 4.060 de 2012, de autoria do E. Deputado Milton Monti. Entretanto, posteriormente, a ANPD foi criada pela Medida Provisória n. 869, de 27 de dezembro de 2018, e, novamente, objeto de debates até a sua conversão em lei pela Lei n. 13.853, de 08 de julho de 2019.

Assim, esta obra pretende oferecer aos estudiosos e aplicadores do Direito, bem como à sociedade brasileira, de maneira geral, uma análise crítica e profunda sobre os dispositivos mais complexos trazidos pela LGPD. Os coautores são pesquisadores e profissionais dedicados ao estudo da proteção de dados, por isso, podem contribuir verdadeiramente aos primeiros passos da Lei Geral de Proteção de Dados brasileira.

Os primeiros capítulos oferecem noções fundamentais para a correta e completa compreensão da LGPD: "Notas sobre a proteção dos dados pessoais na sociedade informacional na perspectiva do atual sistema normativo brasileiro", de autoria de Gabrielle Bezerra Sales Sarlet; e "A LGPD sob a perspectiva da regulação do poder econômico", de autoria de Marcelo Benacchio e Renata Mota Maciel Madeira Dezem. Esta obra oferece também uma análise doutrinária e prática sobre o escopo temporal e territorial da LGPD, no capítulo 3, intitulado "A aplicação da Lei Geral de Proteção de Dados do Brasil no tempo e no espaço", escrito por Cíntia Rosa Pereira de Lima e Kelvin Peroli.

Não se poderia deixar de lado pesquisadores da ciência da computação, tendo em vista a necessária interdisciplinaridade da LGPD. Por isso, para esclarecer os conceitos de "Anonimização, pseudonimização e desanonimização de dados pessoais", o professor da ciência da computação, Evandro Eduardo Seron Ruiz, colaborou de maneira fundamental.

Como dito *supra*, a LGPD sofre constante impacto dos avanços tecnológicos, por isso, uma lei principiológica se mantém atual mesmo diante de tantas mudanças. Nesse sentido, o capítulo 5, "Princípios que regem o tratamento de dados pessoais", escrito por Silvano José Gomes Flumingnan e Wévertton Gabriel Gomes Flumingnan, oferece perspectivas concretas para a aplicação da lei. Além disso, importante compreender a dinâmica do tratamento de dados pessoais a partir das "Regras aplicadas ao tratamento de dados pessoais", de autoria de Augusto Tavares Rosa Marcacini, servindo como um norte para que as empresas se adequem aos ditames da lei.

Quanto às crianças e adolescentes, diante da facilidade de acesso à tecnologia da informação por meio de *smartphones* e *tablets* que estes tem, a obra destacou um espaço especial ao enfrentamento dessa temática em três capítulos, a saber: 7) "Proteção de dados pessoais de crianças e de adolescentes, de autoria de Cláudio do Prado Amaral"; 8) "Dados de crianças e sua indefectível tutela: começar em casa, prosseguir criteriosamente na escola", de autoria de Mário Frota; e 9) "O tratamento de dados pessoais de crianças e adolescentes pelo Poder Público: entre violação e proteção", de autoria de Rosane Leal da Silva. Todos profundos conhecedores e defensores da tutela das crianças e dos adolescentes. Outrossim, foi dado destaque no capítulo 10 ("Direitos do titular dos dados pessoais"), escrito por Cíntia Rosa Pereira de Lima e Lívia Froner Moreno Ramiro, aos direitos dos titulares de dados, fazendo um cotejo com as decisões jurisprudenciais acerca do direito ao esquecimento e do direito à desindexação, bem como os distinguindo da remoção de conteúdo, como prevista no Marco Civil da Internet (Lei n. 12.965, de 22 de abril de 2014).

Do outro lado da relação jurídica, apresenta-se ainda uma análise sobre os "Agentes de tratamento de dados pessoais (controlador, operador e encarregado pelo tratamento de dados pessoais)", de minha autoria (capítulo 11), no qual estão esmiuçadas essas figuras, indicando as obrigações e responsabilidades de cada uma. Além disso, o capítulo 12, intitulado "Responsabilidade e ressarcimento de danos por violação às regras previstas na LGPD: um cotejamento com o CDC", escrito por Tarcisio Teixeira e Ruth Maria Guerreiro da Fonseca Armelin, tem por objeto o complexo tema sobre a responsabilidade dos agentes de tratamento prevista pela LGPD em comparação ao que dispõe o Código de Defesa do Consumidor, pois a própria LGPD destaca que se aplica o CDC às relações de tratamento de dados pessoais quando caracterizada uma relação jurídica de consumo (art. 45 da LGPD).

No campo empresarial, destacam-se dois capítulos: 13) "A governança corporativa aplicada às boas práticas e Compliance na segurança dos dados, escrito por Adalberto Simão Filho"; e 14) "Segurança, boas práticas, Governança e *Compliance*", de autoria de Guilherme Magalhães Martins e de José Luiz de Moura Faleiros Júnior. Esses capítulos são fundamentais para que as empresas possam se ajustar ao que dispõe a LGPD quanto às boas práticas. Por fim, o capítulo 15, sobre a "Autoridade Nacional de Proteção de Dados Pessoais (ANPD) e o Conselho Nacional de Proteção de Dados Pessoais e da Privacidade", escrito pelo Professor Newton De Lucca e Cíntia Rosa Pereira de Lima, elucida todos os aspectos relacionados à ANPD, tais como estrutura, atribuições e composição da ANPD e do Conselho. Dada a transferência internacional de dados pessoais e o predomínio do idioma inglês na área, a obra é encerrada com um capítulo "*Protection of Personal Data in Brazil: Internal Antinomies and International Aspects*", escrito por Leonardo Netto Parentoni e Henrique Cunha Souza Lima.

Assim, na esperança de poder oferecer aos estudiosos sobre o tema, aos profissionais do Direito e de outras áreas afins, bem como às empresas, a obra "*Comentários à Lei Geral de Proteção de Dados*" será um referencial teórico e prático sobre uma lei recentemente aprovada.

Essa obra somente se concretizou porque contou com a colaboração de muitas pessoas, em especial os coautores que se dedicaram para poder contribuir de maneira profícua ao resultado que ora se apresenta. Portanto, agradeço imensamente a todos vocês. E agradeço ao Kelvin Peroli, meu orientando, aluno da graduação da Faculdade de Direito de Ribeirão Preto pelo constante auxílio em mais um projeto em conjunto.

Faculdade de Direito de Ribeirão Preto (USP)
Ribeirão Preto, 24 de agosto de 2019.

Cíntia Rosa Pereira de Lima
Professora de Direito Civil da Faculdade de Direito da USP Ribeirão Preto – FDRP.
Livre-docente em Direito Civil Existencial e Patrimonial pela Faculdade de Direito da USP Ribeirão Preto – FDRP.
Pós Doutora em Direito Civil na Università degli Studi di Camerino – Itália com fomento FAPESP e CAPES.
Doutora em Direito Civil pela Faculdade de Direito da USP com estágio na Ottawa University – Canadá com bolsa CAPES – PDEE - Doutorado Sanduíche.
Líder e Coordenadora dos Grupos de Pesquisa "Tutela Jurídica dos Dados Pessoais dos Usuários da Internet" e "Observatório do Marco Civil da Internet", cadastrado no Diretório de Grupos de Pesquisa do CNPq.
Advogada.

SUMÁRIO

1. Notas sobre a Proteção dos Dados Pessoais na Sociedade Informacional na Perspectiva do Atual Sistema Normativo Brasileiro

Gabrielle Bezerra Sales Sarlet

1. Introdução

O modelo informacional alterou a gramática cultural da Sociedade, encetando novos conflitos ainda isentos de adequada regulamentação jurídica e impelindo uma análise a partir do princípio da dignidade da pessoa humana, dos direitos humanos e fundamentais previstos na maioria das constituições, sobretudo na brasileira, que, nessa medida, forjaram os alicerces éticos e jurídicos para uma investigação da sociedade informacional, enfatizando, portanto, a relevância pela busca por instrumentos adequados para assegurar, em uma perspectiva multinível, a integralidade dos direitos e das garantias à pessoa humana, dentro e fora do ambiente digital.

Oportuno diferenciar o conceito de ambiente digital, atinente ao conjunto de dados, do que se convencionou chamar de ambiente virtual que, em síntese, se refere ao modo como a vida real pode ser transcrita na internet, caracterizando-se por uma discursividade própria e, consequentemente, inovadora. Em rigor, o mundo virtual espelha a vida real, sobretudo suas maravilhas e suas mazelas. Assim, enquanto o mundo digital acomoda e perfaz o virtual, a vida real prossegue como o ponto de partida e de chegada para qualquer forma de tentar compreender o ser humano, em particular em sua dimensão prometeíca.

Daí, no sentido de analisar os contornos do mundo digital, adequado é partir da ideia de que dados pessoais são todas as informações de caráter personalíssimo caracterizadas pela identificabilidade e pela determinabilidade do seu titular, enquanto os dados sensíveis são aqueles que tratam sobre a origem racial e étnica, as convicções políticas, ideológicas, religiosas, as preferências sexuais, os dados sobre a saúde, os dados genéticos e os biométricos.

O conjunto dessas informações compõe os perfis ou as identidades digitais, possuindo valor político e, sobretudo, econômico, vez que podem ser a matéria prima para as novas formas de controle social, especialmente mediante o uso de algoritmos. Os perfis são composições, ou melhor dizendo, são mosaicos compostos pelas informações fornecidas pelos usuários em uma formatação igualmente constituída e emoldurada pelo que é advindo das pegadas digitais e pelos vazamentos de dados. Assim, *e.g.*, pelo uso frenético de drones, de câmeras digitais, de senhas, torna-se praticamente impensável traçar um modelo fechado para as fronteiras de qualquer identidade digital.

Diante disso, a proteção de dados é, em síntese, a proteção da pessoa humana, mormente quanto ao resguardo do livre desenvolvimento de sua personalidade e, em particular, por meio da garantia da sua autodeterminação informacional. Em verdade, uma consequência imediata do advento da Internet foi a ilusão de que se tratava de ambiente absolutamente neutro e, consequentemente, seguro. O momento primevo foi, todavia, uma tentativa de criar esferas humanas comportamentais além do controle do Estado.

Dessa noção inicial há poucos resquícios, vez que se impõe no estado atual pela atuação e pela vigilância dos chamados cinco gigantes tecnológicos que atualmente possuem hegemonia na internet. Essas empresas transnacionais possuem um poder de caráter colonizador em relação aos países e, em especial, às pessoas, pois tragam todas os dados, forjam as memórias, condensam as informações e influenciam por meio dos filtros as concepções de vida.

Em outras palavras, a ideia de neutralidade acarretou, dentre outras coisas, uma espécie de deslocamento de um considerável contingente populacional situado às margens do conhecimento formal, a dizer, gerou um movimento em que pessoas afetadas pela divisão digital, que, fascinadas, cedem sem maior zelo os seus dados pessoais, inclusive os dados sensíveis, para alcançar um acesso a um simulacro de cidadania digital e, desse modo, se sentirem incluídas. Adensando, pois, o desnivelamento cultural e digital entre os países.

No entanto, convém enfatizar que a popularização[1] da tecnologia da informação, por sua vez, gerou frutos revolucionários que perpassam desde a quantidade de dados que são atualmente disponibilizados, o custo energético[2], os locais apropriados para o armazenamento e a segurança, a virtualidade[3] das relações sociais e até a velocidade com que esses dados trafegam na rede e atingem a locais antes impensáveis para o ser humano, além da ilusão de neutralidade que envolve a todos nesse processo de virtualização do cotidiano[4].

Um ponto extremamente relevante se refere à suposta gratuidade da internet que toca diretamente no seu custo energético. Interessante reafirmar que o tamanho do conjunto de dados, ou seja, o tamanho da internet, pode ser dimensionado pelo uso que se faz dela, originando uma nova escala mundial de escravos digitais para a sua manutenção e permanência. Assim, a medida em que se torna cada mais essencial à vida contemporânea, aumenta sua dimensão e seu custo energético, gerando mais poder para os gigantes tecnológicos.

Além disso, conveniente lembrar que a internet, especialmente a partir da versão 2.0, oportunizou o uso da biotecnologia de forma extremamente singular e, nessa medida, alcançou novos patamares para tratamentos na

[1] Na primeira década do século XXI, o número de pessoas conectadas à Internet passou de 350 milhões para 2 bilhões. Além disso, neste mesmo período, o número de pessoas com celulares passou de 750 milhões para 5 bilhões. A expectativa para o ano de 2025 é de que a maior parte da população mundial estar com acesso à informação instantânea, sendo que, se for mantido o ritmo de crescimento de pessoas conectadas à Internet, ter-se-á, na mencionada data, 8 bilhões de pessoas *online*. SCHMIDT, Eric – COHEN, Jared. *The New Digital Age: Reshaping the Future of People, Nations and Business*. London: John Murray, 2014, p. 15.

[2] AFINAL, quanta energia elétrica a internet utiliza para funcionar? *TECMUNDO*. Disponível em: <https://www.tecmundo.com.br/internet/104589-quanta-energia-eletrica-internet-utiliza-funcionar.htm> Acesso em: 17 jan. 2018. Em 2011 a internet dos EUA consumiu em media 2% de toda a energia elétrica produzido no mundo. O calor gerado pelos servidores, ativos ou não, exige resfriamento compatível e, dessa forma, estima-se que em 2020, nos EUA, o consumo deva subir para 140 bilhões de kWh, 54% a mais.

[3] AGAMBEN, Giorgio. *Lo abierto: el hombre y el animal*. Flavia Costa y Edgardo Castro (Trad). Buenos Aires: Adriana Hidalgo, 2006, p. 35.

[4] Por neutralidade se entende o princípio que garante que todo conteúdo transmitido pela rede de computadores deve ser tratado da mesma maneira, isto é, sem sofrer qualquer espécie de discriminação, seja por seu conteúdo, por sua origem ou por seu destino. Por todos, conferir, MARSDEN, C.T. *Net Neutrality: towards a Co-Regulatory Solutions*. Londres: Bloomsburry Academic, 2010, p. 36.

área da saúde, forjando uma era genômica, incluindo a revolucionária inserção da TIC- tecnologia de informação e de comunicação na relação do paciente com os profissionais de saúde e, assim, encetando um novo panorama sociocultural em função da possibilidade de comunicação ubíqua das máquinas e dos equipamentos derivada do acentuado uso da inteligência artificial em diversas áreas, inclusive no campo da medicina.

Importa sublinhar as novas fissuras nessa relação sob o ponto de vista da garantia real da confidencialidade em ambiente digital, inclusive gerando reflexos sobre a produção da diagnose e, por derivação, na redefinição de padrões éticos. Com efeito, algumas consequências já são perceptíveis, enquanto outras ainda apontam, em especial a partir da configuração 4.0, para um prognóstico de uma abissal clivagem na História da Humanidade[5], gerando efeitos políticos, econômicos[6], patrimoniais, jurídicos[7] e existenciais.

Tratando-se de dados sensíveis, reafirma-se a exigência de uma proteção especial alicerçada no princípio da dignidade da pessoa humana, cuja fundamentalidade radica e sustenta a democracia e o atual molde de Estado de Direito[8]. Este reforço antropológico encontra ainda amparo, *e.g.*, no artigo segundo do Tratado da União Europeia, no qual se consagra, a dignidade humana, a liberdade, a democracia, a igualdade, o Estado de direito e o respeito pelos direitos humanos.

[5] RAMSAY, Iain. Consumer protection in the era of informational capitalism. *In:* WILHELMSSON, Thomas; TUOMINEM, Salla; TUOMOCA, Heli (eds.) *Consumer law in the information society.* The Hague, Kluwer Law International, 2001, p. 45.

[6] Para uma percepção da monetarização do uso da internet, oportuno lembrar que a Microsoft adquiriu em 2016 a Linkedin, pagando 26 milhões de dólares pela empresa e, principalmente, pelo seu cadastro profissional de 430 milhões de usuários e 100 milhões de visitantes por mês. O valor representa 60 dólares por usuário ou 260 dólares por visitante mensal. THE ECONOMIST. *LinkedUp.* Disponível em: <http://www.economist.com/news/business_and_finance/21700605_it_one_most_expensive_tech_deals_history_it-may_not_be_smartest_making_sense>. Acesso em: 03 jan. 2018

[7] LEITE, Flávia Piva Almeida. *O Exercício da Liberdade de Expressão nas Redes Sociais e o Marco Civil da Internet.* In Revista de Direito Brasileiro, vol. 13, n. 06, 2016, p. 150: "Sociedade da Informação – que nada mais é do que uma forma específica de organização social em que a gestão, o processamento e a transmissão de informações tornam-se as fontes fundamentais de produção e de poder, devido às novas condições tecnológicas surgidas nesse período histórico. O surgimento dessa nova sociedade trouxe, portanto, a necessidade de repensar o papel do Estado nesse novo contexto."

[8] HABBERMAS, Jürgen. *Um Ensaio sobre a Constituição da Europa.* Trad. Mrian Toldy; Teresa Toldy. Lisboa: Edições 70 Lda, 2012, p. 37.

Observando atentamente a contemporaneidade, verifica-se que há um alinhamento dos países, com destaque entre os Estados-membros da União europeia, em relação ao modo de enfrentamento do problema da proteção de dados, em especial no que afeta à segurança e à transmissibilidade, vez que sua complexidade[9] se tornou evidente na medida em que manifesta *prima facie* uma dimensão existencial a despeito da inconteste amplitude patrimonial. Nessa altura, oportuno consignar que na perspectiva geopolítica o posicionamento europeu tem um valor primordial na medida em que se torna modelar para as diversas formas transacionais desse contexto, ou seja, um padrão mínimo de exigências quanto à exigibilidade de parâmetros de segurança.

Não se pode olvidar que os dados pessoais são considerados ativos financeiros e que em uma composição contemporânea logram uma nova corrida pelo ouro nos Estados menos desenvolvidos para fins de novas modalidades de dominação, particularmente em áreas sensíveis como a que envolve a saúde e a soberania. Em geral o que se tem verificado é um misto de fascínio e de repulsa no tocante ao uso da internet, afetando de um modo radical as pessoas nos tempos atuais. Ocorre que, em sendo a mola propulsora da atualidade, parece ter ganhado vida própria assim como as máquinas a vapor da revolução industrial, tornando-se aparentemente ingovernável.

Daí, evidencia-se a pertinência de estudos que, se orientam para a desmistificação da neutralidade do emprego da biotecnologia, de modo geral e, em particular visam o descortinamento dos possíveis agravos à pessoa humana, nesse novo panorama para, diante das novas circunstâncias, compor pautas de soluções apropriadas ao contexto transfronteiriço que tangencia o tema.

Nesse intento, essa investigação teórica, bibliográfica e eminentemente exploratória, parte da análise das premissas estabelecidas acerca dos principais eixos contemporâneos do Estado democrático de Direito, destacando-se a dignidade, a privacidade e a proteção de dados na era informacional, estabelecendo ainda o consentimento livre e informado como um relevante instrumento no panorama brasileiro recentemente alterado com a promulgação de uma Lei geral de proteção de dados pessoais e, portanto,

[9] STATZEL, Sophie. Cybersupremacy: The new Face and Form of white Supremacy Activism. *In:* BOLER, Megan (ed.). *Digital Media and Democracy:* Tactics in hard Times. Cambridge: MIT Press, 2008, p. 409.

carecendo ainda de reflexão e de amadurecimento que resguardem a sua concreta efetividade.

2. Constelações Jurídicas

A tentativa de regulamentação da proteção de dados remonta aos anos 70 do século XX, ocasião em que o Estado era o maior responsável pelos dados armazenados e, nesse sentido, torna-se oportuno lembrar que a Alemanha foi pioneira na tarefa de vislumbrar os riscos e apontar itinerários protecionistas.

Atualmente, as entidades privadas, notadamente no que afeta à saúde e em especial em relação às seguradoras, aos conglomerados de hospitais e à indústria farmacêutica, são o alvo principal das modalidades de regulamentação para a concretização da plena democracia digital[10], cujo núcleo essencial é o protagonismo da pessoa humana, especialmente por meio do reconhecimento da preponderância do consentimento informado de seus partícipes.

De qualquer modo, interessa reafirmar que no século XXI, o sistema capitalista passou por uma reestruturação em seu modo de produção e, assim, houve a criação de uma nova estrutura social, a qual foi denominada por Castells como *informacionalismo*. Segundo Castells, "no informacionalismo, as tecnologias assumem um papel de destaque em todos os segmentos sociais, permitindo o entendimento da nova estrutura social – sociedade em rede – e consequentemente, de uma nova economia, na qual a tecnologia da informação é considerada uma ferramenta indispensável na manipulação da informação e construção do conhecimento pelos indivíduos", pois "a geração, processamento e transmissão de informação torna-se a principal fonte de produtividade e poder"[11]. De sorte que a informação passou a ser a matéria prima mais valiosa.

Em face desse contexto, *e.g.*, pode-se afirmar que o direito à proteção de dados pessoais no ordenamento jurídico brasileiro é considerado um

[10] SUNSTEIN, Cass R. *Republic:* divided democracy in the age of social media. New Jersey: Princeton University Press, 2017, p. 138.

[11] CASTELLS, Manuel. *A Era da Informação: economia, sociedade e cultura*. Vol. 3. São Paulo: Paz e Terra, 1999, p. 21.

direito fundamental implícito, que como denota Ingo Sarlet, engloba: o direito de acesso e conhecimento dos dados pessoais existentes em registros (banco de dados) públicos e privados; o direito ao não conhecimento, tratamento e utilização e difusão de determinados dados pessoais pelo Estado ou por terceiros, aqui incluído um direito de sigilo quanto aos dados pessoais; o direito ao conhecimento da identidade dos responsáveis pela coleta, armazenamento, tratamento e utilização dos dados; o direito ao conhecimento da finalidade da coleta e eventual utilização dos dados; o direito à retificação e, a depender do caso, de exclusão de dados pessoais armazenados em banco de dados.[12]

Oportuno nessa quadra é mencionar o RGPD (Regimento Geral de Proteção de Dados), instrumento jurídico de direito secundário europeu, que entrou plenamente em vigor em maio de 2018, intentando uniformizar o regime de tratamento de dados no espaço da União Europeia, requisito essencial para o bom funcionamento do Mercado Único. Este novo instrumento jurídico, assenta em uma maior responsabilidade, informação e transparência e, ainda que não constitua uma completa ruptura com a legislação anterior, as consequências da sua aplicação geram alterações paradigmáticas na forma como é realizado o tratamento de dados pessoais, ou seja, coloca a pessoa e a defesa dos seus direitos constitucionalmente consagrados, no centro do debate.

De fato, trata-se do primeiro instrumento internacional juridicamente vinculativo adotado no domínio da proteção de dados. O objetivo seria «garantir [...] a todas as pessoas singulares [...] o respeito pelos seus direitos e liberdades fundamentais, e especialmente pelo seu direito à vida privada, face ao tratamento automatizado dos dados de caráter pessoal.

Portanto, com a criação da *Estratégia para o Mercado Único Digital*[13], em 2015, a Europa continuou empenhada em aproveitar "as oportunidades oferecidas pelas tecnologias digitais, que não conhecem fronteiras e quebrar

[12] MARINONI, Luis Guilherme; MITIDIERO, Daniel; SARLET, Ingo Wolfgang. *Curso de Direito Constitucional*. São Paulo: Revista dos Tribunais, 2014, pp. 434-435.

[13] COMUNICAÇÃO DA COMISSÃO AO PARLAMENTO EUROPEU, AO CONSELHO, AO COMITÉ ECONÓMICO E SOCIAL EUROPEU E AO COMITÉ DAS REGIÕES. Estratégia para o Mercado Único Digital na Europa. COMUNICAÇÃO DA COMISSÃO AO PARLAMENTO EUROPEU, AO CONSELHO, AO COMITÉ ECONÓMICO E SOCIAL EUROPEU E AO COMITÉ DAS REGIÕES Estratégia para o Mercado Único Digital na Europa COM/2015/0192 final.

as barreiras nacionais em matéria de regulamentação das telecomunicações, de direitos de autor e de proteção dos dados"[14]. Enfatiza-se ainda que essa temática deve ser analisada à luz da proposta de Regulamento sobre Privacidade e Comunicações Eletrónicas (Regulamento e-Privacy)[15], isto é, na medida em que se trata de um novo instrumento jurídico integrado na supracitada *Estratégia para o Mercado Único Digital.*

Inconteste, portanto, é a presença de riscos significativos, mormente para a garantia da confidencialidade e da privacidade[16]. Estes desafios ganham maior dimensão tendo como critério a inescusável circulação de dados pessoais, com origem e destino em países em desenvolvimento. Estes movimentos transfronteiriços colocam obstáculos à interoperabilidade da informação em suas diversas modalidades. Nesta nova dimensão, torna-se imperioso enquadrar juridicamente a proteção de dados pessoais como um *direito fundamental global*, em outras palavras, direito humano, cujo âmbito de proteção tende a se expandir.

2.1. Uma Perspectiva Constitucional com um Enfoque na Dignidade da Pessoa Humana

O *status* de constitucionalidade[17] conferido à dignidade humana, todavia, não contribuiu muito para solucionar os problemas relativos à sua

[14] COMUNICAÇÃO DA COMISSÃO AO PARLAMENTO EUROPEU, AO CONSELHO, AO COMITÉ ECONÓMICO E SOCIAL EUROPEU E AO COMITÉ DAS REGIÕES. Estratégia para o Mercado Único Digital na Europa. COMUNICAÇÃO DA COMISSÃO AO PARLAMENTO EUROPEU, AO CONSELHO, AO COMITÉ ECONÓMICO E SOCIAL EUROPEU E AO COMITÉ DAS REGIÕES Estratégia para o Mercado Único Digital na Europa COM/2015/0192 final.

[15] Proposta de REGULAMENTO DO PARLAMENTO EUROPEU E DO CONSELHO relativo ao respeito pela vida privada e à proteção dos dados pessoais nas comunicações eletrónicas e que revoga a Diretiva 2002/58/CE. Proposta de REGULAMENTO DO PARLAMENTO EUROPEU E DO CONSELHO relativo ao respeito pela vida privada e à proteção dos dados pessoais nas comunicações eletrónicas e que revoga a Diretiva 2002/58/CE (Regulamento relativo à privacidade e às comunicações eletrónicas)
COM/2017/010 final – 2017/03 (COD).

[16] CANCELIER, Mikhail Vieira de Lorenzi. *O direito à privacidade hoje: perspectiva histórica e o cenário brasileiro.* Sequência (Florianópolis), n. 76, Ago 2017, pp. 213-240 (p. 216). Disponível em: <http://dx.doi.org/105007/2177-7055.2017v38n76p213>. Acesso em: 16 ago. 2018.

[17] SILVA, José Afonso da. *Poder Constituinte e Poder Popular.* São Paulo: Malheiros, 2000, p. 146. Sobre a dignidade da pessoa humana na Constituição Federal de 1988, o autor alerta que:

delimitação conceitual. Vale lembrar, desta maneira, que a dignidade constitui dado prévio[18], daí preexistente à experiência jurídico especulativa. Segundo Michel Sachs[19] a dignidade passou a ser entendida como o valor de identificação do humano, o que todavia, não acrescenta muito para a compreensão do seu âmbito de aplicabilidade e garantia.

Ocorre que a dignidade da pessoa humana deve ser compreendida como categoria axiológica aberta[20] que, apesar da imprecisão de seu conceito, existe juridicamente[21] e é, portanto, imprescindível a sua proteção para a consolidação dos regimes democráticos em Estados de Direito.

O Tribunal Constitucional da Alemanha[22], a título de exemplo, entende que a tentativa de conceituar genericamente a dignidade do homem é infrutífera, reputando, porém, maior valor à ideia de concretização. Daí, somente em face do caso concreto, segundo entendimento daquele tribunal, se torna possível o reconhecimento da violação ao princípio da dignidade humana.

Torna-se perceptível que a proteção à dignidade da pessoa humana envolve um aspecto negativo, no sentido de impedir violações, mas também um aspecto positivo, isto é, de assegurar o pleno desenvolvimento da personalidade de cada um dos indivíduos. Em função disso, no Brasil, a Constituição Federal de 1988 não se restringiu a uma elaboração em que a dignidade da pessoa humana ficasse restrita a um mero enunciado,

"a Constituição, reconhecendo a sua existência e a sua eminência, transforma-a num valor supremo da ordem jurídica, quando a declara como um dos fundamentos da República Federativa do Brasil constituída em Estado Democrático de Direito". Consultar também: SILVA, José Afonso da. A Dignidade da Pessoa Humana como Valor Supremo da Democracia. *RDA - Revista de Direito Administrativo*, v. 212, 1998, pp. 89-94; BARROSO, Luís Roberto. *Constituição da República Federativa do Brasil anotada.* Notas de doutrina, legislação e jurisprudência por Luís Roberto Barroso. São Paulo: Saraiva, 1998; BONAVIDES, Paulo e PAES DE ANDRADE, Antonio. *História constitucional do Brasil.* Brasília: OAB Editora, 2002, pp. 489-493.

[18] SARLET, Ingo Wolfgang. *Dignidade da pessoa humana e os direitos fundamentais na Constituição Federal de 1988.* 3ª ed. Porto Alegre: Livraria do Advogado Editora, 2004, p. 42.

[19] SACHS, Michael. Verfassungsrecht II – Grundrechte. Berlin-Heidelberg-New York: Springer-Verlag, 2000, p. 173.

[20] SARLET, Ingo Wolfgang. *Dignidade da pessoa humana e os direitos fundamentais na Constituição Federal de 1988.* Ob. cit., p. 40.

[21] KUNIG, Philip. Art 1 (Würde des Menschen, Grundrechtsbindung). *In*: MÜNCH, Ingo von; KUNIG, Philip (Org.). *Grundgesetz-Komentar,* Vol 1, 5ª ed. München: C.H. Beck, 2000, pp. 65-101.

[22] BVerfGE 30, 1 (25).

de fato, a considerou como fundamento que se reflete em todo o texto constitucional.

A dignidade da pessoa humana na Constituição brasileira em vigor, portanto, não pode ser restrita em hipótese alguma ao enfoque do normativismo puro e simples, transcendendo até mesmo a previsão do art. 1º, inciso III. Realmente a caracterização da proteção jurídica da dignidade da pessoa humana como princípio fundamental tem sido alvo de constantes debates, seja em função de sua natureza seja no que toca à aplicação.

Conclui-se, dessa forma, que sistematicamente[23], tanto os direitos fundamentais quanto a dignidade da pessoa humana, devam ser interpretados em uma construção racional em que se busca a elucidação do significado e de todas as suas possibilidades de efetivação. Não podendo, pois, serem utilizados restritivamente na defesa de interesses particularizados a grupos e pessoas, em detrimento dos demais. Exige no seu trato uma forma de interpretação[24] clara, ampla e objetiva que não abrigue subterfúgios e nem mesmo restrições em sua densidade valorativa.

É, de fato, na seara da exigência da aplicabilidade do princípio da dignidade que se torna evidente o tipo de compromisso do Estado, da Sociedade e das instituições em geral com a pessoa humana. É na forma de aplicação deste preceito constitucional que se mostra o perfil da opção política que conduz a prática interpretativa das correntes majoritárias que se incumbem de realizar a interpretação da Constituição.

A dignidade da pessoa humana e sua densa significação ética e política se tornou, nessa arena[25] de poder, um dos conceitos mais universais que embasam e justificam a civilização ocidental, não se prestando, portanto, às interpretações que se limitam ao benefício de alguns grupos em detrimento de outros, sejam eles, majoritários ou minoritários. Nisto, reside a sua grandeza e problematicidade e a urgência por uma adequação aos dias atuais.

[23] FREITAS, Juarez. *A Interpretação Sistemática do Direito.* 3ª ed. São Paulo: Malheiros, 2002, p. 49.

[24] MAXIMILIANO, Carlos. Hermenêutica e aplicação do direito. Rio de Janeiro: Forense, 1996, p. 309.

[25] Para uma melhor compreensão do conceito de *arena de poder*, consultar: BOBBIO, Norberto; MATTEUCCI, Nicola; PASQUINO, Gianfranco. *Dicionário de política.* Trad. Carmen C. Varriale. Brasília. 4ª ed. Editora Universidade de Brasília, 1992, p. 938.

2.2. O Consentimento Livre, Informado e Esclarecido como um Standard Mínimo ou como um Instrumento para a Garantia da Proteção da Dignidade da Pessoa Humana no Ambiente Digital e Virtual

Entende-se, em especial em situações como as que tocam ao âmbito da proteção de dados, que no processo de anuência as informações devem ser previamente esclarecidas em linguagem clara, precisa, apropriada e suficiente, mormente quanto à pertinência, à finalidade, à adequação, ao tempo da coleta, às modalidades de armazenamento, ao tratamento e à transmissão dos dados obtidos no sentido de possibilitar a renúncia, a alteração, o uso, a cessão, e a disponibilidade ou a recusa daquele que consente.

Afirma-se dessa maneira o papel do sujeito na condução e na construção de sua própria vida. Importando, nesses termos, garantir ainda a proteção contra os riscos de danos materiais e imateriais, *e.g.*, em casos de criação de perfis falsos, violação da privacidade, retenção e manipulação de dados, estigmatização, discriminação[26], direta ou indireta por meio de cadastros etc. Inegavelmente exsurge da atual ideia de vigilância e de tecnocontrole a tarefa de reforçar a importância do consentimento, resgatando-o como um dos pontos nucleares da abordagem bioética, pautada nos direitos humanos, particularizando a sua natureza processual em que devem ser garantidas todas as condições, inclusive temporais, circunstanciais e informacionais, para a tomada de decisão livre, esclarecida e autônoma em um cenário de responsabilidade[27]

Oportuno enfatizar que a atual relação entre a proteção de dados pessoais e o processo de elaboração de consentimento na vida digital corresponde na observância de um dever de garantir a deliberação livre e, consequentemente, a revisão e a possibilidade de retirada da anuência a qualquer momento sem prejuízo algum, mediante a garantia de que o trafego desses dados não implicará em danos de espécie alguma. Em outras palavras, o consentimento deve ser efetuado nos moldes de um ato jurídico pleno, respeitando-se a ampliação de uma perspectiva de validade e de

[26] ALMEIDA, Silvio Luiz de. *O que é racismo estrutural?* Belo Horizonte: Letramento, 2018, p. 56.

[27] BRÜGGEMEIER, Gert. Protection of personality rights in the Law of delict/torts in Europe: mapping out paradigms. *In:* BRÜGGEMEIER, Gert; CIACCHI, Aurelia Colombia; O'CALLAGHAN, Patrick. (Ed.). *Personality rights in european tort law.* Cambridge: Cambridge University Press, 2010.

perfectibilidade em um panorama em que novos atores, advindos da era informacional[28], passam a ser cada vez mais corresponsáveis.

Em razão disso, convém relembrar que a despeito da extrema relevância do consentimento como instrumental para a reafirmação da autonomia, atualmente há outros aspectos que emolduram o cotidiano e, consequentemente, o enfraquecem, tais como: o volume e o fluxo de informações que elevam a velocidade das transações a níveis exponenciais, comprometendo o processo de formação da vontade consciente; o excesso de pegadas/ sombras digitais que são geradas por todas as pessoas, independentemente de sua anuência; e, por fim, a incapacidade do Estado em sua configuração atual enfrentar a crise de soberania que o fenômeno da sociedade informacional revelou e, dessa forma, a incontestável precarização da garantia da dignidade da pessoa humana que se tem testemunhado.

O que se projeta quando se trata do ato de consentir, destarte, é uma espécie de ideal que deve ser sempre posto na condição de *standard* mínimo, vez que em sua totalidade se torna cada vez mais impossível de ser experienciado, tanto no que se refere ao mundo real quanto ao mundo digital. Com efeito, a ideia acerca de uma racionalidade absoluta a despeito dos vieses cognitivos que eivam qualquer decisão humana ainda ampara significativamente o conceito de sujeito de direito a despeito das contribuições científicas, destacando as advindas das pesquisas em neurociências, devendo ser ponderada, jamais suprimida.

Em rigor, o que se pode inferir da relação do ser humano nessa clivagem da História é que na medida em que se tornou seu único predador, tornou-se igualmente ansioso e amendrontado em relação a sua capacidade e engenhosidade. Assim, carece de mais tempo para a interlocução com o momento atual e, dessa forma, de encetamento de uma processualística apta à realidade fendida em diversos mundos que interagem entre si.

De qualquer sorte, o processo de consentir permanece como um dos ícones nessa era digital, essência da dignidade da pessoa humana, devendo ser valorizado e, na medida do possível, adequado às novas circunstâncias oriundas da velocidade, da fluidez e da flexibilização de fronteiras, ou seja, em relação ao potencial da *privacy by design*. Destaca-se, nessa altura, a fundamentalidade do ato de consentir, sobretudo no âmbito da internet,

[28] CUKIER, Kenneth; MAYER-SCHÖNBERGER, Viktor. *Big Data: A Revolution that will transform how we live, work and think*. Boston, New York: Mariner Books, 2014, p. 176.

como fruto de uma relação gnoseológica, ou seja, como um processo de conhecimento.

3. A Perspectiva do Ordenamento Jurídico Brasileiro

Como se infere até aqui, trata-se de uma temática que flerta com outros aspectos, consistindo em um tema antigo com uma nova roupagem. No entanto, enquanto manifestação específica, exige resposta específica e igualmente inequívoca com fundamento na dignidade da pessoa humana, na autonomia informativa[29], com particular relevo para a sua multidimensionalidade, e no livre desenvolvimento da personalidade[30]. A grande novidade, de fato, se projeta a partir do enquadramento dos conflitos em um ambiente digital e, mais precisamente, em função da realidade factível de que os dados pessoais podem ser coletados, usados e abusados.

Nesse sentido, sob o influxo de uma Constituição democraticamente promulgada, sobretudo em consequência do seu prodigioso catálogo de direitos e de garantias que se abre para a perspectiva de uma proteção multinível da pessoa humana, que, muito embora, não seja uma Carta digital, atualiza-se face a essa realidade de privacidade hipercontextualizada. No que concerne à digitalização, significativos esforços legislativos, doutrinários[31] e jurisprudenciais tem sido envidados para a regulação dos riscos e, assim, para o reconhecimento do direito à proteção dos dados sensíveis como direito fundamental autônomo, distinguindo-se, *e.g.*, na esfera do âmbito de proteção as circunstâncias que envolvem sobretudo a teia de responsabilidade que afeta à ideia de compartilhamento e a sua titularidade.

[29] LA CUEVA, Pablo Lucas Murillo de. *El derecho a la autodeterminación informativa. Temas clave de la Constitucion Española*. Madrid: Editorial Tecnos S.A., pp. 38-39.

[30] Notabiliza-se a dicção constitucional que, no artigo 205 da CF/88, assegurou: "A educação, direito de todos e dever do Estado e da família, será promovida e incentivada com a colaboração da sociedade, visando ao pleno desenvolvimento da pessoa para o exrcício da cidadania e sua qualificação para o trabalho."

[31] SARLET, Ingo Wolfgang; FERREIRA NETO, Arthur M. *O Direito ao "esquecimento" na sociedade da informação*. Porto Alegre: Livraria do Advogado, 2019, p. 23; RODRIGUES JÚNIOR, Otávio Luís. Autonomia da vontade, autonomia privada e autodeterminação – notas sobre a evolução de um conceito na modernidade e na pós-modernidade. *Revista de Informação Legislativa*, Brasília, n. 163, Jul/Set 2004, pp. 113-130.

A Lei 12.965 de 23 de abril de 2014 estabeleceu uma base principiológica voltada para conjuntura advinda com a era digital. Segundo o artigo 3, a disciplina do uso da internet no Brasil tem os seguintes princípios: - garantia da liberdade de expressão, comunicação e manifestação de pensamento, nos termos da CF/88; a proteção da privacidade; e a proteção dos dados pessoais. Conforme o artigo 6, na interpretação dessa Lei serão levados em conta, além dos fundamentos, princípios e objetivos previstos, a natureza da internet, seus usos e seus costumes particulares e sua importância para a promoção do desenvolvimento humano, econômico, social e cultural. Do teor do artigo 7 depreende-se as normas sobre danos morais e materiais em caso de violação da intimidade e da vida privada. Em particular acerca da inviolabilidade e do sigilo do fluxo de comunicações e das comunicações armazenadas, há a previsão do direito ao não fornecimento a terceiros de dados pessoais mediante consentimento do usuário, à exclusão definitiva dos dados pessoais fornecidos à aplicação específica na internet, à publicidade e à clareza de eventuais políticas de uso dos provedores de conexão e de aplicações.

Nos termos dos artigos 10 e 11 foi estruturada a base para a garantia do direito à proteção de dados no Brasil, remetendo à regulamentação efetuada pelo Decreto 8771/16. De modo geral, ao usuário são assegurados, dentre outros, os seguintes direitos[32]: inviolabilidade da intimidade e da vida privada, a proteção e a indenização pelo dano material ou moral decorrente de sua violação nos domínios da internet, salvo por ordem judicial, na forma da lei; inviolabilidade e sigilo de suas comunicações privadas e dos dados pessoais que tiver fornecido a determinada aplicação de internet, a seu requerimento, ao término da relação entre as partes, ressalvadas as hipóteses de guarda obrigatória de registros previstas nesta Lei; a guarda e a disponibilização dos registros de conexão e de acesso a aplicações de internet de que trata esta Lei, bem como de dados para a preservação da intimidade, da vida privada, da honra e da imagem das partes, direta ou indiretamente envolvidas[33].

[32] Conferir no contexto alemão em: HOFFMANN, Christian; LUCH, Anika D.; SCHULZ, Sönke E.; BORCHERS, Kim Corinna. *Die digitale Dimension der Grundrechte – Das Grundgesetz im digitalen Zeitalter.* Baden-Baden: Nomos, 2015, p. 217.

[33] BRASIL. Lei nº 12.965, de 23 de abril de 2014. *Diário Oficial da União*, Brasília, 24 de abril de 2014. Disponivel em: <http://www.planalto.gov.br/ccivil_03/_ato2011-2014/2014/lei/l12965.htm>. Acesso em: 08 jan. 2018.

Em 2018, isto é, a reboque das mudanças legislativas no continente europeu, que se deu a sanção da Lei Geral de Proteção de Dados, doravante LGPD, na qual evidenciou-se a transparência como elemento central e, desta forma, tornou cristalina a ideia de que todos os procedimentos envolvendo dados pessoais devam ser compatíveis com a finalidade da coleta e minimizados em uma política de uso racional, sobretudo em razão da sua perenidade. Outro aspecto notável foi o fortalecimento da proteção e a decorrente vedação de uso de dados sensíveis para fins discriminatórios independentemente do consentimento do usuário, especialmente face aos riscos de destruição, de divulgação e de acesso indevido em razão da estrutura aberta da internet. Interessante relembrar o veto presidencial à criação de uma Autoridade Nacional, doravante ANPD, nos moldes dessa legislação.

De fato, em dezembro de 2018 o presidente Michel Temer, por meio de medida provisória, instituiu a ANPD. A MP 869/18 criou a ANPD como um órgão submetido à presidência da República, pertencente ao Executivo e formado por um conselho diretor de cinco membros indicados pelo presidente para mandato de quatro anos. Dentre outras, as principais atribuições da ANPD são: Criação de uma política nacional de proteção de dados pessoais; garantir a privacidade desses dados; fiscalizar e aplicar sanções; promover campanhas de informação junto à população sobre as normas e as políticas públicas de proteção de dados pessoais; promover ações de cooperação com autoridades estrangeiras sobre esse tema; propor diretrizes estratégicas; elaborar relatórios anuais de avaliação da execução da política nacional de proteção de dados. De qualquer sorte, deve ser reforçado que a MP alterou parcialmente o Marco civil da Internet na medida em que abriu a possibilidade de pessoas jurídicas de direito privado controladas pelo poder político tratarem bancos de dados ultra relevantes como os dados sobre segurança pública, defesa nacional, segurança do Estado ou atividade de investigação e ou repressão penal.

A LGPD, não custa sublinhar, em nítida reafirmação da preponderância do consentimento como elemento crucial das relações no ambiente digital, em especial no que toca à proteção de dados sensíveis, reconheceu, dentre outros, os direitos de acesso, de retificação, de cancelamento, de exclusão, de oposição, de revogação da anuência. Além disso, reafirmou o direito à informação e de esclarecimento sobre a utilização de dados, enfatizando a ideia de titularidade na medida em que consagrou o direito à portabilidade. Impende relembrar a garantia do direito de pedido de revisão de decisão tomada com base em algoritmos e, nesse sentido, a teia de responsabilização que envolve a segurança dos dados, gerando, *e.g.*, a obrigação imediata de informar por meio de relatórios caso haja indícios de vazamento ou qualquer dano à estrutura de proteção. Igualmente relevante é a obrigatoriedade de novo consentimento em razão da necessidade de alteração de emprego dos dados, seja em razão da coleta, do tratamento ou da finalidade.

Interessa ainda sublinhar que, atualmente, em resposta ao suposto vazamento de informações referentes à operação *Lava Jato* comandada pela Polícia Federal que alcançou notoriedade em função da atual conjuntura política no Brasil, foi apresentada no Congresso Nacional uma proposta de emenda constitucional que tem como elemento preponderante o reconhecimento do direito à proteção de dados como direito fundamental.

Conclusão

Dentre as alterações mais relevantes para o momento está o reconhecimento da autonomia, da liberdade, da dignidade, da privacidade e do livre desenvolvimento da personalidade como alicerces de qualquer sistema de proteção de dados pessoais, em particular no ambiente digital. Destaca-se, portanto, o valor inescusável do consentimento informado que deve ser considerado o fio condutor da proteção da pessoa humana e, mais especificamente, da sua autodeterminação que, em rigor, envolve a dimensão informativa.

O consentimento, portanto, a partir da aplicação da legislação em vigor no Brasil, deve estar inscrito em uma constelação de circunstâncias para ser pleno e válido que envolvem, dentre outros elementos outrora descritos, uma temporalidade estrita ao uso previamente informado e esclarecido, o qual tenha sido ampla e livremente objeto de deliberação de pessoa autônoma, importando em ressaltar os limites dessa categoria em um país que tristemente ainda expressa altas taxas de analfabetismo funcional e que passa por uma crise institucional grave. No entanto, surge, a partir daí outra mirada que, a despeito de sua relevância, não será objeto dessa investigação, resguardando-se, todavia, a adequação da qualidade e da quantidade de informação a ser prestada previamente como um pressuposto essencial.

Em geral o que se torna evidente é o fortalecimento do consentimento informado como uma expressão livre, consciente e informada do sujeito de direito. Ele é o núcleo essencial para a proteção da pessoa humana na internet que evidentemente passa pela tentativa de uniformização do regime de tratamento de dados, cujo impacto ao nível da proteção da privacidade dos titulares de dados.

Interessa reafirmar ainda a relevância, face à vulnerabilização eminente da pessoa humana, de uma conjugação de esforços que possam oferecer bases doutrinárias, jurisprudenciais e legislativas para a solução de conflitos vindouros a partir de elementos apropriados que, em síntese, não flexibilizem as bases das conquistas dos sujeitos de direito, independente do meio em que se encontrem, sobretudo a partir de uma proteção multinível que impeça retrocessos no âmbito de proteção dos direitos que perfazem a moldura de garantias inclusive no ambiente de *Big Data*.

Referências

TECMUNDO. "AFINAL, quanta energia elétrica a internet utiliza para funcionar?". Disponível em*:* <https://www.tecmundo.com.br/internet/104589-quanta-energia-eletrica--internet-utiliza-funcionar.htm> Acesso em: 17 jan. 2018.

AGAMBEN, Giorgio. "*Lo abierto: el hombre y el animal*". Flavia Costa y Edgardo Castro (Trad). Buenos Aires: Adriana Hidalgo, 2006, p. 35.

ALMEIDA, Silvio Luiz de. *O que é racismo estrutural?* Belo Horizonte: Letramento, 2018, p. 56.

ASCENSÃO, José de Oliveira. *Estudos sobre direito da internet e da sociedade da informação.* Coimbra: Almedina, 2001, p. 264.

BARROSO, Luis Roberto. *Dignidade da pessoa humana no direito constitucional contemporâneo: a construção de um conceito jurídico à luz da jurisprudência mundial.* São Paulo: Fórum, 2013. p. 39.

BRÜGGEMEIER, Gert. *Protection of personality rights in the Law of delict/torts in Europe: mapping out paradigms.* In: BRÜGGEMEIER, Gert; CIACCHI, Aurelia Colombia; O'CALLAGHAN, Patrick. (Ed.). *Personality rights in european tort law.* Cambridge: Cambridge University Press, 2010.

BRUNO, Fernanda. *Máquinas de ver, modos de ser: vigilância, tecnologia e subjetividade.* Porto Alegre: Sulina, 2013, p. 123.

CANCELIER, Mikhail Vieira de Lorenzi. *O direito à privacidade hoje: perspectiva histórica e o cenário brasileiro.* Sequencia (Florianópolis). N. 76. Ago 2017, pp. 213-240.

CASTELLS, Manuel. (1999). *A Era da Informação: economia, sociedade e cultura,* vol. 3. São Paulo: Paz e terra, p. 21.

CUKIER, Kenneth; MAYER-SCHÖNBERGER, Viktor. *Big Data: A Revolution that will transform how we live, work and think.* Boston, New York: Mariner Books, 2014, p. 176.

DEODATO, Sérgio. *A proteção dos dados pessoais de saúde.* Porto: Universidade Católica Portuguesa, 2017, p. 16.

HABBERMAS, Jürgen. *Um Ensaio sobre a Constituição da Europa.* Trad. Mrian Toldy; Teresa Toldy. Lisboa: Edições 70 Lda, 2012, p. 37.

HOFFMANN, Christian; LUCH, Anika D.; SCHULZ, Sönke E.; BORCHERS, Kim Corinna. *Die digitale Dimension der Grundrechte- Das Grundgesetz im digitalen Zeitalter.* Baden-Baden: Nomos, 2015, p. 217.

KLOEPFER, Michael. *Vida e Dignidade da Pessoa Humana.* In: Ingo Wolfgang Sarlet (Org.), Dimensões da Dignidade. Ensaios de Filosofia do Direito e Direito Constitucional, 2 ed, Porto Alegre: Livraria do Advogado Editora, 2009, p. 171 e ss.

LA CUEVA, Pablo Lucas Murillo de. *El derecho a la autodeterminación informativa. Temas clave de la Constitucion Española.* Madrid: Editorial Tecnos S.A., pp. 38-39.

LEITE, Flávia Piva Almeida. *O Exercício da Liberdade de Expressão nas Redes Sociais e o Marco Civil da Internet.* In Revista de Direito Brasileiro, vol. 13, n. 06, 2016, p. 150.

LEONARDI, Marcel. *Tutela e privacidade na Internet.* São Paulo: Saraiva, 2012, p. 73.

LÉVY, Pierre. *Cibercultura.* Tradução de Carlos Irineu da Costa. São Paulo: Editora 34, 2008, p. 17.

LIMBERGER, Têmis. *O direito à intimidade na era da* informática: a necessidade de proteção dos dados pessoais. Porto Alegre: Livraria do Advogado, 2007, p. 231.

MARINONI, Luis Guilherme; MITIDIERO, Daniel; SARLET, Ingo Wolfgang. *Curso de Direito Constitucional.* São Paulo: Revista dos Tribunais, 2014, pp. 434-435.

MARSDEN, C.T. *Net Neutrality: towards a Co-Regulatory Solutions.* Londres: Bloomsburry Academic, 2010, p. 36.

PUGLIANO, John. *Os robôs querem o seu emprego.* Edições Saída de Emergência. Portugal: Porto Salvo, 2018, p. 157.

RAMSAY, Iain. "*Consumer protection in the era of informational capitalism*". *In:* WILHELMSSON, Thomas; TUOMINEM, Salla; e TUOMOCA, Heli (ed.) *Consumer law in the information society.* The Hague. Kluwer Law International, 2001, p. 45.

RODOTÀ, Stefano. *La rovoluione della dignità.* Napoli: La scuola di Pitagora editrice, 2013, p. 15.

RODRIGUES JÚNIOR. Otávio Luís. "Autonomia da vontade, autonomia privada e autodeterminação – notas sobre a evolução de um conceito na modernidade e na pós-modernidade". In: *Revista de Informação Legislativa.* Brasília. N. 41. N. 163. Jul/Set 2004, pp. 113-130.

SANTAELLA, Lucia. *Linguagens líquidas na era da mobilidade.* São Paulo: Paulus, 2011, p. 178.

SARLET, Ingo Wolfgang; FERREIRA NETO, Arthur M. *O Direito ao "esquecimento" na sociedade da informação.* Porto Alegre: Livraria do Advogado, 2019, p. 23.

SCHMIDT, Eric; COHEN, Jared. *The New Digital Age: Reshaping the Future of People, Nations and Business.* London: John Murray, 2014, p. 15.

STARCK, Christian. "A proteção dos direitos fundamentais pelos tribunais e o papel da legislação na Alemanha". *In:* SOUSA, Marcelo Rabelo de; PINTO, Eduardo Vera-Cruz (Coords.). *Liber Amicorum Fausto de Quadros*, vol. 1, 2016, pp. 315-325.

STATZEL, Sophie. "*Cybersupremacy: The new Face and Form of white Supremacy Activism*". *In:* BOLER, Megan (edit.). *Digital Media and Democracy: Tactics in hard Times*. Cambridge: MIT Press, 2008, p. 409.

SUNSTEIN, Cass R. *Republic: divided democracy in the age of social media*. New Jersey: Princeton University Press, 2017, p. 138.

The Economist. *LinkedUp*. Disponível em: <http://www.economist.com/news/business_and_finance/21700605_it_one_most_expensive_tech_deals_history_it-may_not_be_smartest_making_sense>. Acesso em: 03 jan. 2018

______. *The world's most valuable resource is no longer oil, but data*. Disponível em <https://www.economist.com/leaders/2017/05/06/the-worlds-most-valuable-resource-is-no--longer-oil-but-data>. Acesso em: 01 jun.2018.

2. A LGPD sob a Perspectiva da Regulação do Poder Econômico

Marcelo Benacchio
Renata Mota Maciel

1. Introdução

A ascensão do capitalismo como modo de produção único e a economia globalizada acentuou a importância da empresa na atual organização da sociedade.

O Estado, como ocorreu em nosso país, passa a seguir os modelos organização empresarial na busca da diminuição de seus custos e aumento da eficiência.

Essas mudanças repercutem no gradativo e constante aumento do poder econômico da empresa.

A evolução tecnológica forma as bases da quarta revolução industrial por meio de soluções inovadoras como ocorre com a inteligência artificial, internet das coisas e o acúmulo expressivo de dados e informações, conformando a chamada economia digital.

Nessa perspectiva há relevância da reunião e processamento das informações das pessoas enquanto meio de afirmação e utilização do poder empresarial.

O incremento das tecnologias da informação permitiu às empresas monitorar o comportamento presente e tendências futuras de seus consumidores a partir do tratamento de seus dados pessoais.

Essa situação atinge todos os países, todavia, tem maior potencial ofensivo aos direitos de liberdade e privacidade naqueles de capitalismo tardio ante as dificuldades do Poder Estatal em regular a atividade empresarial.

No Brasil a recente Lei n. 13.709/2018, denominada Lei Geral de Proteção de Dados Pessoais – LGPD, é um importante instrumento de regulação do poder da empresa no trato de dados pessoais para garantia da liberdade, privacidade e desenvolvimento dos seres humanos.

A presente pesquisa efetua uma reflexão acerca da evolução do poder econômico da empresa, a utilização dos dados pessoais como ativo da economia digital, as dificuldades da regulação, o papel e possibilidades potenciais da Lei Geral de Proteção de Dados Pessoais – LGPD para a regulação do poder econômico.

O exame da questão posta é analisado desde indagações acerca da compreensão do poder econômico da empresa, os limites de coleta e as possibilidades de utilização de dados pessoais, os desafios da regulação da atividade empresarial nesse aspecto e, por fim, os paradigmas de aplicação da Lei Geral de Proteção de Dados Pessoais no sentido da garantia dos direitos fundamentais das pessoas e a possibilidade do desenvolvimento humano enquanto concretização da dignidade da pessoa humana.

O método de pesquisa utilizado é hipotético-dedutivo por meio de pesquisa documental e bibliográfica e, ao final, são expostas as proposições conclusivas.

2. Empresa e Poder Econômico: Passado, Presente e Futuro

A evolução do capitalismo ao longo do tempo pode perfeitamente ser ilustrada a partir do desenvolvimento da atividade empresarial na história da civilização.

Não por acaso Fabio Konder Comparato afirmou, na aula inaugural dos Cursos Jurídicos da Faculdade de Direito da Universidade de São Paulo, em 1983, que "se se quiser indicar uma instituição social que, pela sua influência, dinamismo e poder de transformação, sirva de elemento explicativo e definidor da civilização contemporânea, a escolha é indubitável: essa instituição é a empresa"[1].

Da mesma forma, pensar em poder econômico é reconhecer o papel das empresas no desenvolvimento das nações, ainda que tenham sofrido

[1] COMPARATO, Fabio Konder. A reforma da empresa. In: *Direito empresarial*: estudos e pareceres. São Paulo: Saraiva, 1995, p. 3-26, p. 3.

a intervenção do Estado, em movimentos muitas vezes cíclicos de maior ou menor ingerência.

Em qualquer caso, mesmo em cenários de maior interferência estatal na atividade empresarial, não há dúvida de que a empresa sempre logrou espaço para o seu desenvolvimento e o protagonismo nos avanços tecnológicos verificados na história.

José Renato Nalini destaca que "por haver sobrevivido às intempéries, a instituição que pode ser considerada vencedora no século XXI é a empresa. Enquanto o Estado se encontra às voltas com a perda da soberania, conceito cada vez mais relativizado, a empresa integra um sistema competente"[2].

Ao mesmo tempo em que se constata a relativização do conceito de soberania, a empresa ultrapassa fronteiras e contribui, se é que não pode ser considerada a grande responsável, para o que se convencionou chamar globalização, com todas as consequências desse contexto advindas.

Não se perca de vista que as relações empresariais nos mercados são relações eminentemente de poder econômico. Logo, com as transformações pelas quais a atividade empresarial passou ao longo do tempo, o valor econômico de seus bens foi pouco a pouco sendo alterado, ao sabor da evolução de sua própria atividade e, sobretudo, quando a propriedade privada como representação de poder foi substituída pela propriedade sobre os bens de produção e, finalmente, quando inseridos em uma organização empresarial, pelo poder de controle[3].

Em um momento subsequente, o poder econômico das empresas foi gradativamente deslocado em função da acumulação tecnológica e, nessa lógica de poder, parece evidente que ninguém está disposto a se despojar de seu poder de forma voluntária.[4]

Portanto, se o passado pode ser definido a partir do poder econômico da atividade empresarial do detentor do capital para dominação e prevalência de seus interesses, até mesmo em face do Estado, o presente descortina-se com o claro reconhecimento de que o poder econômico é detido pela

[2] NALINI, José Renato. *Ética geral e profissional*. 7ª edição revista. São Paulo: Editora Revista dos Tribunais, 2009, p. 266.

[3] COMPARATO, Fabio Konder. Função social da propriedade dos bens de produção. In: *Direito empresarial*: estudos e pareceres. São Paulo: Saraiva, 1995, p. 27-37, p. 37.

[4] COMPARATO, Fabio Konder. A transferência empresarial de tecnologia para países subdesenvolvidos: um caso típico de inadequação dos meios aos fins. In: *Direito empresarial*: estudos e pareceres. São Paulo: Saraiva, 1995, p. 38-53, p. 53.

organização empresarial que domina a tecnologia em seu mercado, a ponto de a propriedade intelectual e sua regulamentação apresentarem-se como o grande desafio da atualidade em matéria de relações entre empresas.

O futuro, por sua vez, já aponta sinais no sentido de que o domínio sobre a coleta, o uso e o tratamento de dados pessoais inexoravelmente integrará, senão total, ao menos parcialmente, todos os modelos de negócio que vem se desenvolvendo, ao passo que a empresa, **já** no próximo quadril deste século, terá por ativo substancial os dados pessoais de seus clientes ou parceiros.

Assim, pensar na proteção de dados pessoais, para muito além da defesa dos direitos individuais dos cidadãos, deve envolver a reflexão de que o poder de controle e de concentração sobre os dados coletados está centralizado em um pequeno número de atores, tanto públicos como privados, localizados primordialmente em uma única jurisdição e, portanto, com grande potencial para uma rápida erosão da soberania dos Estados e da própria democracia.[5]

Ainda que o poder econômico das empresas, como visto acima, seja constante ao longo da história da civilização, nunca o detentor dos dados pessoais, por meio de sua coleta, uso ou tratamento, teve tanto poder e, potencialmente, capacidade de monitorar o presente e prever comportamentos futuros não apenas de indivíduos, mas de populações inteiras.[6]

Da mesma forma, a busca pela dominação global por meio do uso de tecnologias de coleta de dados tem a capacidade de influenciar sistemas e infraestrutura em mercados emergentes e em desenvolvimento, a partir da velha receita: prevalência de capital financeiro e humano e dominação sobre a arquitetura jurídica nacional e internacional.[7]

Na outra ponta, o cenário em países emergentes ou de capitalismo tardio é a escassez de recursos, ao lado da desigualdade digital e que inclui

[5] PINTO, Renata Ávila. Digital Sovereignty Or Digital Colonialsim. *Sur – International Journal on Human Rights*, v. 15, n.27, 2018, p. 15-27. Disponível em HeinOnline. Acesso em: 10.7.2019, p. 16.

[6] PINTO, Renata Ávila. Digital Sovereignty Or Digital Colonialsim. *Sur – International Journal on Human Rights*, v. 15, n.27, 2018, p. 15-27. Disponível em HeinOnline. Acesso em: 10.7.2019, p. 16.

[7] PINTO, Renata Ávila. Digital Sovereignty Or Digital Colonialsim. *Sur – International Journal on Human Rights*, v. 15, n.27, 2018, p. 15-27. Disponível em HeinOnline. Acesso em: 10.7.2019, p. 17.

deficiência em matéria de educação e de pesquisa, conjunto propício à absoluta dependência tecnológica e dominação pelas empresas detentoras do poder econômico.[8]

Como afirma Calixto Salomão Filho, não há como pensar na construção de sociedades desenvolvidas economicamente e justas socialmente sem um combate estruturado ao poder econômico.[9]

É verdade que medidas como a promulgação de leis voltadas ao incentivo à inovação, nos moldes do que vem ocorrendo no Brasil, por exemplo, desde 2004, tem o objetivo de envidar esforços na implementação de um sistema de inovação nacional e inserir o País na economia global, com vistas a recuperar o déficit tecnológico e promover o reconhecimento da inovação como fator de desenvolvimento[10].

Não há dúvida que tecnologias produzidas localmente têm o potencial de considerar outros valores que não apenas aqueles orientados para o lucro, comportamento típico das empresas detentoras do poder econômico.

Seja como for, reconhecer a influência do poder econômico e da atividade empresarial nesse contexto já se mostra um primeiro grande passo.

3. Os Dados Pessoais como um Ativo da Empresa: Coleta, Uso e Tratamento como Novo Modelo de Negócio

O valor de uma empresa, por muito tempo, pôde ser aferido por meio da propriedade privada, sobretudo de imóveis, máquinas e outros bens tangíveis. Não deixava de ser um prolongamento da visão encontrada pelo menos até o século XIX, quando a prevalecia a clássica dicotomia entre bens móveis e imóveis como a mais relevante classificação dos bens, a refletir, em um primeiro momento, o poder político do detentor da propriedade imóvel (solo rural), até que o desenvolvimento dos sistemas capitalista e

[8] PINTO, Renata Ávila. Digital Sovereignty Or Digital Colonialsim. *Sur – International Journal on Human Rights*, v. 15, n.27, 2018, p. 15-27. Disponível em HeinOnline. Acesso em: 10.7.2019, p. 17.

[9] SALOMÃO FILHO, Calixto. *Teoria crítico-estruturalista do Direito Comercial*. São Paulo: Marcial Pons, 2015, p. 23.

[10] ARAÚJO, Nicete Lacerda; GUERRA, Bráulio Madureira; *et al. Marco Legal da Inovação*: breves comentários. Rio de Janeiro: Lumen Juris, 2018, p. 3.

de crédito reverteram essa ordem e transformaram a propriedade móvel sobre moedas, metais preciosos e papeis em importantes instrumentos para o desenvolvimento da revolução industrial[11].

A vida social passa, então, a ser orientada pelas atividades de produção e circulação de bens e prestação de serviços e, como acrescenta Fabio Konder Comparato, "a mais importante distinção jurídica entre os bens passara a ser a de bens de produção e de consumo", destacando-se o crescimento do consumo a partir desse momento.[12]

Como afirmara Oscar Barreto Filho, a propriedade sobre os bens de produção em oposição à propriedade comum de bens de consumo é o instrumento de reelaboração do conceito de propriedade.[13]

O poder na sociedade vai sendo apropriado pelo empresário capitalista, detentor dos bens de produção e, por consequência, da acumulação de bens materiais e da utilização do saber tecnológico.

A próxima transformação, não há dúvida, para além da estreita ligação entre riqueza econômica e conhecimento tecnol**ógico, reconhece**u que as invenções técnicas constitu**ía**m elemento indispensável da atividade empresarial e, para estimular seu desenvolvimento, concederam-se aos autores dessas invenções um direito de propriedade temporário, sob a forma de patentes.[14]

Vistas a partir da história da civilização, a primeira mudança profunda na organização social e econômica ocorreu com o surgimento da agricultura há cerca de 10.000 anos, seguida de uma série de revoluções industriais iniciadas na segunda metade do século XVIII, com a transição da força muscular para a energia mecânica.[15]

Enquanto a primeira revolução industrial, ocorrida entre 1760 e 1840, foi provocada pela construção de ferrovias e pela invenção da máquina a vapor, dando início à produção mecânica; a segunda revolução industrial é

[11] COMPARATO, Fabio Konder. Função social da propriedade dos bens de produção. In: *Direito empresarial*: estudos e pareceres. São Paulo: Saraiva, 1995, p. 27-37, p. 28.

[12] COMPARATO, Fabio Konder. Função social da propriedade dos bens de produção. In: *Direito empresarial*: estudos e pareceres. São Paulo: Saraiva, 1995, p. 27-37, p. 28-29.

[13] BARRETO FILHO, Oscar. *Teoria do Estabelecimento Comercial*. 2ª edição. São Paulo: Saraiva, 1988, p. 27.

[14] COMPARATO, Fabio Konder. *A civilização capitalista*. 2ª edição. São Paulo: Saraiva, 2014, p. 95.

[15] SCHWAB, Klaus. *A quarta revolução industrial*. São Paulo: Edipro, 2016, p. 15.

instaurada com o advento da eletricidade e da linha de montagem, entre o final do século XIX e o início do século XX, e que possibilitou a produção em massa.[16]

Na década de 60 ocorre a chamada revolução digital ou do computador, "impulsionada pelo desenvolvimento de semicondutores, da computação em *mainframe* (década de 1960), da computação pessoal (década de 1970 e 1980) e da internet (década de 1990)".[17]

Kaus Schwab sustenta que hoje se está no que denomina quarta revolução industrial, iniciada na virada do século e baseada na revolução digital. Afirma que "é caracterizada por uma internet mais ubíqua e móvel, por sensores menores e mais poderosos que se tornaram mais baratos e pela inteligência artificial e aprendizagem automática (ou aprendizado de máquina).[18]

Na sequência dessa nova revolução digital, constata-se que a velocidade da inovação dos modelos de negócio e em termos de ruptura são consideráveis, sobretudo porque apresentam-se com potencial para alterar até mesmo arcabouços regulatórios anteriormente estabelecidos.

Nesse aspecto, como destacam Vinícius Marques de Carvalho e Marcela Mattiuzo:

> A disrupção é relevante para a discussão porque, ainda que de maneira alguma seja um fenômeno particular do início do século XXI, a forma como ela tem se dado recentemente traz uma consequência bastante particular: ela parece minimizar a necessidade de regulação, porque tem o condão de corrigir (ou levar a níveis suficientemente baixos) determinadas falhas de mercado.[19]

O certo é que, na prática, esses modelos de negócio na internet, superado um primeiro momento em que se argumentou criassem valor aos consumidores, por meio dos benefícios da desintermediação e a consequente redução de custos, logo demonstraram seu potencial para o aproveitamento econômico decorrente do uso de publicidade e estratégias de

[16] SCHWAB, Klaus. *A quarta revolução industrial.* São Paulo: Edipro, 2016, p. 15.

[17] SCHWAB, Klaus. *A quarta revolução industrial.* São Paulo: Edipro, 2016, p. 16.

[18] SCHWAB, Klaus. *A quarta revolução industrial.* São Paulo: Edipro, 2016, p. 16.

[19] CARVALHO, Vinícius Marques de; MATTIUZZO, Marcela. Confiança, reputação e redes: uma nova lógica econômica? In: ZANATTA, Rafael A. F.; PAULA, Pedro C. B.; KIRA, Beatriz (Org.). *Economias do compartilhamento e o* Direito. Curitiba: Juruá, 2017, p. 41-57, p. 43.

marketing com a utilização das tecnologias, cuja remuneração podia ser estimada a partir de acessos, cliques e, enfim, a coleta de dados sobre o comportamento do consumidor.

Daí por diante, em uma velocidade compatível com o ciclo desses novos modelos de negócio, houve a sofisticação das ferramentas de coleta e uso de dados, até que o comportamento do consumidor na internet passou a ser examinado em processos de análise que permitiram novos meios para monetizar dados de forma cada vez mais elaborada, para além do uso original, no que se convencionou chamar "usos secundários".[20]

A questão pode ser muito bem sintetizada pelo artigo de Jonathan Vanian, publicado na *Fortune* em junho de 2016, sob o título *Why data is the new oil?*

O autor menciona, em tradução livre:

> O campo da inteligência artificial está em alta, graças em parte a grandes empresas como Google , Facebook e Microsoft, que usam técnicas relacionadas à inteligência artificial para treinar computadores para reconhecer objetos em fotos e entender a linguagem humana.'
>
> Mas essas empresas só puderam treinar seus computadores para realizar esses feitos difíceis, porque eles têm as enormes quantidades de dados necessárias. As empresas que querem usar técnicas de inteligência artificial como algoritmos de aprendizado de máquina para melhorar seus negócios precisarão adquirir ou adquirir quantidades copiosas de dados, que só se tornarão mais valiosos à medida que o campo da IA avance.
>
> Essa é uma das conclusões de um painel sobre inteligência artificial na segunda-feira em Aspen, no Colorado, durante a conferência anual da Fortune, a Brainstorm Tech .
>
> "Os dados são o novo petróleo", disse Shivon Zilis, sócio da firma de capital de risco Bloomberg Beta, sobre o crescente valor dos dados.
>
> Embora empresas como Google (GOOG), Facebook (FB) e Amazon (AMZN) tenham aberto seu próprio software de inteligência artificial para que qualquer programador possa acessar o código e usá-lo para construir seus próprios aplicativos, eles não disponibilizam os dados necessários. Zilis explicou. Essas empresas estão liberando esses kits de ferramentas de inteligência

[20] VOSS, W. Gregory. Internet, New Technologies, and Value: Taking Share of Economic Surveillance. *Journal of Law, Technology & Policy, University of Illinois*, vol. 2017, no. 2, Fall 2017, pp. 469-485, p. 471.

> artificial de graça para que possam recrutar mais engenheiros para suas empresas, disse ela.
>
> Quando se trata de concorrência, são os dados que essas empresas possuem que são mais importantes do que as ferramentas reais de software de inteligência artificial que eles usam e liberam para o público.
>
> David Kenny, gerente geral do serviço de processamento de dados Watson da IBM, concordou com Zilis e disse que "o valor dos dados aumenta a cada dia que a IA avança".
>
> "Os dados se tornarão uma moeda", disse Kenny. Ele também explicou que apenas 20% das informações do mundo são armazenadas na internet, com os outros 80% sendo de propriedade privada dentro de empresas e organizações (...)[21]

Por esse quadro, não há dúvida de que os dados pessoais foram mercantilizados e, portanto, constituem um ativo relevante das empresas na contemporaneidade. Como outrora ocorreu com os proprietários dos bens de produção em seu conceito original, o poder econômico hoje pertence ao detentor dos dados pessoais dos usuários e que se reflete na concentração de riqueza e de poder.

Todo o sistema de intermediários que atuam na internet é hoje financiado por dados e informações comportamentais e das transações realizadas pelos usuários, que se tornam verdadeiros produtos desse mercado.

Como destaca Gregory W. Voss, o valor criado por esse sistema não beneficia diretamente os criadores de conteúdo, ou seja, os usuários e seus dados, mas aqueles detentores do poder econômico, a partir do domínio da infraestrutura de busca e que são os grandes intermediários nesse mercado.[22]

Assim, ainda que sob o rótulo de economia compartilhada, o certo é que os lucros desse novo modelo de negócios não são direcionados à ideologia altruísta que o sustenta[23], mas aos atores que detêm o poder econômico.

Fabio Konder Comparato, de forma bastante enfática, afirma:

[21] VANIAN, Jonathan. Why Data Is The New Oil. *Fortune*, July 11, 2016. Disponível em: https://fortune.com/2016/07/11/data-oil-brainstorm-tech/. Acesso em: 17.7.2019.

[22] VOSS, W. Gregory. Internet, New Technologies, and Value: Taking Share of Economic Surveillance. *Journal of Law, Technology & Policy, University of Illinois*, vol. 2017, no. 2, Fall 2017, pp. 469-485, p. 478-479.

[23] VOSS, W. Gregory. Internet, New Technologies, and Value: Taking Share of Economic Surveillance. *Journal of Law, Technology & Policy, University of Illinois*, vol. 2017, no. 2, Fall 2017, pp. 469-485, p. 479.

> Pois bem, o que o direito capitalista fez, nos tempos modernos, foi exatamente transformar a propriedade sobre coisas em poder sobre pessoas. Assim, por exemplo, o poder de controle empresarial sobre os trabalhadores e sobre o próprio destino da empresa, em função da qual vivem os sócios, trabalhadores, fornecedores e clientes, é fundado na propriedade do capital. Da mesma forma, o poder indireto sobre os consumidores ou o mercado em geral é, todo ele, fundado na propriedade do capital.[24]

Este é exatamente o caso da propriedade sobre a coleta, uso e tratamento de dados, na medida em que reforça o poder econômico dessas empresas.

A acumulação de grandes quantidades de dados por plataformas pode criar questões anticoncorrenciais como barreiras à entrada ou ao poder de mercado, especialmente quando os dados são difíceis de replicar.

A natureza dinâmica da economia digital, por sua vez, assim como mercados multilaterais e ofertas a preço zero, podem tornar mais difícil a definição do mercado, a avaliação do poder de mercado e a análise de efeitos competitivos da atuação desses agentes, embora se possa, como ocorre em outros mercados, trabalhar com critérios não exatamente voltados ao preço do serviço, tais como qualidade, inovação e escolha do consumidor, os quais, como se sabe, também são vetores para a regulação dos mercados.

A indagação que se faz a esta altura é a de como resolver no plano jurídico o papel dos dados pessoais coletados, usados e tratados pelos agentes econômicos, quando pensados como um ativo relevante.

Nesse contexto, a primeira reflexão está relacionada ao fato de que se trata de um ativo relevante, na maioria dos casos, encoberto sobre a apresentação de serviços prestados gratuitamente.

Por outro lado, e justamente diante do valor desses dados pessoais para o agente econômico, surge a necessidade de protegê-los como um bem de sua propriedade privada, em muitos casos reconhecido como propriedade intelectual e objeto de direitos e de relações jurídicas, a ponto de ser tratado pelo direito de autor, direito antitruste e direito contratual.[25]

[24] COMPARATO, Fabio Konder. *A civilização capitalista*. 2ª edição. São Paulo: Saraiva, 2014, p. 99.

[25] VOSS, W. Gregory. Internet, New Technologies, and Value: Taking Share of Economic Surveillance. *Journal of Law, Technology & Policy, University of Illinois*, vol. 2017, no. 2, Fall 2017, pp. 469-485, p. 480.

Portanto, a pauta da regulação do poder econômico por meio da regulação da atividade empresarial nunca se mostrou tão necessária e premente, ainda que se reconheçam os desafios neste campo, sobretudo em contexto de alteração constante dos modelos de negócio e da própria evolução tecnológica.

4. Desafios da Regulação da Atividade Empresarial e da Regulação do Poder Econômico

A regulação da atividade empresarial, para muito além das tensões entre privacidade e segurança, hoje pode ser verificada no confronto entre o controle e a liberdade de populações inteiras e de regiões do planeta, diante de tecnologias e da coleta e análise massiva de dados, chegando-se a indagar acerca de uma nova forma de colonialismo: o digital.[26]

Reconhecido, como visto acima, o poder econômico das empresas detentoras da coleta, uso e tratamento de dados pessoais, é preciso destacar que sua origem é exatamente derivada do enorme volume de dados coletados e usados por esses agentes econômicos.

A propósito da preocupação com a regulação da chamada economia digital, nos dias 17 e 18 de julho de 2019 ministros das finanças do G7 e os presidentes dos bancos centrais respectivos reuniram-se para tratar do tema “concorrência e economia digital”, com a emissão de documento que reflete a posição comum das autoridades antitruste acerca do tema[27], ou seja, *Autoritá Garante della Concorrenza e del Mercato* (Itália), *Autorité de la Concurrence* (França), *Bundeskartellamt* (Alemanha), *Competition Bureau* (Canadá), *Competition and Markets Authority* (Reino Unido), *Department of Justice* (Estados Unidos da América), *Directorate General for Competition* (Comissão Europeia), Federal Trade Commission (Estados Unidos da América) e *Japan Fair Trade Commission* (Japão).

[26] PINTO, Renata Ávila. Digital Sovereignty Or Digital Colonialsim. Sur – International Journal on Human Rights, v. 15, n.27, 2018, p. 15-27. Disponível em HeinOnline. Acesso em: 10.7.2019, p. 24.

[27] G7. *Common Understanding of G7 Competition Authorities on “Competition and the Digital Economy”*. Paris, 5th June, 2019. Disponível em: <http://www.autoritedelaconcurrence.fr/doc/g7_common_understanding.pdf>. Acesso em: 18.7.2019.

São premissas do documento, entre outras, a necessidade de mercados competitivos para o bom funcionamento das economias; o potencial da política de concorrência para auxiliar na obtenção dos benefícios decorrentes da transformação digital para a inovação e o crescimento, salvaguardando, simultaneamente, o bem-estar do consumidor e a confiança nos mercados digitais; o dever dos governos de avaliar políticas ou regulamentos que restrinjam desnecessariamente a concorrência em mercados digitais ou entre concorrentes digitais e não digitais, assim como o dever de considerar alternativas competitivas sempre que possível; a natureza sem fronteiras da economia digital, a tornar importante promover maior cooperação internacional e convergência na aplicação de leis de concorrência.[28]

Em síntese, o documento reconhece os benefícios da economia digital para a inovação e o crescimento, assim como o potencial para a criação de novas oportunidades de negócios e para a redução dos custos de bens e serviços em toda a economia. Da mesma forma, as inovações orientadas por dados, em particular, transformaram a economia digital, ao passo que investimento e inovação nesses mercados podem servir como um motor de crescimento econômico e gerar externalidades positivas globalmente, alimentando inovação adicional e modelos de negócios que não existiam anteriormente.

Por outro lado, esses benefícios vêm acompanhados de desafios, sobretudo às autoridades da concorrência, na medida em que buscam manter um ambiente que estimule a inovação, apoie a concorrência forte e promova o bem-estar do consumidor.[29]

Nesse aspecto, a estrutura regulatória da concorrência já trabalha com o conceito e a definição de mercados, de poder de mercado e de abuso de posição dominante. Acrescenta-se que para o mercado digital, como já afirmado acima, para além das ferramentas de análise dos efeitos sobre os preços e a quantidade, deve, com maior vigor, ser incluído o exame dos efeitos da atividade econômica do agente sobre a qualidade, a escolha do consumidor e a inovação.

[28] G7. *Common Understanding of G7 Competition Authorities on "Competition and the Digital Economy"*. Paris, 5th June, 2019. Disponível em: <http://www.autoritedelaconcurrence.fr/doc/g7_common_understanding.pdf>. Acesso em: 18.7.2019, p. 1-2.

[29] G7. *Common Understanding of G7 Competition Authorities on "Competition and the Digital Economy"*. Paris, 5th June, 2019. Disponível em: http://www.autoritedelaconcurrence.fr/doc/g7_common_understanding.pdf. Acesso em: 18.7.2019, p. 4.

Reconhece-se que, como bem destacado pelo mencionado *Common Understanding of G7 Competition Authorities on "Competition and the Digital Economy"*:

> A economia digital levanta certos desafios substantivos e processuais para as autoridades de concorrência. Um dos desafios é a presença comum na economia digital de vários modelos de plataformas multilaterais – desde plataformas que oferecem serviços financiados por publicidade relativamente simples até plataformas híbridas ativas que oferecem ao mesmo tempo seus próprios serviços e acesso e infraestrutura aos concorrentes.
>
> Outros desafios incluem como usar os poderes da coleta de informações de forma efetiva, dadas as novas formas e métodos de retenção de dados, e como buscar uma intervenção sólida contra as condutas anticompetitivas em um prazo adequado. Além disso, as autoridades de concorrência enfrentam novos desafios para avaliar os efeitos competitivos da conduta de empresas que empregam métodos de *machine-learning* e de cálculo de preços por algoritmos.[30]

Portanto, os instrumentos antitruste, como em outros mercados, constituem ferramenta eficiente na regulação da atividade empresarial de tecnologia digital, ao lado de instrumentos legais, como a recente Lei Geral de Proteção de Dados Pessoais – LGPD no Brasil, sem prejuízo de outras formas de regulação da atividade empresarial e do poder econômico com atuação complementar e não concorrente com a agência de defesa da concorrência, como órgãos de proteção ao consumidor e, no caso do Brasil, a recentemente estabelecida Autoridade Nacional de Proteção de Dados – ANPD, a partir da Lei n. 13.853/2019[31], de modo a garantir uma abordagem consistente e de abrangência integral.

Como destacou Martin Schulz, Presidente do Parlamento Europeu à época, em palestra proferida em 28 de janeiro de 2016 no *9th International Conference Computers, Privacy and Data Protection 2016 (CPDP2016)*,

[30] G7. *Common Understanding of G7 Competition Authorities on "Competition and the Digital Economy"*. Paris, 5th June, 2019. Disponível em: http://www.autoritedelaconcurrence.fr/doc/g7_common_understanding.pdf. Acesso em: 18.7.2019, p. 5-6.

[31] Sobre o tema, ver LIMA, Cíntia Rosa Pereira de. *A imprescindibilidade de uma entidade de garantia para a efetiva proteção de dados pessoais no cenário futuro do Brasil*. Tese de Livre-Docência apresentada à Faculdade de Direito de Ribeirão Preto da Universidade de São Paulo. Ribeirão Preto: Universidade de São Paulo, 2015.

ocorrida em Bruxelas, na Bélgica[32], demonstrado que os dados pessoais são a mercadoria mais importante do século XXI, é tarefa dos políticos e dos tribunais fazerem valer os direitos de propriedade dos indivíduos sobre seus próprios dados, especialmente contra aqueles que, até agora, foram inteligentes o suficiente para colocar as mãos nessa mercadoria sem pagar nada. Empresas como *Facebook, Google, Alibaba, Amazon* **não têm** permissão para moldar a nova ordem mundial, assim como não são detentores de mandato para isso! É e deve permanecer como tarefa própria dos representantes democraticamente eleitos do povo chegar a acordos sobre as regras e consagr**á-las** em leis.

Portanto, muito além do problema da dependência de um provedor estrangeiro ou de leis aplicáveis aos dados, a regulação da atividade empresarial voltada ao poder econômico envolve políticas públicas para abordar a questão em todos os níveis.

Como afirma Renata Ávila Pinto, a situação da dominação digital, próxima do colonialismo, ainda não preenche as principais prioridades da agenda política global, o que é mesmo lamentável ao se constatar, quase quarenta anos após a invenção da internet, que a capacidade de políticos e líderes sociais para entender as dimensões do problema ainda é insuficiente.[33]

A mesma autora sugere se seria possível pensar em soluções regionais, nacionais ou comunitárias para restaurar o controle e a propriedade sobre as principais infraestruturas de informação e comunicação ou mesmo se seria viável sustentar medidas alternativas, a partir de certos níveis de intervenção e de ação para a inclusão de políticas e do desenvolvimento de capacidade e de novos *designs* inspirados em um conjunto de valores e princípios diferentes daqueles formulados pelos detentores do poder econômico.[34]

No plano legislativo local, indaga-se teria a Lei Geral de Proteção de Dados Pessoais – LGPD a conformação para servir de instrumento para

[32] SCHULZ, Martin. Keynote Speech at CPDP2016 on Technological, Totalitarianism, Politics and Democracy. *2 EUR. DATA PROT. L. REV.*, 11, 14 (2016), p. 11-14, p. 12. Disponível em Hein Online. Acesso em: 14.7.2019.

[33] PINTO, Renata Ávila. Digital Sovereignty Or Digital Colonialsim. *Sur – International Journal on Human Rights*, v. 15, n.27, 2018, p. 15-27. Disponível em HeinOnline. Acesso em: 10.7.2019, p. 21.

[34] PINTO, Renata Ávila. Digital Sovereignty Or Digital Colonialsim. Ob. cit, p. 15.

regulação do poder econômico em um país de capitalismo tardio como o Brasil ou, ainda que teoricamente fosse possível assim sustentar, se no plano **prático** seria possível obter um nível de independência do aplicador da norma ou do Poder Executivo, no caso de uma autoridade reguladora, para que pudesse alcançar tal finalidade.

Como já afirmado acima, dificilmente estruturas de poder econômico são despojadas voluntariamente de seus detentores. Além disso, parece ilusório imaginar que a força regulatória de um instrumento legislativo no Brasil tenha exatamente o mesmo impacto sobre o poder econômico do que aquele encontrado em outros contextos, como o da União Europeia a partir da Diretiva Geral sobre Proteção de Dados (GDPR), seguida pelo Regulamento Geral sobre a Proteção de Dados (RGPD) (UE) 2016/679.

Seja como for, a coleta, o uso e o tratamento de dados pessoais, assim como a atividade empresarial, possuem potencial transformador da realidade local e global, mostrando-se premente a adoção de medidas de cunho abrangente e multissetorial para a regulação da atividade das empresas de tecnologia digital e, por consequência, do poder econômico por estas detido.

A solução regulatória não pode olvidar das características locais, sobretudo porque, como visto, a infiltração estrutural do poder econômico dessas empresas em países de capitalismo tardio como o Brasil tem potencialidade lesiva mais acentuada.

A maioria das opções regulatórias, como destaca Renata Ávila Pinto, existe em níveis nacionais e regionais de médio a longo prazo, com compromissos em múltiplas camadas, envolvendo uma colaboração fluida entre governos, cidadãos e empresas nacionais.[35]

E prossegue, ao exemplificar que em nível constitucional, os países devem garantir sua manutenção da capacidade de legislar e regulamentar tecnologias emergentes e o seu impacto nos direitos fundamentais dos seus cidadãos, de modo que as Constituições devem ser emendadas para não permitir o envolvimento do Executivo em compromissos internacionais que tirem do governo local sua capacidade de fazer cumprir os direitos internamente garantidos, assim como devem garantir que o Estado tenha autonomia e controle sobre tecnologias de infraestrutura crítica e sobre posições-chave em ativos e indústrias importantes, além

[35] Idem, p. 23.

do desenvolvimento de estratégia financiada pelo Estado para a soberania digital.[36]

No caso do Brasil, a regulação da atividade empresarial e do poder econômico de empresas de tecnologia digital ainda apresenta muitos desafios. As soluções, como já dito, devem observar o contexto local, pois, ainda que se possam reconhecer os reflexos de mercados globais, o impacto do poder econômico das grandes empresas que atuam com a coleta, o uso e o tratamento de dados pessoais em cada país é peculiar, sobretudo diante de aspectos estruturais da influência e da relação dessas empresas com os governos locais.

O início da solução regulatória talvez passe exatamente pelo reconhecimento de que seu objetivo está voltado também e, principalmente, ao tratamento do poder econômico na era digital e de que é preciso pensar em meios de dividir o valor econômico sobre o que é produzido no ambiente digital, ainda que por meio de benefícios a toda cadeia de produtores de dados e informações brutas que são, na sequência, coletados, tratados e usados pelas empresas de tecnologia.

Nesse sentido, Valérie-Laure Benabou e Judith Rochfeld[37] apresentam possíveis soluções, que servem como boa reflexão em matéria de regulação local da atividade empresarial digital e do poder econômico dessas empresas, ao mesmo tempo em que fazem um convite para que se pense no compartilhamento do valor econômico gerado.

A primeira solução apresentada pelas autoras consiste em atribuir ao sistema de defesa da concorrência a tarefa de regular as relações entre pequenos produtores de informação e os grandes intermediários, com o escopo de tentar restaurar a lealdade das práticas no ambiente digital, o que poderia ocorrer, por exemplo, nos moldes da regulação dos grandes varejistas. Ainda assim, as autoras fazem questão de destacar o risco de que uma regulação *ex post* possa não ser tão eficiente, sobretudo em estruturas de dominação de fato e que são de difícil resolução, a gerar necessária cautela, portanto, quanto a sua efetividade.[38]

[36] Ibidem.

[37] BENABOU, Valérie-Laure; ROCHFELD, Judith. *À qui profite le clic ?* Le partage de la valeur à l'ère du numérique. Collection Corpus dirigée par Thomas Clay et Sophie Robin-Olivier. Paris: Odile Jacob, 2015, *passim*.

[38] Idem, p. 70.

Além disso, é preciso reconhecer que talvez o direito da concorrência não seja o instrumento mais adequado para organizar o compartilhamento de valor, sobretudo quando se trate de um embate entre uma multidão de pessoas de um lado e do outro empresas com grande poder econômico e político.

E prosseguem, afirmando que em um contexto internacional, marcado pela centralização da circulação de valor nas mãos de operadores com capacidade e condições para transferência ou pulverização de suas atividades, a vocação da lei não pode estar limitada à correção de desequilíbrios de mercado, mas deve incentivar modelos de regulação *ex ante*, com a coexistência entre controle individual, exploração comercial e preservação do bem comum.[39]

O grande desafio, não há dúvida, para além da correção dos desequilíbrios entre a multidão de produtores de valor informacional bruto e os grandes intermediários, é organizar o que Valérie-Laure Benabou e Judith Rochfeld denominam de ecossistema jurídico que respeite os interesses dos atores econômicos e da sociedade em geral e, ao mesmo tempo, o interesse comum, vetor dos valores fundamentais da sociedade.[40]

A proposta para tanto passaria pelo reconhecimento ou pela extensão de quatro séries de prerrogativas em benefício dos produtores de valor informacional bruto: 1) obrigação de transparência a cargo dos operadores quanto ao destino do conteúdo digital; 2) enquadramento jurídico do controle técnico desses conteúdos por aqueles que estão na sua origem; 3) controle da atribuição e do destino desses conteúdos; 4) existência de modos de representação e de reparação coletiva capazes de garantir a eficácia das proteções conferidas.[41]

No plano nacional, verificam-se que alguns aspectos dessas prerrogativas e benefícios já vem sendo inseridos na ordenação jurídica brasileira, em especial a partir da Lei n. 13.709/2018 (LGPD), embora se tenha um longo caminho para sua efetiva concretização.

Essa pauta deve levar em conta o fato de que a mercantilização digital está escrevendo um novo capítulo na longa história de deslocamento violento do capitalismo e, portanto, é essencial que se reconheçam as

[39] Ibidem.

[40] Ibidem.

[41] Ibidem.

desigualdades digitais globais, a fim de que se possa alcançar um futuro que leve em conta autonomia e dignidade humana. Para tanto, a inovação social deve ser encorajada e institucionalizada, assim como políticas públicas devem ser promulgadas para garantir que a adoção de novas tecnologias em grande escala não criem novas desigualdades, exclusão ou imposição de valores e práticas que são estranhas à comunidade local atingida, em um verdadeiro movimento de colonialismo, agora na versão digital.[42]

Apresentado o alicerce para a análise da necessária regulação da atividade empresarial digital e do poder econômico, bem como reconhecido, para além da atuação do Estado em diversas áreas voltadas à atividade regulatória, o importante papel dos órgãos antitruste, no plano legislativo brasileiro, a Lei n. 13.709/2018 (LGPD) constitui marco relevante na ordenação jurídica voltada à proteção de dados pessoais.

A relevância de sua leitura a partir da perspectiva da regulação do poder econômico, como já afirmado, decorre exatamente do potencial de sua ampla compreensão e interpretação, servindo o objetivo do tratamento do poder econômico como um dos filtros na busca pela melhor aplicação da referida Lei. Este é o objetivo do tópico que segue.

5. A LGPD sob a Perspectiva da Regulação do Poder Econômico

A Lei n. 13.709/2018, denominada Lei Geral de Proteção de Dados Pessoais – LGPD tem por objetivo, conforme disposto em seu artigo 1º, "proteger os direitos fundamentais de liberdade e de privacidade e o livre desenvolvimento da personalidade da pessoa natural".

Como destaca Ronaldo Lemos, as consequências da lei de proteção de dados pessoais poderá ser tão relevante como foi a edição do Código de Defesa do Consumidor, a Lei dos Crimes Ambientais ou o Marco Civil da Internet, isso porque todas estas Leis têm em comum o potencial de transformar práticas e definir as regras no ambiente de negócios do país.[43]

[42] Ponderações apresentadas por PINTO, Renata Ávila. Digital Sovereignty Or Digital Colonialsim. *Sur – International Journal on Human Rights*, v. 15, n.27, 2018, p. 15-27. Disponível em HeinOnline. Acesso em: 10.7.2019, p. 24.

[43] LEMOS, Ronaldo. Lei geral de proteção de dados e o desafio da doutrina jurídica. Prefácio da obra. In: COTS, Márcio; OLIVEIRA, Ricardo. *Lei Geral de Proteção de Dados Pessoais Comentada*. 2ª edição. São Paulo: Thomson Reuters Brasil, 2019, p. 7.

O relatório apresentado pelo Senador Ricardo Ferraço, da Comissão de Assuntos Econômicos sobre os Projetos de Lei n. 53/2018 (Câmara dos Deputados), 330/2013 (Senado), 131/2014 (Senado) e 181/2014 (Senado), que culminaram na edição da referida Lei n. 13.709/2018, ao abordar o mérito de uma lei de proteção de dados pessoais, fê-lo, por certo, a partir de justificativa econômica, embora tenha utilizado ponto de vista voltado ao fomento da economia nacional.

Nesse sentido, destacam-se os seguintes trechos:

> No mérito, já pudemos discorrer acerca da oportunidade e da urgência de aprovação do presente marco legal de proteção de dados. Não se trata de uma opção legislativa, mas uma necessidade inafastável. Reconhecemos, pois, a importância ímpar da proposição.
>
> A despeito do contexto de crise econômica, é seguro afirmar que o País tem perdido oportunidades valiosas de investimento financeiro internacional em razão do isolamento jurídico em que se encontra por não dispor de uma lei geral e nacional de proteção de dados pessoais (LGPD).
>
> O dado pessoal é hoje insumo principal da atividade econômica em todos os setores possíveis da sociedade. É, ainda, como já afirmamos, elemento fundamental até mesmo para a concretização de políticas públicas, dado o elevado grau de informatização e sistematização do Estado brasileiro, em todos os níveis federativos.
>
> (...)
>
> Mas esse cenário tem mudado, à medida que surgem notícias relevantes sobre casos de vazamento ou uso indevido de dados pessoais na imprensa nacional ou internacional.
>
> Podemos citar, por exemplo, o caso recente de uso indevido de dados pessoais coletados a partir de uma grande rede social norte-americana por pesquisadores e por uma empresa de consultoria estratégica em mídias sociais do Reino Unido, que utilizava recursos avançados de mineração e análise estratégica de dados.
>
> O caso reverberou no mundo todo e trouxe à tona a necessidade de regulações com maior grau de proteção sobre o tratamento de dados pessoais de cidadãos, sobretudo em razão da finalidade desse processamento de dados: manipulação eleitoral e política.
>
> (...)
>
> Passa da hora, portanto, de o Brasil aderir a esse seleto grupo. A cada ano de omissão deste Congresso Nacional, vultosas somas de investimento internacional são excluídas da rota brasileira, em razão da inadequação em que nosso

ordenamento jurídico se encontra com relação aos Países desenvolvidos que já adotaram leis protetivas.[44]

De qualquer forma, ao utilizar como argumento de mérito a manipulação de dados com finalidade eleitoral e política, o Poder Legislativo acabou por reconhecer, ainda que por via reflexa, o poder das empresas de coleta, uso e tratamento de dados pessoais.

Além disso, digna de nota a abordagem acerca do fomento ao surgimento de um ecossistema de dados, com benefícios para todos os setores da sociedade:

> Por isso, as principais democracias no mundo já compreenderam a importância da construção de um sistema jurídico de proteção da privacidade, baseado principalmente no consentimento do cidadão quanto ao tratamento de seus dados pessoais.
>
> Esse é, aliás, o ponto de partida para a implementação de uma estratégia social que coloca o indivíduo no controle efetivo dos seus dados pessoais perante terceiros, resultando em maior qualidade sobre os próprios dados e, assim, maior eficiência sobre as decisões neles baseadas.
>
> Um regime de proteção de dados, portanto, quando eficaz e plenamente vigente, impulsiona o surgimento de ecossistema de dados, no qual todos os setores da sociedade, inclusive o cidadão, são diretamente beneficiados.[45]

Da mesma forma, referido parecer deixa clara a influência do Regulamento Geral sobre a Proteção de Dados (RGPD) (UE) 2016/679 sobre a o projeto de lei brasileira, o que de algum modo reforçará, acredita-se, a sua interpretação a partir da perspectiva da regulação do poder econômico.

[44] COMISSÃO DE ASSUNTOS ECONÔMICOS DO SENADO. Parecer sobre Projetos de Lei n. 53/2018 (Câmara dos Deputados), 330/2013 (Senado), 131/2014 (Senado) e 181/2014 (Senado). Relator: Senador Ricardo Ferraço. Brasília: Senador Federal, 2018. Disponível em: https://legis.senado.leg.br/sdleg-getter/documento?dm=7751914 &ts=1530801218510&disposition=inline&ts=1530801218510. Acesso em: 21.7.2019.

[45] COMISSÃO DE ASSUNTOS ECONÔMICOS DO SENADO. *Parecer sobre Projetos de Lei n. 53/2018 (Câmara dos Deputados), 330/2013 (Senado), 131/2014 (Senado) e 181/2014 (Senado)*. Relator: Senador Ricardo Ferraço. Brasília: Senador Federal, 2018. Disponível em: https://legis.senado.leg.br/sdleg-getter/documento?dm=7751914&ts=153080 1218510&disposition=inline&ts=1530801218510. Acesso em: 21.7.2019.

Os fundamentos da LGPD estão dispostos no seu artigo 2º e são os seguintes:

> I – o respeito à privacidade;
> II – a autodeterminação informativa;
> III – a liberdade de expressão, de informação, de comunicação e de opinião;
> IV – a inviolabilidade da intimidade, da honra e da imagem;
> V – o desenvolvimento econômico e tecnológico e a inovação;
> VI – a livre iniciativa, a livre concorrência e a defesa do consumidor; e
> VII – os direitos humanos, o livre desenvolvimento da personalidade, a dignidade e o exercício da cidadania pelas pessoas naturais.

Para os objetivos deste artigo, destacam-se o desenvolvimento econômico e tecnológico e a inovação; a livre iniciativa, a livre concorrência e a defesa do consumidor; bem como os direitos humanos, o livre desenvolvimento da personalidade, a dignidade e o exercício da cidadania pelas pessoas naturais embora, evidentemente, todos os fundamentos detenham potencial para o tratamento do poder econômico das empresas de tecnologia que atuam na coleta, uso e tratamento de dados.

Ao proteger a privacidade, a autodeterminação informativa, a liberdade de expressão, de informação, de comunicação e de opinião, a inviolabilidade da intimidade, da honra e da imagem, ainda que de forma reflexa, a ordenação jurídica brasileira está limitando o poder econômico das empresas que lucram com a coleta, uso e tratamento dos dados pessoais, sendo certo que a ausência de regulação incrementa as possibilidades de modelos de negócio totalmente voltados à exploração econômica, sem qualquer outro compromisso além do lucro.

Por outro lado, interpretar os dispositivos da LGPD a partir do desenvolvimento econômico e tecnológico e da inovação constitui eficiente ferramenta de regulação da atividade empresarial e do poder econômico, na medida em que reforça o dever do Estado de promover e incentivar o desenvolvimento científico, a pesquisa e a capacitação tecnológica, nos moldes do disposto no artigo 218 da Constituição Federal.

Na mesma linha, e talvez ainda mais importante em matéria de coleta, uso e tratamento de dados pessoais, é o artigo 219 da Constituição Federal, ao dispor que "o mercado interno integra o patrimônio nacional e será incentivado de modo a viabilizar o desenvolvimento cultural e socioeconômico, o bem-estar da população e a autonomia tecnológica do País, nos termos de lei federal".

Portanto, ao intérprete da LGPD é conferida ferramenta bastante eficiente para o objetivo da regulação do poder econômico, a exigir das empresas com atuação no país conduta voltada ao desenvolvimento econômico e tecnológico e à inovação, também no território nacional, com vistas ao desenvolvimento cultural e socioeconômico e ao bem-estar da população local. Além disso, a autonomia tecnológica do País é um norte constitucional que pode ser invocado a qualquer tempo, em questões envolvendo a atuação dos grandes intermediários dos mercados digitais.

Ilusório sustentar que a edição da LGPD, com os fundamentos em questão expostos, bastaria para tratar o poder econômico das empresas de tecnologia. Retoma-se aqui, mais uma vez, o sustentado acima sobre os desafios da regulação da atividade empresarial como forma de regulação do poder econômico.

Talvez tenha mesmo razão Fabio Konder Comparato quando afirmara, em um tom certo modo amargo, porém bastante realista:

> (...) as nações subdesenvolvidas já não podem ser mantidas na ilusão de que, um dia, chegarão a igualar o nível de vida dos países opulentos. Seria isto repetir, de forma tragicamente coletiva, a velha fábula da rã e do boi. Basta àquelas nações limitar seu projeto coletivo e uma erradicação da miséria generalizada e do desperdício luxuoso das camadas dominantes – o que já é tarefa ingente, envolvendo gerações. Para realizá-la, o domínio tecnológico na produção é obviamente necessário. Mas ele deve ser alcançado segundo os objetivos próprios dos países pobres, e não de acordo com os interesses permanentemente hegemônicos das nações industrialmente desenvolvidas.[46]

Acrescentar-se-ia para o objeto deste estudo, ainda, a necessidade de clara definição do objetivo do Brasil, enquanto nação, acerca dos limites do poder econômico das empresas de tecnologia voltadas à coleta, ao uso e ao tratamento de dados pessoais como modelo de negócio.

Reconhecer as diferenças entre as relações dessas gigantes da tecnologia com este ou aquele Estado, o que se consubstancia desde favorecimentos

[46] COMPARATO, Fabio Konder. A transferência empresarial de tecnologia para países subdesenvolvidos: um caso típico de inadequação dos meios aos fins. In: *Direito empresarial*: estudos e pareceres. São Paulo: Saraiva, 1995, p. 38-53, p. 53.

em nível tributário até a flexibilização de políticas de proteção à privacidade, parece ser o primeiro passo na busca de uma regulação da atividade empresarial e do poder econômico genuinamente nacionais.

Não há dúvida de que todas as questões em torno da regulação da atividade empresarial e do poder econômico na era digital envolvem poder. No entanto, a abrangência desse poder, para além de aspectos econômicos, apresenta-se com potencial para impor normas e procedimentos, em prejuízo da capacidade de salvaguardar o pluralismo, assim como formas alternativas de pensar e a própria autonomia pessoal.[47]

Por isso, ao propor-se a análise da LGPD na perspectiva do poder econômico, não se teve nenhuma intenção de apresentar grande novidade. Evidente, como seu viu, que todo o sistema regulatório da atividade empresarial, em maior ou menor grau, ao menos se analisada sob o ponto de vista estruturalista, nos moldes apresentados no primeiro tópico, tem por objetivo tratar o poder econômico, dado o reconhecimento de que sua existência é inexorável, assim como a impossibilidade de coibi-lo por completo.

Seja como for, apresentar como fundamentos da LGPD o desenvolvimento econômico e tecnológico e a inovação, ao lado da livre iniciativa, um dos fundamentos da ordem econômica constitucional, e, também dos princípios da livre concorrência e da defesa do consumidor, também informadores da ordem econômica nacional, consistem claro avanço do Brasil em matéria de proteção de dados pessoais na perspectiva do poder econômico.

O caminho está aberto, da mesma forma, para pensar no uso da tecnologia e na proteção de dados com a finalidade de respeitar os direitos humanos, o livre desenvolvimento da personalidade, a dignidade e o exercício da cidadania pelas pessoas naturais, exigindo-se das empresas de tecnologia a observância desses parâmetros em sua atividade e, o mais importante, sobrepondo tais fundamentos da disciplina da proteção de dados pessoais a qualquer outro interesse, sobretudo econômico e voltado exclusivamente ao lucro.

[47] SCHULZ, Martin. Keynote Speech at CPDP2016 on Technological, Totalitarianism, Politics and Democracy. *2 EUR. DATA PROT. L. REV.*, 11, 14 (2016), p. 11-14, p. 12. Disponível em Hein Online. Acesso em: 14.7.2019.

Como destaca Martin Schulz, a internet perdeu sua inocência há muito tempo e as pessoas que detêm poder através da internet não são mais os tipos criativos, os hippies modernos em busca de mundo melhor na Califórnia.[48]

A tarefa da regulação é exatamente garantir que não apenas os poucos beneficiados felizes da revolução digital, mas o maior número possível de pessoas sejam beneficiadas, ao mesmo tempo em que se deve garantir que aqueles que não querem fazer parte deste novo mundo e, tanto quanto possível, escolham ficar fora da rede, também sejam protegidos.[49]

Para alcançar esses objetivos é preciso enfatizar a importância da proteção de dados e segurança de dados e, portanto, a edição da Lei n. 13.709/2018 – LGPD não poderia ser mais oportuna, também do ponto de vista da regulação do poder econômico.

Não se enganem os defensores da não regulação ou da liberdade econômica extrema, os quais, em um primeiro momento, poderiam imaginar que a fixação de parâmetros rígidos de proteção de dados seria um entrave à economia aos negócios

A propósito, a Medida Provisória n. 881/2019, recentemente editada no Brasil, precisará ser bem interpretada, sob pena de servir apenas à garantia da manutenção do poder econômico, ainda que, paradoxalmente, conste de sua apresentação o objetivo de instituir "Declaração de Direitos de Liberdade Econômica, que estabelece normas de proteção à livre iniciativa e ao livre exercício de atividade econômica e disposições sobre a atuação do Estado como agente normativo e regulador".

Como mencionado no subitem anterior, o começo das soluções regulatórias para o Brasil talvez esteja exatamente em garantir, para além das pressões das grandes empresas de tecnologia, que haja partilha do valor econômico sobre o que é produzido no ambiente digital, o que poderia ocorrer, a começar por beneficiar de alguma forma os produtores de toda a informação e dados coletados, ainda que considerados os últimos como produto bruto de toda a cadeia de coleta, uso e tratamento de dados.

A LGPD, em especial, apresenta-se como uma solução na perspectiva da regulação do poder econômico, seja a partir de seus fundamentos, seja ao exigir transparência às empresas na utilização do conteúdo digital.

[48] SCHULZ, Martin. Keynote Speech at CPDP2016 on Technological, Totalitarianism, Politics and Democracy. Ob. cit., p. 13.

[49] Ibidem.

Da mesma forma, o princípio da finalidade constitui ferramenta de controle do uso e destinação dos dados pessoais coletados e tratados, ao passo que o princípio do livre acesso, ao garantir aos titulares consulta facilitada e gratuita sobre a forma e a duração do tratamento, assim como a transparência como garantia de informações claras e precisas sobre a realização do tratamento e dos respectivos agentes de tratamento permitirão, por exemplo, que se implemente sistema transparente quanto aos algoritmos e suas propriedades, respeitados os segredos comerciais, forma consentânea com o esperado amplo acesso à informação pelo titular dos dados pessoais coletados.

Como destacam Valérie-Laure Benabou e Judith Rochfeld, os algoritmos usados devem ser explícitos e, se a era **é a** do governo dos algoritmos, o mínimo que os sujeitos governados são capazes de esperar é estar ciente das regras aplicáveis de uma maneira inteligível. Não se trata de violação aos segredos comerciais, não se podendo exigir de um operador a publicação de seu *know-how* sem qualquer justificativa. Ocorre que é preciso conciliar os interesses envolvidos, de modo a estabelecer uma obrigação de revelação útil e proporcional dos processos de tratamento para aqueles que são o objeto, no caso, os titulares dos dados pessoais utilizados.[50]

A largada para as soluções regulatórias já foi dada. A corrida talvez esteja muito mais voltada à interpretação do que já existe na ordenação jurídica brasileira e às escolhas políticas nas relações institucionais mantidas com as grandes empresas de tecnologia.

Ainda que a receita possa ter inspiração estrangeira, é preciso considerar o risco dos transplantes teóricos ou legislativos seletivos, sem maior rigor crítico, lição há muito conhecida dos estudiosos do direito comparado, como bem ilustra a obra seminal de Alan Watson, intitulada *Legal Transplants: an approach to comparative law*[51].

O autor destaca desde o início, ao indagar o que seria *Direito Comparado*, a necessidade de compreender amplamente a identidade de problemas entre os países comparados, sobretudo porque variações nos valores políticos, morais, sociais e econômicos existentes entre duas sociedades tornam

[50] BENABOU, Valérie-Laure; ROCHFELD, Judith. *À qui profite le clic ?* Le partage de la valeur à l'ère du numérique. Collection Corpus dirigée par Thomas Clay et Sophie Robin-Olivier. Paris: Odile Jacob, 2015, p. 78.

[51] WATSON, Alan. *Legal transplants: An Approach to Comparative Law*. Second Edition. Athens, Georgia: The University of Georgia Press, 1993.

pouco provável que seus problemas jurídicos, encarados individualmente, sejam os mesmos para ambos, exceto em um nível técnico.[52]

O caminho a ser trilhado é o que leva em conta os problemas locais, o que significa reconhecer que a era da comunicação total, tão aclamada, ainda não atingiu todos os seres humanos do planeta. Ainda são muitos os que sequer tiveram acesso aos benefícios básicos da revolução industrial: água potável, eletricidade, escolas, hospitais, estradas, ferrovias, geladeiras, carros, etc. Se esse fato for desconsiderado, a atual revolução da informação também não os alcançará.[53]

Como acentua com precisão e cerca melancolia José Saramago: "a informação só nos torna mais sábios e mais bem informados se nos aproxima de nossos semelhantes humanos. Agora que temos acesso de longa distância a todos os documentos de que precisamos, corremos um risco crescente de desumanização. E de ignorância."[54]

Espera-se que sob a justificativa do desenvolvimento das relações econômicas e internacionais o Brasil não se deixe levar pelo caminho da intervenção subsidiária, mínima e excepcional do Estado sobre o exercício de atividades econômicas em matéria de tecnologia digital, em detrimento das necessidades de sua população sem acesso, e que análises

[52] WATSON, Alan. *Legal transplants: An Approach to Comparative Law.* Second Edition. Athens, Georgia: The University of Georgia Press, 1993, p. 4. No mesmo sentido, a advertência de Tullio Ascarelli sobre o estudo do direito comparado: "Para que a obra do estudioso de direito comparado seja útil e não resulte apenas num amontoado de noções, são necessárias algumas advertências. Advertências muito simples, aliás, sem nenhuma pretensão de novidade, nem de originalidade. São, mais ou menos, as que sempre foram feitas pelos que se dedicam ao direito comparado. Bastaria, nesse sentido, relembrar o velho livro de Amari, que, em substância, faz a advertência em que se resume quanto vai dito nestas páginas: o que cumpre estudar é o direito comparado e não simplesmente a legislação comparada, a menos que se queira correr o risco de tirar conclusões que, pelo fato de não serem completas, poderiam ser, afinal, erradas." (ASCARELLI, Tulio. *Problemas das sociedades anônimas e direito comparado.* São Paulo: Saraiva e Cia Livraria Acadêmica, 1945, p. 8).

[53] SARAMAGO, José. On Communication. *Le Monde diplomatique.* December, 1998. Disponível em: https://mondediplo.com/1998/12/12saramago. Acesso em: 10.3.2019. (O texto é uma versão de um discurso inédito feito pelo autor em Alicante, Espanha, em 29 de março de 1995, no contexto de um seminário sobre "Novas tecnologias e informação do futuro", organizado por Joaquin Manresa para a Fundação Cultural de A Caja de Ahorros do Mediterraneo (CAM) José Saramago refere-se a este encontro no seu livro Cadernos de Lanzarote. Diario III, publicado pela Caminho, Lisboa, 1997.)

[54] Ibidem.

prévias de impacto regulatório, para além de verificar a razoabilidade do seu impacto econômico, também tenham por premissas os impactos sociais envolvidos.

Conclusões

A evolução do poder econômico das empresas em decorrência do capitalismo como modelo de produção em escala mundial, ao lado das dificuldades dos Estados na regulação do mercado global, repercutiu na ampliação do poder da empresa na atualidade.

A produção empresarial em todos os graus passou a contar com novos elementos em virtude da revolução tecnológica na sociedade da informação.

A chamada quarta revolução industrial modificou os fatores de produção tradicionais por meio da economia digital, na qual os dados pessoais são indispensáveis à empresa em sua atuação nessas novas bases.

Os dados pessoais estão ligados à condição humana e, portanto, não são passíveis de utilização irrestrita.

Desse modo, o poder da empresa necessita ser regulamentado para que os dados pessoais não sejam considerados, simplesmente, um ativo empresarial passível de utilização e comercialização no mercado global.

Essa problemática afronta os direitos de liberdade e privacidade dos seres humanos, comprometendo o desenvolvimento das pessoas. Os danos são mais intensos nos países de capitalismo tardio em virtude das dificuldades na regulação do poder das empresas.

As violações à condição humana desde a indevida e ilimitada utilização dos dados pessoais é uma questão, tal qual a atividade econômica, discutida em todos os países que vêm buscando formas de regulação por meio de regramentos legislativos bastantes à ordenação e regulamentação de situações inéditas em um passado recente.

No Brasil a promulgação da Lei n. 13.709/2018, Lei Geral de Proteção de Dados Pessoais – LGPD, inovou a ordem jurídica ao ordenar e regular os interesses de proteção dos dados pessoais do ser humano frente ao poder da empresa.

A previsão de regulação da atividade econômica não é inédita no sistema jurídico, já presente na ordem econômica constante da Constituição

Federal. A importância da LGPD é justamente assegurar e equilibrar a proteção do humano e o desenvolvimento econômico, sendo certo o papel fundamental da empresa para tanto.

A nova Lei Geral de Proteção de Dados Pessoais objetiva distribuir a toda sociedade os benefícios da transformação digital, assegurando de um lado o desenvolvimento humano e de outro o crescimento econômico.

A LGPD em seu texto realiza a proteção do ser humano em seus direitos fundamentais de liberdade e privacidade na economia digital, associado ao desenvolvimento econômico, tecnológico e a inovação, com o objetivo de concretizar o progresso social desde a comunicação entre os interesses envolvidos, guiados pelo fio condutor dos direitos humanos.

No aspecto da regulação do poder da empresa, a LGPD é mais um elemento que se integra no paradigma maior da regulação.

O desafio em se estabelecer limites às atividades das empresas nesses mercados de tecnologia para a coleta, uso e tratamento de dados é imenso e somente será resolvido por meio do exame das questões concretas, a confrontar os interesses envolvidos e a prevalência de um ou de outro. No entanto, reconhecer como objetivo o tratamento do poder econômico e a regulação da atividade das empresas de tecnologia constitui o início de todo o percurso.

Referências

ARAÚJO, Nicete Lacerda; GUERRA, Bráulio Madureira; *et al. Marco Legal da Inovação: breves comentários.* Rio de Janeiro: Lumen Juris, 2018.

ASCARELLI, Tulio. *Problemas das sociedades anônimas e direito comparado.* São Paulo: Saraiva e Cia Livraria Acadêmica, 1945.

BARRETO FILHO, Oscar. *Teoria do Estabelecimento Comercial.* 2ª edição. São Paulo: Saraiva, 1988.

BENABOU, Valérie-Laure; ROCHFELD, Judith. ***À qui profite le clic ?*** *Le partage de la valeur à l'ère du numérique.* Collection Corpus dirigée par Thomas Clay et Sophie Robin-Olivier. Paris: Odile Jacob, 2015.

CARVALHO, Vinícius Marques de; MATTIUZZO, Marcela. "Confiança, reputação e redes: uma nova lógica econômica?". In: ZANATTA, Rafael A. F.; PAULA, Pedro C. B.; KIRA, Beatriz (Org.). *Economias do compartilhamento e o* Direito. Curitiba: Juruá, 2017, p. 41-57.

COMISSÃO DE ASSUNTOS ECONÔMICOS DO SENADO. *Parecer sobre Projetos de Lei n. 53/2018 (Câmara dos Deputados), 330/2013 (Senado), 131/2014 (Senado) e 181/2014 (Senado).* Relator: Senador Ricardo Ferraço. Brasília: Senador Federal, 2018. Disponível em https://legis.senado.leg.br/sdleg-getter/documento?dm=7751914&ts= 1530801218510 &disposition=inline&ts=1530801218510. Acesso em 21.7.2019.

COMPARATO, Fabio Konder. "A reforma da empresa". In: *Direito empresarial*: estudos e pareceres. São Paulo: Saraiva, 1995, p. 3-26.

______. "Função social da propriedade dos bens de produção". In: *Direito empresarial*: estudos e pareceres. São Paulo: Saraiva, 1995, p. 27-37.

______. "A transferência empresarial de tecnologia para países subdesenvolvidos: um caso típico de inadequação dos meios aos fins". In: *Direito empresarial*: estudos e pareceres. São Paulo: Saraiva, 1995, p. 38-53.

______. *A civilização capitalista*. 2ª edição. São Paulo: Saraiva, 2014.

G7. *Common Understanding of G7 Competition Authorities on "Competition and the Digital Economy"*. Paris, 5th June, 2019. Disponível em http://www.autoritedelaconcurrence.fr/doc/g7_common_understanding.pdf. Acesso em 18.7.2019.

LEMOS, Ronaldo. "Lei geral de proteção de dados e o desafio da doutrina jurídica". Prefácio da obra. In: COTS, Márcio; OLIVEIRA, Ricardo. *Lei Geral de Proteção de Dados Pessoais Comentada*. 2ª edição. São Paulo: Thomson Reuters Brasil, 2019.

LIMA, Cíntia Rosa Pereira de. *A imprescindibilidade de uma entidade de garantia para a efetiva proteção de dados pessoais no cenário futuro do Brasil*. Tese de Livre-Docência apresentada à Faculdade de Direito de Ribeirão Preto da Universidade de São Paulo. Ribeirão Preto: Universidade de São Paulo, 2015.

NALINI, José Renato. ***Ética geral e profissional***. 7ª edição revista. São Paulo: Editora Revista dos Tribunais, 2009.

PINTO, Renata Ávila. Digital Sovereignty Or Digital Colonialism. *Sur – International Journal on Human Rights*, v. 15, n.27, 2018, p. 15-27. Disponível em HeinOnline. Acesso em 10.7.2019.

SALOMÃO FILHO, Calixto. *Teoria crítico-estruturalista do Direito Comercial*. São Paulo: Marcial Pons, 2015.

SARAMAGO, José. « On Communication ». *Le Monde diplomatique*. December, 1998. Disponível em https://mondediplo.com/1998/12/12saramago. Acesso em 10.3.2019.

SCHULZ, Martin. "Keynote Speech at CPDP2016 on Technological, Totalitarianism, Politics and Democracy". *2 EUR. DATA PROT. L. REV.*, 11, 14 (2016), p. 11-14. Disponível em HeinOnline. Acesso em 14.7.2019.

SCHWAB, Klaus. *A quarta revolução industrial*. São Paulo: Edipro, 2016.

VANIAN, Jonathan. "*Why Data Is The New Oil*". *Fortune*, July 11, 2016. Disponível em https://fortune.com/2016/07/11/data-oil-brainstorm-tech/. Acesso em 17.7.2019.

VOSS, W. Gregory. *"Internet, New Technologies, and Value: Taking Share of Economic Surveillance"*. *Journal of Law, Technology & Policy*, University of Illinois, vol. 2017, no. 2, Fall 2017, p. 469-485. Disponível em HeinOnline. Acesso em 14.7.2019.

WATSON, Alan. *Legal transplants: An Approach to Comparative Law*. Second Edition. Athens, Georgia: The University of Georgia Press, 1993.

3. A Aplicação da Lei Geral de Proteção de Dados do Brasil no Tempo e no Espaço

Cíntia Rosa Pereira de Lima
Kelvin Peroli

1. Introdução

Os dados compõem uma nova esfera, desenvolvida na sociedade informacional. Como defende Jean-Sylvestre Bergé[1], a "dadosfera" é um novo espaço, reflexo do mundo físico, que se mantém por infraestruturas físicas, de armazenamento e comunicação, localizadas ao redor do planeta, que interage com a sociedade no espaço digital por diferentes maneiras, face às suas diferentes camadas[2].

Desprovidos de proteção e *enforcement*, os dados pessoais, inseridos na "dadosfera", no espaço digital, circulam de forma irrestrita às jurisdições. Seu conteúdo, armazenado para adiante, não se restringe aos armazenamentos e funções destinadas no presente, no atual cenário de *Big Data*. A proteção aos dados pessoais deve, assim, ser analisada de forma a delimitar o âmbito de aplicação dos instrumentos protetivos e a limitação dos ciclos de tratamento, que devem se ater à utilidade dos dados, às finalidades

[1] BERGÉ, Jean-Sylvestre. Tradução por Newton De Lucca e Kelvin Peroli. Direito e circulação de dados na Internet: apelo por uma dupla renovação de abordagens. *In:* DE LUCCA, Newton; SIMÃO FILHO, Adalberto; LIMA, Cíntia Rosa Pereira de; DEZEM, Renata Mota Madeira Maciel (coords.). *Direito & Internet IV:* Sistema de Proteção de Dados Pessoais. São Paulo: Quartier Latin, 2019 (no prelo).

[2] *Surface Web, Deep Web* e *Dark Web.*

consentidas pelos titulares dos dados ou necessárias para a consecução dos deveres impostos pelas leis aos agentes de tratamento e ao Estado.

De acordo com as revelações do The New York Times[3], o programa PRISM possibilitou à *Five Eyes Alliance* (EUA, Canadá, Reino Unido, Austrália e Nova Zelândia)[4] a coleta de dados pessoais diretamente de provedores de serviços de Internet nos EUA, sem o consentimento e o conhecimento dos titulares de dados. Em 2018, o tratamento de dados pessoais realizado pela *Cambridge Analytica,* coletados no *Facebook,* foi revelada, no que se constitui um dos mais notórios exemplos de transferência internacional dos dados destituída do consentimento informado dos titulares[5].

A circulação transfronteiriça dos dados pessoais já estava na agenda da OCDE (Organização para a Cooperação e Desenvolvimento Econômico), que elaborou as "Diretrizes sobre Proteção de Privacidade e Circulação Transfronteiriça dos Dados Pessoais" (*Guidelines on the Protection of Privacy and Transborder Flows of Personal Data*), de 1980, uma *soft law* precursora no tema, revisitada em 2013, em razão dos constantes avanços da informática e telemática. Constata-se que esse contexto coloca em xeque a eficácia das leis de proteção dos dados pessoais, pois, uma vez enviados para empresas sediadas em outros países, surge a dúvida sobre qual o juízo competente e a lei aplicável a dirimir conflitos relacionados com o tratamento ilícito dos dados pessoais. E se o país para onde os dados foram enviados não adotar um sistema protetivo aos dados pessoais, estes ficarão à mercê dos interesses políticos e econômicos, acirrando a vulnerabilidade dos titulares dos dados pessoais.

Nesse sentido, a Diretiva 95/46/CE[6] estabeleceu um requisito para que dados de europeus fossem enviados para outros países, qual seja, a

[3] GELLMAN, Barton; POITRAS, Laura. *U.S. and British intelligence mining data from nine U.S. Internet companies in broad secret program.* Washington D.C.: The Washington Post, 2013. Disponível em: <https://www.washingtonpost.com/investigations/us-intelligence-mining-data-from-nine-us-internet-companies-in-broad-secret-program/2013/06/06/3a0c0da8-cebf-11e2-8845-d970ccb04497_ story.html>. Acesso em: 02 julho 2019.

[4] GEIST, Michael. *Law, Privacy and Surveillance in Canada in the Post-Snowden Era.* Ottawa: University of Ottawa Press, 2015, p. 225.

[5] GREWAL, Paul. *Suspending Cambridge Analytica and SCL Group from Facebook.* Facebook Newsroom, 16 março 2018. Disponível em: <https://newsroom.fb.com/news /2018/03/suspending-cambridge-analytica/>. Acesso em: 14 junho 2019.

[6] UNIÃO EUROPEIA. Parlamento Europeu; Conselho Europeu. Diretiva 95/46/CE do Parlamento Europeu e do Conselho, de 24 de outubro de 1995, relativa à proteção das pessoas

comprovação perante a Comissão da União Europeia de que o país para onde os dados eram enviados possuía um nível adequado de proteção de dados pessoais:

> CAPÍTULO IV TRANSFERÊNCIA DE DADOS PESSOAIS PARA PAÍSES TERCEIROS
> Artigo 25 – Princípios
> 1. Os Estados-membros estabelecerão que a transferência para um país terceiro de dados pessoais objeto de tratamento, ou que se destinem a ser objeto de tratamento após a sua transferência, só pode realizar-se se, sob reserva da observância das disposições nacionais adoptadas nos termos das outras disposições da presente diretiva, o país terceiro em questão assegurar um nível de proteção adequado.
> 2. A adequação do nível de proteção oferecido por um país terceiro será apreciada em função de todas as circunstâncias que rodeiem a transferência ou o conjunto de transferências de dados; em especial, serão tidas em consideração a natureza dos dados, a finalidade e a duração do tratamento ou tratamentos projetados, os países de origem e de destino final, as regras de direito, gerais ou setoriais, em vigor no país terceiro em causa, bem como as regras profissionais e as medidas de segurança que são respeitadas nesse país.

O *General Data Protection Regulation* da União Europeia (GDPR), que entrou em vigor em 25 de maio de 2018[7], manteve o mesmo critério para a transferência internacional dos dados para países e organizações internacionais, ou seja, desde que seja reconhecida a adequação ao modelo europeu do nível de proteção aos dados pessoais, conforme avaliação pela Comissão Europeia:

singulares no que diz respeito ao tratamento de dados pessoais e à livre circulação desses dados. *Jornal Oficial da União Europeia*, 23 de novembro de 1995. Disponível em: <https://eur-lex.europa.eu/legal-content/PT/TXT/?uri=celex%3A31995L0046>. Acesso em: 07 julho 2019.

[7] UNIÃO EUROPEIA. Parlamento Europeu; Conselho Europeu. Regulamento (EU) 2016/679 do Parlamento Europeu e do Conselho, de 27 de abril de 2016, relativo à proteção das pessoas singulares no que diz respeito ao tratamento de dados pessoais e à livre circulação desses dados e que revoga a Diretiva 95/46/CE (Regulamento Geral sobre a Proteção de Dados). *Jornal Oficial da União Europeia*, 04 de maio de 2016. Disponível em: <https://eur-lex.europa.eu/legal-content/PT/TXT/HTML/?uri=CELEX:32016R0679&from= PT#d1e8250-1-1>. Acesso em: 20 junho 2019.

> CAPÍTULO V – Transferências de dados pessoais para países terceiros ou organizações internacionais
>
> Artigo 45 – Transferências com base numa decisão de adequação
>
> 1. Pode ser realizada uma transferência de dados pessoais para um país terceiro ou uma organização internacional se a Comissão tiver decidido que o país terceiro, um território ou um ou mais setores específicos desse país terceiro, ou a organização internacional em causa, assegura um nível de proteção adequado. Esta transferência não exige autorização específica.

Essa medida foi crucial para o *enforcement* do sistema europeu de proteção de dados pessoais, diante da circulação transfronteiriça, influenciando a legislação de diversos países, *e.g.*, o *EU-US Privacy Shield* nos Estados Unidos, elaborado para possibilitar a adequação do nível protetivo dos dados nos EUA ao desejado pela União Europeia, haja vista a insuficiência dos princípios estabelecidos no *Safe Harbor*, consoante a decisão da Comissão da União Europeia, em outubro de 2015[8].

Portanto, a Lei Geral de Proteção de Dados Pessoais do Brasil – LGPD (Lei n. 13.709/18)[9] foi fortemente influenciada pela anterior Diretiva 95/46/CE e pelo atual Regulamento Geral Europeu sobre Proteção dos Dados Pessoais, ao estabelecer os princípios, direitos dos titulares, controladores e operadores do tratamento de dados pessoais, bem como exigindo o nível adequado de proteção requerido das demais jurisdições e criando a Autoridade Nacional de Proteção de Dados (ANPD)[10], instituída pela

[8] UNIÃO EUROPEIA. European Commission. Corrigendum to Commission Decision 2000/520/EC of 26 July 2000 pursuant to Directive 95/46/EC of the European Parliament and of the Council on the adequacy of protection provided by the safe harbor privacy principles and related frequently asked questions issued by the US Department of Commerce. *Official Journal of the European Communities*, L 215 of 25 August 2000. Disponível em: <http://eur-lex.europa.eu/legal-content/EN/TXT/PDF/?uri=CELEX:32000D0520R(01)&from=PT>. Acesso em: 09 de julho de 2019.

[9] BRASIL. Lei 13.709, de 14 de agosto de 2018. Lei Geral de Proteção de Dados Pessoais (LGPD). Redação dada pela Lei nº 13.853, de 2019. Brasília, *Diário Oficial da União*, 15 de agosto de 2018. Disponível em: <http://www.planalto.gov.br/ ccivil_03/_Ato2015-2018/2018/Lei/L13709.htm>. Acesso em: 07 julho 2019.

[10] Cf. LIMA, Cíntia Rosa Pereira de. *Autoridade Nacional de Proteção de Dados Pessoais brasileira:* a imprescindibilidade de uma entidade de garantia para a efetiva proteção dos dados pessoais no cenário futuro do Brasil. São Paulo: Almedina, 2019 (no prelo).

conversão da Medida Provisória n. 869/2018 na Lei n. 13.853, de 08 de julho de 2019[11].

Os efeitos transfronteiriços do espaço digital colorem os debates sobre a delimitação de jurisdição e de lei aplicável aos conflitos na Internet. Testes de determinação foram para eles desenvolvidos especialmente[12], sendo a proteção dos dados pessoais um dos mais afetos ao tema, como em relação aos serviços disponibilizados pelos provedores *on-line* para os titulares de dados pessoais, geralmente tratados pelas mais diversas aplicações na *web*.

A Autoridade Nacional de Proteção de Dados desempenha um papel elementar na consecução do nível protetivo adequado no país e em relação à coleta dos dados e sua circulação transfronteiriça, já que detém o dever legal de fiscalização[13], de estímulo à adoção de padrões[14] (como pela instituição de cláusulas-padrão contratuais) e de cooperação internacional com autoridades garantes de outras jurisdições[15], no intuito de garantir segurança ao comércio eletrônico e à transferência de dados pessoais a partir do estabelecimento de padrões técnicos e jurídicos internacionais.

O âmbito de aplicação da LGPD perpassa, portanto, na consideração territorial do espaço digital, quanto ao conflito de jurisdições e de leis aplicáveis dele decorrentes, e sobre uma análise temporal (pelo decurso do tempo em que detém efeitos a LGPD).

Quanto ao aspecto espacial, o art. 3º da LGPD dispôs sua aplicação sobre os dados que tenham sido, embora tratados em outro território, coletados em território nacional (cujo titular nele se encontre, nos termos do §1º do art. 3º do diploma), bem como sobre aqueles coletados e tratados no Brasil, além do tratamento relacionado à oferta de bens ou serviços aos titulares dos dados pessoais. O tratamento dos dados pessoais deve se ater à finalidade consentida ou necessária ao agente de tratamento, inclusive

[11] BRASIL. Lei n. 13.853, de 08 de julho de 2019. Altera a Lei nº 13.709, de 14 de agosto de 2018, para dispor sobre a proteção de dados pessoais e para criar a Autoridade Nacional de Proteção de Dados, e dá outras providências. Brasília, *Diário Oficial da União*, 09 de julho de 2019. Disponível em: <http://www.planalto.gov.br/ccivil_03/_Ato2019-2022/2019/Lei/L13853.htm#art1>. Acesso em: 09 julho 2019.

[12] GEIST, Michael. Is There a There There? Toward greater certainty for Internet Jurisdiction. *Berkeley Technology Law Journal*, Vol. 16, Issue 3, Article 6, September 2001, p. 1357.

[13] Art. 55-J, inc. VI da LGPD

[14] Art. 55-J, inc. X da LGPD.

[15] Art. 55-J, inc. XII da LGPD.

para a finalidade da transferência internacional, a respeitar os princípios elencados pelo art. 6º da LGPD[16].

Nesse sentido, este artigo tem como objetivo elucidar, brevemente, o âmbito de aplicação no espaço e no tempo da LGPD, no contexto da *cybersociety*, e em diálogo com os demais diplomas protetivos dos titulares dos dados pessoais no Brasil, especialmente o Marco Civil da Internet (MCI)[17] e o Código de Defesa do Consumidor (CDC)[18].

2. Circulação Transfronteiriça dos Dados Pessoais e o Impasse quanto à Jurisdição e à Lei Aplicável

Em 05 de abril de 2000, em Santa Clara, Califórnia, a diretoria da *Yahoo!* recebeu um e-mail enviado pela *Ligue Contre La Racisme Et L'Antisémitisme* (LICRA), com os seguintes dizeres[19]:

> Estamos particularmente chocados em ver que sua Companhia continua a disponibilizar, a cada dia, centenas de símbolos ou objetos nazistas à venda na Web. Esta prática é ilegal de acordo com a legislação francesa e incumbe-lhes o dever de refreá-la, ao menos em território francês. Caso não cessem a disponibilização dos objetos nazistas no prazo de 08 dias, iremos acionar a jurisdição competente para forçar sua Companhia ao cumprimento da lei.

[16] Trata-se dos princípios da boa-fé objetiva, finalidade, adequação, necessidade, livre acesso, qualidade dos dados, transparência, segurança, prevenção, não discriminação, responsabilização e prestação de contas.

[17] BRASIL. Lei nº 12.965, de 23 de abril de 2014. Estabelece princípios, garantias, direitos e deveres para o uso da Internet no Brasil. *Diário Oficial da União*, Brasília, 24 de abril de 2014. Disponível em: <http://www.planalto.gov.br/ccivil_03/_Ato2011-2014/2014/ Lei/L12965.htm>. Acesso em: 07 julho 2019.

[18] BRASIL. Lei nº 8.078, de 11 de setembro de 1990. Dispõe sobre a proteção do consumidor e dá outras providências. *Diário Oficial da União*, Brasília, 12 de setembro de 1990. Disponível em: <http://www.planalto.gov.br/ccivil_03/Leis/L8078.htm>. Acesso em: 07 julho 2019.

[19] EUA. US Court of Appeals for the Ninth Circuit. *Yahoo! Inc., a Delaware Corporation, Plaintiff-appellee, v. La Ligue Contre Le Racisme et L'antisemitisme, a French Association; L'union Des Etudiants Juifs De France, a French Association, Defendants-appellants, 433 F.3d 1199 (9th Cir. 2006).* Disponível em: <https://law.justia.com/cases/federal/appellate-courts/F3/433/1199/546158/>. Acesso em: 10 maio 2019.
Tradução dos autores.

Em 10 de abril de 2000, antes mesmo do prazo informado pelo e-mail, a LICRA ajuizou, no *Tribunal de Grande Instance de Paris*, uma ação contra a *Yahoo!* e a sua subsidiária, *Yahoo! France*, para que tomassem as devidas medidas necessárias e preventivas para tornar impossível a disponibilização de objetos, símbolos e imagens apologéticas ao Nazismo, em território francês, incluindo, *e.g.*, a cessação do acesso a *websites* que detivessem trechos da obra *Mein Kampf*, de Adolf Hitler, e dos Protocolos dos Sábios de Sião (*Протоколы Сионских мудрецов*), que anunciam o suposto projeto de dominação mundial dos judeus e dos maçons. A *Union des Estudiants Juif de France* (UEJF) juntou-se à ação no dia 20 de abril. Em 22 de maio, a corte francesa requereu que a *Yahoo!* retirasse o acesso ao conteúdo na França, bem como uma multa diária no valor de 100 mil francos no caso de atraso ao bloqueio.

Após a negativa da objeção da *Yahoo!* sobre a impossibilidade técnica da realização da ordem, a empresa acionou a *U.S. District Court for the Northern District of California*, com o intuito de não ser a decisão da corte francesa eficaz em território estadunidense. A *District Court* negou a eficácia da decisão nos EUA, por violação *à 5ª* Emenda (*First Amendment*), quanto à liberdade de expressão; mas não entrou no mérito do reconhecimento da decisão. Assim, LICRA e UEJF recorreram ao *Ninth U.S. Circuit Court of Appeals*, em São Francisco, obtendo êxito: em 2006, após uma longa disputa judicial, a *Court of Appeals* reverteu a decisão e concluiu que a *First Amendment* não pode ser utilizada para defender a violação das leis de outros países, em seus territórios. A *US Supreme Court* negou recurso da *Yahoo!*, o que consolidou a decisão e tornou eficaz, nos EUA, a decisão da corte francesa.

O caso LICRA e UEJF *vs. Yahoo!* e *Yahoo! France* exemplifica o problema da determinação da jurisdição competente e da lei aplicável aos conflitos no *cyberspace*.

Nesse contexto, a jurisprudência norte-americana desenvolveu, no final da década de 1990, o entendimento do *standard* do mínimo contato (*Minimum Contact Standard for Personal Jurisdiction*) do pleiteante com a jurisdição, para que se determinasse a competência da jurisdição dos EUA ou do Canadá ao julgamento de um conflito ínsito na Internet, desde que não ofendesse as noções de *fair play* e *substantial justice*, que se constituem como um juízo de razoabilidade da sujeição do pleiteante à jurisdição demandada[20]. Desse

[20] Este juízo de razoabilidade, como defende Michael Geist, é a ideia da previsibilidade (*foreseeability*) da provocação de uma jurisdição, pelas circunstâncias no caso concreto, como, *e.g.*, a

entendimento, popularizou-se o *Zippo Test*, pelo qual o exercício da jurisdição deve ser proporcional à natureza e qualidade da atividade comercial realizada por um Provedor de Serviços de Internet (PSI).

Em *Zippo Manufacturing Co. vs. Zippo Dot Com Inc.*[21], a *Zippo Manufacturing Co.*, famosa empresa de isqueiros sediada na Pensilvânia, ajuizou ação perante a *District Court* da Pensilvânia contra a *Zippo Dot Com Inc.*, provedora de notícias sediada na Califórnia, por violação *à sua marca (com fundamento no Federal Trademark Act* dos EUA). No caso, houve a previsibilidade de que o *website* da *Zippo Dot Com Inc.* pudesse ser acessado em qualquer jurisdição em que estivesse o serviço disponibilizado, o que atrai a competência do Estado da Pensilvânia, assim sendo o *website* ativo (afirmativo à competência do juízo da Pensilvânia conforme o âmbito do acesso do *website*). No entanto, a determinação de um PSI como ativo ou passivo, a fim de direcioná-lo a uma jurisdição competente, não se demonstrou efetivo, porque os critérios à diferenciação eram apenas técnicos e necessitavam ser revistos com o avanço tecnológico[22].

Em substituição ao *Zippo Test*, como leciona Michael Geist[23], a determinação de uma jurisdição a um conflito na Internet pode ser realizada por um *Targeting Test*, que consiste na identificação do público-alvo dos provedores, por meio da verificação de suas intenções perante os usuários de Internet, como pela utilização da geolocalização para segmentar seu público para os anúncios publicitários (o que foi verificado no caso LICRA e UEJF *vs. Yahoo!* e *Yahoo! France*), sendo embasado na neutralidade tecnológica (para que as tecnologias do amanhã não obstem a aplicação do teste), na neutralidade perante o conteúdo dos casos e na previsibilidade (*foreseeability*). Neste caso relacionada à análise concreta da relação entre as partes, da tecnologia utilizada à segmentação do público e das informações coletadas pelos provedores durante esse processo.

A circulação transfronteiriça dos dados pessoais pode se ater ao *Targeting Test*, de modo que a identificação do território para o qual são destinadas

celebração de um *smart contract* por partes localizadas em diferentes países. GEIST, Michael. Is There a There There? Ob. Cit., p. 1356.

21 952 F. Supp. 1119, 1126 (W.D. Pa. 1997).

22 Inicialmente, apenas as informações de contato do provedor já bastavam para a sua caracterização entre ativo ou passivo, sendo que, atualmente, qualquer provedor de serviços de Internet deve possuí-las.

23 GEIST, Michael. Is There a There There? Ob. cit., p. 1378.

as ofertas dos serviços via *web* enseja a previsibilidade da jurisdição e da legislação aplicável.

No Brasil, além do que dispõe o art. 11 do Marco Civil da Internet, quanto ao respeito às normas protetivas aos dados pessoais e à privacidade no Brasil, esse critério pode ser identificado na LGPD (art. 3º), que determina a aplicação da lei brasileira quando os serviços forem destinados a indivíduos localizados no Brasil como elementos de reconhecimento da competência da jurisdição brasileira e da aplicação do diploma normativo.

O caso da coleta e tratamento de dados de contas pessoais no *Facebook*, realizado pela *Cambridge Analytica*, demonstrou os danosos efeitos causados pela circulação internacional dos dados sem o consentimento informado e explícito dos titulares. Os dados, em sua maior parte de titulares dos EUA (81,6% dos usuários, o que representa mais de 70 milhões de perfis), foram coletados por Aleksandr Kogan, professor e pesquisador em neurociência da Universidade de Cambridge, criador de um aplicativo denominado *This Is Your Digital Life*. Esse aplicativo calcula as predileções de personalidade dos usuários cujos dados são submetidos ao sistema, utilizando um teste de personalidade, e transferidos sem o consentimento dos titulares à instituição de análise de dados inglesa *Cambridge Analytica*, envolvida em campanhas políticas em razão da segmentação dos usuários de sua base de dados aos fins publicitários eleitorais, como na campanha à presidência realizada por Donald Trump, em 2016.

Atualmente, os dados coletados de perfis de titulares localizados no Brasil (cerca de 1% dos dados), *e.g.*, estão sujeitos à jurisdição brasileira (em razão do *Targeting Test*), bem como sob o âmbito de aplicação da LGPD. Portanto, tal situação ensejaria a provocação da jurisdição brasileira para julgar a ilegalidade da transferência dos dados, coletados no *Facebook*, por Aleksandr Kogan, e transferidos à *Cambridge Analytica*, uma vez que foi realizado sem o consentimento dos titulares, violando a exigência legal do art. 7º, inc. IX do Marco Civil da Internet, bem como o art. 8º da LGPD. Embora haja, nesse caso, a presença de uma empresa do Vale do Silício (*Facebook*) e outra do Reino Unido (*Cambridge Analytica*), sendo o público alvo cidadãos brasileiros ou pessoas que se encontre em território nacional, atrai a aplicação da legislação pátria.

O caso, cujos fatos antecedem a entrada em vigor do GDPR, foi julgado em outubro de 2018 pelo *UK Information Commisioner's Office* (ICO), que impôs ao Facebook multa de £500 mil, valor máximo estipulado pelo *UK*

Data Protection Act de 1998, em acordo com a Diretiva 95/46/CE do Parlamento e Conselho Europeu[24], e substituído pelo *UK Data Protection Act* de 2018, que se encontrava sob a égide do GDPR até o *Brexit.*

Cumpre destacar que uma das alterações ensejadas pelo GDPR foi justamente deixar clara a possibilidade de aplicação da legislação europeia, bem como ser o caso apreciado pelo tribunal europeu, nos termos do art. 3º, que estabelece[25] como um dos critérios o público-alvo (alínea 2.a), ou seja, quando os serviços ou bens forem ofertados a cidadãos europeus:

> Artigo 3 – Âmbito de aplicação territorial
>
> 1. O presente regulamento aplica-se ao tratamento de dados pessoais efetuado no contexto das atividades de um estabelecimento de um responsável pelo tratamento ou de um subcontratante situado no território da União, independentemente de o tratamento ocorrer dentro ou fora da União.
>
> 2. O presente regulamento aplica-se ao tratamento de dados pessoais de titulares residentes no território da União, efetuado por um responsável pelo tratamento ou subcontratante não estabelecido na União, quando as atividades de tratamento estejam relacionadas com:
>
> *a) A oferta de bens ou serviços a esses titulares de dados na União, independentemente da exigência de os titulares dos dados procederem a um pagamento;*
>
> b) O controle do seu comportamento, desde que esse comportamento tenha lugar na União.
>
> 3. O presente regulamento aplica-se ao tratamento de dados pessoais por um responsável pelo tratamento estabelecido não na União, mas num lugar em que se aplique o direito de um Estado-Membro por força do direito internacional público. (grifo nosso)

[24] UNIÃO EUROPEIA. Parlamento Europeu; Conselho Europeu. Diretiva 95/46/CE do Parlamento Europeu e do Conselho, de 24 de outubro de 1995, relativa à proteção das pessoas singulares no que diz respeito ao tratamento de dados pessoais e à livre circulação desses dados. *Jornal Oficial da União Europeia*, 23 de novembro de 1995. Disponível em: <https://eur-lex.europa.eu/legal-content/PT/TXT/?uri=celex%3A31995L0046>. Acesso em: 07 julho 2019.

[25] UNIÃO EUROPEIA. Parlamento Europeu; Conselho Europeu. Regulamento (EU) 2016/679 do Parlamento Europeu e do Conselho, de 27 de abril de 2016, relativo à proteção das pessoas singulares no que diz respeito ao tratamento de dados pessoais e à livre circulação desses dados e que revoga a Diretiva 95/46/CE (Regulamento Geral sobre a Proteção de Dados). *Jornal Oficial da União Europeia*, 04 de maio de 2016. Disponível em: <https://eur-lex.europa.eu/legal-content/PT/TXT/HTML/?uri=CELEX:32016R0679&from= PT#d1e8250-1-1>. Acesso em: 20 junho 2019.

Assim, pode ser entendido, atualmente, que a jurisdição no espaço digital, no contexto da circulação transfronteiriça dos dados pessoais, observa o *Targeting Test*, para determinar o juízo competente e legislação aplicável o do local para onde os serviços foram ofertados.

Nesse contexto, a Lei de Introdução ao Direito Brasileiro (LINDB) não é suficiente para a determinação do âmbito de aplicação legal, uma vez que o contexto do espaço digital requer regras específicas para assegurar o *enforcement* transfronteiriço, ocasionado pela coleta de dados de indivíduos localizados em território nacional, que podem ser tratados em quaisquer localidades. Entretanto, a LINDB determina a aplicação da lei do país em que as obrigações se constituírem (como dispõe o *caput* do art. 9º), o que pode ser alterado por cláusula de eleição de foro, hipótese que pode gerar controvérsia, na medida em que são estabelecidas em contratos de adesão, cujas cláusulas são estabelecidas unilateralmente pelo controlador ou operador do tratamento de dados pessoais, geralmente em benefício próprio.[26]

2.1. Nível Adequado de Proteção de Dados Pessoais e o Fenômeno da "Europeização" da Regulação Sobre Proteção de Dados Pessoais

A preocupação com a proteção dos dados pessoais é um fenômeno de origem europeia. Assim, em 30 de setembro de 1970, em Wiesbaden, Alemanha, o Parlamento de Hessian aprovou uma inédita proteção aos dados pessoais, que foi seguida por diversos países europeus, durante a década de 1970 (Suécia, Dinamarca, Noruega e França). Destaca-se a *Convenção 108 do Conselho da Europa para a Proteção das Pessoas Singulares, no que diz respeito ao Tratamento Automatizado de Dados Pessoais*, de 28 de janeiro de 1981, que objetivou a proteção à vida privada e estabeleceu a adequada coleta e adequado tratamento dos dados como direitos dos titulares.

Desde a década de 1970, portanto, a Europa promove dispositivos vanguardistas que visam adequar o nível protetivo aos dados pessoais às atualizações da sociedade informacional. Essa "europeização" da regulação sobre a proteção de dados pessoais instaurou uma corrida pelo alcance do nível protetivo adequado aos padrões da União Europeia, em razão de que os dados relativos aos titulares localizados na UE podem apenas ser

[26] O Projeto de Lei n. 3514/2015 inclusive pretende estabelecer a nulidade das cláusulas de eleição de foro e de arbitragem celebradas pelo consumidor.

tratados por aqueles que as autoridades garantes da UE afirmem possuir o nível protetivo requerido. Caso contrário, o tratamento dos dados por agentes de tratamento estrangeiros, realizado por intermédio da circulação internacional dos dados, pode ser bloqueado.

O art. 45 do GDPR trata da necessidade do nível protetivo para os casos de transferência dos dados dos titulares localizados na UE, condicionando-os às decisões da Comissão Europeia sobre o nível de proteção de determinado país (ou um setor específico), território ou organização internacional[27].

O art. 25, n. 2 da Diretiva 95/46/CE, afirmava que a adequação era apreciada em função das circunstâncias da transferência de dados, levando em consideração a natureza, finalidade e duração do tratamento, bem como medidas de segurança à proteção dos dados nos países (o que já incluía a autonomia de uma autoridade independente).

O art. 45, n. 2 do GDPR, em seu turno, estipulou como elementos à avaliação do nível de proteção o respeito pelos direitos humanos e liberdades fundamentais, os direitos havidos pelos titulares e suas salvaguardas, a legislação pertinente à segurança pública e nacional e o acesso das autoridades públicas aos dados, igualmente as medidas de segurança (incluindo as relacionadas às transferências internacionais) e a existência e o efetivo funcionamento de uma autoridade autônoma e independente para a fiscalização e concretização das normas de proteção dos dados pessoais.

O *EU-US Privacy Shield*, nesse contexto, permitiu a permanência da circulação transfronteiriça dos dados pessoais dos titulares localizados na União Europeia para os EUA, pela adequação do nível protetivo dos EUA ao requerido pela União Europeia, incluindo um mecanismo de proteção aos direitos de seus titulares, que garante que reclamações direcionadas aos EUA, sob o fundamento de tratamento ilegal de dados de titulares da UE por parte de autoridades de vigilância dos EUA, sejam investigadas e devidamente remediadas (pelo *Privacy Shield Ombudsperson*).

Nesse sentido, a regulação europeia de proteção de dados pessoais extrapolou os limites fronteiriços geograficamente definidos, na medida

[27] O art. 45, n. 9, ainda tratou das decisões da Comissão Europeia adotadas com base no art. 25, n. 6, da Diretiva 95/46/CE, afirmando estarem vigentes até que sejam alteradas, substituídas ou revogadas. Nesse sentido, Argentina e Uruguai, *e.g.*, ainda possuem o reconhecimento da União Europeia sobre as suas leis de proteção de dados pessoais conforme as Decisões 2003/490/CE e 2012/5705/CE, respectivamente, com fundamento na Diretiva.

em que os países, interessados em se integrar ao capitalismo informacional, para receber dados de cidadãos europeus, tiveram que adequar o sistema protetivo de dados pessoais aos padrões europeus. No Brasil, não foi diferente, haja vista a clara influência da antiga Diretiva 95/46/CE e do atual Regulamento Geral Europeu sobre Proteção de Dados Pessoais.

3. Âmbito de Aplicação no Espaço do MCI, da LGPD e do CDC

Quanto ao âmbito de aplicação das normas de proteção de dados pessoais, importante considerar conjuntamente à LGPD o que dispõe o MCI e o Código de Defesa do Consumidor. Isso porque o Marco Civil da Internet pode ser visto como um microssistema de proteção de dados pessoais, a partir do art. 3º, inc. III e art. 7º, incisos VII – X. Ademais, como se irá demonstrar, geralmente essas relações são caracterizadas como de consumo, atraindo a aplicação do CDC, razão pela qual se deve atentar ao que dispõe o CDC e o Projeto de Lei n. 3.514/2015 (para um diálogo das fontes, como preceitua Cláudia Lima Marques[28], à expressão de Erik Jayme).

3.1. Marco Civil da Internet (MCI)

Anteriormente à LGPD, o Marco Civil da Internet dispôs, em seu art. 11, regras sobre o âmbito de aplicação espacial da lei quanto a proteção dos dados pessoais e a privacidade. O MCI estabeleceu a aplicação da legislação brasileira para os casos em que qualquer etapa do ciclo do tratamento de dados tenha sido realizada no Brasil (coleta, armazenamento ou uso dos dados), inclusive, *e.g.*, aos casos de pessoas jurídicas, sediadas no exterior, que ofertem serviço no Brasil, como dispõe o §2º:

> Art. 11. Em qualquer operação de coleta, armazenamento, guarda e tratamento de registros, de dados pessoais ou de comunicações por provedores de conexão e de aplicações de internet em que pelo menos um desses atos ocorra em território nacional, deverão ser obrigatoriamente respeitados a legislação brasileira e os direitos à privacidade, à proteção dos dados pessoais e ao sigilo das comunicações privadas e dos registros.

[28] MARQUES, Cláudia Lima. *Diálogo das Fontes:* do conflito à coordenação de normas do direito brasileiro. São Paulo: Revista dos Tribunais, 2012, *passim.*

§ 1º O disposto no caput aplica-se aos dados coletados em território nacional e ao conteúdo das comunicações, desde que pelo menos um dos terminais esteja localizado no Brasil.

§ 2º O disposto no caput aplica-se mesmo que as atividades sejam realizadas por pessoa jurídica sediada no exterior, *desde que oferte serviço ao público brasileiro ou pelo menos uma integrante do mesmo grupo econômico possua estabelecimento no Brasil.*

§ 3º Os provedores de conexão e de aplicações de internet deverão prestar, na forma da regulamentação, informações que permitam a verificação quanto ao cumprimento da legislação brasileira referente à coleta, à guarda, ao armazenamento ou ao tratamento de dados, bem como quanto ao respeito à privacidade e ao sigilo de comunicações.

§ 4º Decreto regulamentará o procedimento para apuração de infrações ao disposto neste artigo. (grifo nosso)

O Marco Civil da Internet estabeleceu o âmbito de aplicação da proteção dos dados pessoais já no intuito de implementar a conformidade da proteção no Brasil à instituída na União Europeia, à época regida pela Diretiva 95/46/CE, do Parlamento e Conselho Europeu, que foi revogada pelo GDPR.

Assim, como referido, o *caput* do art. 11 do MCI adotou como um critério padrão para aplicação da lei brasileira, o fato de qualquer operação de tratamento de dados pessoais ser realizada em território nacional. Semelhantemente, o § 1º do art. 11 do MCI atrai a aplicação da lei brasileira, também, para as hipóteses em que pelo menos um dos terminais esteja localizado em território nacional. Haja a vista a dificuldade de se definir a localização territorial dessas práticas, em virtude especialmente do *cloud computing*, somente esse critério não seria suficiente.

Por isso, o § 2º do art. 11 definiu a aplicação da legislação brasileira, para além das hipóteses acima elencadas, quando os bens ou serviços forem ofertados ao público brasileiro.

3.2. Lei Geral de Proteção de Dados Pessoais (LGPD)

Em 2018, o Brasil finalmente aprovou o seu instrumento protetivo aos dados pessoais, após os dispostos pelo Marco Civil da Internet, em 2014. O mapa a seguir, conforme levantamento de David Banisar[29], denota os

[29] BANISAR, David. National Comprehensive Data Protection/Privacy Laws and Bills 2018 (September 4, 2018). *SSRN*, 2018. Disponível em: <https://ssrn.com/abstract=1951416>. Acesso em: 02 fevereiro 2019.

países que possuíam alguma regulação sobre a proteção de dados pessoais, em setembro de 2018, seguindo o fenômeno da "europeização" do nível protetivo, iniciado na década de 1970, na Alemanha[30].

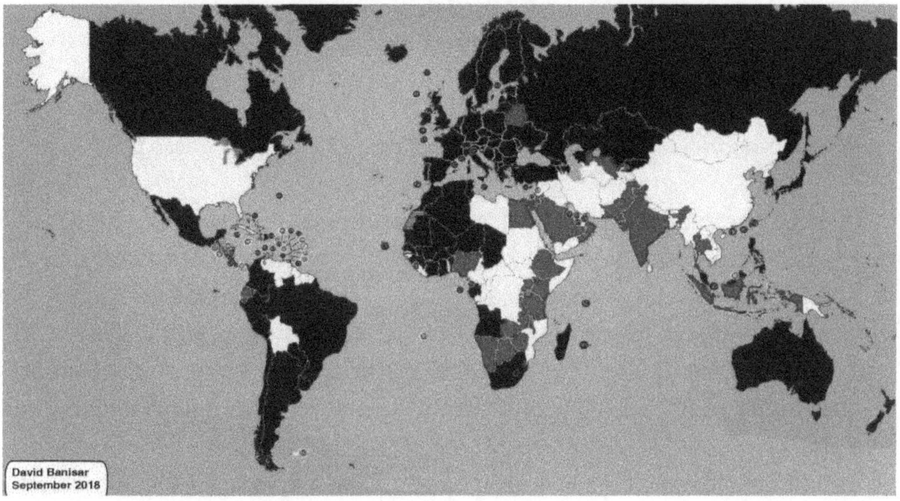

Figura 01 - Países com regulações sobre a proteção de dados pessoais, em setembro de 2018. Em preto, países com regulações protetivas aos dados pessoais. Em cinza, países que possuem em tramitação regulações à proteção dos dados pessoais. Em branco, países que não possuem regulações à proteção favoráveis. Fonte: BANISAR, David. National Comprehensive Data Protection/Privacy Laws and Bills 2018 (September 4, 2018). SSRN, 2018.

Quanto ao âmbito espacial de aplicação aos dados pessoais, a LGPD adotou a regra do público-alvo, dentre os critérios estabelecidos no art. 3º, *in verbis:*

> Art. 3º Esta Lei aplica-se a qualquer operação de tratamento realizada por pessoa natural ou por pessoa jurídica de direito público ou privado, independentemente do meio, do país de sua sede ou do país onde estejam localizados os dados, desde que:
>
> I – a operação de tratamento seja realizada no território nacional;

[30] SCHWARTZ, Paul M. The EU-U.S. Privacy Collision: a turn to institutions and procedures. *Harvard Law Review*, vol. 126, pp. 1966-2009. Cambridge, Massachusetts: Harvard University Press, 2013, pp. 1969-1970.

> II – a atividade de tratamento tenha por objetivo *a oferta ou o fornecimento de bens ou serviços ou o tratamento de dados de indivíduos localizados no território nacional;* ou
>
> III – os dados pessoais objeto do tratamento tenham sido coletados no território nacional.
>
> § 1º Consideram-se coletados no território nacional os dados pessoais cujo titular nele se encontre no momento da coleta.
>
> § 2º Excetua-se do disposto no inciso I deste artigo o tratamento de dados previsto no inciso IV do caput do art. 4º desta Lei. (grifo nosso)

Assim, como explicado *supra*, as regras do GDPR, do MCI e da LGPD preveem o critério do público-alvo para determinar a lei aplicável a determinado caso, ou seja, a coleta dos dados em território nacional ou a oferta dos serviços aos cidadãos brasileiros ou pessoas que estejam em território nacional, ensejando a aplicação da lei brasileira, mesmo que seja realizado por empresa sediada no estrangeiro ou seja seu tratamento realizado no exterior.

Nesse sentido, a LGPD vai além, pois prevê a aplicação da lei brasileira não apenas aos cidadãos brasileiros, mas toda e qualquer pessoa que esteja no Brasil, quando qualquer operação de tratamento de dados pessoais tenha sido realizada.

Outrossim, a LGPD trouxe algumas exceções materiais, em seu art. 4º, hipóteses em que não enseja a aplicação da LGPD, quais sejam: I – realizado por pessoa natural para fins exclusivamente particulares e não econômicos; II – realizado para fins exclusivamente: a) jornalístico e artísticos; ou b) acadêmicos; III – realizado para fins exclusivos de: a) segurança pública; b) defesa nacional; c) segurança do Estado; ou d) atividades de investigação e repressão de infrações penais; ou IV – provenientes de fora do território nacional e que não sejam objeto de comunicação, uso compartilhado de dados com agentes de tratamento brasileiros ou objeto de transferência internacional de dados com outro país que não o de proveniência, *desde que o país de proveniência proporcione grau de proteção de dados pessoais adequado ao previsto nesta Lei*[31].

[31] Assim, o §2º do art. 3º excetua o âmbito de aplicação da lei ao que dispõe o inc. IV do art. 4º, quanto aos dados provenientes do estrangeiro que não sejam objeto de uso compartilhado com agentes de tratamento brasileiros ou objeto de transferência internacional de dados com

Além disso, também são excluídos do âmbito de aplicação da lei os tratamentos realizados por pessoa natural para fins exclusivamente particulares (não econômicos), os realizados exclusivamente para fins jornalísticos, artísticos ou acadêmicos, e os realizados pelo Estado aos fins de segurança pública, defesa nacional, segurança do Estado ou atividades de investigação e repressão de infrações penais (o que potencializa a cooperação internacional para a investigação de *advanced cybercrimes e cyber enabled-crimes*[32], no espaço digital), que serão regidos por lei específica, como dispõe o §1º do art. 4º da LGPD.

3.3. Projeto de Lei n. 3514/2015 para Alteração do Código de Defesa do Consumidor (CDC)

O Projeto de Lei n. 3514/2015[33] visa à alteração do Código de Defesa do Consumidor, sobre o comércio eletrônico, assim como alterar o art. 9º da LINDB, para estabelecer regras específicas sobre os contratos internacionais comerciais e de consumo, e propõe instituir, quanto aos contratos internacionais de consumo, a aplicação da lei brasileira, se o contrato tiver de ser executado no Brasil ou se precedida a contratação por qualquer atividade negocial ou de *marketing* (como por e-mails), por parte do fornecedor ou seu representante, dirigida aos consumidores brasileiros, desde que mais favorável a sua aplicação ao consumidor (uma vez que o objetivo é a

outro país que não o de procedência, desde que este proporcione nível protetivo adequado ao previsto pela LGPD.

[32] A *INTERPOL Global Complex for Innovation* (IGCI) é o órgão de coordenação global à detecção e prevenção de *cybercrimes* da INTERPOL, que foram pela organização distinguidos em duas espécies: os *advanced cybercrimes* (aqueles pelos quais são realizados ataques contra dispositivos informáticos, tanto sobre *softwares* quanto *middlewares* e *hardwares*) e os *cyber-enabled crimes* (os crimes já anteriormente existentes, mas que são realizados no espaço digital). INTERPOL. *Cybercrime*. INTERPOL, 2018. Disponível em: <https://www.interpol.int/Crime-areas/Cybercrime/Cybercrime>. Acesso em: 09 junho 2019.

[33] BRASIL. Senado Federal. *Projeto de Lei n. 3514/2015*, de autoria do Senador Federal José Sarney, que pretende alterar a Lei nº 8.078, de 11 de setembro de 1990 (Código de Defesa do Consumidor), para aperfeiçoar as disposições gerais do Capítulo I do Título I e dispor sobre o comércio eletrônico, e o art. 9º do Decreto-Lei nº 4.657, de 4 de setembro de 1942 (Lei de Introdução às Normas do Direito Brasileiro), para aperfeiçoar a disciplina dos contratos internacionais comerciais e de consumo e dispor sobre as obrigações extracontratuais..

sua preferência)[34]. Além disso, o Projeto de Lei n. 3.514/2015 determina a nulidade das cláusulas de eleição de foro e de arbitragem, celebradas pelo consumidor.

As alterações pretendidas pelo Projeto de Lei n. 3514/2015 adequam o âmbito de aplicação da lei brasileira aos contratos internacionais de consumo, principalmente celebrados no comércio eletrônico, em configuração símile à adotada pela LGPD e pelo MCI. A conciliação entre ambos os diplomas é importante porque os titulares dos dados podem ser os consumidores (*strictu sensu* ou *bystander*) na relação de consumo com os agentes de tratamento (controladores e operadores), sediados ou não no Brasil, cuja coleta, no entanto, ocorra no país, ou sejam ofertados serviços aos consumidores brasileiros.

O Projeto de Lei n. 3514/2015 prevê uma seção específica do CDC para a regulação do comércio eletrônico, objetivando, segundo estabelece o *caput* do art. 45-A do projeto, a diminuição das assimetrias informacionais (principalmente em face às vulnerabilidades técnica e informacional fortemente presentes nos meios telemáticos), a preservação da segurança nas transações e a proteção da autodeterminação informacional e da privacidade.

O Projeto propõe a obrigação dos fornecedores de disponibilizar suas informações de contato nos meios eletrônicos utilizados (como nome empresarial e endereços físico e eletrônico), características essenciais do produto ou serviço, serviço adequado e eficaz de atendimento ao consumidor (que conceda suporte às comunicações, como notificações e reclamações) e mecanismos de segurança para pagamento e tratamento dos dados pessoais dos consumidores (incluindo a obrigação de informar as

34 "Art. 9º-B. O contrato internacional de consumo, entendido como aquele realizado entre um consumidor pessoa natural e um fornecedor de produtos e serviços cujo estabelecimento esteja situado em país distinto daquele de domicílio do consumidor, reger-se-á pela lei do lugar de celebração ou, se executado no Brasil, pela lei brasileira, desde que mais favorável ao consumidor.
§ 1º Se a contratação for precedida de qualquer atividade negocial ou de marketing, por parte do fornecedor ou de seus representantes, dirigida ao território brasileiro ou nele realizada, em especial envio de publicidade, correspondência, e-mails, mensagens comerciais, convites, prêmios ou ofertas, aplicar-se-ão as disposições da lei brasileira que possuírem caráter imperativo, sempre que mais favoráveis ao consumidor."

autoridades competentes e ao consumidor sobre comprometimentos do sistema de segurança ou vazamento de dados)[35].

Quanto ao foro competente para dirimir conflitos resultantes da relação jurídica de consumo, o titular dos dados pessoais poderá ingressar no juízo do seu domicílio nos termos do art. 101 do CDC. Nesse ponto, o Projeto de Lei n. 3.514/2015 pretende alterar esse artigo, que passaria a dispor:

> Art. 101. Na ação de responsabilidade contratual e extracontratual do fornecedor de produtos e serviços, inclusive no fornecimento a distância nacional e internacional, sem prejuízo do disposto nos Capítulos I e II deste Título:
>
> I – será competente o foro do domicílio do consumidor, nas demandas em que o consumidor residente no Brasil seja réu e que versem sobre relações de consumo;
>
> II – o consumidor, nas demandas em que seja autor, poderá escolher, além do foro indicado no inciso I, o do domicílio do fornecedor de produtos ou serviços, o do lugar da celebração ou da execução do contrato ou outro conectado ao caso;
>
> III – são nulas as cláusulas de eleição de foro e de arbitragem celebradas pelo consumidor.

[35] "Art. 45-D. É obrigação do fornecedor que utilizar meio eletrônico ou similar:
I – apresentar sumário do contrato antes da contratação, com as informações necessárias ao pleno exercício do direito de escolha do consumidor, destacadas as cláusulas que limitem direitos;
II – manter disponível, por meio como o eletrônico ou o telefônico, serviço adequado, facilitado e eficaz de atendimento que possibilite ao consumidor enviar e receber comunicações, inclusive notificações, 5 reclamações e demais informações necessárias à efetiva proteção de seus direitos;
III – confirmar imediatamente o recebimento de comunicações relevantes, como a manifestação de arrependimento e cancelamento do contrato, utilizando o mesmo meio empregado pelo consumidor ou outros costumeiros;
IV – assegurar ao consumidor meios técnicos adequados, eficazes e facilmente acessíveis que permitam a identificação e a correção de eventuais erros na contratação, antes de finalizá-la, sem prejuízo do posterior exercício do direito de arrependimento;
V – utilizar mecanismos de segurança eficazes para pagamento e para tratamento de dados do consumidor;
VI – informar aos órgãos de defesa do consumidor e ao Ministério Público, sempre que requisitado, o nome, o endereço eletrônico e demais dados que possibilitem o contato com o provedor de hospedagem, bem como com os prestadores de serviços financeiros e de pagamento;
VII – informar imediatamente às autoridades competentes e ao consumidor sobre vazamento de dados ou comprometimento, mesmo que parcial, da segurança do sistema."

> Parágrafo único. Aos conflitos decorrentes do fornecimento a distância internacional, aplica-se a lei do domicílio do consumidor, ou a norma estatal escolhida pelas partes, desde que mais favorável ao consumidor, assegurando igualmente o seu acesso à Justiça.

Ademais, quanto à legislação aplicável, o Projeto de Lei n. 3.514/2015 possibilita a aplicação da lei mais favorável ao consumidor, quando em conflito com a legislação pátria, no contexto da contratação internacional. Portanto, se houver uma norma mais protetiva ao consumidor no direito comunitário europeu, esta deve ser aplicada, afastando a lei brasileira, caso o projeto de lei venha a ser aprovado. No entanto, pode-se chegar à mesma conclusão à luz da *ratio* da legislação consumerista, que é a proteção do consumidor, tido como vulnerável na relação jurídica de consumo.

4. Caracterização da Relação Jurídica de Consumo no Tratamento de Dados Pessoais

A caracterização da relação de consumo dos titulares de dados pessoais, no espaço digital, deve ser realizada pela identificação dos elementos subjetivos e objetivos da relação jurídica de consumo.

Quanto aos sujeitos, de um lado, devem-se caracterizar os fornecedores nos termos do art. 3º do CDC. Nesse sentido, os agentes de tratamento de dados pessoais, sejam os controladores ou os operadores, podem se enquadrar como fornecedores, como, *e.g.*, os provedores de conexão e os provedores de aplicações de Internet, quando ofereçam produtos ou serviços aos titulares de dados pessoais, relacionados ao tratamento desses dados[36].

Por outro lado, deve-se caracterizar a outra ponta da relação jurídica de consumo, ou seja, o consumidor. Assim, considera-se consumidor a pessoa natural[37], destinatário final da cadeia de consumo (padrão ou *standard*), nos

[36] Preceitua o art. 6º, inc. X da LGPD: "tratamento: toda operação realizada com dados pessoais, como as que se referem a coleta, produção, recepção, classificação, utilização, acesso, reprodução, transmissão, distribuição, processamento, arquivamento, armazenamento, eliminação, avaliação ou controle da informação, modificação, comunicação, transferência, difusão ou extração [...]"

[37] Em razão da LGPD tratar apenas da proteção aos dados pessoais de pessoas naturais, não cabe neste trabalho o levantamento da teoria do finalismo aprofundado, quanto às relações

termos do *caput* do art. 2º do CDC, ou as vítimas dos acidentes de consumo (art. 17 do CDC) e as pessoas expostas às práticas comerciais (art. 29 do CDC), *bystanders*. Segundo Cláudia Lima Marques[38]:

> "É agora um destinatário final contratante (art. 2º do CDC), um sujeito 'mudo' na frente de um *écran*, em qualquer tempo, em qualquer língua, com qualquer idade, identificado por uma senha (PIN), uma assinatura eletrônica (chaves-públicas e privadas), por um número de cartão de crédito ou por impressões biométricas, é uma coletividade de pessoas, que intervém na relação de consumo (por exemplo, recebendo o *compact disc* (CD) de presente, comprado por meio eletrônico, ou o grupo de crianças que está vendo o filme baixado por Internet, *ex vi* parágrafo único do art. 2º do CDC) ou a coletividade afetada por um *spam* ou *marketing* agressivo (art. 29 do CDC) ou todas as vítimas de um fato do serviço do provedor de conteúdo, que enviou um vírus 'destruidor' por sua comunicação semanal, ou todas as pessoas cujos números da conta corrente ou do cartão de crédito e senha foram descobertos pelo *hacker* ou *cracker* que atacou o computador principal do serviço financeiro, ou do fornecedor de livros eletrônicos (*e-books*) – art. 17 do CDC.

De acordo com os incs. VI e VII do art. 6º da LGPD, o controlador, pessoa natural ou jurídica, detém o papel de decisão sobre os tratamentos de dados pessoais realizados, cabendo ao operador instrumentalizá-los, em nome daquele[39]. São considerados fornecedores quando, ao oferecer produto ou serviço no Brasil, restar comprovado ser o objeto relacionado ao tratamento dos dados pessoais.

Por fim, quanto ao elemento objetivo da relação jurídica de consumo, cabe demonstrar o objeto ser um produto ou um serviço prestado mediante remuneração. À aplicação do CDC às relações na Internet, merece destaque a frase ínsita no livro de Robert A. Heinlein[40], *The Moon Is a Harsh*

de consumo de pessoas jurídicas, que diferencia produto ou serviço entre consumo e insumo, a depender da expertise da pessoa jurídica, a ser considerada ou não como consumidora.

[38] MARQUES, Cláudia Lima. *Confiança no comércio eletrônico e a proteção do consumidor:* um estudo dos negócios jurídicos de consumo no comércio eletrônico. São Paulo: Revista dos Tribunais, 2004, pp. 62-63.

[39] "VI – controlador: pessoa natural ou jurídica, de direito público ou privado, a quem competem as decisões referentes ao tratamento de dados pessoais;
VII – operador: pessoa natural ou jurídica, de direito público ou privado, que realiza o tratamento de dados pessoais em nome do controlador [...]"

[40] HEINLEIN, Robert A. *The Moon Is a Harsh Mistress*. New York: St. Martin's Press, 1997.

Mistress: *"there ain't no such thing as a free lunch"*. A caracterização do que dispõe o § 2º do art. 3º do CDC, quanto à remuneração do serviço ofertado pelo sujeito fornecedor (agente de tratamento), implica no reconhecimento das remunerações direta e indireta.

Quanto à remuneração direta, impõe analisar se os dados pessoais, como direitos de personalidade, são passíveis de fruição econômica. Entendemos que sim, pois assim como o nome, a imagem e os direitos patrimoniais de autor, alguns direitos de personalidade são passíveis de fruição econômica. Entretanto, quanto aos dados pessoais, devem-se observar os princípios e regras para o tratamento lícito, sempre a depender do consentimento inequívoco do titular dos dados nos termos do art. 7°, inc. I e art. 8° da LGPD.

Entretanto, não se pode desconsiderar a remuneração indireta dos serviços disponibilizados no espaço digital, *e.g.*, a realização de uma customização dos perfis, por parte dos fornecedores (provedores de serviços de Internet), que objetivam segmentar públicos-alvo para a percepção de lucros com publicidades direcionadas (*marketing* direto). Nesse sentido, o Superior Tribunal de Justiça41 já consolidou o entendimento no sentido de que basta a remuneração indireta para caracterizar produto e serviço para fins de aplicação do CDC:

> RISCO INERENTE AO NEGÓCIO. INEXISTÊNCIA. CIÊNCIA DA EXISTÊNCIA DE CONTEÚDO ILÍCITO. RETIRADA IMEDIATA DO AR. DEVER. DISPONIBILIZAÇÃO DE MEIOS PARA IDENTIFICAÇÃO DE CADA USUÁRIO. DEVER. REGISTRO DO NÚMERO DE IP. SUFICIÊNCIA.
>
> 1. A exploração comercial da internet sujeita as relações de consumo daí advindas à Lei nº 8.078/90.
>
> 2. O fato de o serviço prestado pelo provedor de serviço de internet ser gratuito não desvirtua a relação de consumo, pois o termo "mediante remuneração", contido no art. 3º, § 2º, do CDC, deve ser interpretado de forma ampla, de modo a incluir o ganho indireto do fornecedor. [...]

Portanto, é forçoso concluir que, quando estiverem presentes os elementos objetivos e subjetivos da relação jurídica de consumo, aplicar-se-á o CDC. Inclusive, o próprio Marco Civil da Internet trouxe como direito dos usuários da Internet a aplicação das normas de proteção do consumidor

[41] BRASIL. Superior Tribunal de Justiça. *REsp 1186616/MG*. Rel. Ministra Nancy Andrighi, Terceira Turma, julgado em 23/08/2011.

no art. 7º, inc. XIII, e a própria LGPD não exclui a aplicação de legislação pertinente, como o CDC, no art. 64 da LGPD. De fato, há grande proximidade da LGPD a diversos dispositivos do CDC, como, à título exemplificativo: os princípios estabelecidos no art. 6º da LGPD, que em muito se assemelham aos princípios da política nacional de consumo, previstos no art. 6º do CDC; o regime de responsabilidade previsto nos arts. 42 a 45, que está bem próximo ao que dispõe os artigos 12 a 18 do CDC, inclusive com a previsão da inversão do ônus da prova, no § 2º do art. 42 da LGPD, no processo civil, a favor do titular dos dados pessoais, quando a critério do juiz for verossímil a alegação, houver hipossuficiência para a produção de provas ou quando esta resultar excessivamente onerosa ao titular dos dados, constituindo-se com uma redação semelhante a que foi estabelecida no inc. VIII do art. 6º do CDC.

5. Aplicação no Tempo do MCI e da LGPD

O caso da transferência dos dados pessoais coletados no *Facebook* por Aleksandr Kogan é elucidativo da imprescindibilidade dos efeitos atualmente garantidos pelo GDPR. A coleta dos dados foi consentida pelos usuários apenas em relação ao aplicativo *This Is Your Digital Life*, administrado por Kogan, que não poderia tê-los compartilhado com a *Cambridge Analytica*, sem o consentimento inequívoco dos titulares, o que já era disciplinado pela Diretiva 95/46/CE e pelo MCI, e que foi, posteriormente, confirmado pelo GDPR e pela LGPD, no Brasil, que mantêm a autodeterminação informacional com base no consentimento informado e inequívoco do titular.

O caso, ocorrido sob a égide da Diretiva 95/46/CE do Parlamento e do Conselho Europeu, foi julgado pelo *UK Information Commissioner's Office* (ICO), em 24 de outubro de 2018[42], que decidiu pela imposição ao *Facebook* da multa máxima estipulada pelo *UK Data Protection Act*, de 1998, em vigor quando da ocorrência dos fatos e da Diretiva da UE, de £500 mil. A repetição dos fatos narrados, após a entrada em vigor do GDPR,

[42] REINO UNIDO. Information Commissioner's Office. ICO issues maximum £500,000 fine to Facebook for failing to protect users' personal information. *Information Commissioner's Office*, 25 de outubro de 2018. Disponível em: <https://ico.org.uk/facebook-fine-20181025>. Acesso em: 04 julho 2019.

em 25 de maio de 2018, implicaria nas sanções estipuladas pelo art. 83 do Regulamento, cuja pena máxima é de £20 milhões ou de até 4% do volume de negócios anual a nível mundial de uma empresa (o montante que se constituir maior), correspondente ao seu exercício financeiro anterior, em conformidade, também, ao *UK Data Protection Act*, de 2018.

Nesse sentido, a ICO, em 08 de julho de 2019, informou pretender multar a companhia aérea *British Airways* no valor de £183,39 milhões, pelo vazamento de dados pessoais e financeiros de 500 mil clientes, ocorrido em setembro de 2018[43], já na vigência do GDPR, em parte ocasionado pelo tráfego de usuários do *website* da *British Airways* sendo desviado a um *website* fraudulento, resultando no comprometimento de informações como *login*, nome, endereço, cartão de pagamento e detalhes de reserva de viagem de seus usuários.

A LGPD, promulgada aos 14 de agosto de 2018, com alterações feitas pela MP n. 869/2018, de 27 de dezembro de 2018, convertida na Lei n. 13.853, de 08 de julho de 2019, entra em vigor 24 meses após a data de sua publicação, assim, em agosto de 2020, salvo as disposições relativas à criação da ANPD, que entraram em vigor no dia 28 de dezembro de 2018 (art. 65 da LGPD).

Dessa forma, para os fatos ocorridos anteriormente à sua vigência, aplica-se a lei em vigor quanto à proteção de dados pessoais. Assim, o MCI (aos fatos ocorridos desde 23 de junho de 2014), que já dispôs, além de princípio à disciplina do uso da Internet no país, sobre proteção de dados pessoais (art. 3º, inc. III), a proibição do armazenamento e utilização de dados pessoais que excedam às finalidades do tratamento consentido pelo titular, a transparência dos agentes de tratamento quanto às informações sobre o tratamento (art. 7º, inc. VIII e art. 16, inc. II), o consentimento expresso sobre o tratamento (cuja cláusula contratual deve estar destacada

[43] Sobre o caso, a *Information Commissioner* da *ICO*, Elizabeth Denham: "People's personal data is just that – personal. When an organisation fails to protect it from loss, damage or theft it is more than an inconvenience. That's why the law is clear – when you are entrusted with personal data you must look after it. Those that don't will face scrutiny from my office to check they have taken appropriate steps to protect fundamental privacy rights." REINO UNIDO. Information Commissioner's Office. Intention to fine British Airways £183.39m under GDPR for data breach. *Information Commissioner's Office*, 08 de julho de 2019. Disponível em: <https://ico.org.uk/about-the-ico/news-and-events/news-and-blogs/2019/07/ico-announces-intention-to-fine-british-airways/>. Acesso em: 08 julho 2019.

das demais, conforme delimita o art. 7º, inc. IX), a exclusão dos dados (quando do alcance das finalidades de tratamento, ressalvadas as hipóteses de armazenamento obrigatório, previstos no MCI, como de um ano aos provedores de conexão e de seis meses aos provedores de aplicações, de acordo com o art. 7º, inc. X[44])[45].

Quanto à configuração da relação jurídica de consumo, aplicar-se-á as regras do CDC.

O Superior Tribunal de Justiça[46], ao analisar o tema, quando da entrada em vigor do MCI, consolidou o entendimento segundo o qual, aos fatos ocorridos antes da entrada em vigor do Marco Civil da Internet, aplica-se a regra da notificação extrajudicial pelo próprio ofendido para a remoção de conteúdo gerado por terceiro; e para os fatos ocorridos após a entrada

[44] Assim estabelecem os incisos VIII, IX e X do art. 7º do MCI: "VII – não fornecimento a terceiros de seus dados pessoais, inclusive registros de conexão, e de acesso a aplicações de internet, salvo mediante consentimento livre, expresso e informado ou nas hipóteses previstas em lei;
VIII – informações claras e completas sobre coleta, uso, armazenamento, tratamento e proteção de seus dados pessoais, que somente poderão ser utilizados para finalidades que:
a) justifiquem sua coleta;
b) não sejam vedadas pela legislação; e
c) estejam especificadas nos contratos de prestação de serviços ou em termos de uso de aplicações de internet;
IX – consentimento expresso sobre coleta, uso, armazenamento e tratamento de dados pessoais, que deverá ocorrer de forma destacada das demais cláusulas contratuais;
X – exclusão definitiva dos dados pessoais que tiver fornecido a determinada aplicação de internet, a seu requerimento, ao término da relação entre as partes, ressalvadas as hipóteses de guarda obrigatória de registros previstas nesta Lei;"

[45] Aos fatos anteriores à vigência do Marco Civil da Internet, interessante julgado do STJ (REsp n. 1.694.405-RJ), com a Relatora Ministra Nancy Andrighi, dispõe que, anteriormente ao MCI, a ciência inequívoca de conteúdo ofensivo, sem a sua retirada em prazo razoável, delimitava a responsabilização do provedor de serviços de Internet: "(i) para fatos ocorridos antes da entrada em vigor do Marco Civil da Internet, deve ser obedecida a jurisprudência desta corte; (ii) após a entrada em vigor da Lei 12.965/2014, o termo inicial da responsabilidade da responsabilidade solidária do provedor de aplicação, por força do art. 19 do Marco Civil da Internet, é o momento da notificação judicial que ordena a retirada de determinado conteúdo da internet."
BRASIL. Superior Tribunal de Justiça. *REsp nº 1.694.405-RJ.* Ministra Relatora Nancy Andrighi, julgado em 19 de junho de 2018. Disponível em: <https://ww2.stj.jus.br/processo/dj/documento?seq_documento= 19372706&data_pesquisa=26/06/2018&parametro=42>. Acesso em: 06 julho 2019.

[46] REsp 1694405/RJ, Rel. Ministra NANCY ANDRIGHI, TERCEIRA TURMA, julgado em 19/06/2018, DJe 29/06/2018.

em vigor do MCI, aplica-se a regra da ordem judicial como requisito para a corresponsabilização do provedor de conteúdo:

> CIVIL E PROCESSUAL CIVIL. RECURSOS ESPECIAIS. AÇÃO DE OBRIGAÇÃO DE FAZER. RETIRADA DE CONTEÚDO INFRINGENTE. PROVEDOR DE PESQUISA.
> FILTRAGEM PRÉVIA DAS BUSCAS. EXCLUSÃO DE LINKS. IMPOSSIBILIDADE.
> DANO MORAL CARACTERIZADO. VALOR DE REPARAÇÃO. NÃO ALTERADO. 1. Ação ajuizada em 23/03/2012. Recursos especiais interpostos em 16/05/2016 e 20/05/2016. Atribuídos a este Gabinete em 01/03/2017.
> 2. *A jurisprudência deste Superior Tribunal de Justiça afirma que, anteriormente à publicação do Marco Civil da Internet, basta a ciência inequívoca do conteúdo ofensivo, sem sua retirada em prazo razoável, para que o provedor se tornasse responsável.* Precedentes.
> 3. A regra a ser utilizada para a resolução de controvérsias deve levar em consideração o momento de ocorrência do ato lesivo ou, em outras palavras, quando foram publicados os conteúdos infringentes: (i) para fatos ocorridos antes da entrada em vigor do Marco Civil da Internet, deve ser obedecida a jurisprudência desta corte; (ii) após a entrada em vigor da Lei 12.965/2014, o termo inicial da responsabilidade da responsabilidade solidária do provedor de aplicação, por força do art. 19 do Marco Civil da Internet, é o momento da notificação judicial que ordena a retirada de determinado conteúdo da internet.
> 4. A ordem que determina a retirada de um conteúdo da internet deve ser proveniente do Poder Judiciário e, como requisito de validade, deve ser identificada claramente. 5. O Marco Civil da Internet elenca, entre os requisitos de validade da ordem judicial para a retirada de conteúdo infringente, a "identificação clara e específica do conteúdo", sob pena de nulidade, sendo necessário, portanto, a indicação do localizador URL.
> 6. Na hipótese, conclui-se pela impossibilidade de cumprir ordens que não contenham o conteúdo exato, indicado por localizador URL, a ser removido, mesmo que o acórdão recorrido atribua ao particular interessado a prerrogativa de informar os localizadores únicos dos conteúdos supostamente infringentes.
> 7. A alteração do valor fixado a título de compensação por danos morais somente é possível, em recurso especial, nas hipóteses em que a quantia estipulada pelo Tribunal de origem revela-se irrisória ou exagerada.
> 8. Recursos especiais não providos, com ressalva.

Portanto, a LGPD somente será aplicada após a sua entrada em vigor, que, se não prorrogada, está prevista para agosto de 2020.

Conclusões

O conflito entre jurisdições e a discussão acerca da lei aplicável às relações jurídicas consolidadas na Internet detém um histórico de soluções fortemente questionado – do *Minimum Contact Standard for Personal Jurisdiction* ao *Targeting Test*. A identificação do público-alvo dos provedores de serviços de Internet parece ter solucionado o debate, para definir a lei aplicável a do país onde forem ofertados os produtos e os serviços, caracterizando a previsibilidade (*foreseeability*) de enfrentar os tribunais daquela localidade (pela utilização de um *Targeting Test*).

Quanto à proteção aos dados pessoais no Brasil, o *enforcement* além das fronteiras é uma preocupação desde a década de 1980, fortemente orientado pela antiga Diretiva 95/46/CE, bem como pelo atual Regulamento Geral Europeu sobre Proteção de Dados Pessoais.

Nesse contexto, é importante destacar a regra prevista no Marco Civil da Internet, ao tratar, no art. 11, dos critérios para aplicação da lei brasileira, dentre os quais o público-alvo foi adotado no § 2° deste dispositivo legal, segundo o qual se aplica a lei pátria quando o serviço ou o produto for ofertado ao público brasileiro ou ao menos uma integrante do mesmo grupo econômico possua estabelecimento no Brasil.

Inspirada claramente no GDPR, a LGPD também se preocupou com o *enforcement* da lei no contexto da circulação transfronteiriça dos dados pessoais, o que significa, no contexto do *cyberspace*. Assim, no art. 3º, inc. II do diploma protetivo brasileiro, reafirmou-se o critério do público-alvo ao se determinar a aplicação da lei brasileira quando a atividade de tratamento de dados pessoais tenha por objetivo a oferta ou o fornecimento de bens ou serviços ou o tratamento de dados de indivíduos localizados no território nacional, independentemente de serem ou não cidadãos brasileiros.

A vigência da LGPD possui como início, quanto aos dispostos pela Lei n. 13.853, de 08 de julho de 2019 (pela conversão em Lei da MP n. 869/2018), a data de 28 de dezembro de 2018, e quanto aos demais artigos, em agosto de 2020, dada a promulgação da Lei n. 13.078, em 14 de agosto de 2018. Para os fatos anteriores à vigência da LGPD, considera-se o MCI e suas disposições protetivas aos dados pessoais, bem como o CDC, para a consideração da relação de consumo entre agentes de tratamento e titulares localizados no Brasil.

Quanto à aplicação do CDC, não há dúvidas que, presentes os elementos subjetivos da relação jurídica de consumo (fornecedor, de um lado, no caso de tratamento de dados pessoais, os controladores e os operadores; e, de outro lado, os consumidores, isto é, os titulares dos dados pessoais), poder ser aplicável a legislação consumerista. Quanto aos elementos objetivos, basta a remuneração indireta para ensejar a caracterização desses produtos e serviços como os previstos no § 2º do art. 3º do CDC, consoante entendimento consolidado no STJ.

Nota-se que diversos dispositivos da LGPD se assemelham a previsões do CDC. Com destaque para os princípios estabelecidos no art. 6º da LGPD e os princípios da política nacional de consumo (art. 6º do CDC). Semelhantemente, o regime de responsabilidade previsto nos arts. 42 a 45 da LGPD concilia-se ao que dispõem os artigos 12 a 18 do CDC. Inclusive a previsão da inversão do ônus da prova (§ 2º do art. 42 da LGPD), no processo civil, a favor do titular dos dados pessoais, quando, a critério do juiz, for verossímil a alegação, houver hipossuficiência para a produção de provas ou quando esta resultar excessivamente onerosa ao titular dos dados, redação parecida com o inc. VIII do art. 6º do CDC. Em suma, tanto o MCI quanto a LGPD reforçam a aplicação da legislação consumerista quando se tratar de uma relação jurídica de consumo.

Importante destacar que a legislação consumerista traz o foro privilegiado do consumidor no art. 101, ou seja, para dirimir conflitos resultantes da relação jurídica de consumo, o titular dos dados pessoais poderá ingressar no juízo do seu domicílio. Nesse ponto, o Projeto de Lei n. 3.514/2015 pretende reformar o CDC para estabelecer regras específicas à proteção do consumidor no comércio eletrônico. Uma mudança pretendida é a alteração desse artigo, que passaria a estabelecer uma escolha do consumidor, quando autor, entre o foro do seu domicílio, o do domicílio do fornecedor de produtos ou serviços, o do lugar da celebração ou da execução do contrato, ou outro conectado ao caso.

Ademais, quanto à legislação aplicável, o Projeto de Lei n. 3.514/2015 possibilita a aplicação da lei mais favorável ao consumidor, quando em conflito com a legislação pátria, no contexto da contratação internacional. Portanto, se houver uma norma mais protetiva ao consumidor no direito comunitário europeu, esta deve ser aplicada, afastando a lei brasileira, caso o projeto de lei venha a ser aprovado. No entanto, pode-se chegar à mesma conclusão à luz da *ratio* da legislação consumerista, que é a proteção do consumidor, tido como vulnerável na relação jurídica de consumo.

Referências

BANISAR, David. *National Comprehensive Data Protection/Privacy Laws and Bills 2018 (September 4, 2018). SSRN*, 2018. Disponível em: <https://ssrn.com/abstract=1951416>. Acesso em: 02 fevereiro 2019.

BERGÉ, Jean-Sylvestre. Tradução por Newton De Lucca e Kelvin Peroli. "Direito e circulação de dados na Internet: apelo por uma dupla renovação de abordagens". *In:* DE LUCCA, Newton; SIMÃO FILHO, Adalberto; LIMA, Cíntia Rosa Pereira de; DEZEM, Renata Mota Madeira Maciel (coords.). *Direito & Internet IV:* Sistema de Proteção de Dados Pessoais. São Paulo: Quartier Latin, 2019.

BRASIL. "Lei nº 12.965, de 23 de abril de 2014. Estabelece princípios, garantias, direitos e deveres para o uso da Internet no Brasil". *Diário Oficial da União,* Brasília, 24 de abril de 2014. Disponível em: <http://www.planalto.gov.br/ccivil_03/_Ato2011-2014/2014/Lei/L12965. htm>. Acesso em: 07 julho 2019.

______. Lei nº 13.709, de 14 de agosto de 2018. Lei Geral de Proteção de Dados Pessoais (LGPD). Redação dada pela Lei nº 13.853, de 2019. Brasília, *Diário Oficial da União,* 15 de agosto de 2018. Disponível em: <http://www.planalto.gov.br/ ccivil_03/_Ato2015-2018/2018/Lei/L13709.htm>. Acesso em: 07 julho 2019.

______. "Lei n. 13.853, de 08 de julho de 2019. Altera a Lei nº 13.709, de 14 de agosto de 2018, para dispor sobre a proteção de dados pessoais e para criar a Autoridade Nacional de Proteção de Dados, e dá outras providências". Brasília, *Diário Oficial da União,* 09 de julho de 2019. Disponível em: <http://www.planalto.gov.br/ccivil_03/_Ato2019-2022/2019/Lei/L13853.htm#art1>. Acesso em: 09 julho 2019.

______. "Lei nº 8.078, de 11 de setembro de 1990. Dispõe sobre a proteção do consumidor e dá outras providências". *Diário Oficial da União,* Brasília, 12 de setembro de 1990. Disponível em: <http://www.planalto.gov.br/ccivil_03/Leis/L8078.htm>. Acesso em: 07 julho 2019.

______. Senado Federal. "*Projeto de Lei n. 3514/2015,* de autoria do Senador Federal José Sarney, que pretende alterar a Lei nº 8.078, de 11 de setembro de 1990 (Código de Defesa do Consumidor), para aperfeiçoar as disposições gerais do Capítulo I do Título I e dispor sobre o comércio eletrônico, e o art. 9º do Decreto-Lei nº 4.657, de 4 de setembro de 1942 (Lei de Introdução às Normas do Direito Brasileiro), para aperfeiçoar a disciplina dos contratos internacionais comerciais e de consumo e dispor sobre as obrigações extracontratuais". Disponível em: <https://www.camara.leg.br/proposicoesWeb/fichadetramitacao?idProposicao=2052488>. Acesso em: 02 julho 2019.

______. Superior Tribunal de Justiça. *REsp nº 1.694.405-RJ.* Ministra Relatora Nancy Andrighi, julgado em 19 de junho de 2018. Disponível em: <https://ww2.stj.jus.br/processo/dj/documento?seq_documento=19372706&data_pesquisa=26/06/2018&parametro=42>. Acesso em: 06 julho 2019.

EUA. US Court of Appeals for the Ninth Circuit. *Yahoo! Inc., a Delaware Corporation, Plaintiff-appellee, v. La Ligue Contre Le Racisme et L'antisemitisme, a French Association; L'union Des Etudiants Juifs De France, a French Association, Defendants-appellants, 433 F.3d 1199 (9th Cir. 2006).* Disponível em: <https://law.justia.com/cases/federal/appellate-courts/F3/433/1199/546158/>. Acesso em: 10 maio 2019.

GEIST, Michael. *Is There a There There? Toward greater certainty for Internet Jurisdiction. Berkeley Technology Law Journal*, Vol. 16, Issue 3, Article 6, September 2001, p. 1357.

______. *Law, Privacy and Surveillance in Canada in the Post-Snowden Era.* Ottawa: University of Ottawa Press, 2015.

GELLMAN, Barton; POITRAS, Laura. *U.S. and British intelligence mining data from nine U.S. Internet companies in broad secret program.* Washington D.C.: The Washington Post, 2013. Disponível em: <https://www.washingtonpost.com/investigations/us--intelligence-mining-data-from-nine-us-internet-companies-in-broad-secret-program/2013/06/06/3a0c0da8-cebf-11e2-8845-d970ccb04497_ story.html>. Acesso em: 02 julho 2019.

GREWAL, Paul. *Suspending Cambridge Analytica and SCL Group from Facebook.* Facebook Newsroom, 16 março 2018. Disponível em: <https://newsroom.fb.com/news /2018/03/suspending-cambridge-analytica/>. Acesso em: 14 junho 2019.

HEINLEIN, Robert A. *The Moon Is a Harsh Mistress.* New York: St. Martin's Press, 1997.

INTERPOL. *Cybercrime.* INTERPOL, 2018. Disponível em: <https://www.interpol.int/Crime-areas/Cybercrime/Cybercrime>. Acesso em: 09 junho 2019.

LIMA, Cíntia Rosa Pereira de. *Autoridade Nacional de Proteção de Dados Pessoais brasileira:* a imprescindibilidade de uma entidade de garantia para a efetiva proteção dos dados pessoais no cenário futuro do Brasil. São Paulo: Almedina, 2019.

LIMA, Cíntia Rosa Pereira de; PEROLI, Kelvin. "Desafios para a atuação independente da Autoridade Nacional de Proteção de Dados Pessoais brasileira à luz das exigências internacionais para a adequada proteção dos dados pessoais". *In:* DE LUCCA, Newton; SIMÃO FILHO, Adalberto; LIMA, Cintia Rosa Pereira; DEZEM, Renata Mota Maciel Madeira (coords). *Direito & Internet IV:* Sistema de Proteção de Dados Pessoais. São Paulo: Quartier Latin, 2019.

MARQUES, Cláudia Lima. *Confiança no comércio eletrônico e a proteção do consumidor:* um estudo dos negócios jurídicos de consumo no comércio eletrônico. São Paulo: Revista dos Tribunais, 2004.

______. *Diálogo das Fontes: do conflito à coordenação de normas do direito brasileiro.* São Paulo: Revista dos Tribunais, 2012.

REINO UNIDO. *Information Commissioner's Office. ICO issues maximum £500,000 fine to Facebook for failing to protect users' personal information. Information Commissioner's Office*, 25 de outubro de 2018. Disponível em: <https://ico.org.uk/facebook-fine-20181025>. Acesso em: 04 julho 2019.

______. *Intention to fine British Airways £183.39m under GDPR for data breach. Information Commissioner's Office*, 08 de julho de 2019. Disponível em: <https://ico.org.uk/about--the-ico/news-and-events/news-and-blogs/2019/07/ico-announces-intention-to-fine-british-airways/>. Acesso em: 08 julho 2019.

SCHWARTZ, Paul M. "*The EU-U.S. Privacy Collision: a turn to institutions and procedures*". *Harvard Law Review*, vol. 126, pp. 1966-2009. Cambridge, Massachusetts: Harvard University Press, 2013.

UNIÃO EUROPEIA. Parlamento Europeu; Conselho Europeu. "Diretiva 95/46/CE do Parlamento Europeu e do Conselho, de 24 de outubro de 1995, relativa à proteção das pessoas singulares no que diz respeito ao tratamento de dados pessoais e à livre circulação desses dados. *Jornal Oficial da União Europeia*, 23 de novembro de 1995". Disponível em: <https://eur-lex.europa.eu/legal-content/PT/TXT/?uri=celex%3A31995L0046>. Acesso em: 07 julho 2019.

______. "Regulamento (EU) 2016/679 do Parlamento Europeu e do Conselho, de 27 de abril de 2016, relativo à proteção das pessoas singulares no que diz respeito ao tratamento de dados pessoais e à livre circulação desses dados e que revoga a Diretiva 95/46/CE (Regulamento Geral sobre a Proteção de Dados)". *Jornal Oficial da União Europeia*, 04 de maio de 2016. Disponível em: <https://eur-lex.europa.eu/legal-content/PT/TXT/HTML/?uri=CELEX:32016R0679&from=PT#d1e8250-1-1>. Acesso em: 20 junho 2019.

4. Anonimização, Pseudonimização e Desanonimização de Dados Pessoais

Evandro Eduardo Seron Ruiz

1. Introdução

Os serviços de armazenamento de dados em nuvem parecem hoje serem infindáveis. Praticamente todo e qualquer tipo de informação parece estar ao alcance dos dedos quando em contato com um computador ou telefone pessoal. Se estes dados abertos ao público podem oferecer inúmeros benefícios à sociedade em geral, às pessoas e às organizações, a eventual reutilização destes dados deve respeitar o direito de todos à privacidade e a proteção de seus dados pessoais.

Atualmente milhões de dados pessoais tais como nome, filiação, endereço e números de documentos circulam pela web. São dados transferidos por email, redes sociais, postados na web e até em sites oficias. Para explicitar eventuais falhas no tratamento de dados pessoais, vamos fazer o seguinte exercício:

Consideremos a hipótese da FarmaX, uma rede bem sucedida de drogarias, armazenar, em suas bases de dados, todas as informações sobre as compras dos clientes que informam o seu CPF para, por exemplo, participarem de um clube restrito de clientes e obterem descontos ou, eventualmente, terem abatimentos no imposto estadual. De posse deste dado único, o CPF, que individualiza cada cliente, a FarmaX alterou o seu modo de atendimento. Atualmente os clientes fazem o seu pedido no balcão, informam o seu CPF e, além de obterem seus produtos, recebem um informativo personalizado com alguns produtos com desconto. Estes produtos em oferta são fruto de uma análise feita considerando o histórico de compras de cada cliente. Os itens em promoção fazem parte de uma lista singular de produtos que o cliente costuma adquirir, já adquiriu ou tem um potencial de adquirir. Deste modo a FarmaX impulsiona suas vendas e consegue ser uma rede de drogarias bem sucedida.

Logo entra em cena uma associação de funcionários, a AFX. Esta associação tem um cadastro bem elaborado de seus associados, com o nome, idade, CPF, o endereço, a função que executa na empresa e, conforme o caso, até os nomes dos dependentes vinculados ao associado titular, o funcionário. A AFX deseja estabelecer um convênio com a FarmaX para que seus funcionários recebam descontos especiais nos produtos comercializados pelas drogarias. A FarmaX concorda com o convênio para tentar ampliar sua base de clientes e solicita o cadastro dos funcionários, solicitação esta plenamente atendida pela AFX.

Pronto! Lá se vão os dados pessoais dos funcionários para a FarmaX. Tudo em troca de descontos. Este é um cenário comum e perfeito para analisarmos brechas de segurança na transação e no armazenamento de dados pessoais.

O relato hipotético acima reflete bem o dia-a-dia de uma série de transações comerciais e não comerciais que expõem e fazem circular nossos dados pessoais com uma facilidade e com uma falta de discrição alarmante. Estas situações demostram os potenciais de vulnerabilidade no tratamento de dados pessoais, tanto nas formas de armazenamento quanto no intercâmbio destes dados. Não é difícil imaginar que situações semelhantes ocorram na troca de mensagens e documentos entre outras empresas, tantos as públicas quanto as privadas. No entanto, todos estes dados poderiam ser anonimizados. Existem técnicas para tal e existem mecanismos que inferem o perfil de consumo de grupos de pessoas sem a invasão forçada em seus dados pessoais.

Esses processos, ou mesmo, essas técnicas de anonimização e reidentificação não só desafiam a recente Lei Geral de Proteção de Dados Pessoais (LGPD), como abrem um grande debate na sociedade sobre aspectos de proteção, privacidade, confidencialidade e a real utilidade de uma série de dados pessoais coletados aparentemente sem uma real necessidade.

Gasser[1] em afirma categoricamente que a história da privacidade é profundamente entrelaçado com a história da tecnologia e enfatiza também

[1] Gasser, U. *Recoding privacy law: reflections on the future relationship among law, technology and privacy. Harvard Law Review Forum*, v. 130, n. 2, pp. 61-70, 2016.

como o conceito normativo de privacidade evoluiu à luz das tecnologias de comunicação e informação. Este autor comenta, por exemplo, como a combinação da fotografia e da 'imprensa marrom', sensacionalista, no final do século XIX, poderia ser considerada uma prática da invasão da privacidade. Hoje sabemos que, a partir do século XXI, com o advento da Web 2.0 que se caracteriza pela ênfase da disponibilização de conteúdo gerado pelos usuários da web, tais como as redes sociais, a facilidade de uso dos serviços web e o fortalecimento da cultura participativa, a percepção de risco a privacidade ampliou-se consideravelmente.

Consequentemente, neste mundo totalmente interconectado digitalmente pela web, os conceitos envolvidos na regulamentação sobre a privacidade da informação herdam uma dimensão altamente técnica.

Este capítulo está dedicado ao entendimento de vários conceitos técnicos envolvidos por esta lei. Dedica-se também a abordar, de maneira simplificada, sobre os tratamentos de dados envolvidos nos processos de anonimização, pseudonimização e desanonimização de dados, além de algumas situações específicas envolvendo tratamentos de informações para que a proteção de dados possa ocorrer. Esperamos que a nova Lei Geral de Proteção de Dados Pessoais faça com que cenas de abuso de dados pessoais, como as descritas acima, passem a ser cenas perfeitas de proteção de dados para as pessoas que realmente dela fazem o uso esperado e também que sejam cenas de desalento para quem pretenderia usar estes dados com intenções duvidosas.

Para entendermos com mais propriedade esses processos computacionais e o fundamento das técnicas de anonimização e reidentificação de dados, alguns conceitos sobre armazenamento e distribuição de dados são necessários.

2. O Conceito de Registro e Atributos

Um conceito fundamental no armazenamento de dados, e de base de dados, é o conceito de 'registro' de dados. Consideremos, por exemplo, os registros detalhados de chamada telefônicas realizadas a partir de uma dada linha telefônica, como vistos na Tabela 1 a seguir. Nesta tabela vemos, a título de exemplo, dados fictícios de quatro ligações realizadas a partir de uma linha. Estas quatro ligações são representadas numa base de dados como registros. Nessa base, cada linha é um registro e cada coluna corresponde a um campo do registo, ou seja, um atributo deste registro, um dado de uma ligação telefônica. Um registro pode ser constituído de vários atributos. Cabe ainda considerar um tipo específico de atributo, os "quasi-identificadores". Estes "quasi-identificadores" são atributos que não identificam uma indivíduo especificamente mas são considerados como sensíveis, muito particulares. Nesta tabela de números telefônicos, um número de telefone fixo de uma residência onde moram várias pessoas poderia ser considerado um 'quasi-identificador'. Nesta Tabela 1 mostramos apenas seis dados entre muitos outros possíveis.

Seq	Data	Hora início	Origem	Destino	Número chamado	Serviço
1	13/07/19	14h29m13s	16	21	21-xxxxx-5678	Voz
2	13/07/19	15h03m21s	16	11	11-xxxxx-3456	SMS
3	13/07/19	15h10m07s	16	17	17-xxxxx-4567	Voz
4	13/07/19	16h02m32s	16	16	16-xxxxx-1234	Voz

Tabela 1: Exemplo de detalhamento de utilização de uma dada linha telefônica.

O armazenamento de dados de instituições é normalmente feito de maneira semelhante a descrita na Tabela 1, ou seja, existe um relacionamento intrínseco entre todos os campos de um registro. Podemos considerar assim que nossas informações como nome, números de telefone e endereços são armazenadas neste padrão em vários bancos de dados espalhados por várias instituições.

Consideremos ainda que outra empresa armazene nosso telefone e os produtos que usualmente compramos. Percebam que é possível conectar as informações por meio do número telefônico e que este número é praticamente um campo único, exclusivo, chamado tecnicamente de um 'campo chave'. Associações entre dados usando o número telefônico, um dado aparentemente inocente, podem, por exemplo, estabelecer o perfil de consumo de uma pessoa caso fosse feito entre vários registros provenientes de várias bases de dados. Percebam também como as nossas mensagens em redes sociais usando aplicativos de smartfones (que conhecem os nossos números telefônicos) podem estar sujeitas a escrutínios em nossos textos, conhecendo os assuntos que mais postamos, nossos gostos, nossos contatos, entre outros. Portanto, a tarefa de anonimização de dados pessoais não necessariamente limita-se a ocultar os nomes de pessoas nos registros das bases de dados mas deve também atentar-se a possíveis e eventuais ligações entre registros de outras bases de dados que levem a identificação de uma pessoa.

Um exemplo clássico da possibilidade de reidentificação de registro foi apresentada ainda em 2008 por dois cientistas da Universidade do Texas em Austin, Arvind Narayanan e Vitaly Shmatikov[2]. Em outubro de 2006, a Netflix, então a maior locadora de DVD do mundo, anuciou um prêmio de US$1 milhão para quem pudesse melhorar o seu serviço de recomendação. Para auxiliar os concorrentes ao prêmio, a Netflix liberou um conjunto de dados com mais de 100 milhões de avaliações de filmes feitas por 480 mil de seus assinantes e afirmou que todas as informações sobre identificações dos usuários haviam sido removidas, restando apenas as avaliações e as datas em que foram realizadas. No entanto, Narayanan e Shmatikov mostraram que pouquíssimos dados são necessários para reindentificar um usuário a partir desta base disponibilizada pela Netflix. Eles afirmaram que conhecendo apenas 8 avaliações (sendo 2 completamente erradas) e suas datas, com erros de até 14 dias, 99% dos regisros poderiam ser atribuídos a um único assinante.

No mesmo ano, a então gigante provedora de serviços online, AOL, disponibilizou um arquivo contendo 20 milhões de palavras chave, pesquisadas num períodos de três meses, de seus 650 mil usuários, para fins de pesquisa apenas. Não demorou muito para que um reporter do *New York Times* identificasse o usuário #4417749, Thelma Arnold, uma viúva de 66 anos na época, pelos termos que ela frequentemente usava em suas buscas. O relacionamento entre os termos de busca permitiu a reidentificação do assinante[3].

Neste capítulo procuramos esclarecer os leitores sobre as principais características dos métodos de anonimização, pseudonimização e

[2] NARAYANAN, A.; SHMATIKOV, V. Robust de-anonymization of large sparse datasets. *IEEE Symposium on security and Privacy*, 2008, pp. 111–125.

[3] BARBARO, M.; JR., T. Z. A Face Is Exposed for AOL Searcher nº 4417749. *The New York Times*, 2006. Disponível em: <https://www.nytimes.com/2006/08/09/technology/09aol.html>. Acesso em: 10 julho 2019.

reidentificação (desanonimização) de dados pessoais. No entanto, os detalhes das técnicas e as provas formais sobre estes métodos e técnicas não estão no escopo de trabalho mas podem ser verificadas nos artigos, relatórios e livros referenciados ao final deste capítulo. Consideramos aqui apenas alguns aspectos técnicos que julgamos relevantes para a condução legal do tema. Este capítulo está assim dividido: na próxima seção, Seção 3, examinaremos os modelos mais usados para anonimização de dados; na Seção 4 trataremos de pseudonimização, e; finalizarmos com as Seções 5 sobre desanonimação (reidentificação) e Seção 6 de conclusões deste capítulo.

3. Anonimização de Dados

O contexto dos estudos de anonimização de dados geralmente envolve três agentes, que são:

1. O curador ou o responsável pela base de dados quem, eventualmente, deseja divulgar os dados ao público, ou uma estatística sobre os dados apenas, ou é inquerido a fazê-lo;
2. O adversário é o agente que deseja conhecer mais sobre os dados, talvez até reconhecer cada dado individualmente, associá-lo a um particular, o revelador, e, finalmente;
3. Os dados sensíveis em si.

O grande trunfo do todo projeto de anonimização é encontrar um balanço satisfatório entre estes três agentes, obviamente sempre mantendo o adversário longe da recuperação da indentidade dos indivíduos caso use meios computacionais razoaáveis.

O conceito de privacidade está amplamente discutido no Direito. Neste capítulo adotaremos este tema como um direito à reserva de informações pessoais e da própria vida pessoal, como pontuado inicialmente no artigo de Warren e Brandeis[4]. Assim formulado, este direito individual acerca-se das noções mais básicas de privacidade e que são suficientes para a formu-

[4] BRANDEIS, L.; WARREN, S. The right to privacy. *Harvard Law Review*, v. 4, n. 5, pp. 193–220, 1890.

lação dos demais conceitos técnicos da área de Ciência da Computação os quais são aderentes a este.

3.1. Técnicas de Anonimização

Anonimização é uma solução para a remoção de informações sensíveis de um documento. Carvalho Dias, especificamente define anonimização de dados como um processo para mascarar ou remover informações sensíveis de um documento preservando seu formato original[5].

Anonimização também pode ser entendida como o processamento irreversível de dados pessoais de forma não prever a identificação de uma pessoa[6]. Houve uma época em que se acreditava que haveriam meios de promoção da chamada 'anonimização robusta', ou seja, a possibilidade de anonimizar dados de tal maneira que a reidentificação não fosse possível. Uma maneira de anonimização robusta seria a possibilidade de usarmos somente dados anonimizado, o que diminuiria drasticamente a utilidade de muitos desses dados.

Cabe aqui citar Paul Ohm[7]: *"Dados não podem ser, ao mesmo tempo, úteis e perfeitamente anônimos"*. O que Ohm afirma na frase acima é que existem técnicas otimizadas que asseguram elevadas taxas de anonimização de dados pessoais mas dados anonimizados a estas taxas podem ter pouca utilidade para a sociedade como um todo.

Em termos gerais, existem duas abordagens distintas de anonimização de dados pessoais: a primeira tem por base a aleatorização, enquanto a segunda baseia-se na generalização.

3.1.1. Aleatorização

A aleatorização é uma família de técnicas que altera a veracidade dos dados a fim de eliminar a estreita ligação entre os dados e a pessoa. Se os dados forem suficientemente imprecisos já não poderão ser relacionados com

[5] DIAS, F. M. C. *Multilingual Automated Text Anonymization.* Tese de Doutorado, apresentada à Universidade Técnica de Lisboa, 2016, 134p.

[6] [GASSER, U. Recoding privacy law: reflections on the future relationship among law, technology and privacy. *Harvard Law Review Forum*, v. 130, n. 2, pp. 61–70, 2016.

[7] OHM, Paul. Broken promises of privacy: responding to the surprising failure of anonymization. *UCLA Law Review*, v. 57, pp. 1701–1777, 2010.

uma pessoa específica. A aleatorização não reduz, por si só, a singularidade de cada registo, uma vez que cada registo continua a ser proveniente de um único titular dos dados, mas é passível de proteger contra ataques ou riscos de inferência e pode ser combinada com técnicas de generalização a fim de fornecer garantias de privacidade mais sólidas.

3.1.2. Adição de Ruído

A técnica de adição de ruído é especialmente útil quando os atributos são passíveis de ter um grande efeito adverso sobre as pessoas. A adição de ruídos consiste em modificar atributos no conjunto de dados de modo a estes serem menos precisos, enquanto se mantém a distribuição global. Ao efetuar o tratamento de um conjunto de dados, um observador irá presumir que os valores são exatos, o que só será verdade até um certo nível. Por exemplo, se a altura de uma pessoa tiver sido originalmente medida até ao centímetro mais próximo, o conjunto de dados anonimizados por adição de ruídos pode conter uma altura com uma precisão arredondada ao intervalo de 10cm mais próximo. Se esta técnica for aplicada eficazmente, um terceiro não conseguirá identificar uma determinada pessoa, nem tampouco conseguirá reparar os dados ou detetar de que forma estes foram alterados.

Frequentemente a adição de ruído necessita ser combinada com outras técnicas de anonimização de dados pessoais, tais como a remoção de atributos evidentes e de quasi-identificadores.

3.1.3. Privacidade Diferencial

A privacidade diferencial inclui-se na família das técnicas de aleatorização[8] e, dentre todas as técnicas, diz-se que a privacidade diferencial é o 'padrão ouro' entre as técnicas, talvez por ter o conceito matemático mais robusto entre todas.

O conceito de privacidade diferencial é bem simples. Imagine que você fará um jantar na sua casa para 5 casais colegas de trabalho, dez pessoas, e o prato principal a ser servido seja frutos do mar. Você se lembra que

[8] DWORK, C. Differential privacy. Automata, languages and programming, pt. 2, 4052: 1–12, 2006. *33rd International Colloquium on Automata, Languages and Programming*, 2006, pp. 10–14.

algum colega seu comentou que a esposa é alérgica a frutos do mar. De fato você não precisa saber quem é a pessoa alérgica, é só oferecer aos convidados 9 pratos com frutos do mar e 1 sem os frutos do mar. Isso é privacidade diferencial.

De um modo mais técnico, considere que a divulgação de um conjunto ocorra e que nestes dados esteja um indivíduo *i*. Se a mesma divulgação ocorrer sem o indivíduo *i*, a distribuição de probabilidade dos dados divulgados irá sofrer pouca alteração.

Na privacidade diferencial o responsável pelo tratamento de dados gera visualizações anonimizadas de um conjunto de dados e também conserva uma cópia dos dados originais. A privacidade diferencial é normalmente aplicada quando há solicitação de um terceiro para a visualização de um conjunto de dados, ou seja, essas visualizações anonimizadas não são geradas por consultas de um terceiro mas por suas solicitações. Assim sendo, as técnicas de privacidade diferencial não alteraram os dados originais e, por conseguinte, o responsável pelo gerenciamento de dados consegue identificar as pessoas univocamente em resultados de consultas envolvendo privacidade diferencial, ou seja, com a utilização de meios técnicos razoáveis e disponíveis na ocasião. Na prática, a privacidade diferencial funciona adicionando ruídos a um conjunto de dados. Vamos avançar nesta discussão. Imagine agora que a partir do conjunto de dados originais, *D*, dois outros conjuntos, *S* e *S'*, possam ser formados. *S* é uma cópia do conjunto *D*. No conjunto *S'* adicionamos algum ruído aos dados, por exemplo, alteramos levemente as datas de nascimento bem como outros atributos. Agora existe uma diferença entre os dois conjuntos, *S* e *S'*. Variando-se o ruído adicionado a *S'* para mais ou para menos esta diferença aumenta ou diminui. Altas diferenças significam que a taxa de anonimização está muito alta e talvez os dados (*S'*) não possam ser apropriados para divulgação pois diferem em muito do dado original. Em contrapartida, pouca diferença significa que quase não há anonimização, ou seja, os dados anonimizados são muito próximos dos dados reais.

3.1.4. Agregação, k-anonimato, l-diversidade e t-proximidade

A remoção simples de dados pessoais tais como CPF e nome não é suficiente para prevenir a reidentificação pois atributos com capacidade parcial de identificação, os também chamados 'quasi-identificadores', tais como idade, sexo e cidade de residência, podem ser utilizados para para reidentificação se combinados com fontes externas, como mostrado por Sweeney[9] no artigo que propõe um método de anonimização por generalização. Uma das estratégias de generalizacão é, por exemplo, reduzir a granularidade da localidade (bairro, cidade, estado) num conjunto de registros para um país, redução esta que agrega um maior número de pessoas a uma classe. Outro exemplo: as datas de nascimento individuais podem ser generalizadas num intervalo de datas ou agrupadas por mês ou ano, como por exemplo, idade 20-30 anos. Outros atributos numéricos, tais como, salários, peso, altura ou a dosagem de um medicamento, poderiam ser generalizados por intervalos de valores.

3.1.4.1. k-anonimização

A técnica de *k*-anonimização é uma forma de agregação e foi o primeiro modelo de anonimização criado para microdados, por exemplo, para dados de respostas de pesquisa e questionários de censos demográficos. Dize-se que um conjunto de dados detêm a propriedade de ser *k*-anonimizado se as informações de cada pessoa nos registros divulgados não podem ser distinguíveis a partir de *k-1* registros pessoais presentes neste mesmo conjunto divulgado.

Em outras palavras, a técnica de agregação[10] por *k*-anonimização[11] visa impedir que um titular dos dados seja selecionado através do agrupamento com, pelo menos, outras *k* pessoas. Para este efeito, os valores dos atributos são generalizados de modo a que cada pessoa partilhe o mesmo valor.

Outra técnica bem simplista de *k*-anonimização é a substituição de alguns atributos dos registros por caracteres genéricos, tais como '*' ou '-'. Esse método é conhecido como método de agregação por supressão de dados.

Os métodos para *k*-anonimização não são apropriados para dados de alta dimensionalidade, ou seja, para um conjunto de dados em que o número de atributos é maior que o número de registros. Estas situações de alta dimensionalidade favorecem o surgimento dos atributos quasi-identificadores.

[9] SWEENEY, L. k-anonymity: A model for protecting privacy. *International Journal of Uncertainty, Fuzziness and Knowledge-Based Systems*, World Scientific, v. 10, n. 05, pp. 557–570, 2002.

[10] SHI, E. *et al.* Privacy-preserving aggregation of time-series data. *Internet Society Annual Network & Distributed System Security Symposium* (NDSS), 2011.

[11] POPA, R. A. *et al.* Privacy and accountability for location-based aggregate statistics. *ACM Proceedings of the 18th ACM Conference on Computer and Communications security*, 2011, pp. 653–666.

Por exemplo, já foi demonstrado que com apenas quatro registros de localização e o momento da ligação de um telefone celular é possível a reidentificação do usuário com 95% de probabilidade[12].

A Ciência da Computação classifica os algoritmos computacionais de acordo com sua dificuldade inerente. Essa classificação é feita medindo-se tanto a complexidade da solução em si, ou seja, a quantidade de operações que devem ser realizadas para a solução de um determinado problema ou, medindo-se a quantidade de memória utilizada por estes algoritmos. São as chamadas complexidade de tempo e espaço. A classe dos problemas NP-difíceis (*NP-hard*) talvez seja a classe de problemas mais difíceis de se resolver em Computação. Os métodos de *k*-anonimização são NP-difíceis. Isso significa que a implementação de bons métodos para *k*-anonimização é muito custosa computacionalmente. No entanto, atualmente existem métodos de *k*-anonimização que oferecem soluções sub-ótimas com custo computacional razoável.

A classe dos algoritmos para *k*-anonimização é bem ampla e muito estudada matematicamente e estatisticamente. Em decorrência desta popularidade e dos estudos científicos dos métodos de *k*-anonimização eles ganharam mais especificações que originaram-se nas abordagens de *l*-diversidade e *t*-proximidade discutidas a seguir.

3.1.4.2. l-diversidade

A proteção de identidade ao nível de *k*-indivíduos não garante a proteção de dados sensíveis de um grupo. Isso ocorre quando há homogeneidade de valores para algum atributo sensível de um dado grupo de indivíduos. Por exemplo, se num dado conjunto de dados protegido por agregação usando *k*-anominato soubermos que todos os indivíduos de uma dada faixa etária, consomem a medicação Y, e se soubermos que X está nesta faixa etária, então saberemos que o indivíduo X consome Y.

Partindo desta fragilidade da *k*-anonimização, surgiram os métodos conhecidos como *l*-diversos[13]. Os modelos de *l*-diversidade ampliam o *k*-anonimato por não permitir que a inferência de atributos aponte um

[12] MONTJOYE, Y.-A. D. *et al.* Unique in the crowd: The privacy bounds of human mobility. *Scientific Reports*, Nature Publishing Group, v. 3, 2013, p. 1376.

[13] MACHANAVAJJHALA, A. *et al.* *l*-diversity: Privacy beyond k-anonymity. *22nd International Conference on Data Engineering*, 2006.

indivíduo a partir da agregação de dados. A *l*-diversidade garante que em cada classe de equivalência cada atributo hajam, pelo menos, *l* valores diferentes. Uma adequada distribuição de valores dos atributos podem invalidar ataques individuais baseados em inferências de atributos.

3.1.4.3. t-proximidade

A modelagem *t*-proximidade é um refinamento da *l*-diversidade. Os modelos de *t*-proximidade (*t-closeness*) reduzem a granularidade na representação dos dados. Estes modelos criam classes equivalentes que se assemelhem à distribuição inicial de atributos na tabela e, desta maneira, a *t*-proximidade mantém a distribuição dos dados tão próxima quanto possível da distribuição original. A restrição apresentado pela *t*-proximidade é que devem existir não só pelo menos *l* valores distintos em cada classe de equivalência, mas também que cada valor seja representado de *t* maneiras necessárias para refletir a distribuição inicial de cada atributo.

3.1.5. Avaliação

Os algoritmos de anonimização podem ser avaliados tanto pela sua eficiência, ou seja, em relação aos recursos computacionais despendidos, basicamente memória e poder de processamento; quanto pela sua efetividade, ou seja, sua real utilidade e competência para anonimizar um conjunto de dados e permitir sua usabilidade. Não cabe neste texto rever ou explicitar as avaliações de eficiência, mais apropriadas à comunidade de Ciência de Computação, mas vale ressaltar e esclarecer as medidas e critérios de efetividade.

Segundo ACS[14] existem três critérios que podem ser usados para avaliar a eficiência e a robustez de um processo de anonimização, que são:

> **Distinção**: ou seja, a possibilidade de isolar alguns ou todos os registros que identificam um indivíduo num conjunto de dados;

[14] ACS, Gergely; CASTELLUCIA, Claude; LE MÉTAYER, Daniel. Testing the robustness of anonymization techniques: acceptable versus unacceptable inferences. *The Brussels Privacy Symposium*, 2016, pp. 1–7. Disponível em: <https://fpf.org/wp-content/uploads/2016/11/Acs-CL-DPL16-v4.pdf>. Acesso em: 10 julho 2019.

Capacidade de relacionamento: que é a capacidade de associação, ou de ligação, de ao menos dois registros relacionados a um mesmo indivíduo ou grupo de indivíduos sobre os quais os dados seus dados estão sendo coletados, e;
Inferência: que é a possibilidade de deduzir, com razoável grau de probabilidade, o valor de um atributo conhecidos os valores de outros atributos.

Ressalto que os dois primeiros critérios são relativos a inferência de identidade enquanto o terceiro é relativo a inferência de atributos. As inferências de identidade recuperam a identidade dos registros anonimizado enquanto as inferências de atributos recuperam características de um registro.

El Eman e Álvarez[15] argumentam que a regulamentação de proteção de dados deve focar nas questões relacionadas a reidentificação, ou seja, devem ter foco na inferência de identidade. A prevenção e o zelo pela inferência de atributos deve ser uma questão para os comitês de ética.

Convém enfatizar que as técnicas de anonimização apresentadas são implementadas em *softwares* (algoritmos) específicos, alguns comerciais e outros de livre uso e aplicação. Muitos avaliadores de algoritmos dependem de dados intrínsicos das técnicas de anonimização que, por vezes, não estão disponíveis em todos os softwares. Assim, a falta de métricas e dados para comparação entre algoritmos prejudicam as avaliações comparativas.

Existem algumas técnicas de avaliação de algoritmos que se baseiam na utilidade dos dados. Esta utilidade pode ser medida pelas alterações na distribuição estatística dos dados após as técnicas de anonimização, ou mesmo medindo-se a homogeneidade dos grupos formados pelos processos de aglomeração. No entanto, uma medida acessível e realista para o resultado da anonimização pode ser particularizada na utilidade do novo conjunto de dados para cenários específicos de uso. Para maiores detalhes, consulte o artigo de Ayala e Rivera[16].

[15] EL EMAM, K.; ÁLVAREZ, C. A critical appraisal of the Article 29 Working Party Opinion 05/2014 on data anonymization techniques. *International Data Privacy Law*, v. 5, n. 1, pp. 73–87, 2014.

[16] AYALA-RIVERA, V. *et al.* A systematic comparison and evaluation of k-anonymization algorithms for practitioners. *Transactions on Data Privacy*, v. 7, n. 3, pp. 337–370, 2014.

4. Pseudonimização de Dados

O conceito de pseudonimização, na sua forma legal, advém da *General Data Protection Regulation* (GDPR), regulamento europeu de proteção de dados pessoais muito semelhante à nossa LGPD. No Brasil, este conceito está parcialmente contemplado na LGPD, por meio do seu artigo 13, que diz:

> § 4º Para os efeitos deste artigo, a pseudonimização é o tratamento por meio do qual um dado perde a possibilidade de associação, direta ou indireta, a um indivíduo, senão pelo uso de informação adicional mantida separadamente pelo controlador em ambiente controlado e seguro.

Embora não contemplada na LGPD, o que afastaria a possibilidade de uma aplicação legal visto que não há efetiva anonimizacão, os detentores de dados poderiam cogitar técnicas de pseudonimização como forma de proteção dos dados pessoais.

Fundamentalmente a pseudonimização consiste da substituição de um atributo, normalmente um atributo único, ou seja, um atributo chave, por um pseudônimo. Na realidade, o pseudônimo tem maior valia quando aplicado a um identificador único, um identificador chave para os dados, tal como o número do CPF, ou mesmo um nome. No entanto, a aplicação de pseudônimos não se limita a estes atributos mas sim a qualquer atributo, em especial aos quasi-identificadores.

A utilização de pseudônimos reduz a possibilidade de composição de conjuntos de dados para a reindentificação mas não a elimina e, portanto, é considerada apenas como uma medida de segurança suplementar, mas não um método de anonimização de dados pessoais.

O indivíduo cujos dados sofreram a pseudonimização continua, portanto, suscetível de ser indiretamente identificado dado que: a) uma eventual composição de dados (mesmo que dificultada) pode, através de atributos quasi-identificadores, recuperar a identidade de um indivíduo, e; b) o responsável pelo gerenciamento de dados ainda guarda a relação estabelecida entre os pseudônimos e os identificadores originais. Por conseguinte, a utilização de pseudônimos, de forma isolada e única, não proporciona um conjunto de dados anônimo.

A utilização de pseudônimos pode ocorrer de duas maneiras: a) gerando-se identificadores aleatórios (números consecutivos, por exemplo) independentes do atributo inicial a ser pseudonimizado, ou; b) gerando-se chaves de pesquisa a partir do atributo a ser pseudoanonimizado. Nesta segunda possibilidade estas 'chaves de pesquisa' também são chamadas de *hash*. A criação de uma chave *hash* pode ser feita usando-se um único atributo ou um conjunto destes. As funções de *hash* que estabelecem esta ligação entre um atributo e um pseudônimo são ferramentas populares na Computação, fáceis de serem implementadas e utilizadas, pois podem ser computadas rapidamente.

O Grupo de Trabalho 216 (WP-216)[17], que relatou um parecer técnico sobre técnicas de anonimização da GDPR, resume, na Tabela 2, sua visão geral sobre as técnicas de anonimização e pseudonimização de dados pessoais. Esta tabela foi elaborada com base nas seguintes questões:

1. A reidentificação ainda é um risco?
2. A possibilidade de composição (ligação) de atributos ainda é um risco?
3. A inferência de dados ainda é um risco?

Técnica	**Questão 1**	**Questão 2**	**Questão 3**
Utilização de pseudônimos	Sim	Sim	Sim
Adição de ruído	Sim	talvez não	talvez não
Substituição	sim	Sim	talvez não
Agregação ou *k*-anonimização	não	Sim	Sim
l-diversidade	não	Sim	talvez não
Privacidade diferencial	talvez não	talvez não	talvez não
Utilização de *hash*	sim	Sim	talvez não

Tabela 2. Comparação das técnicas de anonimização e pseudoanonimização segundo o WP-216 da Comissão Europeia.

Sabemos que as técnicas de anonimização de dados não garantem a 'anonimização robusta', ou seja, não tornam a reidentificação uma tarefa impossível mas acreditamos que os crescentes avanços em pesquisas

[17] ACS, Gergely; CASTELLUCIA, Claude; LE MÉTAYER, Daniel. Testing the robustness of anonymization techniques: acceptable versus unacceptable inferences... ob. cit., pp. 01-07.

científicas nesta área dificultem ao máximo a reidentificação dos indivíduos usando 'meios razoáveis'. Não obstante às possibilidades de anonimização e pseudonimização pode ainda ficar a pergunta: 'Mas como reidentificar um registro?'. Este é o tema da nossa próxima seção.

5. Desanonimação

Existe um consenso entre usuários ou não do mundo tecnológico de que deixamos nossas 'impressões digitais', nossa marcas pessoais, em qualquer tarefa cotidiana que realizamos. Desde o vocabulário que usamos para nos comunicar, a maneira de elaborar as frases que pronunciamos ou escrevemos, o nosso modo de caminhar, e até mesmo a nossa relação com os aplicativos computacionais. Fundamentalmente, nossos dados e atributos pessoais são deixados em praticamente todas as operações diárias que participamos, nas compras com cartão de crédito, nas imagens das câmaras de vigilância, na unicidade do nosso endereço, na dispersão do nosso número telefônico pelas redes sociais, enfim, quase nada do que fazemos hoje fica isento de ligação, de relacionamentos, com nossos atributos pessoais. As técnicas de reidentificação baseiam-se nestas mesmas 'pegadas únicas' que deixamos ao longo das atividades que realizamos ou participamos para atribuir um registro ou um conjunto como único e particularizá-lo.

5.1. A Técnica do Adversário

A modelagem das técnicas de anonimização e desanonimização em Computação são muitas vezes caracterizadas como um jogo entre adversários. Desta maneira o adversário sempre corresponde a figura do modelo (ou da pessoa) encarregada de realizar a desanonimização. Via de regra, o objetivo do adversário é aprender alguma nova informação sobre um indivíduo ou sobre um grupo de indivíduos pela combinação de conhecimento, o que inclui aqui, eventualmente, ter até algum conhecimento *a priori*, um conhecimento próprio, sobre os dados anonimizados, ou até sobre a técnica de anonimização utilizada.

Podemos considerar o adversário como qualquer agente interessado em descobrir a identidade do titular dos dados, seja este um jornalista, um pesquisador, um investigador policial, um vizinho, um colega de trabalho ou mesmo um empregador. Porém, na prática da aplicação de algoritmos para desanonimização o adversário é a figura do modelo computacional a ser usado, ou seja, da estratégia de desanonimização partindo sempre de um conhecimento *a priori*, de uma pista inicial.

5.2. Técnicas Baseadas na Informação Auxiliar

Esta pista inicial citada na abertura desta seção esta muitas vezes associada a uma informação auxiliar. O conhecimento de fundo que o adversário possui sobre o conjunto de dados pode ser originário tanto de fontes internas como de fontes externas. Podemos considerar como fonte interna um conhecimento anterior do adversário sobre o tema, ou também os próprios atributos do conjunto de dados. Como fontes externas podemos considerar o conhecimento comum, ou até estatísticas públicas sobre alguns atributos considerados sensíveis.

As informações auxiliares ampliam o domínio do adversário sobre os dados e aumenta a oportunidade de encontrar relacionamentos entre os campos dos registros.

O trabalho do grupo de Nicholas Lane[18] demonstra como um conjunto de informações aparentemente inofensivas advindas de sensores de smartfones (e.g., acelerômetros, giroscópio, magnetômetro e leitor de GPS), tem um potencial crescente de inferir dados comportamentais sensíveis sobre seus usuários. Atualmente o compartilhamento destes dados é muito frequente e estes dados podem ser usados não somente quando estamos buscando um direcionamento no trânsito através através de um software específico de mapeamento geográfico e informações de localidades mas até por outros aplicativos. No trabalho de Lane e seus colaboradores eles reafirmam, como nos casos da Netflix e AOL, que mesmo de posse de informações esparsas de sensores em dispositivos móveis é possível obter informações que identifiquem um perfil de deslocamento do usuário do smartfone e até suas preferências individuais, tais como seus filmes favo-

[18] LANE, N. D. *et al.* On the feasibility of user de-anonymization from shared mobile sensor data. *Proceedings of the Third International Workshop on Sensing Applications on Mobile Phones.* New York, NY, USA. ACM, 2012, pp. 3:1–3:5. Disponível em: <http://doi.acm.org/10.1145/2389148.2389151>. Acesso em: 10 julho 2019.

ritos ou seus restaurantes prediletos, informações estas que são coletadas utilizando informações auxiliares de conhecimento amplo da população. Ou seja, quando um usuário compartilha sua informação de localização através de aplicativos pode estar passando também um conjunto de dados de localização que permitem inferir os locais que frequenta e, por quanto tempo, isso mesmo com dados esparsos.

5.3. Princípios e Junção de Tabelas

Vamos resgatar nosso exemplo anterior em que a varejista FarmaX mantém um cadastro simples de todas as compras que seus clientes fazem informando também o seu o CPF. Certamente o sistema computacional implantado na FarmaX pode elaborar uma tabela semelhante à Tabela 3,

CPF	Produto
123.456.789-00	Antigripal
234.567.890-11	Descongestionante
345.678.901-22	Shampoo
456.789.012-33	Talco

Tabela 3. Exemplo de registros de produtos adquiridos por clientes da FarmaX que informaram o CPF.

enquanto a associação AFX deve ter uma tabela semelhante à Tabela 4.

CPF	CEP	Função
123.456.789-00	14.123	Assistente
234.567.890-11	15.345	Professor
345.678.901-22	16.567	Diretor
456.789.012-33	17.789	Engenheiro

Tabela 4. Exemplo de registros dos associados da AFX.

A operação de junção de tabelas, também conhecida pelo seu nome técnico em inglês de *inner join*, é uma operação de combinação de duas ou mais tabelas em que as colunas das duas tabelas são pareadas de modo a casar os atributos chave, neste caso o CPF, que é um atributo individual único.

O resultado desta junção de tabelas pode ser visto na Tabela 5.

CPF	CEP	Função	Produto
123.456.789-00	14.123	Assistente	Antigripal
234.567.890-11	15.345	Professor	descongestionante
345.678.901-22	16.567	Diretor	Shampoo
456.789.012-33	17.789	Engenheiro	Talco

Tabela 5. Resultado da operação de junção das tabelas 3 e 4.

Vemos nesta operação não só uma operação simples de desanonimização de dados pessoais como também uma maneira de enriquecimento do perfil dos clientes da FarmaX. Se antes as compras dos clientes já poderiam ser impulsionadas pelo conhecimentos dos deus hábitos de compra agora, a partir dos dados fornecidos pela AFX, esse impulsionamento pode ser ainda maior pois seus administradores formaram um perfil expandido dos cientes, conhecem seus perfis profissionais e seu local de moradia. Esses dois novos atributos expandem a possibilidade de novas inferências.

Conclusões

Comentamos aqui sobre um exemplo clássico de reidentificação criado por Narayanan e Shmatikov[19] sobre um conjunto de dados fornecido pela Netflix. Relembro que neste artigo os autores mostram que mesmo de posse de um pequeno conjunto de dados pessoais, sendo que nenhum

[19] NARAYANAN, A.; SHMATIKOV, V. Robust de-anonymization of large sparse datasets... ob. cit., pp. 111–125.

destes dados possuía um identificador único, um atributo chave, era possível a reidentificação. Esse artigo tornou-se célebre e inspirou uma série de outros trabalhos que abordavam a reidentificação com base em dados demográficos (relembre o caso da AOL[20]). Os mesmos autores, Narayanan e Shmatikov, em artigo recente[21], comentam agora que as técnicas de desanonimização passaram a ser tão robustas elas não precisam mais recorrer a atributos demográficos já que, por exemplo, as várias imagens de vídeo coletadas sobre nós por câmeras de segurança ao longo do dia, nossas "pegadas" digitais, por onde passamos, e nossos históricos nas redes sociais, todos estes dados contribuem para a formação de um conjunto amplo de informações, um conjunto de alta dimensionalidade, com centenas de observações sobre um indivíduo. Os autores comentam ainda que o foco da desanonimização de dados está migrando para outras áreas de atuação, tais como: redes sociais, dados genéticos, dados de cartão de crédito, históricos de navegação em redes sociais, estilos de escrita, e para a identificação de autoria de códigos escritos em linguagem de programação de computadores e consequentemente de seus executáveis binários.

De fato, a anonimização de dados pessoais e a reidentificação são domínios de científicos de constante investigação e, a cada dia, são publicadas novas descobertas sobre estes temas. Há de se reforçar também que nós regularmente acrescentamos às nossas vidas novas demandas sociais e novos aparatos tecnológicos que resgatam e também perpetuam nossas marcas pessoais. Neste universo de crescente volume de informações pessoais, até mesmo os dados anonimizados, como estatísticas, podem ser utilizados para enriquecer os perfis pessoais. Portanto, a anonimização de dados pessoais não precisa ser considerada como mais uma obrigação necessária de normalização social mas talvez possa ser vista como uma maneira de preservação da identidade de uma série de riscos inerentes a esta exposição crescente de dados pessoais.

[20] BARBARO, M.; JR., T. Z. A Face Is Exposed for AOL Searcher nº 4417749. *The New York Times*, 2006. Disponível em: <https://www.nytimes.com/2006/08/09/technology/09aol.html>. Acesso em: 10 julho 2019.

[21] NARAYANAN, A.; SHMATIKOV, V. *Robust de-anonymization of large sparse datasets:* a decade later, 2019. Disponível em: <http://randomwalker.info/publications/de-anonymization-retrospective.pdf>. Acesso em: 10 julho 2019.

Referências

ACS, Gergely; CASTELLUCIA, Claude; LE MÉTAYER, Daniel. *Testing the robustness of anonymization techniques: acceptable versus unacceptable inferences. The Brussels Privacy Symposium*, 2016, pp. 1–7. Disponível em: <https://fpf.org/wp-content/uploads/2016/11/AcsCL-DPL16-v4.pdf>. Acesso em: 10 julho 2019.

AYALA-RIVERA, V. *et al. A systematic comparison and evaluation of k-anonymization algorithms for practitioners. Transactions on Data Privacy*, v. 7, n. 3, 2014, pp. 337–370.

BARBARO, M.; JR., T. Z. *A Face Is Exposed for AOL Searcher nº 4417749. The New York Times*, 2006. Disponível em: <https://www.nytimes.com/2006/08/09/technology/09aol.html>. Acesso em: 10 julho 2019.

BRANDEIS, L.; WARREN, S. *The right to privacy. Harvard Law Review*, v. 4, n. 5, 1890, pp. 193–220.

BRASIL. "Lei nº 13.709, de 14 de agosto de 2018. Lei Geral de Proteção de Dados Pessoais (LGPD). Redação dada pela Lei nº 13.853, de 2019". Brasília, *Diário Oficial da União*, 15 de agosto de 2018. Disponível em: <http://www.planalto.gov.br/ ccivil_03/_Ato2015-2018/2018/Lei/L13709.htm>. Acesso em: 07 julho 2019.

DIAS, F. M. C. *Multilingual Automated Text Anonymization.* Tese de Doutorado, apresentada à Universidade Técnica de Lisboa, 2016, 134p.

DWORK, C. *Differential privacy. Automata, languages and programming, pt. 2, 4052: 1*–12, 2006. *33rd International Colloquium on Automata, Languages and Programming*, 2006.

EL EMAM, K.; ÁLVAREZ, C. *A critical appraisal of the Article 29 Working Party Opinion 05/2014 on data anonymization techniques. International Data Privacy Law*, v. 5, n. 1, pp. 73–87, 2014.

GASSER, U. *Recoding privacy law: reflections on the future relationship among law, technology and privacy. Harvard Law Review Forum*, v. 130, n. 2, pp. 61–70, 2016.

GT216. *Opinion 05/2014 on Anonymisation Techniques Adopted.* Data Protection Working Party, 2014. Disponível em: <https://ec.europa.eu/justice/article-29/documentation/opinion-recommendation/files/2014/wp216en.pdf>. Acesso em: 10 julho 2019.

LANE, N. D. *et al. On the feasibility of user de-anonymization from shared mobile sensor data. Proceedings of the Third International Workshop on Sensing Applications on Mobile Phones.* New York, NY, USA. ACM, 2012, pp. 3:1–3:5. Disponível em: <http://doi.acm.org/10.1145/2389148.2389151>. Acesso em: 10 julho 2019.

MACHANAVAJJHALA, A. *et al. l*-diversity: Privacy beyond k-anonymity. *22nd International Conference on Data Engineering*, 2006.

MONTJOYE, Y.-A. D. *et al. Unique in the crowd: The privacy bounds of human mobility. Scientific reports*, Nature Publishing Group, v. 3, 2013.

NARAYANAN, A.; SHMATIKOV, V. *Robust de-anonymization of large sparse datasets. IEEE Symposium on security and Privacy*, 2008.

NARAYANAN, A.; SHMATIKOV, V. *Robust de-anonymization of large sparse datasets:* a decade later, 2019. Disponível em: <http://randomwalker.info/publications/de-anonymization-retrospective.pdf>. Acesso em: 10 julho 2019.

OHM, Paul. *Broken promises of privacy: responding to the surprising failure of anonymization. UCLA Law Review*, v. 57, pp. 1701–1777, 2010.

POPA, R. A. *et al. Privacy and accountability for location-based aggregate statistics. ACM Proceedings of the 18th ACM conference on Computer and communications security*, 2011.

SHI, E. *et al. Privacy-preserving aggregation of time-series data. Internet Society Annual Network & Distributed System Security Symposium* (NDSS), 2011.

SWEENEY, L. *k-anonymity: A model for protecting privacy. International Journal of Uncertainty, Fuzziness and Knowledge-Based Systems*, World Scientific, v. 10, n. 05, pp. 557–570, 2002.

5. Princípios que Regem o Tratamento de Dados no Brasil

Silvano José Gomes Flumignan
Wévertton Gabriel Gomes Flumignan

1. Introdução

O consentimento sempre teve papel de relevância no tratamento de dados, mas a Lei Geral de Proteção de Dados Pessoais (LGPD) deixa claro que nenhum valor ou princípio isolado pode garantir a proteção dos usuários e regulamentar aqueles que tratam ou coletam dados no Brasil.

A LGPD estabelece onze princípios no art. 6º: boa-fé; finalidade; adequação; necessidade; livre acesso; qualidade dos dados; transparência; segurança; prevenção; não discriminação; responsabilização e prestação de contas[1].

[1] Art. 6º, LGPD. "As atividades de tratamento de dados pessoais deverão observar a boa-fé e os seguintes princípios:
I – finalidade: realização do tratamento para propósitos legítimos, específicos, explícitos e informados ao titular, sem possibilidade de tratamento posterior de forma incompatível com essas finalidades;
II – adequação: compatibilidade do tratamento com as finalidades informadas ao titular, de acordo com o contexto do tratamento;
III – necessidade: limitação do tratamento ao mínimo necessário para a realização de suas finalidades, com abrangência dos dados pertinentes, proporcionais e não excessivos em relação às finalidades do tratamento de dados;
IV – livre acesso: garantia, aos titulares, de consulta facilitada e gratuita sobre a forma e a duração do tratamento, bem como sobre a integralidade de seus dados pessoais;
V – qualidade dos dados: garantia, aos titulares, de exatidão, clareza, relevância e atualização dos dados, de acordo com a necessidade e para o cumprimento da finalidade de seu tratamento;

Os princípios expressos não esgotam a matéria. O art. 64 é categórico ao prever que o rol do art. 6º é meramente exemplificativo já que podem existir outros princípios no ordenamento e em tratados internacionais aplicáveis à matéria[2]. De qualquer forma, o trabalho buscará tratar dos princípios expressos na LGPD.

Para o desenvolvimento do ensaio, foram utilizados os métodos dogmático e dialético.

2. Princípios da Lei Geral de Proteção de Dados Pessoais (Lei n. 13.709/18)

2.1. Princípio da Boa-fé

O princípio da boa-fé é o principal princípio norteador da LGPD. Essa conclusão pode ser abstraída da própria disposição do artigo que trata a matéria. A boa-fé foi prevista no *caput* do art. 6º e os demais princípios complementam a compreensão e alcance da lei geral[3].

VI – transparência: garantia, aos titulares, de informações claras, precisas e facilmente acessíveis sobre a realização do tratamento e os respectivos agentes de tratamento, observados os segredos comercial e industrial;
VII – segurança: utilização de medidas técnicas e administrativas aptas a proteger os dados pessoais de acessos não autorizados e de situações acidentais ou ilícitas de destruição, perda, alteração, comunicação ou difusão;
VIII – prevenção: adoção de medidas para prevenir a ocorrência de danos em virtude do tratamento de dados pessoais;
IX – não discriminação: impossibilidade de realização do tratamento para fins discriminatórios ilícitos ou abusivos;
X – responsabilização e prestação de contas: demonstração, pelo agente, da adoção de medidas eficazes e capazes de comprovar a observância e o cumprimento das normas de proteção de dados pessoais e, inclusive, da eficácia dessas medidas."

[2] Art. 64, LGPD. "Os direitos e princípios expressos nesta Lei não excluem outros previstos no ordenamento jurídico pátrio relacionados à matéria ou nos tratados internacionais em que a República Federativa do Brasil seja parte."

[3] A grande importância da boa-fé também estava presente no Regulamento 2016/679 do Parlamento Europeu de 2016. O art. 5º do regulamento prevê a lealdade.
"Artigo 5º. Princípios relativos ao tratamento de dados pessoais. 1 a) Objeto de um tratamento lícito, leal e transparente em relação ao titular dos dados ("licitude, lealdade e transparência"); (...)".

Tradicionalmente, a boa-fé tem duas acepções no ordenamento jurídico. Em um primeiro aspecto, pode ser encarada como sinônimo de boa intenção[4]. É o contrário da má-fé. Sob esse aspecto pode ser encarada como o estado de consciência de desconhecimento sobre o caráter lesivo concreto do ato em relação a interesses e direitos de terceiros[5]. Ela também pode ser encontrada em diversas passagens do CC/02[6]. A necessidade de respeito à boa-fé subjetiva está latente em toda a lei geral, mas, de maneira específica, pode-se salientar o art. 52, § 1º, II, LGPD.

Além disso, em nenhuma hipótese pode-se aceitar a atitude deliberada de desrespeito à proteção de dados.

A boa-fé também deve ser encarada sob o aspecto objetivo a partir de um padrão de comportamento leal, baseado na lisura, correção e probidade. Dessa noção decorrem as funções de corrigir, de suplementar, de interpretar e a de limitar o exercício de direitos. Antônio Junqueira de Azevedo[7] trabalhou com as três primeiras funções *corrigendi, supplendi* e *adjuvandi.* Judith Martins-Costa[8] expôs a de servir como cânone hermenêutico-integrativo, como fonte criadora de deveres jurídicos e como limite ao exercício de direitos subjetivos.

Embora adotem nomenclaturas distintas, os autores tratam de aspectos semelhantes: interpretar (*adjuvandi* ou hermenêutico integrativo); criar deveres, ônus e posições jurídicas (*supplendi* ou fonte criadora de deveres jurídicos); limitar o exercício de direito subjetivo (*corrigendi* ou limitação de direitos).

[4] CORDEIRO, António Manuel da Rocha e Menezes. *Da boa-fé no direito civil.* 5ª reimpressão. Coimbra: Almedina, 2013, pp. 510 e ss.

[5] MARTINS-COSTA, Judith. Princípio da confiança legítima e princípio da boa-fé objetiva. Termo de compromisso de cessação (TCC) ajustado com o CADE. Critérios da interpretação contratual: os "sistemas de referência extracontratuais" ("circunstâncias do caso") e sua função no quadro semântico da conduta devida. Princípio da unidade ou coerência hermenêutica e "usos do tráfego". Adimplemento contratual. In: *Revista dos Tribunais,* vol. 852, pp. 87–126 (acesso online pp. 1-52), Out/2006, pp. 9-15.

[6] Por exemplo, arts. 164; 167; e 242, todos do CC/02.

[7] AZEVEDO, Antônio Junqueira de. Insuficiências, deficiências e desatualização do projeto de código civil na questão da boa-fé objetiva nos contratos. In: *Revista dos Tribunais,* vol. 775, pp. 11-17 (acesso online pp. 1-8), Mai/2000, pp. 4-6.

[8] MARTINS-COSTA, Judith. *A boa-fé no direito brasileiro.* 1ª ed. (2ª tiragem). São Paulo: Revista dos Tribunais, 1999, pp. 428-437.

Quando a Lei Geral de Proteção de Dados Pessoais menciona em seu art. 6º, *caput*, que "as atividades de tratamento de dados pessoais deverão observar a boa-fé", deve-se entender como sendo em seu aspecto objetivo, impondo uma regra de conduta para as relações jurídicas decorrentes da presente legislação, pois o subjetivo já é pressuposto de todo o ordenamento jurídico, que veda o agir de má-fé.

O Código Civil de 2002 menciona que a boa-fé objetiva é uma cláusula geral dos contratos[9]. Em sendo as relações em meio virtual decorrentes em sua grande maioria de contratos por adesão, firmados geralmente pelos usuários e os provedores de internet, nada mais justo que ambos devam agir com a lealdade e confiança que se espera.

Neste sentido, o legislador, ao mencionar o princípio da boa-fé como um dos norteadores da Lei Geral de Proteção de Dados Pessoais, teve a intenção de resguardar os direitos dos usuários, deixando uma cláusula aberta para que eventuais conflitos que cheguem ao judiciário sejam analisados com maior cuidado, visto que nem sempre a legislação acompanha as mudanças sociais e nem consegue tratar sobre todos os pontos das relações jurídicas.

Ela, portanto, pauta a relação entre o titular do dado e aquele que o coleta[10] e assume particular relevância sob o aspecto pós-contratual.

Imagine, por exemplo, que um determinado aplicativo de compras tenha informações de um usuário armazenadas com o seu consentimento, tais como perfil de compras, dados como endereço, telefone e e-mail. Nada impede que este usuário encerre o contrato e não utilize mais esse aplicativo. Neste cenário, caso o aplicativo venda ou libere as informações que armazenou após o encerramento do contrato estaria violando a boa-fé sob o aspecto pós-contratual, devendo ser responsabilizada por eventuais danos causados.

As funções de interpretação, correção de abusos e criação de regras específicas também estão presentes na lei geral. A interpretação é delegada

[9] Art. 422, CC. "Os contratantes são obrigados a guardar, assim como na conclusão do contrato, como em sua execução, os princípios de probidade e boa-fé."

[10] *Handbook on european data protection law*. Edição 2018, p. 118 (Disponível em: <https://www.echr.coe.int/Documents/Handbook_data_protection_02ENG.pdf>. Acesso em: 01/07/2019). "*The principle of fair processing governs primarily the relationship between the controller and the data subject* (O princípio da boa-fé dirige principalmente a relação entre aquele que coleta o dado e o seu titular – tradução livre)".

para a autoridade nacional de proteção de dados, que deverá pautá-la na boa-fé[11]. A correção de abusos está prevista art. 52, § 1º, X, LGPD[12], que a previu como uma medida imediata a ser aplicada em caso de sanção administrativa. A autoridade nacional é o órgão responsável por editar normas e sanar as omissões (art. 55-J, II, LGPD[13]).

Do ponto de vista do usuário, a principal norma a ser observada diz respeito ao dever de informar a utilização que se dará aos dados fornecidos. Ademais, é possível se pensar que um dever decorrente da boa-fé seria a necessidade de consentimento do usuário sobre a utilização que se dá ao conteúdo recolhido.

2.2. Princípio da Finalidade

O princípio da finalidade está previsto no inciso I, do art. 6º, da LGPD. Ele significa que o "tratamento dos dados pessoais deverá ser realizado com propósitos legítimos, específicos, explícitos e informados ao titular, sem possibilidade de tratamento posterior de forma incompatível com essas finalidades".

É um dos princípios mais relevantes da LGPD e está intimamente ligado aos princípios da adequação, necessidade e transparência[14].

Pode ser concebido também como decorrência da boa-fé objetiva já que está ligada à restrição do manejo das informações aos propósitos pretendidos com a coleta[15]. Depreende-se do dispositivo legal que o tratamento

[11] Art. 55-J, LGPD. "Compete à ANPD:(...)
III – deliberar, na esfera administrativa, sobre a interpretação desta Lei, suas competências e os casos omissos; (...)"

[12] Art. 52, LGPD. "Os agentes de tratamento de dados, em razão das infrações cometidas às normas previstas nesta Lei, ficam sujeitos às seguintes sanções administrativas aplicáveis pela autoridade nacional: (...)
§ 1º As sanções serão aplicadas após procedimento administrativo que possibilite a oportunidade da ampla defesa, de forma gradativa, isolada ou cumulativa, de acordo com as peculiaridades do caso concreto e considerados os seguintes parâmetros e critérios: (...)
X – a pronta adoção de medidas corretivas; (...)"

[13] Art. 55-J, LGPD. "Compete à ANPD: (...)
II – editar normas e procedimentos sobre a proteção de dados pessoais;"

[14] *Handbook on european data protection law*. Edição 2018, p. 122 (Disponível em: <https://www.echr.coe.int/Documents/Handbook_data_protection_02ENG.pdf>. Acesso em: 01/07/2019).

[15] Cíntia Rosa Pereira de Lima (Direito ao esquecimento e internet: o fundamento legal no direito comunitário europeu, no direito italiano e no direito brasileiro. *Doutrinas Essenciais de*

dos dados pessoais não pode ser feito ao bel prazer de quem o controle. O próprio art. 9º, §2º, da LGPD, menciona que se o consentimento do titular dos dados pessoais for requerido, caso haja mudança da finalidade para o tratamento de dados pessoais não compatíveis com o consentimento original, o controlador deverá informar de forma prévia o titular sobre as mudanças de finalidade, podendo revogar o consentimento, caso discorde das alterações.

Além disso, cabe mencionar que o legítimo interesse do controlador somente poderá fundamentar o tratamento de dados pessoais para finalidades legítimas, consideradas a partir de situações concretas (art. 10).

Em caso hipotético, imagine que um aplicativo de transporte armazene, após o consentimento do usuário, dados com a finalidade precípua de saber onde há maior demanda de usuários por região e quais os destinos que geralmente fazem. Essa empresa não poderá alterar o tratamento de dados pessoais para finalidades diferentes destas sem o prévio e legítimo consentimento dele.

Outro exemplo é o de uma *startup* que solicita o e-mail do cliente para a finalidade específica de *login* na plataforma. Neste caso, não poderá automaticamente utilizar esse mesmo e-mail para envio de ofertas ou publicidade.

De fácil percepção que, a partir da promulgação da LGPD, não é mais possível o tratamento dos dados pessoais com finalidades genéricas ou indeterminadas. O tratamento deverá ser feito com fins específicos, legítimos, explícitos e informados, devendo as empresas explicarem para que usarão cada um dos dados pessoais.

A previsão do Regulamento Geral sobre Proteção de Dados da União Europeia também elencou o princípio da finalidade como um de seus pilares e deu contornos mais objetivos que a lei geral brasileira. Entre as ideias previstas é possível abstrair a necessidade de o provedor informar que os dados estão sendo coletados e qual é o propósito pretendido; a necessidade de que o usuário seja informado da coleta de dados, o objetivo de utilização e quais seriam as medidas para assegurar o cumprimento desses deveres. Entre as finalidades comumente aceitáveis, estão as que

Direito Constitucional, vol. 8, pp. 511-543 (acesso online pp. 1-24), Ago/2015, p. 8), ao comparar a legislação italiana, expõe o que significa a finalidade: "princípio da finalidade, ou seja, o interessado deve ser informado para qual finalidade seus dados serão utilizados, a finalidade restringe o manejo de tais informações apenas ao fim inicialmente estabelecido".

garantem o interesse público; as que visem a pesquisa histórica e científica e àquelas de escopo estatístico[16].

Do texto legislativo brasileiro, percebe-se íntima relação da finalidade com a boa-fé objetiva, vez que eventuais violações podem ser recíprocas e complementares, inclusive no seu aspecto pós-contratual.

Neste sentido, as finalidades do tratamento dos dados pessoais devem estar dentro dos limites legais e vir expressamente acompanhadas das informações que sejam relevantes para o titular.

Cabe destacar, inclusive, que a LGPD altera o art. 16, II, do Marco Civil da Internet (Lei n. 12.965/14), estipulando que "na provisão de aplicações de internet, onerosa ou gratuita, é vedada a guarda de dados pessoais que sejam excessivos em relação à finalidade para a qual foi dado consentimento pelo seu titular, exceto nas hipóteses previstas na Lei que dispõe sobre a proteção de dados pessoais".

Em outras palavras, os provedores de aplicações de internet não podem guardar dados pessoais que excedam a finalidade pela qual o usuário titular consentiu que armazenassem, salvo em casos específicos previstos em Lei. Tal fato independe se a provisão de aplicações de internet é prestada de forma onerosa ou gratuita.

Percebe-se, assim, que a finalidade, juntamente com a boa-fé, é um princípio de extrema importância no cerne do tratamento dos dados pessoais, determinando que não haja desvio de finalidade consubstanciado em propósitos ilegítimos em desrespeito à finalidade para o qual foi consentido o tratamento dos dados pessoais pelo usuário.

2.3. Princípio da Adequação

O princípio da adequação está previsto no inciso II, do art. 6º, da LGPD. Ele estipula que deve haver "compatibilidade do tratamento com as finalidades informadas ao titular, de acordo com o contexto do tratamento".

Depreende-se de uma leitura atenta da definição legal dada à adequação que este princípio estará respeitado quando as finalidades informadas

[16] MANGETH, Ana Lara; NUNES, Beatriz; MAGRANI, Eduardo. *Seis pontos para entender o Regulamento Geral de Proteção de Dados da EU.* In: ITS RIO. Disponível em: <https://feed.itsrio.org/seis-pontos-para-entender-a-lei-europeia-de-proteção-de-dados-pessoais-gdpr-d377f6b-691dc>. Acesso em: 01/07/2019.

ao titular dos dados pessoais por quem realize o tratamento estejam em consonância com o contexto do tratamento.

Em uma leitura a *contrario sensu*, não atenderá o princípio da adequação se o tratamento estiver em desacordo com as finalidades informadas ao titular dos dados pessoais.

A título de exemplo, imagine que um aplicativo de transporte queira que os usuários forneçam dados sobre sua saúde. Neste caso, o tratamento se torna inadequado e, portanto, inviável, pois não há uma justificativa plausível para que tal fato ocorra.

Percebe-se, portanto, que a adequação está intimamente ligada ao princípio da finalidade, mas em um contexto mais objetivo. Observa-se o serviço prestado ou o produto fornecido e a necessidade de coleta dos dados. Somente se existir compatibilidade entre o serviço ou produto e o dado coletado, a exigência será legítima[17].

2.4. Princípio da Necessidade

O princípio da necessidade está previsto no inciso III, do art. 6º, da LGPD. Ele estipula que deve haver "limitação do tratamento ao mínimo necessário para a realização de suas finalidades, com abrangência dos dados pertinentes, proporcionais e não excessivos em relação às finalidades do tratamento de dados".

O princípio assumirá duas facetas: implicará aumento de responsabilidade para aquele que coleta os dados e impedirá a coleta não imprescindível.

Sob o primeiro aspecto, o próprio agente coletor deverá fazer uma ponderação sobre o que é essencial para o negócio. Isso ocorrerá porque quanto mais dados forem tratados, maiores serão as responsabilidades, pois os riscos com vazamentos e incidentes aumentam significativamente.

A segunda faceta significa uma ideia de minimização do tratamento de dados, ou seja, apenas os dados imprescindíveis para a finalidade pretendida deverão ser tratados e, ainda que o agente coletor se responsabilize,

[17] A exigência de dados não adequados ao serviço ou produto prestado constitui comportamento ilícito e abusivo (nesse sentido: SANTOS, Fabíola Meira de Almeida; TALIBA, Rita. Lei geral de proteção de dados no brasil e os possíveis impactos. In: *Revista dos Tribunais*, vol. 998, pp. 225-239 (acesso online pp. 1-10), Dez/2018, p. 2).

aquilo que não for efetivamente útil, não deverá ser tratado sob pena de configuração de abuso de direito[18].

2.5. Princípio do Livre Acesso aos Dados Pelos Titulares

O princípio do livre acesso está previsto no inciso IV, do art. 6º, da LGPD, que menciona ser garantido aos titulares dos dados pessoais consulta facilitada e gratuita sobre a forma e a duração do tratamento, bem como sobre a integralidade de seus dados pessoais de quem os detenha.

Do dispositivo legal, percebe-se que quem realiza tratamento de dados pessoais deverá informar, caso o titular requeira, quais são as informações coletadas, o que o provedor faz com estas informações, a forma como é realizado o tratamento, o período entre outras informações relevantes.

Em verdade, embora a lei mencione que seria um princípio, parece que se trata de uma regra com forte aspecto na boa-fé. Para ser mais específico, seria um dever decorrente da necessidade de informação.

2.6. Princípio da Qualidade dos Dados

O princípio da qualidade dos dados está previsto no inciso V, do art. 6º, da LGPD, que elenca a "garantia aos titulares, de exatidão, clareza, relevância e atualização dos dados, de acordo com a necessidade e para o cumprimento da finalidade de seu tratamento". Portanto, o princípio da qualidade dos dados apregoa que deve ser garantido aos titulares dos dados pessoais que as informações sobre eles sejam atualizadas e verdadeiras.

Ele impõe ao controlador um dever de verificação de correção em todos os procedimentos e operações. Outro aspecto é a necessidade de atualização regular dos dados e a garantia de segurança no caso concreto. A necessidade de atualização somente não ocorrerá em situações em que é proibido a atualização unilateral, como ocorre em áreas sensíveis como a da saúde do usuário[19].

[18] SANTOS, Fabíola Meira de Almeida; TALIBA, Rita. *ob. cit.*, pp. 2-3.

[19] *Handbook on european data protection law*. Edição 2018, pp. 127-128 (Disponível em: <https://www.echr.coe.int/Documents/Handbook_data_protection_02ENG.pdf>. Acesso em: 01/07/2019).

O princípio significa também que eventuais equívocos devem ser apagados ou retificados em caráter imediato ou em curto espaço de tempo. É o que impõe o art. 18, III e §§ 3º e 4º, LGPD[20].

A lei é expressa no sentido de que a correção deve ser imediata. Apenas em casos de impossibilidade não será exigível a correção sem lapso temporal.

2.7. Princípio da Transparência

O princípio da transparência está previsto no inciso VI do art. 6º, da LGPD. Ele estipula aos titulares a garantia de informações claras, precisas e acessíveis sobre a realização do tratamento e os respectivos agentes de tratamento, observando-se os segredos comercial e industrial.

Neste contexto, pode-se citar o fato de que não é possível o compartilhamento de dados pessoais com terceiros de forma oculta. Caso quem efetue o tratamento de dados pessoais deseje repassá-los a terceiros, inclusive para operadores que sejam essenciais à execução do serviço, é necessário informar e obter o consentimento do titular dos dados pessoais.

O próprio Marco Civil da Internet (Lei n. 12.965/14) consagra o princípio da transparência no art. 7º, sendo diretamente relacionado ao direito básico e fundamental à informação, também inerente a todo o sistema de proteção estabelecido pelo Código de Defesa do Consumidor[21]. Isto porque, sem a devida transparência, torna-se praticamente impossível o controle pelo titular do fluxo de seus dados, bem como quaisquer fiscalizações pelos órgãos de controle[22].

[20] Art. 18, LGPD. "O titular dos dados pessoais tem direito a obter do controlador, em relação aos dados do titular por ele tratados, a qualquer momento e mediante requisição:
(...) II – correção de dados incompletos, inexatos ou desatualizados (...)
§ 3º Os direitos previstos neste artigo serão exercidos mediante requerimento expresso do titular ou de representante legalmente constituído, a agente de tratamento.
§ 4º Em caso de impossibilidade de adoção imediata da providência de que trata o § 3º deste artigo, o controlador enviará ao titular resposta em que poderá:
I – comunicar que não é agente de tratamento dos dados e indicar, sempre que possível, o agente; ou
II – indicar as razões de fato ou de direito que impedem a adoção imediata da providência."

[21] GARCIA, Rebeca. Marco civil da internet no Brasil: repercussões e perspectivas. In: *Revista dos Tribunais*, vol. 964, pp. 161-190 (acesso online pp. 1-25), Fev/2016, p. 166.

[22] Neste sentido, o princípio da transparência, com base no art. 6.º, III, do CDC, envolve o direito do titular dos dados pessoais de ser informado sobre: "(i) quais os dados pessoais são

Aplicando-se de forma analógica o Código de Defesa do Consumidor, é possível depreender que, conforme o art. 31 do diploma legal, a informação deve ser fornecida de forma correta, clara, precisa, ostensiva e em língua portuguesa[23].

De fato, as informações atinentes ao tratamento de dados pessoais devem ser fornecidas aos titulares destes dados antes mesmo da obtenção do consentimento do usuário, durante o tratamento dos dados e até mesmo após o encerramento do tratamento dos dados pessoais, estando atrelado, neste último caso, a própria boa-fé em seu aspecto pós-contratual.

2.8. Princípio da Segurança

O princípio da segurança está previsto no inciso VII, do art. 6º, da LGPD. Ele determina a "utilização de medidas técnicas e administrativas aptas a proteger os dados pessoais de acessos não autorizados e de situações acidentais ou ilícitas de destruição, perda, alteração, comunicação ou difusão".

De uma breve leitura do dispositivo legal, depreende-se que o princípio da segurança impõe a quem efetue o tratamento de dados pessoais eventual responsabilidade por procedimentos, meios e tecnologias que garantam a proteção dos dados pessoais de acessos por terceiros, tais como, por exemplo, as decorrentes de invasões por hackers.

O princípio da segurança está intimamente relacionado ao princípio da prevenção que será tratado em seguida. A relação entre estes dois princípios decorre do fato de que, ao se utilizar medidas técnicas e administrativas aptas a proteger os dados pessoais de eventuais acessos não autorizados, atua-se de forma preventiva com o fim de evitar a ocorrência de danos em virtude do tratamento de dados pessoais.

Para aferir o cumprimento do princípio da segurança, o art. 44 da LGPD menciona que devem ser consideradas as circunstâncias relevantes, tais como o modo pelo qual é realizado o tratamento de dados pessoais, o

tratados e para quais finalidades; (ii) se os dados pessoais são transmitidos para terceiros; (iii) para quais países os dados pessoais são transmitidos, se for o caso; (iv) qual é o período de conservação de dados; e (v) quais os mecanismos de segurança utilizados para garantir a segurança dos dados pessoais" (MENDES, Laura Schertel. O direito básico do consumidor à proteção de dados pessoais. In: *Revista de Direito do Consumidor*, vol. 95, pp. 53-75 (acesso online pp. 1-21), Set-Out/2014, p. 62).

[23] MENDES, Laura Schertel. Ob. cit., p. 62.

resultado, os riscos razoavelmente esperados, bem como as técnicas de tratamento de dados pessoais disponíveis à época em que foi realizado[24].

Ademais, na LGPD há um capítulo destinado à segurança e às boas práticas no tratamento dos dados pessoais (Capítulo VII), trazendo um bom norte sobre o tema. O *caput* do art. 46, por exemplo, menciona que "os agentes de tratamento devem adotar medidas de segurança, técnicas e administrativas aptas a proteger os dados pessoais de acessos não autorizados e de situações acidentais ou ilícitas de destruição, perda, alteração, comunicação ou qualquer forma de tratamento inadequado ou ilícito".

Cabe mencionar também que o controlador de dados deverá comunicar tanto à autoridade nacional, como ao titular, a ocorrência de incidente de segurança que possa acarretar risco ou dano relevante aos titulares (art. 48).

Portanto, percebe-se uma clara importância dada pelo legislador às questões envolvendo a segurança dos dados pessoais, com a finalidade precípua de protegê-los de acessos não autorizados e de situações acidentais ou ilícitas que possam acarretar danos. Tal fato é notado em diversos momentos na LGPD, que demonstra preocupação em assegurar o uso lícito e correto dos dados pessoais.

2.9. Princípio da Prevenção

O princípio da prevenção está previsto no inciso VIII, do art. 6º, da LGPD, que determina a utilização de medidas para prevenir a ocorrência de danos em virtude do tratamento de dados pessoais.

Percebe-se que o princípio da prevenção atua de forma a determinar que sejam adotadas medidas prévias para evitar ocorrências futuras de danos em virtude do tratamento de dados pessoais. Em outras palavras,

[24] Art. 44, LGPD. "O tratamento de dados pessoais será irregular quando deixar de observar a legislação ou quando não fornecer a segurança que o titular dele pode esperar, consideradas as circunstâncias relevantes, entre as quais:
I – o modo pelo qual é realizado;
II – o resultado e os riscos que razoavelmente dele se esperam;
III – as técnicas de tratamento de dados pessoais disponíveis à época em que foi realizado.
Parágrafo único. Responde pelos danos decorrentes da violação da segurança dos dados o controlador ou o operador que, ao deixar de adotar as medidas de segurança previstas no art. 46 desta Lei, der causa ao dano."

as empresas devem atuar antes de eventuais danos, e não somente após a ocorrência destes.

Como sabido, em ambientes virtuais, os danos podem atingir grandes proporções, até mesmo pela velocidade de propagação das informações na rede, tornando-se difícil o restabelecimento da situação pretérita à lesão[25].

Neste sentido, o papel de quem realiza o tratamento de dados pessoais deve se dar de forma preventiva com o escopo de assegurar que os dados pessoais não sejam violados e nem que gerem eventuais danos aos seus titulares[26].

Não há que se falar em uma atuação somente de forma posterior aos danos (tutela ressarcitória), visto que muitas vezes a eventual responsabilização não é capaz de estabelecer o *status quo* anterior a ocorrência destes danos (tutela inibitória).

Nesta seara, o princípio da prevenção assume particular importância, visto que os dados pessoais envolvem, em grande parte, direitos da personalidade e questões de extrema relevância para os usuários que, muitas vezes, consentem somente no tratamento para determinados serviços, sendo omissa a transferência de conteúdo a terceiros.

2.10. Princípio da Não Discriminação

O princípio da não discriminação está previsto no inciso IX, do art. 6º, LGPD. Ele implica a impossibilidade de realização do tratamento para fins discriminatórios ilícitos ou abusivos. Em outras palavras, os dados pessoais não podem ser utilizados para discriminar ou promover abusos contra os seus titulares.

No contexto do princípio da não discriminação, a própria LGPD trouxe regras específicas para o tratamento de dados que frequentemente são

[25] FLUMIGNAN, Wévertton G. G. *Responsabilidade civil dos provedores no Marco Civil da Internet (Lei n. 12.965/14)*. Dissertação de Mestrado. Faculdade de Direito, Universidade de São Paulo, 2018, p. 35.

[26] Tal como no Direito Ambiental, o princípio da prevenção não se confunde com o princípio da precaução. Nota-se que o legislador mencionou prevenção e não precaução, pois aquele princípio se relaciona a riscos certos e concretos, enquanto que este se relaciona a riscos incertos, abstratos, em potencial. Por envolver riscos certos, o legislador acertadamente mencionou o princípio da prevenção para prevenir a ocorrência de danos em virtude do tratamento de dados pessoais.

utilizados para discriminação, os denominados "dados pessoais sensíveis". Tal conteúdo representa os dados sobre origem racial ou étnica, convicção religiosa, opinião política, filiação a sindicato ou à organização de caráter religioso, filosófico ou político, à saúde e à vida sexual e dado genético ou biométrico.

O tratamento dos dados pessoais sensíveis está mencionado na Seção II, do Capítulo II, da LGPD, que busca abarcar as nuances que envolvem o tema.

A distinção dessa categoria de dados, segundo Danilo Doneda[27], decorre da observância pragmática da diferença que eventual divulgação deste tipo de informação merece em relação às demais, isto porque tais informações revelam outros valores dignos de tutela além da privacidade. Tal diferenciação é realizada tendo em vista que determinados dados podem ser utilizados de forma mais discriminatória, sendo um dever protegê-los não só em consagração ao direito à privacidade, mas também em relação a valores como a dignidade da pessoa humana, a igualdade material e a liberdade[28].

A discriminação dos titulares de dados pessoais pode ocorrer de diversos modos. A título de exemplo, pode-se citar o fato de um determinado usuário titular de dados pessoais estar sujeito ao risco de ser discriminado indevidamente no uso de aplicações de internet em razão das informações armazenadas em bancos de dados[29].

Outro exemplo plausível de violação ao princípio da não discriminação é o de um determinado usuário que utiliza um aplicativo para controlar suas performances em exercícios físicos. Este aplicativo pode armazenar dados como batimentos cardíacos, doenças vasculares, se o indivíduo possui um hábito sedentário etc. Não será possível que este aplicativo forneça tais dados para empresas de seguros informando o hábito e questões pessoais do usuário para que elas calculem os riscos e aumentem, por exemplo, o valor do seguro de vida desta pessoa, pois estaria violando o princípio da não discriminação do usuário.

[27] DONEDA, Danilo. *Da privacidade à proteção de dados pessoais*. Rio de Janeiro: Renovar, 2006, p. 161.

[28] SARTORI, Ellen Carina Mattias. Privacidade e dados pessoais: a proteção contratual da personalidade do consumidor na internet. In: *Revista de Direito Civil Contemporâneo*, vol. 9, pp. 49-104 (acesso online pp. 1-52), Dez/2016, p. 63.

[29] MENDES, Laura Schertel. A vulnerabilidade do consumidor quanto ao tratamento de dados pessoais. In: *Revista de Direito do Consumidor*, vol. 102, pp. 19-43 (acesso online pp. 1-21), Nov-Dez/2015, p. 24.

Ademais, o fornecimento irregular de dados não violaria somente o princípio da não discriminação, mas também a da boa-fé e o da finalidade, visto que o consentimento foi dado para objetivo específico.

2.11. Princípio da Responsabilização e Prestação de Contas

O princípio da responsabilização e prestação de contas está previsto no inciso X, do art. 6º, da LGPD. Ele gera o dever de "demonstração, pelo agente, da adoção de medidas eficazes e capazes de comprovar a observância e o cumprimento das normas de proteção de dados pessoais e, inclusive, da eficácia dessas medidas".

Tal princípio determina que, além do dever de cumprir integralmente a LGPD, quem realizar o tratamento de dados pessoais deverá ter evidências de todas as medidas adotadas, com a finalidade de demonstrar a sua boa-fé e diligência.

Como exemplos de cumprimento a tal princípio cita-se a comprovação de treinamentos de equipe, a contratação de consultorias especializadas, utilização de protocolos e sistemas que garantam a segurança dos dados bem como a facilitação do acesso do titular dos dados pessoais a empresa quando necessário.

Com base neste princípio, a figura da Autoridade Nacional de Proteção de Dados ganha particular importância, visto que é o órgão da administração pública responsável por zelar, implementar e fiscalizar o cumprimento da LGPD, nos termos do art. 5º, XIX[30].

Neste sentido, a Autoridade Nacional poderá solicitar ao controlador relatório de impacto de dados pessoais quando o tratamento tiver como fundamento seu interesse legítimo, observados os segredos comercial e industrial (art. 10, §3º, LGPD).

O âmbito de competência da Autoridade Nacional de Proteção de Dados está elencado no art. 55-J, LGPD. Dentre as competências desta autoridade, inclui-se a de requisitar informações, a qualquer momento, aos controladores e operadores de dados pessoais que realizem operações de tratamento de dados pessoais (inciso IV) e, também, fiscalizar e aplicar

[30] Art. 5º, LGPD. "Para os fins desta Lei, considera-se:
(...) XIX – autoridade nacional: órgão da administração pública responsável por zelar, implementar e fiscalizar o cumprimento desta Lei."

sanções na hipótese de tratamento de dados realizado em descumprimento à LGPD (inciso VI).

No cerne da responsabilização, tem-se que, caso haja eventuais danos aos titulares dos dados pessoais decorrentes do tratamento dos dados pessoais, estes deverão ser indenizados, imputando a responsabilidade a quem deveria garantir a informação.

O legislador, inclusive, tratou sobre a questão envolvendo a responsabilidade e o ressarcimento de danos pelos agentes responsáveis pelo tratamento de dados pessoais no Capítulo VI, Seção III.

Importante mencionar as palavras de Laura Schertel Mendes e Danilo Doneda[31] sobre o tema:

> O capítulo de segurança da informação é um pilar fundamental da Lei e traz pelo menos três inovações importantes para o ordenamento jurídico brasileiro quanto às obrigações dos agentes de tratamento. Primeiramente, ela exige a adoção por todos que tratam dados de medidas que garantam a integridade, a confidencialidade e a disponibilidade dos dados sob tratamento. Em segundo lugar, em caso de incidente de segurança, como o vazamento de dados, surge a obrigação para o controlador de comunicar a autoridade de proteção de dados, que pode determinar, conforme o caso, a adoção de medidas para mitigar os efeitos do incidente ou a ampla divulgação para a sociedade (art. 48). Em terceiro lugar, há no referido capítulo uma obrigação que se enquadra no conceito de Privacy by Design, conforme se extrai do art. 46, § 2º: "As medidas de que trata o caput deste artigo deverão ser observadas desde a fase de concepção do produto ou do serviço até a sua execução".

Percebe-se, assim, que quem efetuar o tratamento de dados pessoais deverá prestar contas, demonstrar a adoção de medidas eficazes e capazes de comprovar a observância e o cumprimento das normas de proteção de dados, bem como efetuar o tratamento em consonância com o consentimento dado pelo titular, sob pena de responsabilização caso haja algum dano decorrente de sua atuação. Pode-se afirmar também que a

[31] MENDES, Laura Schertel; DONEDA, Danilo. Reflexões iniciais sobre a nova Lei Geral de Proteção de Dados. In: *Revista de Direito do Consumidor*, vol. 120, pp. 469-483 (acesso online pp. 1-11), Nov-Dez/2018, p. 473.

responsabilização é um processo contínuo de aprimoramento de medidas de prevenção, controle e responsabilização[32].

Conclusões

O consentimento é um vetor extremamente importante, mas não é o único a pautar a proteção de dados pessoais. Embora a LGPD expressamente afirme que é possível a complementação de princípios por tratados internacionais e pela própria verificação do ordenamento jurídico, onze princípios foram elencados como vetores de observância obrigatória.

A análise de cada um dos princípios autoriza a afirmação de que nenhum deles, de maneira isolada, é suficiente para a efetiva proteção de dados. Apenas uma análise sistemática e complementar alcançará o objetivo pretendido com a lei geral.

Verificou-se também que os princípios são direcionados a todos os atores que de alguma forma trabalhem com a operação de coleta de dados: titulares; provedores que realizem o tratamento e também terceiros que tenham acesso às informações.

Finalmente, percebeu-se que o conteúdo, o significado e a maneira de aplicação dos princípios não serão fechados, sendo possível o preenchimento espontâneo pelos agentes que participem da relação de fornecimento e tratamento dos dados, como também por órgãos específicos que exercem função normativa sobre a matéria.

Referências

AZEVEDO, Antônio Junqueira de. "Insuficiências, deficiências e desatualização do projeto de código civil na questão da boa-fé objetiva nos contratos". In: *Revista dos Tribunais*, vol. 775, pp. 11-17 (acesso online pp. 1-8), Mai/2000.

CORDEIRO, António Manuel da Rocha e Menezes. *Da boa-fé no direito civil*. 5ª reimpressão. Coimbra: Almedina, 2013.

[32] *Handbook on european data protection law*. Edição 2018, p. 134-137 (Disponível em: <https://www.echr.coe.int/Documents/Handbook_data_protection_02ENG.pdf>. Acesso em: 01/07/2019).

DONEDA, Danilo. *Da privacidade à proteção de dados pessoais*. Rio de Janeiro: Renovar, 2006.

FLUMIGNAN, Wévertton G. G. *Responsabilidade civil dos provedores no Marco Civil da Internet (Lei n. 12.965/14)*. Dissertação de Mestrado. Faculdade de Direito, Universidade de São Paulo, 2018.

GARCIA, Rebeca. "Marco civil da internet no Brasil: repercussões e perspectivas". In: *Revista dos Tribunais*, vol. 964, pp. 161-190 (acesso online pp. 1-25), Fev/2016.

Handbook on european data protection law. Edição 2018 (Disponível em: <https://www.echr.coe.int/Documents/Handbook_data_protection_02ENG.pdf>. Acesso em: 01/07/2019).

LIMA, Cíntia Rosa Pereira de. "Direito ao esquecimento e internet: o fundamento legal no direito comunitário europeu, no direito italiano e no direito brasileiro". In: *Doutrinas Essenciais de Direito Constitucional*, vol. 8, pp. 511-543 (acesso online, pp. 1-24), Ago/2015.

MANGETH, Ana Lara; NUNES, Beatriz; MAGRANI, Eduardo. *Seis pontos para entender o Regulamento Geral de Proteção de Dados da EU*. In: ITS RIO. Disponível em: <https://feed.itsrio.org/seis-pontos-para-entender-a-lei-europeia-de-proteção-de-dados-pessoais-gdpr-d377f6b691dc>. Acesso em: 01/07/2019.

MARTINS-COSTA, Judith. "Princípio da confiança legítima e princípio da boa-fé objetiva. Termo de compromisso de cessação (TCC) ajustado com o CADE. Critérios da interpretação contratual: os 'sistemas de referência extracontratuais' ('circunstâncias do caso') e sua função no quadro semântico da conduta devida. Princípio da unidade ou coerência hermenêutica e 'usos do tráfego'. Adimplemento contratual". *Revista dos Tribunais*, vol. 852, pp. 87–126 (acesso online pp.1-52), Out/2006.

MARTINS-COSTA, Judith. *A boa-fé no direito brasileiro*. 1ª ed. (2ª tiragem). São Paulo: Revista dos Tribunais, 1999.

MENDES, Laura Schertel. "O direito básico do consumidor à proteção de dados pessoais". In: *Revista de Direito do Consumidor*, vol. 95, pp. 53-75 (acesso online pp. 1-21), Set-Out/2014.

MENDES, Laura Schertel. "A vulnerabilidade do consumidor quanto ao tratamento de dados pessoais". In: *Revista de Direito do Consumidor*, vol. 102, pp. 19-43 (acesso online pp. 1-21), Nov-Dez/2015.

MENDES, Laura Schertel; DONEDA, Danilo. "Reflexões iniciais sobre a nova Lei Geral de Proteção de Dados". In: *Revista de Direito do Consumidor*, vol. 120, pp. 469-483 (acesso online pp. 1-11), Nov-Dez/2018.

SANTOS, Fabíola Meira de Almeida; TALIBA, Rita. "Lei geral de proteção de dados no brasil e os possíveis impactos". In: *Revista dos Tribunais*, vol. 998, pp. 225-239 (acesso online pp. 1-10), Dez/2018.

SARTORI, Ellen Carina Mattias. "Privacidade e dados pessoais: a proteção contratual da personalidade do consumidor na internet". In: *Revista de Direito Civil Contemporâneo*, vol. 9, pp. 49-104 (acesso online pp. 1-52), Dez/2016.

6. Regras Aplicadas ao Tratamento de Dados Pessoais

Augusto Tavares Rosa Marcacini

1. Introdução

Após tratar de questões gerais, como os seus princípios e fundamentos, o âmbito de sua aplicação, ou a definição de alguns conceitos utilizados em seu texto, temas que figuram nos seus seis primeiros artigos, a Lei nº 13.709/2018 (que podemos designar simplesmente por LGPD – Lei Geral de Proteção de Dados) passa, então, a definir quais são as regras aplicáveis ao tratamento de dados pessoais[1]. Neste Capítulo, serão abordadas as disposições contidas nos arts. 7º a 10 e, com brevidade, suas eventuais relações com o restante da Lei.

Assim como outros recentes diplomas legais – em especial, os que se dedicam à difícil e ainda pioneira regulação das novidades tecnológicas surgidas com a moderna Sociedade da Informação – trata-se de uma lei prolixa, que contém trechos evidentemente desnecessários, ou repetitivos, ou acompanhados de adjetivos de significado impreciso, ou ainda que se encontram em visível choque de ideias.

Portanto, a tarefa de interpretar tal lei certamente se alongará no tempo – o que, aliás, é bastante comum à atividade hermenêutica – e novas visões sobre o significado de seu texto ainda hão de germinar, especialmente quando casos concretos surgirem e houverem de ser decididos por nossos juízes e tribunais. Leis que regulam as modernas tecnologias padecem, de modo geral, de um problema comum: o legislador já não elabora normas

[1] Sobre o conceito de dados pessoais, ou de tratamento desses dados, vide art. 5º, incisos I e X, respectivamente, da Lei.

para regrar fatos correntes e conhecidos, mas procura – talvez ingenuamente – se antecipar àquilo que poderá vir a acontecer com o uso da nascente tecnologia. Desde o princípio das sociedades humanas, o direito é criado após o fato. Nos últimos anos, o direito parece tentar adivinhar o fato, e o resultado final disso não parece ser muito auspicioso. Mesmo a tarefa de escrever estas linhas não escapa da crítica: se alguns dos fatos tratados na lei são bem conhecidos e praticados já há alguns anos, outros muitos desdobramentos do que pode vir a ser atingido por estas novas regras parecem ser impossíveis de estabelecer ou mensurar neste primeiro momento. Com isso, a própria tentativa de comentar tais dispositivos legais pode também soar como um certo exercício de predição. Mesmo assim, tentemos!

2. Das Situações Autorizantes do Tratamento de Dados Pessoais

2.1. Aspectos Gerais

O art. 7º da LGPD, inaugurando Seção intitulada *"dos requisitos para o tratamento de dados pessoais"*, estabelece, em seus dez incisos, quais são as situações que autorizam o tratamento por entes públicos e privados. Tais disposições, evidentemente, devem ser lidas e compreendidas em consonância com o que a Lei já fixou anteriormente, nos arts. 3º e 4º. Em especial, o art. 4º exclui a incidência deste diploma legal sobre as situações ali enumeradas. Portanto, o tratamento de dados nas hipóteses previstas no rol do art. 4º já não é vedado, nem regulado, pela LGPD. Diante das demais situações, isto é, as que são abrangidas pela Lei, o tratamento de dados só é lícito quando aquelas se encaixarem em um dos incisos deste art. 7º.

O rol do art. 7º tem natureza taxativa. Não haveria sentido em criar tal enumeração legal de permissões ao tratamento, se outras situações não previstas no rol também pudessem ser admitidas. Afinal, se o objetivo da lei é a proteção de dados pessoais contra o seu tratamento indiscriminado, as situações que o autorizam devem ser interpretadas restritivamente. A autorização para tratamento de dados pessoais se resume, portanto, a essas dez situações descritas no art. 7º. Os textos dos incisos, como será visto, são bastante abrangentes, o que deve contemplar as situações em que lidar com informações pessoais alheias seja essencial para a dinâmica da sociedade moderna. Esse, aliás, é o grande dilema em torno do presente tema. As relações humanas dependem de alguma dose de circulação de dados pessoais, por isso é necessário refletir sobre qual é o meio termo desejável para se fixar as fronteiras entre a proteção à privacidade individual e o necessário convívio social nos dias atuais.

Por outro lado, ainda que não claramente apontados na lei, fatos e atos de natureza essencialmente pública, como os atos processuais, ou os registros públicos, ou outras informações relevantes que a Administração Pública tenha o dever de tornar transparentes, para, por exemplo, prestar contas aos cidadãos sobre o destino das verbas públicas, ou sobre quem são e como atuam os seus agentes, ou quanto recebem do erário, não podem ser atingidos pela LGPD, vez que a publicidade de tais informações é sua característica essencial e inafastável. O que é constitucionalmente definido como público[2] não comporta, assim, restrição por esta Lei quanto ao seu tratamento informatizado, em bases de dados digitais, ou por qualquer outro modo, sob pena de inversão da hierarquia das normas jurídicas.

Os dez incisos do art. 7º permitem estabelecer uma classificação binária que julgamos relevante. Há, entre essas hipóteses, casos em que o tratamento é autorizado pela vontade do titular dos dados[3], seja sob a forma de um consentimento expresso para esse fim, seja pela natureza da relação voluntariamente estabelecida por ele, que faz presumir essa vontade do titular em autorizar o tratamento. De outro lado, há situações em que o tratamento prescinde de sua autorização, expressa ou implícita, ou pode ser realizado até mesmo quando em confronto com a sua vontade.

2.2. Do Tratamento Realizado com Consentimento, Explícito ou Implícito, do Titular dos Dados

O primeiro caso, enumerado no inc. I do art. 7º, prevê exatamente a situação em que o titular dos dados consentiu, de modo expresso, com o tratamento. A proteção conferida pela LGPD recai sobre direitos disponíveis: são seu objeto de proteção os direitos à privacidade, à intimidade, à imagem, à liberdade de opinião, ou mesmo ao valor patrimonial que esses bens

[2] A título meramente exemplificativo, citemos o art. 5º, LX, ou o art. 37, da Constituição Federal.

[3] A definição de titular dos dados encontra-se no art. 5º, V, da Lei.

jurídicos possam alcançar no mercado. Portanto, nada mais natural que o tratamento possa ser feito mediante autorização do titular e, obviamente, dentro dos limites em que ele a concedeu. O que há de relevante a ser comentado, acerca deste primeiro inciso, são a forma, requisitos e limites desse negócio jurídico celebrado entre o titular dos dados e os agentes de tratamento[4]. Tais questões encontram-se desenvolvidas no próximo subtítulo, em que serão abordadas as regras específicas sobre o consentimento manifestado pelo titular dos dados, e que se encontram no art. 8º da Lei.

Além dessa hipótese, em que o consentimento é expresso, outras duas autorizações legais previstas nesses incisos derivam, de algum modo, da vontade do titular dos dados: as dos incisos V e VII.

O inciso V autoriza o tratamento dos dados *"quando necessário para a execução de contrato ou de procedimentos preliminares relacionados a contrato do qual seja parte o titular, a pedido do titular dos dados"*. Aqui, os dados são de algum modo essenciais ao contrato de que o seu titular é parte, e por isso hão de ser fornecidos ao outro contratante que, com certos limites, fará seu tratamento. Quem, por exemplo, seja em lojas virtuais na Internet, seja em estabelecimentos físicos, efetua uma compra de mercadoria a lhe ser entregue em domicílio, deve, obviamente, fornecer dados suficientes para que tal entrega lhe seja feita. E assim, caso a caso, importa observar quais são os dados *estritamente necessários* à execução de um contrato, sem os quais o seu cumprimento seria impossível. O vocábulo "necessário", no texto do inc. V, não pode deixar dúvidas de que somente quanto a estes ocorre a presunção de autorização de tratamento por parte do titular. O tratamento de outros dados, não necessários ao cumprimento do contrato, mesmo que úteis, por certo não conta com a autorização deste inciso (embora possa ser permitido em outros dos dispositivos enumerados nesse mesmo artigo).

Havendo solicitação, no ato de contratar, de dados não necessários ao negócio, duas questões se levantam: primeiramente, se é lícito condicionar o perfazimento de um contrato, especialmente se de adesão ou de consumo, à concordância do aderente ou consumidor em fornecer dados pessoais desnecessários; em segundo lugar, como definir o quadro normativo que recai sobre esses outros dados.

[4] A definição de agentes de tratamento é objeto do art. 5º, IX, da Lei, que remete para os anteriores incisos VI e VII.

A lei não proíbe expressamente que o negócio só se perfaça mediante o fornecimento de dados além dos necessários, exceto quando o titular dos dados for criança ou adolescente, como se encontra determinado no art. 14, §4º. Assim, como critério exegético, parece razoável interpretar a omissão em relação às demais situações como uma não-proibição, eis que, quando o legislador quis impedir tal condicionamento, fê-lo expressamente nesse art. 14. Portanto, o legislador deixou imperar na LGPD, quanto a esta questão, a livre iniciativa e a livre concorrência, que também são fundamentos da lei[5], cabendo ao titular de dados escolher se, no mercado de produtos e serviços, prefere fornecedores que lhe tomem dados pessoais como parte de sua contraprestação, ou opta por adquiri-los de outro empreendedor que não os exija como requisito para concluir o negócio. O problema, neste caso, pode surgir em setores oligopolizados, em que nenhum dos *players* oferte os mesmos bens e serviços sem exigir o consentimento do titular de dados em entregar-lhes detalhes mínimos de sua vida pessoal. Não nos parece que afrontaria a livre iniciativa ou a livre concorrência estabelecer claramente na lei a possibilidade de o aderente se recusar a fornecer dados não necessários, cuja autorização, em qualquer caso, há mesmo de ser dada em destaque, como veremos a seguir. Seria, tal caminho, até mesmo um estímulo para uma livre concorrência em separado pelos dados. Que benefícios o consumidor teria se, ao comprar uma geladeira, aceitasse fornecer informações não necessárias ao lojista? Ganhará bônus, descontos, brindes, pontos em programas de fidelização? Houvesse sido assegurado por lei o destaque e também a autonomia entre os dois negócios – a aquisição de bens e serviços, de um lado, e a entrega dos dados *desnecessários*, de outro – não haveria qualquer prejuízo à livre concorrência, pois daria margem a uma outra livre concorrência sobre o fornecimento dos dados extras. Desse modo, ao mesmo tempo em que a parte mais fraca se veria protegida contra eventuais abusos, para que possa adquirir produtos e serviços no mercado sem precisar fornecer dados pessoais desnecessários ao negócio, ela não estaria impedida de voluntariamente fornecê-los em troca de algum benefício que a interesse, proposto pelo fornecedor de forma individualizada e independente do negócio principal. Tal solução, porém, não constou expressamente na LGPD; se abusos forem observados, na dinâmica dos fatos e casos concretos, pode ser esta uma interpretação

[5] Art. 2º, VI.

razoável para contê-los e prestigiar a intenção da lei, que é assegurar o direito a algum recato sobre os dados pessoais. Mesmo porque, no nosso ceticismo quanto à efetividade de controles posteriores sobre meros *bits*, o principal direito que as pessoas deveriam ter sobre os seus dados pessoais haveria de ser o direito de não fornecê-los, sem que isso prejudicasse a normalidade de sua vida em sociedade, ou as tornasse párias no mercado.

Quanto à segunda questão, o fornecimento dos dados não necessários ao negócio teria seu quadro normativo no inc. I, do mesmo art. 7º, e as demais regras aplicáveis à espécie. Neste caso, a autorização para tratamento de dados biparte-se entre a permissão implícita para dados necessários ao negócio, objeto do inc. V e não dependente de uma autorização explícita, e a do inc. I, quanto aos demais dados, sendo necessária a manifestação expressa do titular.

No inciso VII, encontra-se a permissão de tratamento dos dados para a proteção da vida ou da incolumidade física do titular ou de terceiro. Não obstante a relevância do bem jurídico que este inciso quer proteger, o texto causa certa perplexidade. A proteção, aqui, não é voltada contra agressões ou atos de violência, eis que o tratamento de dados para fins de segurança pública, defesa, ou persecução criminal não é abrangido pela LGPD[6]. Portanto, este inciso aparenta referir-se a dados médicos, biológicos, genéticos ou tais, que permitam salvar-lhe a vida ou salvaguardar sua incolumidade física, quando algum mal lhe acometer. Tomando por certo que o titular de dados tem interesse em preservar a própria vida, presume-se que consinta com o tratamento, para esse fim, desse gênero de informações. Em situações de emergência, em que o titular dos dados não esteja em condições de expressar o seu consentimento, este inciso autoriza a utilização de seus dados, no pressuposto bastante razoável de que isso seja de seu interesse.

No entanto, enquanto se considere a sua própria saúde, é de se pressupor que esta é mais uma situação de consentimento implícito, e que deve ser tratada como tal, especialmente para do mesmo modo permitir a revogação posterior da autorização por ato de vontade do titular. Deve ser direito do titular dos dados decidir se, com o avanço constante da medicina diagnóstica e laboratorial, quer que todos ou apenas parte desses

[6] Art. 4º, III.

seus dados sejam tratados, por quem o serão, por quanto tempo e em qual extensão.

Mesmo quanto ao trecho do inciso que se refere à proteção de terceiro, é de se supor tratar-se de situação em que há um consentimento implícito do titular. Parece ser o caso, por exemplo, de quem se oferece para doação de sangue, ou de medula óssea, deixando dados seus em centro médico especializado, que permitam aferir a compatibilidade biológica com eventual paciente que necessite do transplante. Em algum momento, se o desejar, esse consentimento implícito, mas existente, pode ser revogado pelo titular dos dados.

Além desses três incisos, outra situação de consentimento implícito é a prevista no §4º desse mesmo artigo. O texto diz que *"é dispensada a exigência do consentimento previsto no caput deste artigo para os dados tornados manifestamente públicos pelo titular, resguardados os direitos do titular e os princípios previstos nesta Lei"*. Parece-nos, para utilizarmos corretamente as palavras e conceitos, que o que este parágrafo dispensa é a manifestação expressa de consentimento; presume a Lei que o ato de publicar os próprios dados, que é em si uma manifestação de vontade do titular, é uma autorização para que possam ser tratados. A parte final do parágrafo, todavia, deixa claro que a publicação não tornou tais dados coisa de ninguém: o titular permanece com todos os seus direitos sobre eles. Ademais, soa impróprio supor que, por ter o titular publicado alguns fatos e informações de sua vida pessoal, de forma estática, isto seja uma autorização ampla, perpétua e irrevogável para que tais dados sejam cruzados e tratados de forma muitíssimo mais intensa, como somente sistemas informáticos são capazes de fazer, e eventualmente bem mais danosa para a privacidade individual.

Neste caso do §4º, relevante é estabelecer o que pode ser entendido por tornar manifestamente públicos os dados. Público é aquilo que é do conhecimento de todos e de qualquer um. Uma informação divulgada entre grupos definidos e específicos, ainda que amplos, não é pública. Importa também que haja manifesto conhecimento de que foi o titular que os tornou públicos, pois o parágrafo em questão não acoberta o tratamento de dados que tenham sido tornados públicos por outros sujeitos, que não o próprio titular.

A relevância em distinguir os casos em que o tratamento deriva exclusivamente de consentimento do titular reside em que esse consentimento é posteriormente revogável, e as consequências dessa revogação devem ser as mais protetivas possíveis à privacidade do titular, inclusive no que tange à destruição dos dados. Nas demais situações, em que motivos outros autorizam o tratamento, há limites à vontade do titular em pedir o fim do tratamento ou a eliminação total dos dados. Se o fundamento foi somente a liberdade do titular de consentir, essa mesma liberdade deve permitir a revogação do consentimento, na máxima extensão possível. Outra consequência, quando o tratamento derive do consentimento, é o que se encontra previsto no art. 19, §3º, isto é, o direito de solicitar ao controlador a entrega de *"cópia eletrônica integral"* dos dados pessoais, observadas as demais disposições do referido artigo.

O consentimento para tratar os dados, nos termos do inc. I, não autoriza a comunicação ou compartilhamento destes, eis que o §5º do art. 7º determina, para estas outras formas de tratamento, a necessidade de consentimento específico.

2.3. Do Tratamento Realizado Independentemente da Vontade ou do Interesse do Titular dos Dados

As demais previsões autorizantes da Lei enumeram situações em que a vontade do titular dos dados não é relevante. Não se trata apenas de dispensa de uma manifestação expressa, mas desnecessidade da própria autorização. Ainda que por tempo determinado, em alguns casos, o tratamento pode ser feito até mesmo contra a vontade expressa do titular.

O inc. II, do art. 7º, autoriza o tratamento de dados *"para o cumprimento de obrigação legal ou regulatória pelo controlador"*. Inúmeras atividades exigem a formação de cadastros pessoais, não apenas como necessários ao cumprimento de um contrato com o titular, como previsto no inc. V, mas por força de alguma regulação normativa específica. É o que ocorre, a título exemplificativo, em escolas de ensino oficial, em hospitais, no tráfego aéreo, no sistema financeiro, entre outros cenários. Ainda que por tempo limitado, o titular dos dados não pode impedir que o tratamento compatível com as mencionadas obrigações seja realizado.

O inciso III dá autorização à Administração Pública para tratar e compartilhar dados pessoais, quando *"necessários à execução de políticas públicas previstas em leis e regulamentos ou respaldadas em contratos, convênios ou instrumentos congêneres, observadas as disposições do Capítulo IV desta Lei"*.

O tratamento de dados pessoais pelo Poder Público é regulado em seus detalhes no Capítulo IV, da LGPD, ao qual este inciso faz referência.

Evidentemente, há casos e mais casos em que o poder público há de legitimamente cadastrar e tratar dados pessoais, sem que seus titulares possam objetar, dado o interesse público na manutenção desses registros: identificação civil, receita federal, processos judiciais ou administrativos, rol de eleitores, cadastros previdenciários, permissões públicas diversas, como habilitação para dirigir ou para portar armas, entre outras muitas atividades em que o Estado exerce o seu poder de polícia e evidentemente necessita manter cadastro de pessoas relacionadas a tais atividades, permissões, concessões, sanções aplicadas etc. Entretanto, analisando apenas o teor do inciso III, impressiona como é amplo o seu sentido e o quão indefinidos são os seus limites. Diga-se que a expressão *política pública* parece ter-se tornado uma espécie de curinga para designar tudo aquilo que se supõe ser bom, belo e justo, olvidando o legislador, apenas para ficarmos no assunto central destes comentários, que o Estado é também parte do problema, e não necessariamente parte da solução. Não é demais lembrar que o extermínio de judeus, ciganos e outras categorias sociais consideradas indesejáveis foi *política pública* da Alemanha nazista, que com mortífera eficácia soube operar o tratamento de dados pessoais por meio da tecnologia disponível ao seu tempo: cartões perfurados. Os direitos à privacidade e à intimidade são em grande medida direitos voltados a limitar o exercício dos poderes estatais. Portanto, algum anteparo à capacidade do Estado de coletar e tratar dados de seus cidadãos mereceria ter sido mais claramente estabelecido nesta Lei. Ao revés, a LGPD dá ao Estado o poder de *violar* a privacidade, pois onde deveria haver limites, há autorizações amplas para o tratamento e compartilhamento dos dados. Nem sequer o ato jurídico formal onde devam ser definidas as tais "políticas públicas" foi delimitado, referindo-se o inciso, como fechamento, à esdrúxula expressão "instrumentos congêneres". Ou seja, qualquer coisa, escrita em qualquer lugar, de qualquer forma e por qualquer agente público poderá ser considerada, pela LGPD, uma "política pública" apta a violar a privacidade da população? Encerrando essa crítica, pois não é objeto deste Capítulo avançar ainda mais sobre o tratamento estatal de dados pessoais, trazemos à baila somente mais um detalhe: a Medida Provisória nº 869/2018 ampliou perigosamente os casos em que dados em poder do Estado podem ser transferidos a particulares, como se observa dos novos incisos III, IV e V, que foram inseridos no art. 26 da LGPD. Será esta verdadeiramente uma lei de *proteção* dos dados pessoais ou de *autorização do comércio* desses dados, pelos órgãos do Estado e seus múltiplos agentes de turno?

O inc. IV autoriza o tratamento *"para a realização de estudos por órgão de pesquisa"*. Órgãos de pesquisa são definidos no art. 5º, XVIII, com evidente significado restritivo, voltado para os propósitos desta Lei: *"órgão ou entidade da administração pública direta ou indireta ou pessoa jurídica de direito privado sem fins lucrativos legalmente constituída sob as leis brasileiras, com sede e foro no País, que inclua em sua missão institucional ou em seu objetivo social ou estatutário a pesquisa básica ou aplicada de caráter histórico, científico, tecnológico ou estatístico"*. Portanto, são aos órgãos delimitados nessa definição que o tratamento é autorizado, para fins de desenvolvimento dos estudos a que se dedicam. Evidentemente, o tratamento a ser feito sobre os dados deve relacionar-se com o objeto da pesquisa e com a área de estudo a que o órgão se dedica.

A situação prevista neste inciso IV contém ainda uma peculiaridade. Diz a parte final do texto que será *"garantida, sempre que possível, a anonimização dos dados pessoais"*. A palavra "garantida" foi mal-empregada aqui. Trata-se de vocábulo com significado jurídico conhecido, mas que não faz sentido no corpo desse inciso, a menos que se dissesse quem, o quê, ou quais medidas *garantem* que os dados serão tornados anônimos. O legislador deve ter querido dizer "aplicada", "empregada", "realizada" ou outra palavra com essa conotação.

Uma vez que os dados são empregados em levantamentos estatísticos populacionais, a rigor não deve ser relevante para tal tipo de pesquisa a individualização de cada uma das pessoas cujos dados formam a base, daí prescrever o legislador que sejam anonimizados, *"sempre que possível"*. A anonimização é definida no art. 5º, XI, como sendo a *"utilização de meios técnicos razoáveis e disponíveis no momento do tratamento, por meio dos quais um dado perde a possibilidade de associação, direta ou indireta, a um indivíduo"*. A crítica que se pode fazer a esse inciso reside na vaga ressalva deixada sem explicação pelo legislador. O "possível", aqui, deve ser entendido como algo que não atente contra os próprios objetivos da pesquisa. Se a identificação dos titulares dos dados for relevante para os propósitos do estudo – o que, cremos, deve ser algo menos comum – eis aí a situação contemplada pela ressalva. Não se pode interpretar que "possível", no texto, assuma o significado de mera opção voluntária do órgão, para economizar seus recursos ou poupar seu tempo. Em termos puramente computacionais, eliminar a relação desses dados com as pessoas a que se referem é algo que parece ser sempre possível, bastando apagar alguns registros que trazem essa informação ou que fazem tal correlação. Economicamente, há custos e esforços em fazê-lo, mas isso não pode ser motivo legalmente aceitável para que a anonimização não seja empregada, ou a norma jurídica deixaria de ser um comando, para se tornar uma mera faculdade dada ao seu destinatário. Portanto, só não será considerado "possível", aqui, quando os objetivos da pesquisa forem prejudicados em caso de anonimização. Não sendo esse o caso, devem ser empregados os necessários esforços para realizá-la, protegendo a privacidade individual daquela massa de indivíduos que forneceu os dados para a pesquisa. Mesmo assim, seria conveniente analisar com um olhar crítico que tipo de levantamento "científico" um órgão de pesquisa poderia estar a promover, que dependesse da identificação individualizada de populações inteiras, e em que medida tal pesquisa seria social ou politicamente aceitável, diante do potencial de violação da privacidade individual, ou mesmo dos riscos envolvidos. Afinal, o Terceiro Reich também fez suas "pesquisas científicas", com os resultados conhecidos.

Também dispensa consentimento, ou pode ser feito o tratamento mesmo diante de oposição a ele, quando voltado *"para o exercício regular de direitos em processo judicial, administrativo ou arbitral"*, como previsto no inc. VI. A Lei não o afirma com clareza, mas é de se supor que os tais direitos ali referidos sejam do controlador. Em eventual relação jurídica existente entre o controlador e o titular dos dados, duas categorias de dados podem ser vislumbradas: os que são necessários ao cumprimento das obrigações definidas no contrato, como referido no inc. V, e aqueles que contêm informações e provas dos direitos do controlador. Documentos também registram dados pessoais. Assim, dados que espelhem direitos do controlador, exigíveis do titular dos dados, ou que informem ou comprovem o cumprimento das obrigações do controlador, ou simplesmente gerenciem os documentos que demonstrem os direitos e as obrigações entre as partes podem ser tratados pelo controlador, soando evidente que a eventual oposição do titular dos dados não se mostra possível nestes casos, ao menos até escoado com segurança o prazo prescricional dos direitos daquele.

A "tutela da saúde" é referida no inc. VIII. É este um exemplo de alguns dos textos incompletos contidos na Lei. A saúde, por certo, não é sujeito de direitos. O sentido do texto pede que se diga de quem é a saúde a ser tutelada. Não está claro, na redação dada, se o inciso é voltado a proteger a saúde pública como um todo, autorizando, por exemplo, cadastros de doenças infectocontagiosas, seus pacientes e sua disseminação no meio social, ou se trata da saúde de cada paciente em particular, caso em que os dados são apenas as suas próprias informações médicas. Como, ao menos na nossa interpretação, essas situações individuais relacionadas à saúde encontram-se previstas no inc. VII, acima comentado, o inc. VIII, então, teria como objeto o tratamento de dados populacionais voltados ao controle da saúde pública. Ainda que as tais *políticas públicas* que são objeto do inc. III, quando aplicadas à área de saúde, também permitam o tratamento de dados pela Administração, exigências imediatas de saúde pública, como um surto repentino de doença infectocontagiosa, podem prescindir da prévia existência de leis, regulamentos, contratos, convênios ou os indefinidos "instrumentos congêneres", para que dados sejam prontamente coletados e tratados pelos órgãos e profissionais, públicos e privados, que formem o corpo de serviços de saúde no país.

Entre as autorizações aqui comentadas, a mais aberta e sujeita a interpretações variadas é, sem dúvida alguma, a que se encontra prevista no inc. IX, do art. 7º. Esse dispositivo autoriza o tratamento de dados *"quando necessário para atender aos interesses legítimos do controlador ou de terceiro, exceto no caso de prevalecerem direitos e liberdades fundamentais do titular que exijam a proteção dos dados pessoais"*. O texto foi quase que literalmente copiado do art. 6º, 1, f, da lei homóloga europeia, mas isso não nos impede de criticar a vagueza de seu significado.

Como dissemos ao início do Capítulo, regular as relações nascidas das novas tecnologias tem levado o legislador, por vezes, a tentar adivinhar os fatos. A boa técnica legislativa indicaria que, para preservar a privacidade contra o tratamento abusivo de dados, a norma jurídica haveria de delimitar precisamente as situações em que o tratamento será permitido ou proibido. O ideal de segurança jurídica também o recomendaria. Afinal, o povo que cumpre as leis precisa saber como agir, dentro de quais limites agir, e o que a lei permite ou não permite fazer. Mas isso parece extremamente difícil nesse caso específico do tratamento dos dados pessoais, diante da imensidão e dinamismo do objeto a ser regulado. Regular o uso de dados pessoais, embora pareça necessário e até mesmo relevante, é possivelmente a tarefa legislativa praticamente mais complexa com que nos deparamos hoje, no âmbito do assim chamado Direito da Informática. Basta ver a extensão e detalhismo da Lei europeia (incluídos os seus 173 *considerandos*), que nós, brasileiros, ousamos copiar apenas em parte.

O texto desse inciso, enfim, deixa a impressão de que o legislador, com receio de estar a proibir algo razoável, legítimo ou mesmo socialmente relevante, mas que ele próprio não consegue sequer identificar e relacionar neste primeiro momento, decidiu incluir no texto uma permissão aberta, vaga, fluida, a ser testada quando os casos concretos surgirem. Não mais se está a legislar sobre fatos que passaram a acontecer na sociedade, incomodaram ou causaram apreensão, e um ente político decidiu regulá-los, restringi-los ou bani-los. Passou-se a legislar sobre fatos que não ocorreram, não sabemos quais podem ser, e nem se eles existem ou existirão. Mais do que uma crítica, isso é uma constatação. O problema disso é: como o controlador de dados e o titular de dados poderão conhecer seus direitos e obrigações diante de textos assim vagos, cujo sentido está a ser preenchido pelas circunstâncias?

Como qualquer leitor atento pode perceber, o inciso usa expressão imensamente aberta, de significado muitíssimo volátil: *interesses legítimos*, não apenas do controlador, mas de qualquer terceiro, que a lei sequer tenta tornar minimamente *determinável*. Considerando ser taxativo o rol de autorizações do art. 7º, a permitir práticas potencialmente colidentes com direitos fundamentais – os que a LGPD se propõe a proteger – essa excessiva generalização da hipótese autorizante é profundamente indesejável. Se o objetivo desse rol – e da Lei – é delimitar as situações consideradas relevantes para a moderna vida social, a ponto de a defesa da privacidade ceder diante delas, um rol aberto contendo situações indefinidas atenta contra a finalidade essencial da LGPD.

É de se notar que o legislador, aparentemente ciente da indefinição do texto que inseriu nesse inciso, tentou melhor esclarecê-lo adiante, dedicando, para tanto, todo o art. 10. Mas, como diz o velho ditado popular, ficou pior a emenda que o soneto. O problema é que o art. 10 contém redação de duvidosa qualidade, não apenas sob o prisma da técnica legislativa, mas da própria expressão da linguagem: define algo por ele mesmo. É assim que o tal *legítimo* interesse só poderá *"fundamentar"* tratamento de dados para finalidades *legítimas*. E estas *"incluem, mas não se limitam"* (mais indefinição!) ao que dizem os dois incisos que seguem o *caput* do art. 10.

Quando se observa os dois incisos, então, as coisas ainda se tornam mais obscuras. O primeiro considera finalidade legítima o *"apoio e promoção das atividades do controlador"*. Que atividades são essas? A Lei não o diz! Qualquer uma, então? O que quer que faça o controlador, apoiar ou promover tais atividades se constituem por si sós finalidades *legítimas* aos olhos da Lei?

O segundo inciso do art. 10, por sua vez, diz: *"proteção, em relação ao titular, do exercício regular de seus direitos ou prestação de serviços que o beneficiem, respeitadas as legítimas expectativas dele e os direitos e liberdades fundamentais, nos termos desta Lei"*. Os vários pronomes oblíquos ou possessivos dão toques de ambiguidade ao texto. "Seus" direitos são os direitos do titular, ou os do controlador, que é mencionado no *caput*? Igualmente, quem é o beneficiado (substituído pelo pronome oblíquo "o"): o titular ou o controlador? De quem são as *legítimas* (outra vez!) expectativas, que o inciso diz ser "dele"? Aparentemente, esse inciso é uma cópia preguiçosa e mal-acabada do "considerando" de número 47 da lei europeia, que, muito mais longo[7], tenta estabelecer diretrizes interpretativas para aferir o que é o tal *legítimo interesse* que, adiante, também será mencionado no art. 6º daquela normativa. Na tentativa de compreender o que diz esse segundo inciso, sugerimos (ou arriscamos!): a defesa dos direitos do controlador, nas relações jurídicas que beneficiem o titular, consideradas as expectativas razoáveis deste, bem como seus direitos e liberdades

[7] Com essas palavras, a lei europeia, em seus *considerandos*, tenta explicar o que seria o "legítimo interesse" do controlador: "Os interesses legítimos dos responsáveis pelo tratamento, incluindo os dos responsáveis a quem os dados pessoais possam ser comunicados, ou de terceiros, podem constituir um fundamento jurídico para o tratamento, desde que não prevaleçam os interesses ou os direitos e liberdades fundamentais do titular, tomando em conta as expectativas razoáveis dos titulares dos dados baseadas na relação com o responsável. Poderá haver um interesse legítimo, por exemplo, quando existir uma relação relevante e apropriada entre o titular dos dados e o responsável pelo tratamento, em situações como aquela em que o titular dos dados é cliente ou está ao serviço do responsável pelo tratamento. De qualquer modo, a existência de um interesse legítimo requer uma avaliação cuidada, nomeadamente da questão de saber se o titular dos dados pode razoavelmente prever, no momento e no contexto em que os dados pessoais são recolhidos, que esses poderão vir a ser tratados com essa finalidade. Os interesses e os direitos fundamentais do titular dos dados podem, em particular, sobrepor-se ao interesse do responsável pelo tratamento, quando que os dados pessoais sejam tratados em circunstâncias em que os seus titulares já não esperam um tratamento adicional. Dado que incumbe ao legislador prever por lei o fundamento jurídico para autorizar as autoridades a procederem ao tratamento de dados pessoais, esse fundamento jurídico não deverá ser aplicável aos tratamentos efetuados pelas autoridades públicas na prossecução das suas atribuições. O tratamento de dados pessoais estritamente necessário aos objetivos de prevenção e controlo da fraude constitui igualmente um interesse legítimo do responsável pelo seu tratamento. Poderá considerar-se de interesse legítimo o tratamento de dados pessoais efetuado para efeitos de comercialização direta".

fundamentais. Superados os pronomes ambíguos, este não deixa de ser, mesmo assim, um texto vago e demasiadamente aberto.

Seja qual for a circunstância fática definida nessa permissão, o §1º do art. 10 determina que somente os *"dados pessoais estritamente necessários para a finalidade pretendida"* poderão ser tratados. No §2º, do mesmo artigo, exige-se do controlador a adoção de *"medidas para garantir a transparência do tratamento de dados baseado em seu legítimo interesse"*.

No inciso X, autoriza-se o tratamento de dados voltados para *"a proteção do crédito"*. Refere-se, evidentemente, aos cadastros de inadimplentes, ou ao mais recentemente criado cadastro positivo. Esse tratamento, mais do que todos os outros, evidentemente é formado contra a vontade do titular dos dados, mas autorizado por lei.

Segundo o §6º, do mesmo art. 7º, a dispensa de consentimento prevista nessas situações todas *"não desobriga os agentes de tratamento das demais obrigações previstas nesta Lei, especialmente da observância dos princípios gerais e da garantia dos direitos do titular"*. Os direitos do art. 18, por exemplo, entre outros previstos na LGPD, não se confundem com a mera autorização para tratamento, que pode, nos casos tratados neste tópico, prescindir do consentimento do titular. Mas o titular, mesmo nesses casos, tem o direito de ser informado sobre aspectos do tratamento, ou de modificar os dados, ou mesmo de exigir o fim do tratamento, nas hipóteses em que tais direitos lhe são conferidos pela Lei, o que mais uma vez foge aos limites do presente Capítulo.

3. Da Obtenção do Consentimento e sua Prova

3.1. Da Forma e Requisitos da Manifestação do Consentimento

Como visto, o consentimento do titular é um dos motivos, mas não o único, que autorizam o tratamento de dados pessoais. A LGPD estabelece regras específicas sobre a forma do consentimento, seus limites e sua prova, em seu art. 8º, que passamos a comentar.

A Lei, na sua já criticada prolixidade, parece tentar estabelecer uma forma rígida para a manifestação do consentimento do titular dos dados, no *caput* do art. 8º. Entretanto, quando uma lei diz que um ato jurídico qualquer *"deverá ser fornecido por escrito ou por outro meio que demonstre a manifestação de vontade do titular"*, o significado prático disso é que não há forma alguma exigida pela lei, sendo, tal trecho, algo absolutamente inócuo como norma jurídica. Seria o mesmo, mas com mais clareza e síntese, dizer que o consentimento não depende de forma específica (o que é regra geral sobre a forma do ato jurídico). A forma, do modo como constou do texto, não é requisito de validade do ato, e o verbo "deverá", no fundo, não é imperativo como poderia parecer, assumindo, diante das alternativas ilimitadas a que remete, o verdadeiro sentido de "poderá".

A questão se torna curiosa quando, no §1º, é estabelecido que *"caso o consentimento seja fornecido por escrito, esse deverá constar de cláusula destacada das demais cláusulas contratuais"*. É inusitado que um ato jurídico que pode ser praticado por qualquer forma tenha requisitos mais rígidos quando se optar por praticá-lo por apenas uma delas. Afinal, formas rígidas são impostas pelas leis quando se deseja conferir mais segurança, mais certeza, quanto à veracidade do ato e das vontades emanadas pelos sujeitos que o praticam. Essa disposição do parágrafo, portanto, só teria sentido prático caso a forma escrita fosse imperativa. De todo modo, se assim o quis o legislador, que assim se faça. Que os controladores providenciem, nos consentimentos escritos que colherem, o destaque da cláusula, para atender, sem riscos de invalidade, a essa disposição. Não se pode deixar de considerar peculiar, entretanto, que um ato jurídico qualquer, quando verbal, possa ser considerado válido sem outras exigências, mas quando o mesmo ato for praticado por escrito tenha sua validade condicionada ao destaque da cláusula.

Outro requisito de validade da manifestação do consentimento encontra-se previsto no §1º do art. 9º. O artigo, como será adiante comentado, prevê o direito do titular de obter diversos níveis de informação sobre o tratamento dos seus dados. Nos termos do referido parágrafo, o consentimento será nulo *"caso as informações fornecidas ao titular tenham conteúdo enganoso ou abusivo ou não tenham sido apresentadas previamente com transparência, de forma clara e inequívoca"*.

O §3º, desnecessário, dispõe que *"é vedado o tratamento de dados pessoais mediante vício de consentimento"*. Vícios do consentimento, previstos no Código Civil como normas gerais de direito, são o erro, o dolo, a coação, o estado de perigo, a lesão, a fraude contra credores e a simulação[8]. O texto seria tecnicamente mais apurado se dissesse que os tais vícios *invalidam*

[8] Arts. 138 a 165, e 167, do Código Civil.

o consentimento, como soe acontecer quando contaminam a vontade de quem pratica um ato jurídico. De todo modo, o inciso em questão nada acrescenta ao ordenamento jurídico, eis que tais consequências já decorrem do disposto no Código Civil.

Também são nulas as autorizações genéricas, nos termos do §4º. O consentimento deve referir-se a finalidades determinadas para o tratamento de dados e evidentemente a elas se limitam. Se o controlador desejar tratar os dados para outras finalidades não expressamente consentidas, haverá de obter as correspondentes autorizações adicionais.

3.2. Da Prova do Consentimento

Não se pode confundir a validade do consentimento, em especial de seus requisitos formais, com a sua prova. Se, como dito, qualquer forma é admitida pela LGPD para a expressão do consentimento, este pode ser dado até mesmo oralmente, sem prejuízo de sua validade.

Coisa diversa é provar que o ato foi praticado, que a vontade foi manifestada. É sempre mais fácil provar atos que foram registrados por escrito, daí o gosto que a forma escrita adquiriu no universo dos contratos em geral, sendo sempre recomendável praticamente que se contrate por escrito. Mas a realidade do mundo dos negócios nem sempre torna factível que todos os contratos, seus adendos, alterações ou outras manifestações relevantes sejam tomados por escrito. Da validade ou nulidade do ato não se cogita, uma vez que a forma de manifestação do consentimento não seja rígida. Mas é evidente que é mais difícil fazer prova em juízo de atos praticados apenas de forma oral.

O relevante, no caso, é que a lei impõe ao controlador o ônus da prova de que o consentimento foi obtido. Portanto, não importa, no processo, sua posição processual, se autor ou réu. Sendo controvertido o fato da existência de consentimento, incumbe ao controlador o ônus da prova de que o consentimento foi manifestado. Disso decorre que, não havendo prova suficiente, que convença o juiz de que o consentimento ocorreu, este será entendido na sentença como não manifestado pelo titular dos dados. Assim, é recomendável ao controlador procurar organizar sua atividade e suas práticas operacionais de tal modo a obter por escrito tais consentimentos, vez que desse modo será mais fácil desincumbir-se do ônus de provar sua existência, caso a questão seja levada a juízo.

3.3. Da Revogação do Consentimento

As disposições da Lei sobre a revogação do consentimento se sobrepõem confusamente, a produzir possíveis dúvidas interpretativas.

O §5º do art. 8º dispõe ser direito do titular dos dados revogar o consentimento para o seu tratamento, *a qualquer momento*, mediante manifestação expressa do titular. Não se fixou, aqui, limites ou requisitos ao direito de revogá-lo, fazendo crer que se trata de ato puramente volitivo do titular. O mesmo se compreende da inclusão da *"revogação do consentimento"*, sem outras delimitações restritivas, entre os direitos do titular elencados adiante, no art. 18[9]. Igualmente, dispõe o art. 15, III, que a comunicação dessa revogação define o momento do término do tratamento dos dados.

A revogação manifestada pelo titular, evidentemente, somente conduz ao fim do tratamento quando o consentimento foi o motivo que o autorizou. Nas outras várias situações em que o tratamento é permitido, especialmente quando contra a vontade do titular, não cabe a este proibi-lo, ao menos enquanto perdurarem no tempo os motivos que configuram a autorização legal.

Confusão interpretativa é causada pelo §6º deste mesmo art. 8º, quando estabelece que, havendo modificação de alguns aspectos ou procedimentos do tratamento de dados, o titular, uma vez informado, poderá revogar o consentimento *"caso discorde da alteração"*. Ora, se o titular pode livremente revogar a vontade manifestada, como decorre dos dispositivos acima comentados, é despiciendo de utilidade dizer que também lhe é permitido revogá-la sob certas circunstâncias específicas, como as previstas neste §6º. A utilidade desse §6º reside apenas na sua parte inicial, em que estabelece o dever do controlador de informar as modificações que introduziu em pontos relevantes relacionados ao tratamento dos dados. Relaciona-se, pois, com o direito à informação. Com ou sem a ocorrência dessas alterações, o direito imotivado de a qualquer tempo revogar o consentimento dado é um direito conferido ao titular pelo anterior §5º.

[9] Art. 18, IX.

4. Do Dever do Controlador de Informar o Titular de Dados

Fechando este Capítulo, resta comentar as disposições do art. 9º. Esse dispositivo confere ao titular dos dados o direito de ser adequadamente informado sobre diversos detalhes do tratamento, enumerados nos incisos. Um dos direitos mais fundamentais em todas as relações jurídicas, e de especial relevância nas relações assimétricas, tais como as que decorrem de contratos de adesão, de consumo ou dessa nova realidade moderna, que contrapõe controladores e titulares de dados pessoais, é o direito de ser adequadamente informado sobre todos os detalhes do negócio jurídico a ser celebrado. É a informação que permite o seguro e consciente exercício das liberdades individuais, para por si próprio aferir riscos, avaliar vantagens e desvantagens e, enfim, aceitar ou recusar cláusulas avulsas ou o próprio contrato como um todo.

Nessa linha, diz o art. 9º que *"o titular tem direito ao acesso facilitado às informações sobre o tratamento de seus dados, que deverão ser disponibilizadas de forma clara, adequada e ostensiva"* acerca dos fatos descritos nos sete incisos que se seguem ao *caput* do referido dispositivo. O rol, como se depreende do texto do *caput* ("entre outras"), é meramente exemplificativo.

Algumas dessas informações são meras indicações que não exigem maiores comentários. É direito do titular conhecer quem é o controlador (inc. III) e como entrar em contato com ele (inc. IV). As "responsabilidades" dos agentes de tratamento também devem ser descritas ao titular de dados (inc. VI), texto este que merece um breve comentário. A julgar pela infeliz definição de "responsabilização", no art. 5º, X, que escapa do significado que o Direito dá ao vocábulo, por "responsabilidades" dos agentes a LGPD parece querer referir-se ao papel de cada um no tratamento de dados, diante de uma necessária separação de tarefas. A palavra tem, neste inciso, o sentido de "funções", "atribuições", ou algo assim. Por último, seguindo os passos da legislação consumerista, o controlador tem também o dever de difundir, entre os titulares de dados, quais são os direitos destes, inclusos os que derivam da LGPD (inc. VII).

Mais relevantes são as informações que o titular há de receber acerca do disposto nos incisos I, II e V, pois são essas que permitem compreender que uso será feito dos seus dados pessoais.

O inc. I menciona a *"finalidade específica do tratamento"*. Como já criticado, leis com adjetivos desnecessários costumam turvar o sentido dos textos. Não há razão visível para o vocábulo "específica" constar desse inciso. Haveria uma finalidade "não específica"? Ora, se houver, então ela não precisa ser informada? Estas perguntas evidentemente conduzem ao absurdo, pois se a Lei objetiva dar clareza às relações de tratamento de dados, ou que não se realize nenhum tratamento sem o conhecimento do titular, é lícito dizer que o adjetivo sobra na frase. O acolhimento, pela Lei, de finalidades "não específicas", que também não são reguladas, tornaria todo o seu texto letra morta.

Portanto, cabe ao controlador disponibilizar informações precisas sobre a utilidade que pretende obter com o tratamento dos dados. Assim, por exemplo, se o objetivo é enviar publicidade de produtos e serviços, deve o controlador dizê-lo. Se a publicidade for estratificada, o que indica que os dados serão de algum modo classificados, esse relevante detalhe também deve ser informado como finalidade do tratamento. E assim por diante.

Do inc. II decorre o dever de informar acerca da *"forma e duração do tratamento, observados os segredos comercial e industrial"*. O tratamento será limitado no tempo, ou pretende o controlador realizá-lo por tempo indeterminado? Note-se que a LGPD exige que a duração seja informada, mas não prevê nenhum limite impositivo acerca do tempo, nem mesmo a exigência de que o tratamento só seja efetuado por tempo determinado. A questão, portanto, fica sujeita à livre contratação, ou aos regulamentos que se seguirem. Por "forma", deve-se entender a descrição do que será realizado tecnicamente como operação de tratamento para alcançar a finalidade. Como serão armazenados e protegidos? Que dados serão cruzados ou classificados? Neste caso, porém, o dever de informar esbarra no direito aos segredos comerciais e industriais. O método, o algoritmo, ou os critérios classificatórios dos dados, ou ainda seus dispositivos de segurança, são bons exemplos de informações que podem ser objeto de segredos comerciais ou industriais e, portanto, a obrigação de informar o titular sobre a forma de tratamento não envolve essas minúcias.

Por fim, em caso de compartilhamento dos dados com outros agentes de tratamento, isto também é fato a ser devidamente informado ao titular dos dados, esclarecendo-se, igualmente, qual a finalidade desse compartilhamento, segundo dispõe o inc. V.

Referências

BRASIL. Lei nº 12.965, de 23 de abril de 2014. Estabelece princípios, garantias, direitos e deveres para o uso da Internet no Brasil. *Diário Oficial da União*, Brasília, 24 de abril de 2014. Disponível em: <http://www.planalto.gov.br/ccivil_03/_Ato2011-2014/2014/Lei/L12965. htm>. Acesso em: 07 julho 2019.

______. Lei nº 13.709, de 14 de agosto de 2018. Lei Geral de Proteção de Dados Pessoais (LGPD). Redação dada pela Lei nº 13.853, de 2019. Brasília, *Diário Oficial da União*, 15 de agosto de 2018. Disponível em: <http://www.planalto.gov.br/ ccivil_03/_Ato2015-2018/2018/Lei/L13709.htm>. Acesso em: 07 julho 2019.

UNIÃO EUROPEIA. Regulamento (EU) 2016/679 do Parlamento Europeu e do Conselho, de 27 de abril de 2016, relativo à proteção das pessoas singulares no que diz respeito ao tratamento de dados pessoais e à livre circulação desses dados e que revoga a Diretiva 95/46/CE (Regulamento Geral sobre a Proteção de Dados). Jornal Oficial da União Europeia, 04 de maio de 2016. Disponível em: <https://eur-lex.europa.eu/legal-content/PT/TXT/HTML/?uri=CELEX:32016R0679&from=PT#d1e8250-1-1>. Acesso em: 20 junho 2019.

7. Proteção de Dados Pessoais de Crianças e de Adolescentes

Claudio do Prado Amaral

1. Introdução

A todo momento os usuários da internet são analisados por algoritmos, os quais fazem o *profile* desses usuários, isto é, buscam suas características. Essas atividades são feitas frequentemente para definir um perfil de consumo. Mas podem também buscar uma previsão de comportamentos futuros, como por exemplo, a tendência a ser pontual/inadimplente. Crianças e adolescentes não estão fora dessas ações. Aliás, são sujeitos muito objetivados por esses processos.

Assim, na atualidade, os algoritmos fazem parte da construção da identidade de alguém. Eles determinam como essa pessoa será apresentada e compreendidas por um número incalculável de outras pessoas. Algoritmos são feitos e operados por pessoas, logo, falham e podem ter intenções ilícitas. A coleta e o uso indevido de dados pessoais de crianças e adolescentes podem causar danos ao seu desenvolvimento, os quais podem ser de difícil reparação ou irreparáveis.

Seguindo o modelo estabelecido no Regulamento Geral de Proteção de Dados na União Europeia (GDPR[1], na sigla em inglês), que se preocupou com a relevante questão do tratamento de dados pessoais de crianças e

[1] UNIÃO EUROPEIA. Regulamento (EU) 2016/679 do Parlamento Europeu e do Conselho, de 27 de abril de 2016, relativo à proteção das pessoas singulares no que diz respeito ao tratamento de dados pessoais e à livre circulação desses dados e que revoga a Diretiva 95/46/CE (Regulamento Geral sobre a Proteção de Dados). *Jornal Oficial da União Europeia*, 04 de maio de 2016. Disponível em: <https://eur-lex.europa.eu/legal-content/PT/TXT/HTML/?uri=CELEX:32016R0679&from=PT#d1e8250-1-1>. Acesso em: 10 junho 2019.

adolescentes, o direito brasileiro tampouco descuidou do tema na Lei nº 13.709/2018.

Qualquer normativa que se disponha a tratar do assunto não poderia, nem poderá, ignorar o acesso que crianças e adolescentes têm, cada vez mais precocemente, aos *devices* que os conectam com o mundo e que são uma janela aberta a um universo para o qual ainda não estão plenamente preparados.

Conforme pesquisa[2] *TIC Kids Online Brasil 2017*[3], o número de crianças e adolescentes entre 9 e 17 anos no Brasil com acesso à internet cresceu 3%, subindo de 82% em 2016 para 85% em 2017. É notável o aumento do uso de dispositivos móveis como meio de acesso à internet: telefones celulares foram utilizados por 93% dos jovens para essa finalidade. Cinco anos antes, eram 21%. Assim, existem aproximadamente 24 milhões de crianças e adolescentes que acessam a internet, para diversas finalidades: envio de mensagens (79%), assistir a vídeos (77%), ouvir música (75%), navegar por redes sociais (73%) e ler ou assistir notícias (51%). Merece destaque que 76% das crianças e adolescentes usaram a internet para fazer pesquisas de trabalhos escolares.

A mesma pesquisa também revela que 39% dessas crianças e adolescentes entraram em contato com alguma forma de discriminação. Desse total, registram-se contatos com discriminação por cor ou raça (26%), aparência física (16%) e orientação sexual (14%). Em relação à segurança, 79% dos pais ou responsável afirmam que explicaram como utilizar a rede com segurança.

A Lei nº 13.709/2018 trouxe importante avanço normativo e dará maior segurança às crianças e adolescentes que estão em e terão contatos com quem necessita ou deseja obter seus dados pessoais, por alguma razão, tanto no ambiente da internet, como fora dela. Evidentemente, ainda há

[2] A pesquisa entrevistou 3.102 crianças e adolescentes entre 9 e 17 anos; também entrevistou seus pais e responsáveis, entre novembro de 2017 e maio de 2018. Disponível em: <https://cetic.br/pesquisa/kids-online/indicadores>. Acesso em: 10 junho 2019.

[3] O Centro Regional de Estudos para o Desenvolvimento da Sociedade da Informação (Cetic.br) foi criado em 2005 com a missão de monitorar a adoção das tecnologias de informação e comunicação, com especial atenção, para o acesso e uso de computador, Internet e dispositivos móveis. O Cetic.br é um departamento do Núcleo de Informação e Coordenação do Ponto BR (Nic.br), que implementa as decisões e projetos do Comitê Gestor da Internet do Brasil (Cgi.br).

muito a ser aperfeiçoado e um longo caminho a ser percorrido[4]. A começar pela adequada compreensão jurídica da matéria, que deve ser feita a partir dos princípios da proteção integral e de prioridade absoluta de crianças e adolescentes.

2. Proteção Integral, Prioridade Absoluta e Tratamento de Dados

O art. 14 da Lei nº 13.709/2018 ocupa toda a seção III (sob o título "Do Tratamento de Dados Pessoais de Crianças e de Adolescentes") do Capítulo II, o qual, por sua vez, dispõe sobre o "Tratamento de Dados Pessoais". Ambos (seção III e capítulo II) estão na lei que protege dados pessoais. Teria sido mais correto, portanto, que a citada lei, no seu art. 14, houvesse especificado e explicitado o princípio protetivo básico que rege toda e qualquer matéria relacionada a direitos fundamentais de crianças e adolescentes: o princípio da proteção integral. Até porque o princípio do melhor interesse deflui do da proteção integral e somente pode ser adequadamente interpretado à sua luz.

Mais que isso. O princípio da proteção integral anda de mãos dadas com o princípio da prioridade absoluta, ambos previstos no art. 227 da Constituição Federal (CF), que assim dispõe:

> É dever da família, da sociedade e do Estado assegurar à criança, ao adolescente e ao jovem, com absoluta prioridade, o direito à vida, à saúde, à alimentação, à educação, ao lazer, à profissionalização, à cultura, à dignidade, ao respeito, à liberdade e à convivência familiar e comunitária, além de colocá-los a salvo de toda forma de negligência, discriminação, exploração, violência, crueldade e opressão.

[4] ZAMAN, Bieke; CASTRO, Teresa Sofia; MIRANDA, Fernanda Chocron. Internet dos Brinquedos: vantagens, riscos e desafios de um intrigante cenário de consumo para pais e pesquisadores. Intercom, Rev. Bras. Ciênc. Comun., São Paulo, v. 41, n. 3, pp. 213-219, Sept. 2018, p. 217: "A nova lei de Regulamentação Geral de Proteção de Dados (GDPR), a nível de Europa, é uma resposta a preocupações sobre o que está sendo feito com os dados da população. Mas ainda há muito a ser entendido, não somente para delinear as implicações nos direitos digitais das crianças, mas também para implementar a regulamentação ainda durante o estágio de desenvolvimento das novas tecnologias". Disponível em: <http://www.scielo.br/scielo.php?script=sci_arttext&pid=S1809-58442018000300213&lng=en&nrm=iso>. Acesso em: 10 junho 2019.

Essa redação é repetida pelo art. 4º do Estatuto da Criança e do Adolescente (ECA), sendo que o respectivo § único não deixa dúvidas sobre o que deve se compreender como garantia de prioridade:

> Art. 4º É dever da família, da comunidade, da sociedade em geral e do poder público assegurar, com absoluta prioridade, a efetivação dos direitos referentes à vida, à saúde, à alimentação, à educação, ao esporte, ao lazer, à profissionalização, à cultura, à dignidade, ao respeito, à liberdade e à convivência familiar e comunitária.
>
> Parágrafo único. A garantia de prioridade compreende:
>
> a) primazia de receber proteção e socorro em quaisquer circunstâncias;
>
> b) precedência de atendimento nos serviços públicos ou de relevância pública;
>
> c) preferência na formulação e na execução das políticas sociais públicas;
>
> d) destinação privilegiada de recursos públicos nas áreas relacionadas com a proteção à infância e à juventude.

Juridicamente, a compreensão da ideia de tratamento de dados de crianças e adolescentes é a de proteção integral de dados de crianças e adolescentes, com prioridade absoluta. Portanto, a proteção de dados pessoais que lhes deve ser assegurada é diferenciada, não se submetendo aos limites da proteção geral.

Dito de outro modo: a Lei nº 13.709/2018 trata da proteção dos dados das pessoas em geral. Já a proteção que é dispensada às crianças e adolescentes é de ordem integral e prioritária.

Note-se assim, que o marco normativo inicial para a proteção de dados pessoais de crianças e adolescentes não é o princípio do melhor interesse, como o art. 14, caput da Lei nº 13.709/2018 dá a entender. Referido marco inicial encontra-se nos princípios de proteção integral e prioridade absoluta. Não se dispensa, de modo algum, o princípio do melhor interesse, respectivamente inscrito no art. 14, caput. Apenas deve ser feita a grave anotação que ele não é o marco jurídico que serve como ponto de partida para a compreensão do tema, pois antes e acima dele encontram-se os dois princípios expostos.

A proteção integral consiste em colocar aquelas pessoas em condição peculiar de desenvolvimento a salvo de riscos que possam comprometer, justamente, o seu desenvolvimento, e também em reparar as lesões que tenham afetado os seus direitos fundamentais. Do contrário, abre-se a possibilidade de prejuízos irreparáveis ou de difícil reparação para o desenvolvimento dos indivíduos nessa fase da vida humana.

Não se trata de preciosismo jurídico. Caso não se dê essa interpretação ao tema, corre-se o sério risco de retrocessos. Crianças e adolescentes são populações vulneráveis[5]. Ainda que estejam sob a supervisão de um adulto, essa condição não lhes escapa. Estão sempre vulneráveis, com variação apenas em grau e tipo. Logo, estão sempre em risco. E, ademais, são pouco visíveis.

A vulnerabilidade de crianças e adolescentes associada a sua baixa visibilidade é a fórmula perfeita para que não sejam percebidos e sejam colocados em risco ou lesados em seus direitos fundamentais. A leitura de qualquer norma sob o prisma jurídico do princípio da proteção integral previne esse desfecho negativo.

É preciso um rápido passar de olhes pela história, que registra episódios tenebrosos de crueldades praticadas contra crianças e adolescentes, por exemplo, quando crianças eram obrigadas a trabalhar. Logo, não frequentavam escola, não tinham convivência familiar, a saúde era afetada gravemente, etc. As crianças que limpavam chaminés na Inglaterra são um caso emblemático. Os seus mirrados corpos conseguiam enfiar-se naquele espaço sujo e escuro. Os pequeninos só entravam lá porque, mais do que a escuridão suja das chaminés, eles temiam o castigo do capataz que as aguardava do lado de fora, caso não realizassem o serviço[6]. Não foi diferente com as crianças que trabalharam nas minas de carvão[7], nem com as crianças brasileiras no corte de cana.

No período do Brasil Colônia a criança não era reconhecida como uma categoria genérica, sobre a qual seria possível deduzir algum direito universal. Nos primórdios do século XVI, quando o Brasil foi descoberto, valeram aqui as concepções medievais sobre infância e juventude. Permitiam-se castigos cruéis sobre crianças e adolescentes, conforme a codificação Manuelina que se estendeu até o ano 1603. Sobrevieram as Ordenações Filipinas, mas sua originalidade em relação às normas precedentes era mínima. As políticas públicas eram praticamente inexistentes. Grande

[5] ABRAMOVAY, Miriam; CASTRO, Mary Garcia; PINHEIRO, Leonardo de Castro; LIMA, Fabiano de Sousa; MARTINELLI, Cláudia da Costa. *Juventude, violência e vulnerabilidade social na América Latina:* desafios para políticas públicas. Brasília: UNESCO, BID, 2002, p. 29.

[6] GRUNSPUN, Haim. *O trabalho das crianças e adolescentes*. São Paulo: LTr, 2000, p. 48.

[7] OLIVEIRA. Oris de. O trabalho da criança e do adolescente. São Paulo: LTr, Brasília, DF: OIT, 1994, p. 68.

número de crianças era abandonada pelas ruas, sendo que mesmo com o uso das rodas dos expostos, muitas das crianças que eram deixadas na roda morriam. Foi um período de desvalorização existencial da criança.

Durante o Brasil Império, as crianças começam a ser percebidas como uma categoria jurídica diferente. Todavia, tudo ainda é muito insuficiente e inadequado. Nesse período surgem as ações de ordem assistencial-caritativa para crianças. Os adolescentes, por outro lado, mal eram percebidos como pessoas em condição peculiar de desenvolvimento.

Nas duas primeiras décadas do século XX, o Brasil foi influenciado por forte movimento internacional que revolucionou o discurso jurídico em tema de infância e adolescência, explicitando a necessidade de uma justiça especializada[8].

Nasce a fase tutelar, produto da doutrina de mesmo nome, marcada por ações de caráter assistencialista e paternalista[9]. Nessa fase, são promulgados o Código de Menores de 1927 (conhecido como Código Mello Mattos), e o de 1979 (sem alterações relevantes em relação ao seu antecessor). A confusão das ações de tutela com atos de amor permitiu que situações repugnantes fossem criadas contra crianças e adolescentes em nome daquele sentimento tão nobre.

A superação da vetusta doutrina tutelar foi feita pela doutrina da proteção integral, incorporada pela Constituição Federal de 1988, cujo art. 227, acima enunciado, dá início à fase garantista, na qual crianças e adolescentes são plenamente reconhecidos como sujeitos de direitos e, com prioridade absoluta, devem ser protegidos pela família, pela sociedade e pelo Estado. E assim, interagem os princípios de princípio da proteção integral e o princípio da prioridade absoluta.

A leitura do Capítulo VII do Título VIII (artigos 226 a 230) não deixa dúvidas de que tudo o que lá está disposto revela-se como regra de proteção. Em diversas passagens, são utilizadas palavras e expressões nesse

[8] RIZZINI, Irene. Crianças e menores – do Pátrio Poder ao Pátrio dever. Um histórico da legislação para a infância no Brasil. In: RIZZINI, Irene; PILOTTI, Francisco. (Org.). *A arte de governar crianças:* A história das políticas sociais, da legislação e da assistência à infância no Brasil. 2. ed. São Paulo: Cortez, 2009, pp. 110-111.

[9] RIZZINI, Irma. Meninos desvalidos e menores transviados: a trajetória da assistência pública até a Era Vargas. *In:* RIZZINI, Irene; PILOTTI, Francisco (Orgs.). *A arte de governar crianças:* A história das políticas sociais, da legislação e da assistência à infância no Brasil. 2. ed. São Paulo: Cortez, 2009, pp. 244-245.

sentido: "proteção" (artigo 226, *caput* e §3º), "assegurar assistência" (artigo 226, §8º), "assegurar" (artigo 227, *caput*), "assistência integral" (artigo 227, §1º), "proteção especial (artigo 227, §3º), "dever de assistir" (artigo 229), "dever de amparar" (artigo 230), etc.

A legislação federal, por sua vez, cumpriu a Constituição, como não poderia deixar de ser. Foi promulgado o ECA, instituído pela Lei nº 8.069, de 13 de julho de 1990, que incorporou firmemente as melhores orientações dirigidas à questão infanto-adolescente. Em farto regramento principiológico, o ECA transpira abundantemente também os princípios da proteção integral, da prioridade absoluta, do melhor interesse da criança e do adolescente e da condição peculiar de pessoa em desenvolvimento, entre outros.

Para dar atendimento ao princípio da proteção integral o ECA proclamou e regulamentou direitos fundamentais, ordenou competências e atribuições, previu a criação de entidades protetoras e equipamentos, etc. Não somente o ECA surgiu como lei federal garantista da proteção integral. Também foram promulgadas outras leis de mesmo cunho, como a Lei nº 13.257, de 8 de março de 2016 (que dispôs sobre as políticas públicas para a primeira infância) e a Lei nº 13.431/2017 (que estabelece o sistema de garantia de direitos da criança e do adolescente vítima ou testemunha de violência).

Diante desse traço histórico marcantemente protetivo, seria grave equívoco deixar de tomar a proteção integral e a prioridade absoluta como marcos principiológicos estruturantes que regem a matéria da proteção de dados pessoais de crianças e adolescentes.

Não se pode, tampouco, deixar de anotar que essa interpretação vem absolutamente permitida pela própria redação do art. 14 da Lei nº 13.709/2018, o qual dispõe que o tratamento de dados pessoais de crianças e de adolescentes deverá ser realizado em seu melhor interesse, nos termos deste artigo e da legislação pertinente. E como visto, não há nada mais pertinente no ordenamento jurídico infanto-adolescente que os princípios da proteção integral e da prioridade absoluta.

3. O Princípio do Melhor Interesse

Com frequência, refere-se ao princípio do melhor interesse como princípio do interesse superior da criança e do adolescente. O princípio do melhor interesse tem sua origem no direito internacional. A Declaração dos Direitos da Criança (1959, ONU) afirma que as leis que protegem crianças e adolescentes devem levar em conta principalmente "os melhores interesses da criança". No texto original está escrito *best interests of the child*, e não *superior interests*.

> The child shall enjoy special protection, and shall be given opportunities and facilities, by law and by other means, to enable him to develop physically, mentally, morally, spiritually and socially in a healthy and normal manner and in conditions of freedom and dignity. In the enactment of laws for this purpose, **the best interests of the child** shall be the paramount consideration[10].

A Convenção Internacional dos Direitos da Criança das Nações Unidas (1989) continuou utilizando a expressão melhores interesses, conforme consta do Decreto nº 99.710/1990 em seus artigos 37, letra c e 40, § 2º, letra b, item III. Entretanto, o art. 9, § 3º do mesmo diploma usa a expressão interesse maior da criança.

Já o Estatuto da Criança e do Adolescente (ECA) emprega a expressão superior interesse em diversas passagens (artigos 19, § 2º; 52-C, § 1º; 100, § único, item IV), sendo que a Lei nº 13.257/2016 (Lei da Primeira Infância) também usa a expressão superior interesse (art. 4º, inciso I).

Portanto, as leis brasileiras mais recentes não vinham usando o termo "melhores interesses", mas, sim, "superior interesse". O art. 14 da Lei nº 13.709/2018 usa o termo melhor interesse. Mas, não há inconveniente algum nisso, pois sempre que se fala em melhor interesse, automaticamente compreende-se o superior interesse, e vice-versa. Não temos uma relação exclusiva entre esses termos, ou seja, os melhores interesses não excluem o superior interesse e vice-versa. São expressões que convivem e principiologicamente se completam, em função da otimização do mandamento de proteção integral.

Disso resulta o seguinte: uma vez que sempre existe mais de um interesse por parte de crianças e adolescentes, devem ser buscados os mais

[10] Mantemos o texto original, em inglês, por questões didáticas e metodológicas. Em tradução livre do autor, pode ser assim enunciado: "A criança deve ser beneficiada por uma proteção especial, e lhe devem ser dadas oportunidades e instalações, por lei e por outros meios, para que ela possa desenvolver-se física, metal, moral, espiritual e socialmente de maneira saudável e normal, e em condições de liberdade e dignidade. Na promulgação de leis para esse fim, o melhor interesse da criança deve ser a consideração primordial."

qualificados entre os interesses existentes. E ademais, daquela conjugação de princípios, os interesses infanto-adolescente são colocados acima dos demais que estejam presentes em um caso concreto, inclusive por força do princípio de prioridade absoluta.

São duas as consequências para o contexto de proteção de dados pessoais: 1) os interesses da criança ou adolescente devem ser priorizados em relação aos demais e; 2) entre os diversos interesses de crianças e adolescentes, devem ser buscados os melhores.

Todavia, nem sempre é simples identificar o que se entende por melhor interesse de crianças e adolescentes. Como regra, o melhor interesse pode ser identificado como sendo aquele que atende aos fins sociais do direito da infância e da adolescência e a condição peculiar de pessoa em desenvolvimento (art. 6º, ECA). Serão melhores aqueles interesses que, se fossem efetivados, permitiriam à criança ou ao adolescente desenvolver sua personalidade no meio social, de maneira saudável e exercendo cidadania, promovendo e efetivando seus direitos fundamentais.

É importante distinguir interesses imediatos e mediatos. Em geral, crianças e adolescentes percebem o tempo futuro limitadamente, isto é, seus horizontes e objetivos são mais imediatos, suas expectativas mais aceleradas e as boas soluções de médio e longo prazo mais difíceis de serem percebidas. São interesses que se externam em desejos, cuja execução os jovens pretendem que seja quase imediata. Disso decorre a relevância de não se confundir desejos imediatos de crianças e adolescentes com os seus melhores interesses.

Mas, isso não autoriza que crianças e adolescentes não sejam ouvidos. Ao contrário: sempre devem ser ouvidos e sua opinião deve ser considerada conforme o respectivo estágio de desenvolvimento. Nisso reside uma das mais importantes manifestações do princípio do melhor interesse. É indispensável a participação ativa da criança ou adolescente nos processos decisionais que lhe dizem respeito[11]. Dar voz à criança e ao adolescente para que auxiliem na compreensão de seus interesses é uma medida que se erigiu em uma norma geral inerente ao princípio do melhor interesse[12].

[11] Confira-se, em especial: The Interest of the Child and the Child's Wishes: The Role of Dynamic Self-Determination. *International Journal of Law, Policy and The Family*, UK, v. 8, ed. 1, pp. 42-61, abr. 1994.

[12] DISTEFANO, Marcella. *Intresse Superiore del Minore e Sottazione Internazionale di Minori.* Itália: CEDAM, 2012, pp. 35-36.

Nesse tema, as atuações dos técnicos (psicólogos e assistentes sociais, entre outros) auxiliam decisivamente na identificação dos interesses de crianças e adolescentes, a fim de que possam ser levados em consideração, inclusive, apontando os interesses de longo e médio prazo, e aqueles que se qualificam como os melhores para o desenvolvimento infanto-juvenil.

4. Os Fundamentos da Proteção de Dados Pessoais à Luz do Direito da Infância e da Adolescência

Diante do conteúdo dos princípios acima expostos, um colorido fortemente diferenciado se imprime à disciplina da proteção de dados pessoais prevista no art. 2º da Lei nº 13.709/2018. Referida regra afirma que a proteção de dados pessoais tem como fundamentos: I – o respeito à privacidade; II – a autodeterminação informativa; III – a liberdade de expressão, de informação, de comunicação e de opinião; IV – a inviolabilidade da intimidade, da honra e da imagem; V – o desenvolvimento econômico e tecnológico e a inovação; VI – a livre iniciativa, a livre concorrência e a defesa do consumidor; e VII – os direitos humanos, o livre desenvolvimento da personalidade, a dignidade e o exercício da cidadania pelas pessoas naturais.

A primeira consequência que decorre da ótica protetivo integral infanto-adolescente é a de que o rol acima não é exaustivo quando se tratam de dados de crianças e adolescentes. É um rol exemplificativo. Seria grave erro imaginar que algum desses fundamentos pudesse dispensar ou se sobrepor ao direito da infância e da adolescência. Por exemplo, os fundamentos de desenvolvimento econômico, tecnológico e a inovação (inciso V) e os fundamentos de livre iniciativa, livre concorrência e defesa do consumidor (inciso VI) não estão acima da proteção integral e de prioridade absoluta devidos a crianças e adolescentes, os quais estão inscritos tanto no art. 227 da CF quanto no art. 4º do ECA.

A segunda consequência é a que impõe a releitura dos fundamentos relacionados à privacidade e à liberdade, conforme a proteção integral devida à pessoa em condição peculiar de desenvolvimento. Tais fundamentos acima podem ser agrupados em dois grandes blocos. Um que estabelece a preservação da privacidade, enquanto atributo da personalidade (incisos I, IV e VII). Outro, que assegura o exercício de liberdades civis (incisos II e III).

O respeito à privacidade (inciso I) já vinha afirmado como direito fundamental, previsto no art. 16 do Decreto nº 99.710, de 21 de novembro de 1990, que promulgou a Convenção sobre os Direitos da Criança. E também no art. 17 do ECA, sob o enfoque do direito ao respeito, o qual,

> consiste na inviolabilidade da integridade física, psíquica e moral da criança e do adolescente, abrangendo a preservação da imagem, da identidade, da autonomia, dos valores, ideias e crenças, dos espaços e objetos pessoais.

O fundamento de respeito à privacidade (art. 2º, I, Lei nº 13.709/2018), assim, adere à especificação e ao detalhamento contidos no art. 17 do ECA, inclusive, definindo boa parte de seu conteúdo semântico.

Vejamos a quem cabe proteger crianças e adolescentes no nosso tema. O seguinte art. 18 do ECA, afirma que,

> é dever de todos velar pela dignidade da criança e do adolescente, pondo-os a salvo de qualquer tratamento desumano, violento, aterrorizante, vexatório ou constrangedor.

Por força do princípio da corresponsabilidade protetiva, o dever de tratamento protetivo integral de dados pessoais de crianças e adolescentes recai sobre todos (família, Estado, poder público, sociedade, comunidade). Vale dizer, existe um dever geral preventivo de riscos e danos, dever esse que é distribuído conforme as capacidades de cada entidade protetora.

O dever de proteção primário cabe à família (pais ou responsável), conforme se depreende do art. 227 da CF e art. 4º do ECA, pois são estes que estão mais próximos de crianças e adolescentes e se posicionam em relação de cuidado imediato com eles.

É importante anotar que os pais ou responsável devem estar preparados para exercer a sua função protetiva primária em tema de proteção de dados pessoais. Frequentemente, não sabem, por exemplo, que a partir da combinação de dados neutros (como CEP, data de nascimento, gênero) os processos algoritmos permitem chegar a identificação precisa de uma pessoa. Note-se que nesse aspecto, a teoria da determinação informativa resta absolutamente insuficiente para os fins de proteção integral de crianças e adolescentes.

Entretanto o dever de proteção secundário não recai sobre o Estado ou poder público, mas, sim, sobre os agentes de tratamento (controlador e operador, conforme art. 5º, IX da Lei nº 13.709/2018). Esses agentes podem ser designados como *protetores secundários*, justamente em razão da sua funcionalidade e posição de domínio do fato que ocupam. Dito de outro modo: pelas mãos dos agentes de tratamento cabe o exercício primário da proteção integral, com prioridade absoluta, devendo eles agirem antecipadamente diante de uma situação de risco e intervirem antes para que o risco seja eliminado, sem danos aos dados pessoais de crianças e adolescentes.

Exatamente por isso, é dever legal do controlador realizar todos os esforços razoáveis para verificar se o consentimento dos pais ou responsável para o tratamento de dados pessoais de crianças (previsto no art. 14, § 1º da Lei nº 13.709/2018) foi dado pelo responsável pela criança, consideradas as tecnologias disponíveis (art. 14, § 5º, Lei nº 13.709/2018), por exemplo, empregando recursos como biometria, criptografia, etc. Ademais, em se tratando de aplicativos, caberá a esses agentes protetores criar muito mais controles de privacidade que os existentes em relação a adultos. Do contrário, descumprirão sua função protetora e praticarão ilícitos.

A exposição indevida de dados pessoais de crianças e adolescentes podem causar graves e irreparáveis danos ao seu desenvolvimento. São situações que podem resultar em humilhação, tratamento desumano, violento, aterrorizante, vexatório, constrangedor ou degradante. Basta imaginar o vazamento de informações pessoais de crianças que estiveram em instituição de acolhimento (art. 101, VII do ECA), ou o de adolescentes que cumpriram medidas socioeducativas (art. 112 do ECA).

A preservação da imagem e da identidade assegura a não exposição pública de crianças e adolescentes, especialmente quando possa causar-lhes discriminação, depreciação ou desrespeito mediante ameaça, constrangimento, humilhação, manipulação, isolamento, agressão verbal e xingamento, ridicularização, indiferença, exploração ou intimidação sistemática (art. 4, II, *a* Lei nº 13.431/2017).

Quanto aos fundamentos relacionados ao exercício de liberdades, é indispensável a consideração de que isso só pode ser feito conforme o estágio de desenvolvimento da criança ou adolescente.

O direito fundamental infanto-adolescente à liberdade está assegurado por múltiplas formas no art. 16 do ECA, onde consta que ele compreende os seguintes aspectos: I – ir, vir e estar nos logradouros públicos e espaços comunitários, ressalvadas as restrições legais; II – opinião e expressão; III – crença e culto religioso; IV – brincar, praticar esportes e divertir-se; V – participar da vida familiar e comunitária, sem discriminação; VI – participar da vida política, na forma da lei; VII – buscar refúgio, auxílio e orientação.

Em todo caso, essas liberdades são exercidas sob o manto restritivo-educativo do poder familiar e/ou regulatório do poder público. O trato dessas liberdades é feito pela ótica do seu exercício sob restrições, as quais somente se justificam para fins formativos e educativos de crianças e adolescentes para a vida em sociedade. Não é por outra razão que, conforme art. 14, § 1º da Lei nº 13.709/2018 o tratamento de dados pessoais de crianças deverá ser realizado com o consentimento específico e em destaque dado por pelo menos um dos pais ou pelo responsável legal.

5. O Procedimento Previsto no Art. 14 da Lei Nº 13.709/2018

A leitura do art. 14 pode levar a grave confusão. Isso se deve ao fato de que o caput do referido artigo se refere a crianças e adolescentes, sendo que os seis parágrafos que se seguem referem-se apenas a crianças. Isso poderia gerar a impressão que o procedimento protetivo previsto nos parágrafos não se aplicaria a adolescentes.

Uma vez que o caput afirma que o tratamento de dados pessoais de crianças e de adolescentes deverá ser realizado em seu melhor interesse, nos termos deste artigo e da legislação pertinente, e considerando que o artigo é um todo, composto por partes que se dividem em caput, parágrafos, incisos, alíneas e itens, não se podem excluir os adolescentes do procedimento previsto nos parágrafos[13].

Ao que tudo indica, o legislador equivocou-se e não observou a divisão prevista no ECA, cujo art. 2º considera criança a pessoa até 12 anos de idade incompletos, e adolescente aquela entre 12 e 18 anos de idade. A forte

[13] Conforme dispõe o art. 10 da Lei Complementar nº 95, de 26 de Fevereiro de 1998: "os textos legais serão articulados com observância dos seguintes princípios: I – a unidade básica de articulação será o artigo, indicado pela abreviatura "Art.", seguida de numeração ordinal até o nono e cardinal a partir deste; II – os artigos desdobrar-se-ão em parágrafos ou em incisos; os parágrafos em incisos, os incisos em alíneas e as alíneas em itens."

inspiração que a GDPR europeia exerceu sobre a Lei nº 13.709/2018[14] certamente levou o legislador brasileiro a usar a palavra criança para referir-se também a adolescentes. Isso se deve ao fato de que as leis estrangeiras em tema de infância e adolescência usam a palavra *child* também para designar adolescentes até 18 anos. A redação do art. 8º da GDPR claramente influenciou o art. 14 e seus parágrafos da Lei nº 13.709/2018. Conforme dispôs o art. 8º da GDPR, a dispensa do consentimento dos pais ou responsável só é possível para os casos de "dados pessoais de crianças se elas tiverem pelo menos 16 anos"[15].

Ademais, os mecanismos previstos nos seis parágrafos do art. 14 são bastante eficientes para evitar riscos e prevenir danos decorrentes de acessos não autorizados, de situações acidentais ou ilícitas de destruição, perda, alteração, comunicação ou difusão de dados pessoais. Assegurar esses mecanismos apenas em favor de crianças – e não de adolescentes – representaria inexplicável restrição protetiva, o que violaria o próprio princípio da proteção integral.

É bem verdade, que a legislação infanto-adolescente faz, em muitos casos, diferença de tratamento protetivo para crianças e adolescentes, baseada no estágio de desenvolvimento de cada um. Todavia, mesmo aí, esses tratamentos diferenciados têm se atenuado. Note-se, por exemplo, que em recente alteração do ECA, a idade mínima para viajar pelo território nacional desacompanhado foi elevada de 12 para 16 anos (art. 83 do ECA, conforme redação dada pela Lei nº 13.812, de 2019).

Some-se que e interpretação extensiva é permitida e recomendada, para fins de ampliação de garantias, como é o caso da proteção integral de crianças e adolescentes.

A reforçar o entendimento de que os parágrafos do art. 14 também se aplicam a adolescentes, temos o disposto no § 6º desse mesmo artigo.

[14] Uma importante normativa norte-americana limita a proteção a crianças até 13 anos de idade. Trata-se do Children's Online Privacy Protection Act (COPPA), aprovada pelo congresso em 1998 e vigente desde abril de 2000. Todavia, a limitação etária dessa normativa não serviu de inspiração para a Lei nº 13.709/2018.

[15] Art. 8º, nº 1: "Where point (a) of Article 6(1) applies, in relation to the offer of information society services directly to a child, the processing of the personal data of a child shall be lawful where the child is at least 16 years old. Where the child is below the age of 16 years, such processing shall be lawful only if and to the extent that consent is given or authorised by the holder of parental responsibility over the child."

Referida regra dispõe que as informações sobre o tratamento de dados de crianças e adolescentes deverão ser fornecidas de maneira simples, clara e acessível, tendo como referência o estágio de desenvolvimento humano *da criança*. Ora, haveria inconstitucionalidade, decorrente de discriminação odiosa e da restrição de direitos fundamentais caso fosse considerado apenas o estágio de desenvolvimento de crianças em tema de informações sobre o tratamento de dados. Caso não se considere também o estágio de desenvolvimento de adolescentes no momento de serem fornecidas informações sobre o tratamento de dados pessoais, a lei estaria ignorando a natureza e fechando os olhos à própria biologia, pois em termos neurológicos, o desenvolvimento cerebral ocorre em surtos, em períodos que podem ser marcados na infância (do nascimento até os 12 anos) e na adolescência (dos 13 aos 17 anos), em termos gerais. Esses surtos são intermediados por estágios de estabilidade e ocorrem juntamente com o desenvolvimento cognitivo[16]. A lei ignoraria a natureza humana na fase adolescente, marcada pela impulsividade e pela reflexão insuficiente sobre a ação futura[17]. Os experimentos denominados *Temporal Discounting* (TD) revelam que as decisões intertemporais dos adolescentes ainda são marcadas pela escolha das pequenas recompensas imediatas em detrimento das maiores recompensas mais distantes no tempo, o que frequentemente resulta em decisões equivocadas ou arriscadas[18].

Desse modo, não pode haver diferenciação quanto ao procedimento, exigindo-se o consentimento específico e em destaque dado por pelo menos um dos pais ou pelo responsável legal para o tratamento de dados pessoais de crianças e de adolescentes (art. 14, § 1º). Impõe-se que sejam desenvolvidas funcionalidades para a tomada de consentimento de pais ou responsável de adolescentes também.

[16] BEE, Helen; BOYD, Denise. *A criança em desenvolvimento*. Título original: *The developing child*. Tradução de Cristina Monteiro. 12. ed. Porto Alegre: Artmed, 2011, pp. 111-112.

[17] ROMER, Daniel. *Adolescent risk taking, impulsivity, and brain development:* implications for prevention. Dev Psychobiol. Author manuscript, available in PMC, Sep. 18, 2012. Published in final edited form as: Dev Psychobiol, 52(3), pp. 263–276, Apr. 2010. Doi: 10.1002/dev.20442. PMC – US National Library of Medicine – National Institutes of Health.

[18] WATER, Erik de. *Impulsivity in Adolescents:* Cognitive, Neural, Hormonal, and Social Factors. Tese apresentada para obtenção do grau de doutor na Radboud Universiteit Nijmegen. Behavioural Science Institute: Thesis, January, 2017, p. 15.

É bem verdade que caso o controlador não cumpra a regra com relação aos adolescentes, poderá alegar que observou estritamente a lei e que agiu de boa-fé. Caberá à autoridade nacional (art. 5º, XIX da Lei nº 13.709/2018) advertir o controlador para a inclusão de adolescentes nas ações dos parágrafos do art. 14. Desse modo, evita-se a persistência no equívoco e o controlador não poderá alegar boa-fé em uma segunda oportunidade.

Nesse tratamento (§ 2º), é obrigação dos controladores manter pública a informação sobre os tipos de dados coletados, a forma de sua utilização e os procedimentos para o exercício dos direitos que asseguram ao titular dos dados pessoais exigir do controlador diversas ações e informações (art. 18 Lei nº 13.709/2018).

O art. 14 § 3º permite que sejam coletados dados pessoais de crianças e adolescentes sem o consentimento do § 1º quando a coleta for necessária para que os pais ou o responsável sejam contatados. Contudo, essa dispensa só é permitida uma única vez, sendo proibido o armazenamento. Também se dispensa o consentimento para fins de proteção de crianças e adolescentes. Todavia, em nenhum caso os dados pessoais poderão ser repassados a terceiro sem o consentimento do § 1º.

Note-se que na hipótese de coleta sem consentimento para fins de proteção, não incide as restrições de uso numa só vez e proibição de armazenamento. Ora, considerando que frequentemente contatam-se os pais ou responsável para fins de proteção de crianças e adolescentes, o § 3º poderia ter simplesmente dito que é dispensável o consentimento do § 1º para fins de proteção.

Conforme interpretação garantística e protetivo integral que conferimos art. 14 da Lei nº 13.709/2018, nos termos do § 4º, os controladores não deverão condicionar a participação de crianças e adolescentes em jogos, aplicações de internet ou outras atividades ao fornecimento de informações pessoais além das estritamente necessárias à atividade. Não faria sentido, por exemplo, permitir que um adolescente de 13 anos somente pudesse baixar um simples jogo de tipo *pinball* condicionado ao fornecimento de seu CEP, data de nascimento, gênero, telefone, e-mail, ID de computador, endereço de IP, ou ainda, condicionado ao compartilhamento de sua geolocalização.

O disposto no § 5º impõe ao controlador o dever de realizar todos os esforços razoáveis para verificar que o consentimento do § 1º foi dado pelos pais ou responsável, consideradas as tecnologias disponíveis. Como já dito, por força da interpretação ampliativa, o § 1º aplica-se também aos adolescentes.

As informações sobre o tratamento de dados de crianças e adolescentes – que como já dito acima deverão ser fornecidas de maneira simples, clara e acessível, sempre considerando o estágio de desenvolvimento da criança e do adolescente – não se limitam a serem fornecidas de maneira escrita. Devem ser também ser fornecidas com o emprego de recursos audiovisuais (§ 6º), quando isso for adequado, de forma a proporcionar a informação necessária aos pais ou ao responsável legal e adequada ao entendimento da criança. A questão relativa à *adequação* está associada ao maior ou menor desenvolvimento da criança e do adolescente, bem como a eventuais condições especiais, por exemplo, a criança ou adolescente é considerada pessoa com deficiência (por exemplo, surda, hipótese em que o recurso auditivo é essencial).

6. Déficits Inexoráveis, Datafícação e Data Vigilância da Infância

Não há ilícito somente nas situações de vazamento de dados. Basta que uma empresa utilize um dado fora das bases estabelecidas pela Lei nº 13.709/2018 para que se configure situação de risco e/ou lesão para crianças e adolescentes.

A todo instante são coletados indevidamente dados de crianças e adolescentes, nas situações corriqueiras e cotidianas, por ocasião do ingresso em sites, aplicativos, hotéis, clubes, escolas, etc). Esses dados são submetidos a processos algoritmos, que constroem perfis e usam essas informações para os mais diversos fins.

Não é por outra razão que são apresentados a crianças e adolescentes produtos comerciais que acertam precisamente seus interesses e pontualmente despertam suas atenções. São produtos especificamente atrativos para aquele indivíduo que está usando a internet. Por exemplo, uma criança que assiste a um vídeo numa plataforma aberta, verá que o vídeo é interrompido diversas vezes com propagandas de produtos que especificamente correspondem aos seus interesses atuais. Isso não é mera coincidência. Seus dados pessoais foram usados. Se por um lado crianças e adolescentes são muito hábeis no manejo de novas tecnologias, são muito impulsivas para entregar informações pessoais, sem a devida reflexão sobre a gravidade dessa entrega. Crianças e adolescentes são propensos a aceitar termos de uso de aplicativos em troca da aceitação pelo grupo social e recompensas (por exemplo, em troca de curtidas), popularidade, etc. Espanta a quantidade de *youtubers* mirins que existem e, mais ainda, a quantidade de seguidores desses artistas-mirins.

O contato precoce de crianças e adolescentes com *devices* e a baixa capacidade dos pais em proteger cria o caldo perfeito para déficits inexoráveis de coleta e uso de dados de crianças e adolescentes.

São fenômenos denominados dataficação e datavigilância da infância, os quais inserem as informações de crianças e adolescentes no centro de uma nova lógica de negócios e exigem novos modelos de governança para o chamado "capitalismo de vigilância". Já com boa segurança fala-se em "normalização da cultura de vigilância" como prática cotidiana e difusa com as quais crianças e adolescentes se envolvem.

A literatura também afirma as consequências negativas decorrentes da dataficação por longo prazo, consistentes restringir o acesso de crianças a recursos e oportunidades futuras. A classificação social algorítmica acarreta o risco de aumentar as desigualdades sociais e a supressão dos direitos das crianças. Impressiona também o fato de que a dataficação e a datavigilância começam antes do nascimento. Inicia-se já durante a gestação, no útero, conforme preferências e comportamento dos futuros pais.

A forma mais eficiente de minimizar os inexoráveis danos ao desenvolvimento infanto-adolescente, nesse tema, se dá com o emprego da ação educativa e cuidadora sistemática e diária por parte de pais ou responsáveis devidamente capacitados, informados e em condições de atuar frente a esses riscos.

Conclusões

A Lei nº 13.709/2018 possui duas graves falhas: a) não se refere aos princípios da proteção integral e da prioridade absoluta como marcos normativos iniciais para o tratamento de dados pessoais de crianças e adolescentes; b) não incluiu o adolescente nos parágrafos do art. 14.

Isso não significa, absolutamente, que o tema não se submeta à doutrina da proteção integral. O sistema jurídico da infância e adolescência está erigido e funcionalizado pelos respectivos princípios jurídicos estruturantes. E o adolescente é protegido por eles. Sempre. Jamais é excluído da proteção integral e prioritária.

Todavia, em tema de crianças e adolescentes, repetir a CF e o ECA não é um equívoco. Ao contrário, é um acerto. Sempre que as leis tratam de populações vulneráveis (e crianças e adolescentes o são), o reforço semântico dos princípios e de seus direitos fundamentais é medida da maior importância, sob pena desses direitos serem esquecidos, por força da baixa visibilidade social que lhes é inerente.

Em tema de proteção dos dados pessoais de crianças e adolescentes, o legislador brasileiro poderia ter tentado exercer um pouco mais de autonomia em relação à normativa estrangeira pela qual se deixou influenciar fortemente (GDPR). Poderia ter conferido proteção semanticamente mais ampla, evitando que o intérprete tenha que recorrer às normas que se encontram na CF e no ECA.

Se de um lado o ordenamento jurídico infanto-adolescente não deixa dúvidas que a proteção integral se aplica à proteção de dados pessoais de crianças e adolescentes, por outro lado a história de esquecimento de direitos fundamentais desses indivíduos em formação também não deixa dúvidas que a Lei nº 13.709/2018 carece de explicitação principiológica e direitos fundamentais, pois a repetição dessas normas é sempre um mecanismo eficiente para que crianças e adolescentes não sejam esquecidos como sujeitos de direitos.

Leis não são feitas ao sabor dos ventos e as omissões e equívocos da Lei nº 13.709/2018 em tema infanto-adolescente não podem ser encarados como meros acidentes, especialmente, quando existem interesses financeiros poderosos em jogo, como é o caso do tratamento de dados pessoais. Caberá ao jurista estar atento a todo o sistema jurídico especial da infância e adolescência. O legislador brasileiro deixou ao operador do direito a tarefa de manter onipresente atenção ao ordenamento jurídico infanto-adolescente. Mas, a lei não se dirige exclusivamente aos juristas. Ela é feita para compreensão geral, de qualquer do povo. Logo, o cidadão sem os complexos conhecimentos dos operadores do direito compreenderá a Lei nº 13.709/2018 conforme sua literalidade. O destinatário geral dessa lei é o povo, que não possuiu treinamento para buscar pelas omissões legais, tampouco para realizar interpretação sistemática integrativa, nem hermenêutica teleológica. Logo, cumprirá a lei conforme a sua exata redação. Daí, uma questão interessante surge: teria o legislador (também ele?!) se deixado contagiar pela baixa visibilidade de crianças e adolescentes, quando redigiu o art. 14 da Lei nº 13.709/2018?

Referências

ABRAMOVAY, Miriam; CASTRO, Mary Garcia; PINHEIRO, Leonardo de Castro; LIMA, Fabiano de Sousa; MARTINELLI, Cláudia da Costa. *Juventude, violência e vulnerabilidade social na América Latina:* desafios para políticas públicas. Brasília: UNESCO, BID, 2002.

BEE, Helen; BOYD, Denise. *A criança em desenvolvimento.* Título original: *The developing child.* Tradução de Cristina Monteiro. 12. ed. Porto Alegre: Artmed, 2011.

DISTEFANO, Marcella. *Intresse Superiore del Minore e Sottazione Internazionale di Minori.* Italia: CEDAM, 2012.

EEKELAAR, John. "*The Interest of the Child and the Child's Wishes: The Role of Dynamic Self--Determination*". In: *International Journal of Law, Policy and The Family,* UK, v. 8, ed. 1, pp. 42-61, abr. 1994.

GRUNSPUN, Haim. *O trabalho das crianças e adolescentes.* São Paulo: LTr, 2000.

OLIVEIRA, Oris de. *O trabalho da criança e do adolescente.* São Paulo: LTr, Brasília, DF: OIT, 1994.

RIZZINI, Irene. "Crianças e menores – do Pátrio Poder ao Pátrio dever. Um histórico da legislação para a infância no Brasil". In: RIZZINI, Irene; PILOTTI, Francisco. (Org.). *A arte de governar crianças:* A história das políticas sociais, da legislação e da assistência à infância no Brasil. 2. ed. São Paulo: Cortez, 2009.

______. "Meninos desvalidos e menores transviados: a trajetória da assistência pública até a Era Vargas". In: RIZZINI, Irene; PILOTTI, Francisco. (Org.). *A arte de governar crianças:* A história das políticas sociais, da legislação e da assistência à infância no Brasil. 2. ed. São Paulo: Cortez, 2009.

ROMER, Daniel. *Adolescent risk taking, impulsivity, and brain development:* implications for prevention. Dev Psychobiol. Author manuscript; available in PMC 2012 Sep. 18. Published in final edited form as: Dev Psychobiol. 52(3), p. 263–276, Apr. 2010. Doi: 10.1002/dev.20442. PMC; US National Library of Medicine; National Institutes of Health.

UNIÃO EUROPEIA. "Regulamento (EU) 2016/679 do Parlamento Europeu e do Conselho, de 27 de abril de 2016, relativo à proteção das pessoas singulares no que diz respeito ao tratamento de dados pessoais e à livre circulação desses dados e que revoga a Diretiva 95/46/CE (Regulamento Geral sobre a Proteção de Dados)". *Jornal Oficial da União Europeia,* 04 de maio de 2016. Disponível em: <https://eur-lex.europa.eu/legal-content/PT/TXT/HTML/?uri=CELEX:32016R0679&from=PT#d1e8250-1-1>. Acesso em: 10 junho 2019.

WATER, Erik de. *Impulsivity in Adolescents: Cognitive, Neural, Hormonal, and Social Factors.* Tese apresentada para obtenção do grau de doutor na Radboud Universiteit Nijmegen. Behavioural Science Institute: Thesis, January, 2017.

ZAMAN, Bieke; CASTRO, Teresa Sofia; MIRANDA, Fernanda Chocron. *Internet dos Brinquedos: vantagens, riscos e desafios de um intrigante cenário de consumo para pais e pesquisadores.* Intercom, Rev. Bras. Ciênc. Comun., São Paulo, v. 41, n. 3, pp. 213-219, Sept. 2018. Disponível em: <http://www.scielo.br/scielo.php?script=sci_arttext&pid=S1809--58442018000300213&lng=en&nrm=iso>. Acesso em: 10 junho 2019.

8. Dados de Crianças e sua Indefectível Tutela: Começar em Casa, Prosseguir Criteriosamente na Escola

Mário Frota

1. Preliminares

1.1. Situações do Quotidiano

Os jornais (*v.g.*, o Jornal de Notícias, de vasta difusão, editado no Porto desde 1888, de 03 de outubro de 2010) mimoseavam os seus leitores com uma prosa do estilo:

> Escolas permitem recolha ilegal de dados de alunos
>
> Uma empresa foi multada por recolha ilegal de dados nas escolas e teve ordem para destruir ficheiros, um deles com mais de 122 mil registos. A Direcção Regional de Educação do Norte pede às escolas que não contribuam para estas situações.
>
> Segundo a Comissão Nacional de Protecção de Dados (CNPD), a Joviform, empresa de consultadoria empresarial do grupo Unicenter (que tem morada no Porto e comercializa cursos de Inglês e Informática) foi multada por, entre outros incumprimentos das disposições legais, ter recolhido e tratado "dados de menores sem que os seus representantes legais tivessem autorizado nesse sentido", lê-se na deliberação de Julho passado.
>
> O processo, que resultou de uma queixa de José Almeida, ex-trabalhador da empresa, está em fase de recurso.
>
> A CNPD ordenou, ainda, "a destruição imediata de todos os dados pessoais de menores (ou obtidos através destes a terceiros) que tenham sido obtidos sem o consentimento dos representantes". E "um desses ficheiros contém 122571 registos".

Em causa estão os cupões utilizados em acções promocionais, destinados ao sorteio de prémios e à recolha de dados dos menores e encarregados de educação, incluindo moradas e números de telefone, com vista a angariar formandos.

A CNPD analisou o cupão do concurso, que se realizou em 2008 com autorização do Governo Civil do Porto. Cupão este usado em acções nas escolas, stands e superfícies comerciais.

É com consentimento dos conselhos executivos que a empresa faz as acções de sensibilização nas escolas. Algumas funcionam como pólos e cedem salas para o efeito. "Têm essa autonomia", justificou fonte da Direcção Regional de Educação do Norte (DREN), ao JN.

A CNPD explica que, "havendo tratamento de dados de menores, como é o caso, terá que ser o representante legal a prestar o consentimento". E, "na verdade, o cupão que serve de base à recolha de dados não contém nenhum campo/espaço destinado à obtenção do consentimento, por exemplo, um campo destinado à identificação, autorização e assinatura do encarregado de educação". Por isso, diz que a empresa "violou" a Lei de Protecção de Dados.

A 5 de Agosto, José Almeida escreveu às direcções regionais de Educação do Norte e Centro, criticando a "venda de cursos dentro de uma escola pública". Segundo o gabinete de imprensa da DREN, foi então, a 17 de Setembro, enviado o ofício às escolas.

"Tomámos conhecimento de que pelo menos uma empresa que se dedica à comercialização de cursos de línguas e de Informática contacta as direcções das escolas para obter permissão para divulgar os seus cursos aos alunos. Acontece que, durante o contacto, fornece cupões para os alunos preencherem com os seus dados pessoais sob o pretexto de os habilitar a um concurso com prémios", escreve a DREN.

Diz que a obtenção dos dados, "de alunos menores, sem autorização dos pais ou representantes legais, para efeitos comerciais e de marketing, foi já considerada ilegal". E "alerta todas as escolas para que estejam atentas a esta realidade e não contribuam, involuntariamente é certo, para qualquer eventual desrespeito da ilegalidade".

Contactada pelo JN, a direcção da empresa fala de uma "vingança" de José Almeida, por não ter sido integrado como funcionário. Refere que o cupão obedece ao sistema de RSF, para que os pais o enviem pelo correio. E destina-se "ao público em geral, não apenas a menores".

Segundo outra fonte da direcção, estava escrito no cupão "enc. de educação" mas faltava a indicação de assinatura, por "desconhecimento". À CNPD, a defesa garantiu ser "sempre solicitado o consentimento" dos pais para que os alunos participassem nos workshops. E que o acesso a estes "é efectuado com a entrega do cupão devidamente preenchido, após autorização" dos pais.

Situações do jaez destas ocorrem com inusitada frequência. Não se trata, pois, de um qualquer caso isolado. E é fruto tanto de uma generalizada ignorância sobre os direitos que exornam os titulares dos dados, como de necessidades intrínsecas dos estabelecimentos de ensino que entrevêem na cedência dos dados dos estudantes e seus familiares um meio adequado à supressão das dificuldades orçamentais com que se confrontam, já que percebem uma percentagem dos réditos negociais das empresas a que por esse modo se religam.

Ora, a intervenção sistemática da Comissão Nacional de Protecção de Dados sempre que instada, provoca, em meio escolar, uma reflexão acerca do manancial de dados à disposição dos estabelecimentos e das cautelas com que há que lidar com algo de tão delicado, tão sensível quanto toda essa panóplia de elementos nos dados imbricados.

1.2. A Exposição dos Dados e sua Apreensão sem a Consciência dos Bens, Interesses ou Valores em Presença

A exposição de dados, ainda que de comunidades escolares com a expressão que a generalidade assume, jamais se revelou como algo de ilícito ou susceptível de ofender os direitos de personalidade dos co-envolvidos.

Escassa, rala a noção que o vulgo tem de que os dados pessoais aureolam a personalidade do seu titular e se acham, de qualquer modo, sujeitos a restrições e, por esse facto, dotados de uma tutela acrescida.

Desde a cedência benévola dos dados a pretexto de uma pretensa participação em eventual concurso ou a "dádiva" dos dados contra irrisório desconto num dado produto, a tudo se assiste como corolário de uma ausência manifesta das coordenadas que subjazem à condição cidadã de quem quer.

A forma como, nas redes e, em geral, as pessoas se expõem, sem curar das consequências, é bem ilustrativa da displicência e da ausência de conhecimento dos malefícios causados por tamanha insensatez.

Na realidade, a expressão que tais revelações assumem, em contexto de redes sociais, é susceptível de propiciar a conclusão de que falece a consciência dos bens, interesses ou valores em presença.

A reacções inorgânicas se assiste, por vezes, quando os fenómenos assumem uma dada expressão ou, por razões outras, como as que se enunciam na factualidade de que se arranca, em que se atribui a denúncia a dissídios de natureza laboral, que não intrinsecamente em razão de um qualquer dever de cidadania.

Situações do jaez das que se trazem a lume provocam algures reacções inorgânicas, mesmo de banda de quem, ainda que de modo perfunctório, entende que o recurso a dados nestes termos facultados constitui algo *contra natura*.

Na realidade, não parece normal que entidades com a responsabilidade dos estabelecimentos de educação e de ensino, tanto oficiais como particulares, mas com maior incidência nos que se apresentam sob chancela pública, mercê de circunstâncias cuja análise neste passo se teria por deslocada, facultem, contra retribuição directa ou reflexa, os dados de quantos integram a comunidade escolar e seus familiares para desse modo fazerem jus a comissões pecuniárias susceptíveis de mitigar os défices orçamentais.

O facto é que fenómenos destes repetiam-se à exaustão, admitindo-se, embora, que ainda sejam susceptíveis de ocorrer, um pouco por toda a parte.

As reacções terão necessariamente de se fazer sentir, à medida que se vai ganhando consciência de que os dados pessoais não são meros dados de ocasião que se jogam displicentemente sobre um tampo aveludado ou uma banca rústica sem adornos especiais.

Parece assisado que se vá avolumando a onda de indignação que se abate sobre condutas do estilo e passe a haver uma reacção adequada à afronta singular ou colectiva que tais comportamentos desviantes representam.

2. Enquadramento Normativo Global

2.1. Convenção das Nações Unidas

A Convenção das Nações Unidas dos Direitos da Criança, firmada em Nova Iorque a 26 de Janeiro de 1990, reconhece, afinal, e enaltece o óbvio: *a criança como o traço essencial da arquitectura familiar.*

Donde o importar se prepare a criança adequada e convenientemente para desfrutar de uma vida plena em sociedade, formada no espírito dos ideais proclamados na Carta das Nações Unidas e, em particular, em ambiente de harmonia, imbuída dos mais atributos (dignidade, tolerância, liberdade, igualdade e solidariedade).

A instante necessidade de assegurar especial protecção à criança decorre tanto da Declaração de Genebra de 1924, como da Declaração adoptada pelas Nações Unidas em 1959, reconhecida que foi pela Declaração Universal dos Direitos do Homem, pelo Pacto Internacional sobre os Direitos Civis e Políticos e bem assim pelo Pacto Internacional sobre os Direitos Económicos, Sociais e Culturais, *maxime* no seu artigo 10.º, e pelos estatutos e instrumentos em que se suportam as instituições internacionais que ao bem-estar da criança se consagram.

No artigo 3.º da Convenção em epígrafe se plasma, em particular, algo que se prende com os sensíveis domínios sobre que versa.

Nele radica o comando maior, a saber, "todas as decisões relativas a crianças, adoptadas por instituições públicas ou privadas de protecção social, por tribunais, autoridades administrativas ou órgãos legislativos, terão primacialmente em conta o interesse superior da criança."

Aos Estados incumbe garantir à criança a protecção e os cuidados necessários ao seu bem-estar, atenta a carta de direitos e deveres parentais e similares, provendo as pertinentes medidas, tanto na esfera normativa como no plano administrativo.

O que, como enquadramento primeiro no que tange aos seus dados em meio escolar, cumpre naturalmente evidenciar.

2.2. Convenção do Conselho da Europa

A Convenção 192 do Conselho da Europa, que a lume veio a 25 de Outubro de 2007, em Lanzarote, visa preservar a integridade das crianças contra a exploração e os abusos sexuais, enunciando, designadamente, em cada um dos seus passos, o que incumbe aos Estados de molde a garantir os meios susceptíveis de obliterar os riscos resultantes da adopção das tecnologias de informação e de comunicação.

No seu artigo 6.º, amiúde invocado a tal propósito, se prescreve que cada um dos Estados signatários adopta "as necessárias medidas legislativas ou outras para que as crianças recebam, ao longo da escolaridade básica e secundária, informação sobre os riscos de exploração sexual e abusos sexuais, bem como sobre os meios de que dispõem para se proteger, adaptada ao seu estádio de desenvolvimento. Esta informação, dispensada, se necessário, com a colaboração dos progenitores, insere-se num tipo de informação mais generalizada sobre a sexualidade e centra, particularmente, a atenção nas situações de risco, nomeadamente as resultantes da utilização das novas tecnologias de informação e de comunicação."

Tanto mais que os dados susceptíveis de obtenção em sede própria dos estabelecimentos de ensino expõem, é facto, as crianças a predadores que não conhecem nem fronteiras nem limites.

E curial será precavê-las contra situações propiciadas pela exposição dos dados nas redes.

2.3. Carta de Direitos Fundamentais da União Europeia

A Carta dos Direitos Fundamentais da União Europeia, em consonância, de resto, com os instrumentos internacionais preponderantes, define no particular de que se trata e sob a epígrafe "direitos das crianças", no n.º 2 o seu artigo 24, que *"Todos os actos relativos às crianças, quer praticados por entidades públicas, quer por instituições privadas, terão primacialmente em conta o interesse superior da criança."*

E é esse o norte, o luzeiro, sejam quais forem as circunstâncias.

É o superior interesse da criança que serve de aferidor de condutas, de intervenções, de directrizes que pontifiquem em domínios a que se adscrevam ou em que se envolvam.

É o superior interesse da criança que serve de esquadria a qualquer moldura.

E, no que tange ao círculo escolar, em que o envolvimento é todo outro, maiores exigências se postulam, maior rigor se exige em quanto se reporte à criança.

3. Enquadramento Específico – Novos Instrumentos

3.1. Convenção Europeia de Direitos Humanos e a Carta Europeia de Direitos Fundamentais

A Convenção Europeia de Direitos Humanos consagra, como fundamental, o direito ao respeito pela vida privada e familiar.

Com efeito, no n.º 1 do seu artigo 8.º, proclama que "qualquer pessoa tem direito ao respeito da sua vida privada e familiar, do seu domicílio e da sua correspondência", na esteira, de resto, de algo que emana da Declaração Universal dos Direitos do Homem.

E o n.º 2, complementa, como natural, que não pode haver ingerência da autoridade pública no exercício de um tal direito senão quando a lei o previr e se traduzir em providência que, nos quadros de uma sociedade assente no primado das liberdades cívicas, se torne indispensável para

- a segurança nacional;
- a segurança pública;
- o saúde económica do país;
- a defesa da ordem e a prevenção da delinquência;
- a protecção da saúde e da moralidade públicas; ou
- a tutela dos direitos e das liberdades de terceiros.

A *Carta de Direitos Fundamentais da União Europeia*, outorgada em 2000, reitera, no seu artigo 7.º, o que a Convenção Europeia consagra no artigo 8.º e seu conferiu realce no passo precedente, a saber, o "respeito pela vida privada e familiar", com uma formulação bem próxima da enunciada: *"Todas as pessoas têm direito ao respeito pela sua vida privada e familiar, pelo seu domicílio e pelas suas comunicações."*

E, no dispositivo subsequente, sob o tema da "*protecção de dados pessoais*", estabelece emblematicamente, como direito universal *"Todas as pessoas têm direito à protecção dos dados de carácter pessoal que lhes digam respeito."*

E precisa que tais dados devem ser objecto de um tratamento leal, para fins específicos e com o consentimento próprio ou outro fundamento legítimo que a lei definirá com precisão.

Ademais, a todas as pessoas se reconhece o direito de aceder aos dados coligidos que lhes respeitem e de obter, se for o caso, a devida rectificação.

Acrescenta a norma, no seu n.º 3, que o cumprimento destas regras se sujeitará à supervisão de uma autoridade independente, a criar no seio da União Europeia.

A protecção das pessoas singulares, no que ao tratamento de dados pessoais tange, é, pois, um direito fundamental. Que o Tratado sobre o Funcionamento da União Europeia, no n.º 1 do seu artigo 16, de todo e em tudo corrobora.

A reserva neste particular atinge todos os cidadãos, com especial realce para as crianças, jovens e adolescentes, em vista das peculiares vulnerabilidades que os atingem.

Em complemento do que os preceitos inculcam, a União Europeia, outrora dotada de um instrumento normativo distinto (a Directiva 95/46/CE, do Parlamento Europeu e do Conselho), passou a dispor de um regulamento, com diversa estrutura e disciplina mais consequente, em vigor desde 25 de Maio de 2018.[1]

O escopo é o da uniformização, a seu modo, da disciplina que rege em um tal domínio em todo o espaço por que se espraia, não só o da União, mas ainda o do Espaço Económico Europeu, que agrega, para além dos 28, 3 Estados da EFTA, a Islândia, o Liechtenstein e a Noruega.

3.2. Regulamento Europeu de 2016

O Regulamento n.º 2016/679, de 27 de Abril, do Parlamento Europeu e do Conselho, rege actualmente o amplo domínio dos dados pessoais, restrito, porém, aos indivíduos, não abrangendo, por conseguinte, as pessoas colectivas, no Brasil qualificadas como jurídicas.

O Regulamento tem como objectivo o de contribuir para a consecução de um espaço de liberdade, segurança e justiça e de uma união económica, vale dizer, de um mercado interno delimitado pelas fronteiras exteriores dos seus Estados-membros, para o progresso económico e coesão social, a consolidação e a convergência das economias a nível do mercado e para o bem-estar das pessoas singulares.

O seu conteúdo atinge de análogo modo as crianças. Que merecem especial protecção no que tange aos seus dados. Já que, por definição, estarão decerto menos cientes dos riscos, consequências e garantias que se lhes conferem e dos direitos que as exornam no que ao tratamento dos seus dados atine.

Tal protecção estender-se-á, nomeadamente, ao emprego dos seus dados pessoais em vista da comercialização ou de criação de perfis de personalidade. E bem assim à recolha de dados pessoais das crianças aquando de serviços que directamente se lhes disponibilizam.

[1] A Directiva 95/46/CE, do Parlamento Europeu e do Conselho, de 24 de Outubro de 1995, foi transposta para o ordenamento jurídico nacional pela Lei 67/98, de 26 de Outubro, que passou a ser designada por LPDC – Lei de Protecção de Dados Pessoais. A Directiva referenciada foi revogada pelo Regulamento Geral de Protecção de Dados de 27 de Abril de 2016, que entrou em vigor no Espaço Económico Europeu em 25 de Maio de 2018.

3.3. Regulamentos Nacionais

3.3.1. Lei Pátria Complementar do Regulamento Europeu

Os Regulamento Europeus, ao invés das directivas, operam directa e imediatamente na ordem interna de cada um dos Estados-membros. Sem necessidade de transposição dos seus ditames por qualquer lei ou equivalente. Com excepção, é facto, da moldura sancionatória, sempre que tal ocorra.

O Regulamento deixara, porém, ao livre alvedrio dos Estados um sem-número de aspectos: *v.g.*, entre outros, o da fixação da idade do consentimento parental dos dados dos menores, no leque entre os 13 e os 16 anos.

O Parlamento Nacional dever-se-ia ter desobrigado de um tal poder-dever em momento anterior ao da vigência do Regulamento.

Só aprovou, porém, a Proposta de Lei do Governo, cunhada sob o n.º 120/XIII/ 1.ª, a 14 de Junho próximo pretérito, sem que houvesse à data do escrito sido ainda promulgada e menos ainda publicada a consequente lei.[2]

A proposta de lei fixa, com efeito, no seu artigo 16, a idade do consentimento, aliás, objecto de acesso debate, nos 13 anos, como segue:

> Artigo 16.º
> **Consentimento de menores**
> 1- Nos termos do artigo 8.º do RGPD, os dados pessoais de crianças só podem ser objecto de tratamento com base no consentimento previsto na alínea a) do n.º 1 do artigo 6.º do RGPD e relativo à oferta directa de serviços da sociedade de informação quando as mesmas já tenham completado treze anos de idade.
> 2 – Caso a criança tenha idade inferior a treze anos, o tratamento só é lícito se o consentimento for dado pelos representantes legais desta, preferencialmente com recurso a meios de autenticação segura, como o Cartão de Cidadão ou a Chave Móvel Digital.

Daí que haja de tomar em consideração este preceito particular que assume peculiar relevância em todo o contexto que ora se desenvolve.

[2] A Proposta de Lei enunciada foi, finalmente, promulgada e publicada no jornal oficial: Lei n.º 58/2019, de 08 de Agosto.

3.3.2. Deliberação da Comissão Nacional de Protecção de Dados portuguesa

Relevante, no que em particular toca aos estabelecimentos de ensino e a determinadas práticas que até então se desenvolveram, é a extensa e minuciosa análise que culmina na *Deliberação 1495/2016* que a Autoridade de Supervisão editou sob a epígrafe *"Disponibilização de dados pessoais de alunos no sítio da Internet dos estabelecimentos de educação e ensino"*. E que data de 6 de Setembro de 2016.

Nela se analisa cada um dos pontos-chave, a saber:

- Os riscos da internet e o interesse superior da criança;
- Condições de legitimidade para disponibilização de dados na internet;
- O sítio da internet como portal de acesso;
- Procedimentos principais a adoptar pelas escolas.

O modelo vazado pela Comissão Nacional de Protecção de Dados compendia directrizes que os estabelecimentos de ensino assumem como corpo de regras a que devem estrita obediência.

Aos estabelecimentos de educação e ensino cumpre delinear uma política interna acerca das condições exigíveis para a disponibilização de dados pessoais nos respectivos sítios da Internet, com particular destaque para as áreas reservadas, bem como para a segregação da informação em função da finalidade.

Outrossim uma política robusta de segurança da informação, em conformidade com as exigências da, ao tempo vigente, LPDP – Lei de Protecção de Dados Pessoais, que contemple, nomeadamente:

- mecanismos fortes de autenticação;
- gestão de utilizadores e de atribuição de perfis de acesso, em consonância com o princípio da necessidade de conhecer e a renovação periódica da comunidade escolar;
- configuração das plataformas no respeito por tal princípio;
- a confidencialidade das transmissões de dados e o registo dos acessos (*logs*);
- os eventuais consentimentos que sejam obtidos dos encarregados de educação ou dos próprios jovens para a recolha de imagens devem passar a constar do processo individual do aluno.

Às escolas cabe, neste domínio, nortear sempre a sua actuação pelo respeito pelos princípios da proporcionalidade e da não discriminação, na perspectiva do interesse superior das crianças, avaliando a todo o tempo os riscos e o impacto que a disponibilização de dados pessoais na Internet pode ter na vida dos escolares.

Incumbe ainda aos estabelecimentos de ensino, através do exemplo, sensibilizar a comunidade escolar para a necessidade de proteger os dados pessoais e respeitar a privacidade de todos e de cada um, em particular a das crianças.

Claro que, em nosso entender, o esboço, o desenho de uma política interna que defina as condições de acesso aos dados e de uma política de segurança da informação, robusta e consistente, deve arrancar de um tronco comum que urge obviamente definir de antemão, adaptando-se aos circunstancialismos que a situação *in casu* requeira.

4. Dados de Menores – Dados Sensíveis

4.1. O Problema e os Riscos Detectados

Como avulta dos *consideranda* do Regulamento Geral de Protecção de Dados (RGPD):

> As crianças merecem protecção especial quanto aos seus dados pessoais, uma vez que podem estar menos cientes dos riscos, consequências e garantias em questão e dos seus direitos relacionados com o tratamento dos dados pessoais.
>
> Essa protecção específica deverá aplicar-se, nomeadamente, à utilização de dados pessoais de crianças para efeitos de comercialização ou de criação de perfis de personalidade ou de utilizador, bem como à recolha de dados pessoais em relação às crianças aquando da utilização de serviços disponibilizados directamente às crianças.
>
> O consentimento do titular das responsabilidades parentais não deverá ser necessário no contexto de serviços preventivos ou de aconselhamento oferecidos directamente a uma criança.

Se os dados em geral merecem protecção, os das crianças devem ser especialmente reforçados ante o superior interesse que é o seu e na circunstância se reclama.

Se as pessoas, em geral, carecem no domínio de que se trata de uma peculiar tutela, as crianças, em rigor, exigem acrescida protecção, adequada às debilidades que consigo transportam.

E que tem como escopo primacial consubstanciar os meios tendentes ao desenvolvimento da sua personalidade até **à consecução da sua** plena formação.

E compreende-se a razão de uma exigência de todo mais robusta. Tal ancora no facto de a criança não haver atingido plenamente a maturidade física e psicológica, sinal de marcante hipervulnerabilidade, a reclamar um sistema de pesos e contrapesos que mister será introduzir enquanto a situação subsistir.

Registe-se que segundo os instrumentos internacionais mais relevantes, *v.g.*, a Convenção das Nações Unidas dos Direitos das Crianças de 1989 (artigo 1.º), por estranho que se afigure, criança é quem tiver idade inferior a 18 anos, excepcionados os casos em que haja adquirido a maioridade legal.

O *considerandum* 75 do Regulamento Europeu reforça as razões de um efectivo reforço neste particular, como segue:

> O risco para os direitos e liberdades das pessoas singulares, cuja probabilidade e gravidade podem ser variáveis, poderá resultar de operações de tratamento de dados pessoais susceptíveis de causar danos físicos, materiais ou imateriais, em especial quando o tratamento possa dar origem à discriminação, à usurpação ou roubo da identidade, a perdas financeiras, prejuízos para a reputação, perdas de confidencialidade de dados pessoais protegidos por sigilo profissional, à inversão não autorizada da pseudonimização, ou a quaisquer outros prejuízos importantes de natureza económica ou social;
>
> quando os titulares dos dados possam ficar privados dos seus direitos e liberdades ou impedidos do exercício do controlo sobre os respectivos dados pessoais;
>
> quando forem tratados dados pessoais que revelem a origem racial ou étnica, as opiniões políticas, as convicções religiosas ou filosóficas e a filiação sindical, bem como dados genéticos ou dados relativos à saúde ou à vida sexual ou a condenações penais e infracções ou medidas de segurança conexas;
>
> quando forem avaliados aspectos de natureza pessoal, em particular análises ou previsões de aspectos que digam respeito ao desempenho no trabalho, à situação económica, à saúde, às preferências ou interesses pessoais, à fiabilidade ou comportamento e à localização ou às deslocações das pessoas, a fim de definir ou fazer uso de perfis;

quando forem tratados dados relativos a pessoas singulares vulneráveis, em particular crianças; ou

quando o tratamento incidir sobre uma grande quantidade de dados pessoais e afectar um grande número de titulares de dados.

4.2. O Novo Quadro Europeu: O Consentimento Esclarecido e a Licitude do Tratamento de Dados dos Menores

Se o consentimento, em geral, carece de especiais cuidados, o dos menores impõe se rodeie de peculiares precauções.

A Proposta de Lei 120/XIII/1.ª, aprovada pelo Parlamento português a 14 de Junho de 2019 (e que de momento segue seus trâmites em ordem à promulgação, referenda e publicação como lei) vem a consagrar, no seu artigo 16, como idade-padrão para o consentimento os 13 anos.

Tergiversações se observaram aquando do processo legislativo, tendo, na versão original, sido estabelecida para o efeito a idade de 16 anos. Tendo o legislador pátrio emendado subsequentemente a mão no enunciado sentido.

Com efeito, o artigo 8.º do Regulamento Geral de Protecção de Dados de 27 de Abril de 2016, sob a epígrafe "condições aplicáveis ao consentimento de crianças em relação aos serviços da sociedade da informação", permite uma tal variação, cabendo aos Estados-membros da União Europeia, em seu livre alvedrio, estabelecer a idade convenhável para o efeito.

Em seus dizeres, o Regulamento, normativo europeu por excelência, estabelece que *"o tratamento só é lícito se e na medida em que se verifique, pelo menos, uma das seguintes situações, a primeira das quais é a de titular dos dados [ter] prestado o seu consentimento para o tratamento dos seus dados pessoais para uma ou mais finalidades específicas".*

No que tange que *"à oferta directa de serviços da sociedade da informação às crianças, o consentimento dos dados pessoais de crianças é lícito se elas tiverem pelo menos 16 anos".*

E, caso a criança tenha idade inferior a 16 anos, *"o tratamento só é lícito se e na medida em que o consentimento seja dado ou autorizado pelos titulares das responsabilidades parentais da criança."*

A prerrogativa cometida aos Estados-Membros foi a de poderem dispor no direito interno de uma idade inferior para tal efeito, desde que não abaixo dos 13 anos.

Em tais casos, o responsável pelo tratamento envida esforços adequados para verificar que o consentimento seja dado ou autorizado pelo titular das responsabilidades parentais da criança, tendo em conta a tecnologia disponível.

O facto, porém, não afecta o direito vigente nos Estados-membros no domínio dos contratos, tanto no que se prende com as disposições que regulam a formação e a validade, como com a eficácia em relação a uma criança.

E, com efeito, o Código Civil Português, em vigor, estabelece no seu artigo 123, em tema de incapacidade negocial, que, salvo disposição em contrário, os menores carecem de capacidade para o exercício de direitos.

As excepções que nele se perfilam, entre outras, compendiam-se no seu artigo 127, como segue:

- Os actos de administração ou disposição de bens que o maior de dezasseis anos haja adquirido por seu trabalho;
- Os negócios jurídicos próprios da vida corrente do menor que, estando ao alcance da sua capacidade natural, só impliquem despesas, ou disposições de bens, de pequena importância;
- Os negócios jurídicos relativos à profissão, arte ou ofício que o menor tenha sido autorizado a exercer, ou os praticados no exercício dessa profissão, arte ou ofício.[3]

[3] O artigo 68 do Código do Trabalho prescreve, sob a epígrafe "admissão de menor ao trabalho":
"(...) 2 – A idade mínima de admissão para prestar trabalho é de 16 anos. 3 – O menor com idade inferior a 16 anos que tenha concluído a escolaridade obrigatória ou esteja matriculado e a frequentar o nível secundário de educação pode prestar trabalhos leves que consistam em tarefas simples e definidas que, pela sua natureza, pelos esforços físicos ou mentais exigidos ou pelas condições específicas em que são realizadas, não sejam susceptíveis de o prejudicar no que respeita à integridade física, segurança e saúde, assiduidade escolar, participação em programas de orientação ou de formação, capacidade para beneficiar da instrução ministrada, ou ainda ao seu desenvolvimento físico, psíquico, moral, intelectual e cultural."
E o artigo 70 reza o seguinte:
"Capacidade do menor para celebrar contrato de trabalho e receber a retribuição
1 – É válido o contrato de trabalho celebrado por menor que tenha completado 16 anos de idade e tenha concluído a escolaridade obrigatória ou esteja matriculado e a frequentar o nível secundário de educação, salvo oposição escrita dos seus representantes legais.

Assinale-se liminarmente que serviços da sociedade da informação são qualquer prestação de actividade à distância, por via electrónica e mediante pedido individual do seu destinatário, geralmente mediante remuneração.

Trata-se, em suma, de serviços prestados normalmente:

- contra remuneração;
- à distância;
- por via electrónica; e
- mediante pedido individual de um destinatário de serviços.[4]

2 – O contrato celebrado por menor que não tenha completado 16 anos de idade, não tenha concluído a escolaridade obrigatória ou não esteja matriculado e a frequentar o nível secundário de educação só é válido mediante autorização escrita dos seus representantes legais.
3 – O menor tem capacidade para receber a retribuição, salvo oposição escrita dos seus representantes legais.
4 – Os representantes legais podem a todo o tempo declarar a oposição ou revogar a autorização referida no n.º 2, sendo o acto eficaz decorridos 30 dias sobre a sua comunicação ao empregador.
5 – No caso previsto nos n.ºs 1 ou 2, os representantes legais podem reduzir até metade o prazo previsto no número anterior, com fundamento em que tal é necessário para a frequência de estabelecimento de ensino ou de acção de formação profissional.
6 – Constitui contra-ordenação grave o pagamento de retribuição ao menor caso haja oposição escrita dos seus representantes legais."

[4] "Os serviços da sociedade da informação não se estendem
a) Aos serviços de radiodifusão sonora;
b) Aos serviços de radiodifusão televisiva referidos na alínea a) do artigo 1.º da Directiva n.º 89/552/CEE, do Conselho, de 3 de Outubro;
c) Às regras relativas a questões sujeitas à regulamentação comunitária em matéria de serviços de telecomunicações definidos na Directiva n.º 90/387/CEE, do Conselho, de 28 de Junho;
d) Às regras relativas a questões sujeitas à regulamentação comunitária em matéria de serviços financeiros;
e) Às regras enunciadas pelos ou para os mercados regulamentados na acepção da Directiva n.º 93/22/CE, do Conselho, de 10 de Maio, outros mercados ou órgãos que efectuam operações de compensação ou de liquidação desses mercados, sem prejuízo do disposto na alínea f) do artigo 4.º do presente diploma.
2 – O presente diploma também não é aplicável aos serviços prestados na presença física do prestador e do destinatário, ainda que a sua prestação implique a utilização de dispositivos electrónicos:
a) Exames ou tratamentos num consultório médico por meio de equipamentos electrónicos, mas na presença física do paciente;
b) Consulta de um catálogo electrónico num estabelecimento comercial na presença física do cliente;

De realçar que o consentimento do titular dos dados deverá ser prestado mediante um acto positivo impregnado de meridiana clareza. Sem equívocos nem rebuços de qualquer natureza.

Acto que revele tratar-se de uma manifestação de vontade livre, específica, informada (esclarecida) e inequívoca de que o titular consente no tratamento dos dados que lhe respeitem.

Como manifestação de um acto desta natureza, assinale-se, como exemplo, uma declaração escrita, inclusive em formato electrónico. Com as cautelas e segurança que algo do estilo necessariamente demande.

Se o consentimento tiver de ser prestado na sequência de um pedido expresso por via electrónica, os requisitos para o efeito terão de obedecer quer à noção de clareza quer à de concisão. E não é lícito que perturbe (desnecessariamente) o recurso ao serviço para o qual é fornecido.

O consentimento pode ser prestado mediante uma opção em um sítio web na Internet, em que se selecciona os parâmetros técnicos para os serviços da sociedade da informação ou mediante outra declaração ou conduta que mostre claramente nesse contexto que o titular aceita o tratamento proposto dos seus dados pessoais.

c) Reserva de um bilhete de aviso de uma rede de computadores numa agência de viagens na presença física do cliente;
d) Disponibilização de jogos electrónicos numa sala de jogos na presença física do utilizador.
3 – São também excluídos da aplicação do diploma os serviços que não são fornecidos por via electrónica:
a) Serviços cujo conteúdo é material, mesmo quando impliquem a utilização de dispositivos electrónicos:
i) Distribuição automática de notas e bilhetes, tais como notas de banco e bilhetes de comboio;
ii) Acesso às redes rodoviárias, parques de estacionamento, etc., mediante pagamento, mesmo que existam dispositivos electrónicos à entrada e ou saída para controlar o acesso e ou garantir o correcto pagamento;
b) Serviços off-line: distribuição de CD-ROM ou de software em disquettes;
c) Serviços não fornecidos por intermédio de sistemas electrónicos de armazenagem e processamento de dados:
i) Serviços de telefonia vocal;
ii) Serviços de telecópia e telex;
iii) Teletexto televisivo;
iv) Serviços prestados por telefonia vocal ou telecópia;
v) Consulta de um médico por telefone ou telecópia;
vi) Consulta de um advogado por telefone ou telecópia;
vii) Marketing directo por telefone ou telecópia."

O silêncio, as opções pré-validadas ou a omissão não deverão, por conseguinte, constituir "expressão" de consentimento. Quem cala não consente (*qui tacet non consentit*).

O consentimento deverá abranger todas as actividades de tratamento encetadas em obediência a um mesmo fim. E tão-só!

Nas hipóteses em que o tratamento sirva a uma pluralidade de fins, deverá ser prestado consentimento para todos os fins evidenciados.

A regra da licitude do tratamento de dados pessoais repousa no artigo 6.º do RGPD. Aí se estatui que:

> O tratamento só é lícito se e na medida em que se verifique, pelo menos, uma das seguintes situações:
>
> a) O titular dos dados tiver dado o seu consentimento para o tratamento dos seus dados pessoais para uma ou mais finalidades específicas;
>
> (...) f) O tratamento for necessário para efeito dos interesses legítimos prosseguidos pelo responsável pelo tratamento ou por terceiros, excepto se prevalecerem os interesses ou direitos e liberdades fundamentais do titular que exijam a protecção dos dados pessoais, em especial se o titular for uma criança.

As restrições estabelecidas no passo precedente não se aplicam ao tratamento de dados efectuado por autoridades públicas na prossecução das suas atribuições por via electrónica.

O consentimento dos menores terá de pressupor algo que se acha, ao que parece, a anos-luz do que o quadro actual nos oferece.

O consentimento dos menores terá de pressupor, em particular, o domínio da sua tábua de direitos e deveres.

O consentimento tem se ser prestado em clima de transparência e de harmonia com os ditames da boa-fé de molde a preencher os pressupostos de que o RGPD faz depender a sua validade.

Para tanto, curial será que as actividades de sensibilização, que se prevê promovam as autoridades de controlo e se dirijam ao público, incluam medidas específicas em favor, entre outras, de pessoas singulares, *maxime* das crianças, em particular num contexto educacional.

Para tanto, exigir-se-ia que acções de divulgação e de sensibilização se houvessem encetado de há muito, ao menos desde 2016, para que a apreensão dos traços dominantes da disciplina de todo se deixem assimilar pelo universo-alvo a que se dirigem.

5. Escolas como Alfobres de Dados Sensíveis

5.1. Dados da Mais Diversa Índole

Os dados pessoais detidos pelas escolas traduzem-se em elementos de uma dimensão e um volume assinaláveis. E reflectem aspectos íntimos da vida privada dos escolares como das famílias que integram ou em cujo seio se movem. Porque atinentes a um ror de peculiares domínios como, *v.g.*, os de:

- processo de aprendizagem;
- marcas comportamentais;
- traços psicológicos;
- percurso escolar;
- agregado familiar e sua estrutura;
- situação sócio-económica do agregado;
- eventuais opções religiosas;
- herança cultural; e
- quadros patológicos próprios e dos ascendentes evidenciados.

Ora, tais dados são como uma radiografia quer da vida pessoal e familiar do escolar quer do seu percurso, da sua trajectória académica: as anotações do processo de aprendizagem, com a relatividade e as deficiências que possam reflectir, as sucessivas fases por que passou e os constrangimentos detectados; a assiduidade à escola e a dedicação às actividades escolares; as marcas, os indícios de comportamento e, quiçá, as penalidades a que se sujeitou; os traços psicológicos revelados e os rastos inscritos nos registos; o percurso escolar, sucessos e insucessos; composição e estrutura do agregado familiar e suas características; situação económica e seus reflexos no dia-a-dia escolar, as subvenções percebidas, as dificuldades experimentadas, o recurso a serviços assistenciais e seus montantes; opções religiosas e, eventualmente, políticas; o *substratum* cultural da família com os títulos e graus académicos, posições de desfrute; os registos das patologias próprias e dos ascendentes e o espectro daí emergente, enfim, o acervo de dados que a sua inserção nas redes torna, em termos de tutela da personalidade, particularmente explosivos...

E no que tange às patologias, dados constantes do processo clínico do escolar, como as informações colhidas de análises ou exames de uma parte do corpo ou de uma substância corporal, com base em dados genéticos e amostras biológicas; e quaisquer informações, *v.g.*, acerca de doença, deficiência, risco de doença, historial clínico, tratamento clínico ou estado fisiológico ou biomédico do titular de dados, independentemente da sua fonte.

O acervo de dados em lugares privilegiados como os estabelecimentos de ensino é algo de incomensurável e daí as cautelas que importa acentuar de molde a que não caiam sejam em que mãos for, mormente quando o mercado de tal se possa servir para potenciar as estratégias que desenvolve de molde a reproduzir os seus réditos à exaustão.

Os estabelecimentos de ensino e (de educação) são fontes privilegiadas de dados cuja detenção, a não ser indefectivelmente preservada, e consequente difusão poderão acarretar sérios danos quer no decurso do período de formação escolar como no período subsequente a menores, familiares e ainda quando os menores atingem a fase adulta.

O interesse superior da criança é, no contexto em que tal se insere, o alfa e o ómega de uma qualquer política de tutela contra a devassa e a invasão da privacidade, nos seus elementos mais ínfimos como mais íntimos.

5.2. Intercomunicações com a Rede Mundial e os Mecanismos Internos de Segurança

Como se previne na Deliberação da CNPD (Comissão Nacional de Protecção de Dados), de 06 de Setembro de 2016, noutro passo referenciada, o facto de as escolas armazenarem (tornarem disponíveis) os dados pessoais dos seus alunos na Internet suscita desde logo séria apreensão por duas ordens de razões:

- pelos riscos que a Internet comporta para a privacidade de quem quer por se tratar de rede aberta sem limites de tempo ou de espaço;
- pelo facto de os titulares dos dados serem crianças, em princípio mais expostas e, por conseguinte, carentes de acrescida protecção devido à sua (hiper)vulnerabilidade.

A internet é uma rede aberta, a que qualquer pessoa pode aceder, em qualquer ponto do globo.

> O que permite a cópia da informação publicada e a sua reprodução infinita, perpetuando-a na rede sem possibilidade de apagamento definitivo e propiciando a utilização abusiva dessa informação para vários fins, inclusivamente com propósitos criminosos.
>
> O contexto da Internet facilita a recolha, o cruzamento e a agregação de dados pessoais, como a realizada pelos motores de busca, sem controlo ou consentimento das pessoas, permitindo realizar perfis comportamentais, tanto mais completos quanto o rasto digital é maior – o que acontecerá com a publicação de informação desde criança –, os quais são susceptíveis de servir como meio de discriminação.
>
> Tendo em consideração que os dados pessoais detidos pelas escolas, porque relativos à aprendizagem, ao comportamento, aos traços psicológicos, ao percurso escolar, ao agregado familiar, à situação sócio-económica familiar, às eventuais opções religiosas, à herança cultural e a eventuais questões de saúde, são dados da vida privada dos alunos e das suas famílias ou encarregados de educação, a sua exposição pública, parcial ou total, é altamente violadora da privacidade e tem um impacto muito significativo na vida actual e futura dos alunos.
>
> Na verdade, esta informação permite a formação de juízos sobre qualidades das pessoas, que podem condicionar e afectar o desenvolvimento normal do processo de aprendizagem das crianças e a sua vida quando adultos.
>
> Se os dados relativos a qualquer pessoa singular merecem protecção jurídica, garantida desde logo no plano constitucional, aquela deve ser especialmente reforçada quando em causa estão crianças e jovens.
>
> O princípio jurídico essencial aqui é o do interesse superior da criança, consagrado na Convenção das Nações Unidas sobre os Direitos da Criança (artigo 3.º), na Convenção 192 do Conselho da Europa (artigo 6.º) e na Carta dos Direitos Fundamentais da União Europeia (artigo 24.º, n.º 2).

E, neste particular, há que obtemperar os perniciosos efeitos decorrentes para a vida de cada um e todos se especiais cautelas forem negligenciadas e a ligeireza de propósitos imperar.

Para além das usuais medidas de segurança que curial será exornem os sistemas, quaisquer que sejam, já que não são, como se não ignora, fortalezas inexpugnáveis, recorde-se que, para além das redes internas, que servem a gestão escolar, violáveis decerto, também a rede global o é e, nessa medida, constituem o verdadeiro calcanhar de Aquiles de uma qualquer estrutura do jaez destas.

Os estabelecimentos de ensino dispõem, em geral, de uma rede interna que serve a gestão administrativa escolar.

Rede acessível, em regra, aos docentes para registo e consulta de dados pessoais dos escolares, em particular das classificações.

Mas o facto como que torna crítica e problemática a segurança da rede por implicar a criação de pontos de acesso a partir do exterior. Com as vulnerabilidades que suscita.

Para que se mitiguem ou atenuem os riscos de exposição dos dados armazenados nas redes, a CNPD entende que urge se adoptem medidas que reforcem de todo a indispensável segurança. *"Por se tratar de um ponto de acesso a informação reservada que se encontra particularmente exposta a utilizadores não autorizados, o componente de acesso a partir da Internet deve ser gerida com especial atenção em garantir a segurança da informação."*

Dentre tais medidas, desde que se trate de redes públicas, a CNPD enuncia as que segue:

- os acessos dos docentes às plataformas de gestão educativa devem exigir autenticação do utilizador e as comunicações deverão ser devidamente cifradas (v.g., SSL/TLS);
- a dopção de mecanismos que vedem aos utilizadores a possibilidade de criação de palavras-passe fracas (v.g., com poucas letras, sem algarismos ou sem caracteres especiais);
- e devem também ser definidos procedimentos para assegurar que os serviços responsáveis desenvolvam uma eficiente e pronta gestão das contas de utilizador, desabilitando utilizadores que já não se encontrem ligados àquela instituição ou àquelas funções;
- já a possibilidade de a gestão administrativa escolar ser realizada no ambiente da Internet em área reservada, mediante acreditação restrita aos profissionais da escola não será de admitir.

É que a maior parte da informação relativa ao aluno reveste-se de especial sensibilidade, como sucede, entre outras, com o registo de avaliações, a informação de saúde, a justificação de faltas, as medidas disciplinares, a qualidade de beneficiário de apoio social, a necessidade de educação especial ou a referenciação pela Comissão de Protecção de Crianças e Jovens, disponibilizando, num ambiente que não oferece garantias suficientes de segurança, informação relativa à vida privada e familiar das crianças ao longo de um período de tempo consideravelmente extenso. Com efeito, o impacto negativo que um acesso indevido a estes dados poderia trazer à vida dos alunos, aliado ao risco que a disponibilização de informação na Internet sempre comporta (*v.g.*, ataques externos, perda de informação), e, atendendo a que as escolas utilizam hoje tecnologias de gestão administrativa escolar que não envolvem a utilização da Internet, afigura-se ser essa uma solução desnecessária e excessiva para atingir uma finalidade que pode ser cumprida com muito menor risco para a privacidade e identidade pessoal das crianças – cf. alínea c) do n.º 1 do artigo 5.º da LPDP.

Em suma, aceita-se a possibilidade de os docentes acederem ao sistema de informação interno das escolas, através da Internet, desde que sejam utilizados mecanismos que assegurem a confidencialidade das comunicações (*v.g.*, SSL/TLS) e seja adoptada uma rigorosa política de gestão de utilizadores, com atribuição de perfis de acesso, que garanta que o acesso aos dados pessoais respeita o princípio da necessidade de conhecer, em razão das funções desempenhadas e das competências atribuídas.

6. Disponibilidade dos Dados dos Escolares

6.1. Legitimidade

O Regulamento Geral de Protecção de Dados (RGPD) reforça expressamente, já o assinalámos, a protecção dispensada às crianças no que tange aos seus dados pessoais.

Estabelece, pois, um regime jurídico mais exigente para o tratamento de dados pessoais, em particular no ambiente da Rede Mundial de Informação *(Internet)*.

A percepção do impacto que a divulgação de dados na Rede pode ter no quotidiano de cada um e todos é imensa.

A divulgação da informação disponível no terreiro escolar terá de ter sempre por coordenadas as do superior interesse das crianças, como emana precipuamente tanto de instrumentos normativos internacionais como de extensas colectâneas de leis nacionais.

Os estabelecimentos de educação e ensino têm uma magna missão neste particular: a de proteger de forma actuante os que os frequentam, conferindo-lhes prevalência e na estrita obediência aos direitos fundamentais que lhes assistem.

Como espaços, por excelência, de iniciação, de assimilação de saberes, de formação, de desenvolvimento psico-pedagógico, de outorga de modelos para a vida dispõem de um manancial de dados cuja gestão tem de ser exercida, em extensão e profundidade, de modo criterioso.

Curial será que as escolas se socorram da Rede Mundial, como meio preferencial de divulgação de informação e, porque expedito e menos oneroso, como veículo normal de comunicação, através de malas postais electrónicas apropriadas.

A informação de manifesta utilidade sobre o dia-a-dia dos estabelecimentos escolares não está, em princípio, coberta pela natureza reservada, sigilosa dos dados pessoais.

Mas há dados cuja reserva se impõe porque eminentemente pessoais.

Os estabelecimentos de ensino adscrevem-se à publicidade de determinados actos administrativos, cujos contornos são susceptíveis de prévia definição.

Em Portugal, o Código do Procedimento Administrativo consagra o princípio do emprego preferencial de meios electrónicos no exercício da actividade administrativa (artigo 14.º, n.º 1).

Em concretização do princípio da administração aberta que o Código de análogo modo prevê, sempre que haja lugar à publicação do que quer que seja, o portal da entidade de que se trata é o *locus* adequado para o efeito, contanto que a norma legal *sub judice* não especifique a devida forma de publicação.

A legitimidade para o tratamento e revelação de tais dados na *Internet* deve, pois, em ambiente escolar, ser aferida a essa luz.

Os dados dos escolares, porém, são emanação da sua vida privada, assumem a natureza de dados sensíveis e, de tal perspectiva, por beneficiarem de uma tutela acrescida, não é lícito o seu tratamento, estando, pois, proibido.

Só residualmente, e por excepção, se admite o seu tratamento, de harmonia com o que prescrevem os artigos 6.º e 9.º do RGPD.

A operação segundo a qual os estabelecimentos de educação e de ensino tornam acessíveis na Internet dados pessoais constitui uma operação de tratamento autónomo de dados.

Como o sustenta a CNPD (Comissão Nacional de Protecção de Dados), instituída em Portugal, *"o fundamento legitimador das operações de recolha destes dados e sua utilização não será, per se, suficiente para legitimar a sua posterior difusão em sítio da Internet."*

Impõe-se, por isso, determinar se algumas das condições *"se verificarão em tal tipo de tratamento de dados pessoais; portanto, cabe determinar se há disposição legal que preveja a disponibilização dos dados pessoais dos alunos na Internet."*

Os alunos são os titulares dos dados. E, na sua grande maioria, são menores de idade. Daí que o consentimento para o tratamento dos seus dados deva, em princípio, ser obtido de quem detenha a respectiva autoridade parental.

Sem prejuízo, obviamente, da exigível consulta aos próprios alunos, em função da idade e do grau de maturidade revelado.

Ou, em alternativa, aos que hajam atingido os 13 anos, circunstância que, à luz da Lei Complementar do Regulamento Europeu passa doravante a vigorar, o seu consentimento expresso, dado que se lhes passa a conferir um tal direito em detrimento do supletivo consentimento parental.

O consentimento deverá ser expresso, conforme exigência do [artigo 8.º do RGPD], e deve constituir uma manifestação de vontade, livre, específica, informada e explícita, como decorre do n.º 11 do artigo 4.º do RGPD.[5]

6.2. Das Pautas de Classificação

As pautas e as listas de matrícula constituem dois excelentes exemplos de documentos em que se concentram dados que podem, na realidade, suscitar, a vários títulos, perplexidade. Em particular se se dispuser na Rede, em página aberta e a todos acessível.

Ocupemo-nos tão só das pautas, já que são motivo de enorme preocupação.

Em geral, há regras para a elaboração de pautas: delas deve constar informação resultante da avaliação sumativa de cada um dos escolares, por disciplina, acrescendo, no ensino básico, uma apreciação descritiva da evolução da assimilação dos saberes, da aprendizagem, que deve ser facultada, isso sim, presencialmente ao responsável pela educação da criança.

[5] Seguiu-se, neste particular, com as adaptações decorrentes das inovações do RGPD, a doutrina constante da Deliberação n.º 1495/2016, tomada pela CNPD – Comissão Nacional de Protecção de Dados em 06 de Setembro de 2016 e que serve de directriz aos estabelecimentos de ensino sediados em Portugal Continental e nas Regiões Autónomas dos Açores e da Madeira.

Afigura-se-nos, como a tantos, que não há necessidade de introduzir na pauta informações adicionais, a saber, as faltas dadas, o eventual apoio social escolar, as características que restrinjam a frequência a dadas disciplinas ou informações do mais diverso jaez, tanto mais que tal é havido como excessivo face às finalidades susceptíveis de se lograr em um mero suporte classificatório dos alunos.

Das pautas devem constar os dados estritamente indispensáveis para se cumprir a obrigação legal de publicidade das publicações para que o princípio da transparência se respeite.

As pautas devem estar disponíveis em zona reservada dos estabelecimentos de ensino, apenas acessíveis aos directamente interessados (e por período breve).

A publicidade que entenda conferir-se-lhe na Rede ante as possibilidades de reprodução e armazenamento dos dados delas constantes, sem limite temporal, e a circunstância de *"as classificações constituírem informação sensível sobre as crianças, susceptível de propiciar juízos estigmatizantes com elevado poder discriminatório, à mercê da utilização abusiva por terceiros não identificados"*, em tudo desaconselha o seu recurso.

Já a CNPD propugna que *"a disponibilização da avaliação de cada aluno ao seu encarregado de educação, em área reservada do sítio da Internet, sujeita a mecanismos rigorosos de autenticação de utilizadores devidamente autorizados, será de admitir, na medida em que condicionar o acesso aos dados de cada aluno apenas ao respectivo encarregado de educação."*

Considera a CNPD que esta poderá ser uma opção viável, num contexto de utilização privilegiada dos meios electrónicos, de facilidade de comunicação entre a escola e os encarregados de educação, de celeridade e eficiência, não havendo na prática um desvirtuamento do preceituado.[6]

[6] No entanto, pondera "não estando, porém, isenta de risco uma solução deste tipo, devem as escolas adoptar as medidas de segurança técnicas necessárias e adequadas para garantir que apenas acedem às classificações de cada aluno o correspondente encarregado de educação. Não se favorece, neste âmbito, uma hipótese de transpor as pautas físicas para pautas digitais, pois a facilidade de copiar ficheiros electrónicos, manusear a informação neles contida e poder conservá-la ou utilizá-la posteriormente, quando estão em causa dados da totalidade dos alunos, mesmo que pertencentes apenas a uma turma, por outros encarregados de educação, afigura-se excessiva e sem cobertura legal. Com efeito, o princípio da transparência e do controlo da actividade educativa, que estão subjacentes à afixação das pautas na escola, não são lesados na medida em que a informação continua publicamente acessível na escola, tal como legalmente previsto. Assim como as pautas só estão afixadas no interior da escola

7. Outros Dados Relevantes

7.1. O Processo Individual

Um amplo leque de informações pertinentes aos escolares, habitualmente difundidas no portal ou nos sítios institucionais das escolas na Internet, na singeleza dos procedimentos, nada tem de anódino.

São dados relevantes, conquanto os seus fautores nem sempre disso tenham clara representação nem a consciência do gesto, por mais singelo que seja. Pelas consequências nefastas susceptíveis de acarretar aos titulares dos dados.

E o facto, em si mesmo, representa tanto uma inadmissível intrusão na privacidade dos escolares como sério risco para a sua segurança.

E nem sempre se tem, como no mais, a percepção de quão graves são procedimentos quejandos.[7]

Dados outros esparsos, carreados para a Internet, como os que se prendem com a assiduidade, as enfermidades, como justificativo para as faltas dadas, a deficiência ou anomalia física ou motora ou psíquica, a situação

por um curto período de tempo para permitir a sua consulta, também as notas disponibilizadas online numa área reservada devem seguir os mesmos critérios de necessidade para a conservação da informação, pelo que as classificações devem ser eliminadas do sítio com eficácia, isto é, não apenas "escondidas", mas efectivamente apagadas, não podendo nunca exceder o prazo máximo do final do ano lectivo em causa."

[7] Marcantes os exemplos que a CNPD oferece na sua Deliberação de 06 de Setembro de 2016: "Reconhece-se que nem sempre haverá consciência de que se está a divulgar dados pessoais quando, por vezes, a informação veiculada não tem o nome dos alunos.
No entanto, a variedade de informação publicada permite relacioná-la entre si e associar a um aluno em concreto dados que lhe dizem respeito.
É disso exemplo, por um lado, a publicação de um quadro com a constituição das turmas, com a identificação do ano de escolaridade e da turma, o nome completo dos alunos, a sua idade, a opção pela disciplina de religião; por outro, a publicação dos horários das turmas; e ainda a organização das actividades curriculares.
Desta informação aparentemente inócua e separada, de acesso fácil e gratuito a qualquer pessoa em qualquer ponto do mundo, é possível desde logo saber qual o horário de uma determinada criança (logo, a que horas sai da escola e a sua provável localização); que idade tem e, em função do ano de escolaridade, se é repetente; se provém de um ambiente familiar religioso e, com base nas actividades extracurriculares, as suas áreas de preferência (físicas, científicas, artísticas, etc.).
Digamos que esta é informação mais do que suficiente para que alguém, com intenção criminosa, possa criar perigo para uma criança."

sócio-económica da família a carecer do apoio social escolar, à mercê, afinal, de quem quer é susceptível de representar um manancial para quem deles se possa apropriar, armazenar e reproduzir com propósitos maliciosos, tendenciosos.

Dados que reflictam a inserção em determinados meios, o domicílio, os trajectos, as actividades circum-escolares, os clubes particulares frequentados pelos familiares, os haveres, ou seja, a situação económica do agregado familiar, a sinalização às entidades de tutela dos menores, as penalidades infligidas e seu registo, não terão necessariamente de ser revelados "urbi et orbi".

E, sendo indispensáveis ao *curriculum* dos escolares, devem estar convenientemente preservados porque constituem algo na esfera pessoal, de natureza intrinsecamente privada que deve estar sob resguardo e à margem de olhares indiscretos e de caracteres insidiosos.

Ainda que os processos individuais, compactos ou esparsos, se achem na internet, deverão figurar em área reservada, de acesso restrito aos interessados, que não à mercê de quem quer. Devem ser, pois, ciosamente preservados como se fora um precioso tesouro que a ninguém mais importa ou atine.

Acrescidas medidas de segurança se requerem, pois, neste particular.

E os estabelecimentos de ensino terão de apostar decisivamente neste objectivo pelas acrescidas responsabilidades que recaem sobre os seus gestores.

7.2. Imagens dos Escolares e sua Difusão em Plataformas Digitais

No quadro de actividades quer curriculares quer extracurriculares, a tendência para a recolha de imagens e som (e voz) é algo de assinalável e de inestancável.

E assiste-se a um fenómeno impressionante, a saber, o da publicação, nos sítios institucionais dos estabelecimentos, tanto de fotos como de vídeos das actividades em que os escolares participam.

De forma algo ingénua e para conferir relevância às actividades que os estabelecimentos empreendem tais elementos preenchem espaços imensos, um pouco por toda a parte.

A exposição da imagem e de voz dos partícipes em tais actividades parece constituir já actividade corrente que se tem como algo de normal.

No entanto, tal gesto, considerado por tantos como inócuo, sem consequências, padece de suporte e afecta de modo substancial a reserva da privacidade dos visados.

Trata-se de uma operação centrada na informação em torno da vida privada de crianças, jovens ou adolescentes identificados ou identificáveis. E em que sobressai do mesmo passo a tutela do direito à imagem, tanto constitucional como infra-constitucionalmente consagrado.

Como proclama a CNPD, *"a informação em si mesma revela muito da identidade pessoal e do comportamento das crianças e jovens"*.

Além disso, a imagem e a voz constituem actualmente importantes identificadores biométricos universais, já para não referir que os alunos podem estar desde logo identificados pelo nome em associação com a imagem ou a voz.

Acresce que a sua publicação na Internet, por iniciativa das escolas, cria um universo de oportunidade para reproduzir e adulterar os dados, fomentando a sua reutilização para outras finalidades que não são sequer à partida imagináveis."

Sempre que haja a tentação de publicar em qualquer sítio institucional ou portal (ainda que de uma simples associação de estudantes) algo do estilo, impõe uma criteriosa uma adequada ponderação dos direitos e valores em presença.

Como se tem por curial, a informação veiculada subsume-se na categoria dos dados sensíveis.

Os fragmentos da vida dos escolares destarte esparsos pela Rede ou redes constituem manifestações da vida privada de cada um e de todos.

Daí que se considere que se acha vedada tal possibilidade.

Não se alcança que manifestações tais se integrem no núcleo de actos susceptíveis de merecer relevância ante os objectivos legais e estatutários dos estabelecimentos e de caberem, por isso, na sua carta de missão.

A Comissão Nacional de Protecção de Dados portuguesa vai mais longe neste particular e entende, à luz do anterior regime, que *"porque em causa dados sensíveis, não é relevante o mero interesse legítimo das escolas na promoção das actividades por si desenvolvidas."*

A hipótese de os alunos, através dos seus encarregados de educação, manifestarem a sua concordância da divulgação da sua imagem ou voz, ainda que a declaração seja informada, livre, específica e expressa e sejam adoptadas as medidas de segurança (legalmente previstas), empeça na dificuldade de encontrar, neste âmbito, garantias de não discriminação – pressuposto que o n.º 2 do artigo 7.º da LPDP fixa como condição para a autorização da CNPD (poderes que ora, ao que parece, não detém, ainda que à luz da lei que se acha na forja e de todo a recria nas suas coordenadas, com a mudança de paradigma que se operou por imperativo da filosofia do RGPD, dos seus princípios e normas)."

A Comissão Nacional de Protecção de Dados exalta o teor da súmula do bem fundado acórdão de 26 de Junho de 2015 do Tribunal da Relação de Évora, como algo de emblemático para enquadramento de situações do jaez destas:

> A imposição aos pais do dever de '*abster-se de divulgar fotografias ou informações que permitam identificar a filha nas redes sociais*' mostra-se adequada e proporcional à salvaguarda direito à reserva da intimidade da vida privada e da protecção dos dados pessoais e, sobretudo, da segurança da menor no Ciberespaço.[8]

[8] Dos *consideranda* do acórdão do Tribunal da Relação de Évora de 26 de Junho de 2015, realce para os trechos seguintes, por relevantes: "Na verdade, os filhos não são coisas ou objectos pertencentes aos pais e de que estes podem dispor a seu bel prazer. São pessoas e, consequentemente, titulares de direitos. Se, por um lado, os pais devem proteger os filhos, por outro têm o dever de garantir e respeitar os seus direitos. É isso que constituiu o núcleo dos poderes/deveres inerentes às responsabilidades parentais e estas devem ser sempre norteadas, no «superior interesse da criança», que se apresenta, assim, como um objectivo a prosseguir por todos quantos possam contribuir para o seu desenvolvimento harmonioso: os pais, no seu papel primordial de condução e educação da criança; as instituições, ao assegurar a sua tutela e o Estado, ao adoptar as medidas tendentes a garantirem o exercício dos seus direitos e a sua segurança. Quanto ao perigo adveniente da exposição da imagem dos jovens nas redes sociais, as organizações internacionais e os Estados têm manifestado crescente preocupação porquanto é sabido que muitos predadores sexuais e pedófilos usam essas redes para melhor atingirem os seus intentos. Com o intuito de combater tal flagelo têm sido aprovados diversos instrumentos jurídicos internacionais, de que se salientam os referidos pelo MP, na sua resposta, como sejam: "No âmbito da ONU – Organização das Nações Unidas, a Convenção das Nações Unidas sobre os Direitos da Criança, no seu art.º 34, estabelece que os Estados Partes se comprometem a proteger a criança contra todas as formas de exploração e de violência sexuais. Como concretização do referido art. 34 foi aprovado o Protocolo Facultativo relativo à Venda de Crianças, Prostituição Infantil e Pornografia Infantil no âmbito do qual os Estados ficam obrigados a proibir a venda de crianças, a prostituição infantil e a pornografia infantil. No âmbito da Organização Internacional do Trabalho (OIT), conforme os termos do disposto no art. 3.º (b) da Convenção n.º 182 (1999) "Relativa à Interdição das Piores Formas de Trabalho das Crianças e à Acção Imediata Com Vista à Sua Eliminação" que enquadra nas

"piores formas de trabalho de crianças", a utilização, recrutamento ou oferta de crianças para fins de prostituição, de produção de material pornográfico ou de espectáculos pornográficos.
No que respeita a tratados estruturantes gerais sobre a protecção das crianças, foram aprovadas no âmbito do Conselho da Europa destacam-se a Convenção para a Protecção dos Direitos do Homem e das Liberdades Fundamentais (1950, STE n.º 5), o qual refere no seu art. 5.º que toda a pessoa tem direito à liberdade e à segurança e a Carta Social Europeia revista (1996, STE n.º 163), que refere no ponto 7 (Parte I) que "as crianças e os adolescentes têm direito a uma protecção especial contra os perigos físicos e morais a que se encontrem expostos", referindo-se ainda no art.º 17, n.º 1, alínea b), o direito das crianças e adolescentes a uma protecção social, jurídica e económica, com previsão de serem tomadas medidas para "proteger as crianças e adolescentes contra a negligência, a violência ou a exploração". E de atender igualmente, à Convenção Europeia sobre o Exercício dos Direitos da Criança (STE n.º 160) e a Convenção de Lanzarote (2007, STE n.º 201), referindo esta última, no seu art.º 30º, n.º 5, que deve ser permitido que as unidades ou serviços de investigação identifiquem vítimas das infracções penais em causa (leia-se pornografia de menores e abuso sexual de crianças), em particular "através da análise de material relacionado com pornografia infantil tal como fotografias e registos audiovisuais transmitidos ou disponibilizados através de tecnologias de informação ou comunicação".
No quadro da União Europeia tem relevância, entre outros textos normativos, a Directiva do Parlamento Europeu e do Conselho relativa à luta contra o abuso e a exploração sexual de crianças e a pornografia infantil (2011/92/EU), de 13 de Dezembro de 2011.
Todos estes textos normativos apontam para um perigo sério e real adveniente da divulgação de fotografias e informações de menores nas redes sociais, susceptíveis de expor de forma severa e indelével, a privacidade e a segurança dos jovens e das crianças, e que se fundamentam designadamente nos seguintes factos:
1. O exponencial crescimento das redes sociais nos últimos anos e a partilha de informação pessoal aí disponibilizada, sobretudo pelos adolescentes (gostos, locais que frequentam, escola, família, morada, números de telefone, endereço de correio electrónico) suportam a antevisão de que os que desejam explorar sexualmente as crianças recolham grandes quantidades de informação disponível e seleccionem os seus alvos para realização de crimes, utilizando para o efeito identidades fictícias e escondendo-se através do anonimato e do "amigo do amigo" que as redes sociais as podem oferecer.
2. Os mais jovens, movidos pela curiosidade, são especialmente vulneráveis e incautos (por inexperiência de vida), susceptíveis de serem facilmente atraídos para uma situação de exploração sexual, sem consciência do significado e consequências dos seus comportamentos. Efectivamente, perante menores pouco informados dos perigos existentes no Ciberespaço contrapõem-se redes internacionais de produtores, comerciantes e coleccionadores de imagens de crianças com conteúdo sexual, muitas vezes ligados ao crime organizado".
Neste quadro a imposição aos pais do dever de *"abster-se de divulgar fotografias ou informações que permitam identificar a filha nas redes sociais"* mostra-se adequada e proporcional à salvaguarda do direito à reserva da intimidade da vida privada e da protecção dos dados pessoais e sobretudo da segurança da menor no Ciberespaço, face aos direito de liberdade de expressão e proibição da ingerência do Estado na vida privada dos cidadãos, no caso a mãe da criança, ora Recorrente.

8. Dados Pessoais e Publicidade Dedicada

8.1. Escola Plataforma de Comércio

Há fortes sinais de preocupação no universo escolar, tanto mais que o espaço em que as crianças passam uma parte considerável do seu tempo é cenário de uma mistura explosiva *escola/comércio.*

Empórios mercantis não só influenciam decisivamente o desenho dos *curricula* escolares, sob os auspícios do Banco Mundial, da OCDE, UNESCO e outras instituições internacionais, como o comércio invade os espaços dos estabelecimentos de ensino e as escolas se deixam penetrar por *estratégias mercadológicas* marcantes que nos deixam apreensivos.

A recolha de dados pessoais, em meio escolar, por empresas que promovem concursos no deliberado propósito de promover produtos ou ofertar serviços é algo de preocupante.

Empresas que avassalam os espaços escolares postam-se na trincheira dos que afrontam uma sã e leal concorrência com o beneplácito das escolas que, quantas vezes, daí colhem vantagens consideráveis como comissões sobre os produtos e serviços facturados para avolumarem os seus, por vezes, magros orçamentos.

As empresas que invadem, com o beneplácito dos próprios ministérios ou das direcções escolares, os estabelecimentos de ensino, promovendo produtos e serviços, logram objectivos precisos: a fidelização dos mais novos às marcas, já que há um dado irrecusável, que é relevante: dois terços dos adultos continuam a adoptar os produtos usados em criança.

Em artigo dado à estampa recentemente, em resultado de um Seminário em que interviémos na Faculdade de Psicologia e das Ciências da Educação da Universidade de Coimbra, num diário conimbricense (*As Beiras*, de 29 de Maio de 2019), dizíamos de modo esclarecido:

> Problema que de há muito se suscita é o de a própria escola se haver transformado em autêntica plataforma de comércio.
>
> Algo que ora se agrava particularmente quando nos **curricula** escolares, por directrizes emanadas de instituições internacionais, devam interferir as empresas, numa promiscuidade que se afigura de proscrever.
>
> Aliás, em 2003, já a Modelo-Continente, com o beneplácito dos ministros do Ambiente e da Educação de Portugal, se acercava das escolas, a fim de fazer passar a sua mensagem e influenciar obviamente as decisões dos mais novos.

Repare-se na notícia que segue, extraída dos jornais da época:

> A Modelo Continente (...) implementou o programa Compra, Peso e Medida dirigido a 2.500 escolas que implica investimentos anuais de 500 mil euros, com objectivo de formar consumidores mais atentos e conscientes.
>
> Este programa criado desde 1996 é desenvolvido junto de 2.500 escolas espalhadas por todo o país, onde estão instaladas lojas Modelo e hipermercados Continente, abrangendo 34 mil professores e 370 mil crianças, dos 6 aos 12 anos de idade, disse José Fortunato, director de marketing da Modelo Continente, em conferência de imprensa.
>
> Apoiado pelos ministérios do Ambiente e Educação, este programa distribui gratuitamente pelas escolas 500 mil documentos por ano, subordinados a diferentes temas (...)
>
> Ora, como se afirma em determinados areópagos, não são inocentes programas do jaez destes, ao jeito de uma *pseudo-filantropia* que visa arregimentar os mais novos às marcas, sabendo-se, como se sabe, que 2/3 dos adultos são fiéis a produtos e marcas que se habituaram a usar em crianças.
>
> O problema está longe de se achar equacionado, mas importa debatê-lo, a todos os níveis, porque há que evitar:
>
> 1. expor as crianças à exploração das marcas;
> 2. explorar a sua inocência e os dados pessoais cedidos a troco da oferta de brochuras e de estratagemas similares;
> 3. permitir que as empresas se passeiem pelas escolas como cão por "vinha vindimada" (passe a expressão, usual em Portugal, por menos elegante);
> 4. a educação para o consumo seja destarte dinamitada e protraída para as calendas.
>
> O Estado tem uma palavra a dizer. E não pode demitir-se do seu papel fundamental neste domínio.

Como ressalta do nosso "*A Publicidade Infanto-Juvenil – perversões e perspectivas*[9]", abunda no coração das escolas europeias toda a sorte de *práticas comerciais.*

Um estudo da iniciativa da Comissão Europeia regista assinaláveis casos de práticas comerciais nas escolas:

[9] 2.ª edição revista e actualizada, Juruá, Curitiba, 2.ª tiragem, 2007, a págs. 103

- as empresas oferecem material educativo, como livros, CD-Roms, vídeos, brochuras, cartas geográficas, *poster's*, computadores, impressoras, televisões, instrumentos de música;
- as empresas fazem *sponsoring*, oferecendo aos alunos idas ao teatro, ao cinema, ao museu, ou organizando passeios educativos, concursos ou festas de fim de ano. Às vezes, as empresas concorrem também para a construção ou manutenção dos edifícios da escola, ou fornecem material que serve mais para a administração do estabelecimento do que para os alunos;
- as empresas fazem publicidade pura e simples, distribuindo amostras, cupões de desconto ou presentes. Há até livros escolares pejados de mensagens de publicidade "pura e dura".

Por exemplo, em França, a Hachette pubicou um livro escolar para crianças de 10 anos, que contém publicidade à Nestlé, JVC, Swatch e Air Inter. Na Alemanha, na Áustri e n França vêem-se cartazes publicitários nas escolas. Na Suécia, as cortinas da cantina das escolas têm o logótipo da Arla, o fornecedor dos produtos lácteos.

As escolas já vendem, de há muito, revistas, fotos de classes, bebidas, guloseimas, etc.

E as ofertas pressupõem o preenchimento de fichas em que se plasmam todos os dados pessoais dos alunos e das famílias com os endereços para a publicidade dirigida por via postal ou por mala electrónica.

8.2. Limites Impostos Pelos Ordenamentos Jurídico Europeu e Nacional: A Reflexão do Comité Económico e Social Europeu

Para além de directrizes outras que pontuam o ordenamento jurídico da União Europeia, há normas privativas dos ordenamentos jurídicos nacionais que constituem entraves a determinadas práticas. Nem sempre bem sucedidas pela permeabilidade a solicitações e sugestões invasivas.

No primeiro dos blocos, realce para a novel Directiva (2018/1808) que rege em tema de "ofertas dos serviços de comunicação social audiovisual", datada de 14 de Novembro de 2018 e em fase de transposição em cada um dos Estados-membros.

E aí a preocupação pelos perniciosos efeitos susceptíveis de atingir os menores.

Nela se previne, consoante o *considerandum* 21, um amplo leque de situações que têm como universo-alvo as crianças:

> No Regulamento (UE) 2016/679 do Parlamento Europeu e do Conselho, reconhece-se que as crianças merecem protecção específica no que respeita ao tratamento dos seus dados pessoais.
>
> A criação de mecanismos de protecção das crianças pelos fornecedores de serviços de comunicação social implica inevitavelmente o tratamento de dados pessoais de menores. Uma vez que esses mecanismos se destinam a proteger as crianças, os dados pessoais de menores tratados no âmbito de medidas técnicas de protecção das crianças não deverão ser utilizados para fins comerciais.

E, noutro passo:

> É importante proteger eficazmente os menores contra a exposição às comunicações comerciais audiovisuais relacionadas com a promoção do jogo. Neste contexto, existem múltiplos sistemas de auto-regulação ou co-regulação a nível da União e a nível nacional para promover o jogo responsável, inclusive nas comunicações comerciais audiovisuais.
>
> (...) Os serviços de plataformas de partilha de vídeos fornecem conteúdos audiovisuais que são cada vez mais consultados pelo público em geral e, em particular, pelos jovens.

O mesmo se aplica aos serviços de redes sociais, que passaram a ser um importante meio de partilha de informações, de entretenimento e de educação, designadamente facultando o acesso a programas e vídeos gerados pelos utilizadores.

Esses serviços de redes sociais deverão ser incluídos no âmbito da Directiva 2010/13/UE, pois estão em concorrência com os serviços de comunicação social audiovisual em termos de audiências e de receitas.

Além disso, esses serviços de redes sociais têm também um impacto considerável na medida em que proporcionam aos utilizadores a possibilidade de formar e influenciar a opinião de outros utilizadores. Por conseguinte, a fim de proteger os menores contra conteúdos nocivos e todos os cidadãos contra a incitação ao ódio, à violência e ao terrorismo, esses serviços deverão ser abrangidos pela Directiva 2010/13/UE, na medida em que satisfaçam a definição de serviço de plataforma de partilha de vídeos.

As medidas adequadas para a protecção de menores aplicáveis aos serviços de radiodifusão televisiva deverão aplicar-se igualmente aos serviços de comunicação social audiovisual a pedido. Tal deverá aumentar o nível de protecção. A abordagem de harmonização mínima permite aos Estados-membros desenvolver um maior grau de protecção contra os conteúdos susceptíveis de prejudicar o desenvolvimento físico, mental ou moral dos menores.

Os conteúdos mais nocivos, susceptíveis de prejudicar o desenvolvimento físico, mental ou moral dos menores, mas que não constituam necessariamente uma infracção penal, deverão ser sujeitos a medidas o mais rigorosas possível, como a encriptação e o controlo parental eficaz, sem prejuízo da adopção de medidas mais rigorosas pelos Estados-Membros.

Já no que toca aos modelos de colocação de produto (*product placement*) não deverá ser autorizada em noticiários e programas de actualidade informativa, programas relativos a assuntos dos consumidores, programas religiosos e programas infantis.

Os dados disponíveis mostram, mais concretamente, que a colocação de produto e os anúncios integrados em programas podem afectar o comportamento das crianças, dado não serem estas, muitas vezes, capazes de reconhecer o conteúdo comercial.

É necessário, portanto, continuar a proibir a colocação de produto em programas infantis. Os programas relativos a assuntos dos consumidores são programas que prestam aconselhamento aos telespectadores ou que incluem análises relativas à aquisição de produtos e serviços. Autorizar a colocação de produto em programas deste tipo afectaria a distinção entre publicidade e conteúdo editorial na perspectiva dos telespectadores, que podem esperar de tais programas uma análise séria e honesta de produtos ou serviços.

E, como se previne no *considerandum* 35:

> Colocam-se hoje novos desafios, em particular no âmbito das plataformas de partilha de vídeos, nas quais os utilizadores, em particular os menores, vêem cada vez mais conteúdos audiovisuais.
>
> Neste contexto, os conteúdos nocivos e os discursos de ódio fornecidos em serviços de plataformas de partilha de vídeos são motivos de crescente preocupação.
>
> Para proteger os menores e o público em geral contra esses conteúdos, é necessário definir regras proporcionadas nesses domínios.

Portugal restringe conteúdos no domínio da publicidade infanto-juvenil, nos termos do Código da Publicidade, em que se plasmam regras como segue:

> A publicidade especialmente dirigida a menores deve ter sempre em conta a sua vulnerabilidade psicológica, abstendo-se, nomeadamente, de os incitar directamente, tirando partido da sua inexperiência ou credulidade, a
> - adquirir determinado produto ou serviço;
> - persuadir seus pais ou terceiros a comprarem produtos ou serviços quaisquer que sejam;
> - explorar a confiança especial que depositam nos seus pais, tutores ou professores;
> - conter elementos susceptíveis de fazerem perigar a sua integridade física ou moral, bem como a sua saúde ou segurança, nomeadamente através de cenas de pornografia ou do incitamento à violência.
>
> Por outro lado, o Código estabelece imperativamente, no n.º 2 do seu artigo 14, que *"os menores só podem ser intervenientes principais nas mensagens publicitárias em que se verifique existir uma relação directa entre eles e o produto ou serviço veiculado."*

Independentemente de, noutro dispositivo – o artigo 20 –, se dispor que *"é proibida a publicidade a bebidas alcoólicas, ao tabaco ou a qualquer tipo de material pornográfico em estabelecimentos de ensino, bem como em quaisquer publicações, programas ou actividades especialmente destinados a menores."*

Para além de provisões outras que mal acautelam o efectivo, real problema com que se confrontam as crianças, os jovens e adolescentes perante uma publicidade insidiosa e cada vez mais absorvente, dominante.

8.2.1. A Resolução do Comité Económico e Social Europeu de 2012 e a Reflexão no seu Seio

O Comité Económico e Social Europeu acolheu, há escassos anos, uma proposta que formuláramos acerca da necessidade instante de se reflectir em torno da publicidade infanto-juvenil e da exploração de crianças, jovens e adolescentes por anunciantes, agências e suportes. Na sequência de um laborioso estudo e de concertadas acções, a todos os níveis, emitiu em 8 de Setembro de 2012 um parecer de iniciativa cujo fito seria o de forçar a mão à Comissão Europeia a que interviesse em domínio tão sensível como o que se revê na publicidade dirigida a entes hipervulneráveis, exortando-os a que manipulem progenitores e quem com eles priva, para além de os envolver em mensagens sem qualquer conexão com a sua condição e estatuto. Servindo-se dos dados obtidos de forma menos lícita para as acções desencadeadas contra os menores, tendo, sobretudo, como universo-alvo as famílias.

Relator do parecer foi o Conselheiro Jorge Pegado Liz e um dos peritos, o Prof. Paulo de Morais, da Universidade Portucalense, do Porto, ao tempo, presidente da Comissão Criança & Consumo da apDC – associação portuguesa de Direito do Consumo.

As conclusões e recomendações do Parecer são eloquentes. Ei-las:

- O objectivo (...) é o de contribuir para a informação, a discussão e o possível aprofundamento, a nível comunitário, das medidas, de carácter legal ou outras, de protecção das crianças e jovens face a certa publicidade que ou utiliza indevidamente as crianças nos seus anúncios, ou se lhes dirige de forma nociva ou, de qualquer modo, as expõe a mensagens lesivas para o seu adequado desenvolvimento físico, mental e moral.
- Em causa está a protecção de direitos fundamentais das crianças na União Europeia, tal como definidos na Convenção das Nações Unidas, no artigo 24.º da Carta Europeia dos Direitos Fundamentais no artigo 3.º, n.º 3, do Tratado da União Europeia e bem interpretados na Comunicação da Comissão «Rumo a uma estratégia da UE sobre os direitos da criança» (COM(2006) 367 final) e no «Programa Plurianual para a protecção das crianças que utilizam a Internet e outras tecnologias das comunicações» (COM(2008) 106 final) e no «Programa da UE para os direitos da criança» (COM(2011) 60 final).
- A publicidade que se serve abusivamente de crianças para finalidades que nada têm a ver com assuntos que directamente lhes respeitem, ofende a dignidade humana e atenta contra a sua integridade física e mental e deve ser banida.
- A publicidade dirigida a crianças comporta riscos agravados consoante os grupos etários, com consequências danosas para a sua saúde física, psíquica e moral, destacando-se, como particularmente graves, o incitamento ao consumo excessivo conducente ao endividamento e o consumo de produtos alimentares ou outros que se revelam nocivos ou perigosos para a saúde física e mental.
- De um modo geral, certa publicidade, pelos seus conteúdos particularmente violentos, racistas, xenófobos, eróticos ou pornográficos, afecta, por vezes irreversivelmente, a formação física, psíquica, moral e cívica das crianças, conduzindo a comportamentos violentos e à erotização precoce.

- O CESE – Comité Económico e Social Europeu – entende que estas questões devem ser analisadas em profundidade e enquadradas a nível da UE, de acordo com os princípios da subsidiariedade e da proporcionalidade não só porque está em causa a efectiva garantia da protecção de direitos fundamentais, como também porque a diversidade das regulamentações nacionais põe em risco o bom funcionamento do mercado interno e, nesse sentido, recomenda que seja adoptada, a nível da União Europeia, com carácter geral, uma idade mínima para a publicidade dirigida especialmente a crianças.
- O CESE julga que deve ser posta especial ênfase na capacitação, informação e formação das crianças desde a mais tenra idade, na utilização correta das tecnologias da informação e na interpretação das mensagens publicitárias, inscrevendo estas matérias nos *curricula* escolares a todos os níveis. Também os pais deverão ser capacitados para acompanharem os seus filhos na apreensão das mensagens publicitárias.
- O CESE entende que os cidadãos em geral e, em especial, as famílias e os docentes devem ser igualmente informados e formados para poderem melhor desempenhar as suas funções tutelares junto dos menores.
- O CESE apela aos anunciantes e patrocinadores para, no âmbito das iniciativas da auto-regulação e da co-regulação, já adoptadas e a promover, assumirem e aplicarem os mais elevados níveis de protecção dos direitos das crianças e de os fazerem respeitar.
- O CESE entende que o quadro legal comunitário não está à altura das necessidades actuais de protecção dos direitos das crianças face às comunicações comerciais, nomeadamente através dos meios audiovisuais, da Internet e das redes sociais, e insta a Comissão a considerar com urgência a necessidade de adoptar medidas mais restritivas de natureza transversal que garantam de forma efectiva esses direitos.

Tais conclusões e recomendações mantêm uma flagrante actualidade. Daí que se entenda que, perante uma distinta realidade europeia, emergente da recomposição do Parlamento Europeu saído do último acto eleitoral, de novo se haja de suscitar a panóplia de questões no tema imbricadas para uma reapreciação à luz de uma realidade que se adensa e assume contornos sobremodo preocupantes.

9. Difusão e Acções de Sensibilização

Sem formação de base e adequada sensibilização para a jóia da coroa que são, afinal, os dados pessoais, na esfera própria de cada um dos seus titulares, o que ocorre é que em particular os de mais tenra idade, mas com legitimidade para prestar o seu consentimento, jamais o farão de modo consequente e consciente.

É como que um "assinar de cruz" perante as pressões dos fornecedores, sem jamais se cumprirem os requisitos de que depende um conhecimento fundado da tábua de direitos que assistem ao titular dos dados.

Para tanto, o Estado deveria promover, nos meios ao seu alcance, acções adequadas a cumprir tão magnos desígnios.

Como se plasma no *considerandum* 11 do RGPD, *"a proteção eficaz dos dados pessoais na União exige o reforço e a especificação dos direitos dos titulares dos dados e as obrigações dos responsáveis pelo tratamento e pela definição do tratamento dos dados pessoais, bem como poderes equivalentes para controlar e assegurar a conformidade das regras de protecção dos dados pessoais e sanções equivalentes para as infracções nos Estados-membros."*

A panóplia dos direitos reconhecidos tem de ser inculcada a cada um e todos para que o consentimento não seja um mero acto burocrático que no acto se esgota.

A transparência exige que as coisas sejam exaustivamente esquadrinhadas.

E que os direitos que exornam o estatuto do titular sejam em absoluto dominados para que em cada instante o cidadão, ainda que de menor idade, mas com idade suficiente para expressar o seu consentimento, para tanto se impondo que disponha de formação de base e informação suficiente para o efeito.

Como se sublinha nos *consideranda* (32):

> O consentimento do titular dos dados deverá ser dado mediante um ato positivo claro que indique uma manifestação de vontade livre, específica, informada e inequívoca de que o titular de dados consente no tratamento dos dados que lhe digam respeito, como por exemplo mediante uma declaração escrita, inclusive em formato electrónico (...) O consentimento pode ser dado validando uma opção ao visitar um sítio web na Internet, seleccionando os parâmetros técnicos para os serviços da sociedade da informação ou mediante

outra declaração ou conduta que indique claramente nesse contexto que aceita o tratamento proposto dos seus dados pessoais. O silêncio, as opções pré-validadas ou a omissão não deverão, por conseguinte, constituir um consentimento. O consentimento deverá abranger todas as actividades de tratamento realizadas com a mesma finalidade. Nos casos em que o tratamento sirva fins múltiplos, deverá ser dado um consentimento para todos esses fins. Se o consentimento tiver de ser dado no seguimento de um pedido apresentado por via electrónica, esse pedido tem de ser claro e conciso e não pode perturbar desnecessariamente a utilização do serviço para o qual é fornecido.

E a corte de princípios em que se fundam os caboucos do edifício da protecção dos dados pessoais e seus desenvolvimentos conceituais, a saber:

- o princípio da licitude;
- o da lealdade;
- o da transparência;
- o da limitação das finalidades;
- o da minimização dos dados;
- o da exactidão e completude;
- o da limitação da conservação;
- o da integridade; e
- o da confidencialidade.

E os direitos que assistem ao titular terão, na sequência de acções apropriadas, de ser integralmente assimilados:

- o direito da transparência das informações e comunicações;
- o direito à linearidade das regras para o exercício dos direitos;
- o direito de acesso aos dados;
- o direito de rectificação dos dados;
- o direito ao apagamento dos dados (direito a ser esquecido);
- o direito à limitação do tratamento;
- o direito a ser prevenido de incidentes ou ocorrências anormais;
- o direito de portabilidade dos dados e;
- o direito de oposição, entre outros.

Sem pedagogia, os princípios soarão a oco e os direitos traduzir-se-ão em autêntica letra morta, que "*da lei nos livros à lei em acção... dista um abismo*"!

Nada, literalmente nada se fez neste particular nos mais de três anos subsequentes à edição do Regulamento Europeu, entre nós, e, pelo andar da carruagem, não se fará. Como diria o poeta:

> "Estavas, linda Inês, posta em sossego,
> De teus anos colhendo doce fruito,
> Naquele engano da alma, ledo e cego,
> Que a fortuna não deixa durar muito,
> Nos saudosos campos do Mondego,
> De teus fermosos olhos nunca enxuto,
> Aos montes ensinando e às ervinhas
> O nome que no peito escrito tinhas."

Conclusões

Em momento em que a privacidade sob o peso das tecnologias da informação e da comunicação sucumbe, o RGPD, sob a égide da União Europeia, parece pretender evitar que a preservação dos dados pessoais, de moribunda, anuncie aos quatro ventos as suas exéquias fúnebres.

Alvo apetecível de todo o tecido que se vai tecendo no tear do mercado digital são as crianças.

Daí que se haja urdido a teia legislativa para as trajar diferentemente neste orbe dissolutor de personalidades e dos direitos que as envolvem:

As crianças não escapam ao encantamento do universo digital.

Para tanto, há regras específicas que se lhes dirigem de molde a assegurar-lhes uma tutela reforçada ante a sua *capitis deminutio.*

Se, por um lado, se aparelham regras especiais para a preservação dos seus dados e para a sua disponibilidade ante peculiar procedimento de um consentimento livre, esclarecido, ponderado, inequívoco, por outro, como se lhes reconhece uma plena capacidade, cometendo-se-lhes, desde que atinjam os 13 anos de idade, a faculdade de só por si decidirem dos seus interesses perante os enleantes serviços da sociedade da informação.

Mas a privacidade das crianças vai muito para além dos já de si dilatados limites da sociedade da informação: radica em meio escolar, que é o meio por excelência, onde, ao menos, 12 anos da sua vida útil decorrem quase em regime de exclusividade.

Para que as crianças possam desfrutar em plenitude das prerrogativas que se lhes reconhecem, mister será que se lhes confira quer a formação indispensável para que assimilem a sua carta de direitos e deveres quer a informação a cada instante exigível.

Que o Estado, a comunidade, as famílias se consciencializem da arquitectura deste "admirável" mas, por vezes, assombroso "mundo novo" e iniciem as crianças na educação para a sociedade digital (em extensão e profundidade), preservando-as dos efeitos nefastos que sobre si se abatem.

Que as escolas, alfobre de dados, enquanto espaços de liberdade e de modelação de futuros, guardem ciosamente dados susceptíveis de arruinar carreiras como de propiciar vias para um novo esclavagismo mercadológico à mercê dos gigantes das tecnologias.

Referências

ARAÚJO NETO, Afonso. "RPGD: uma revolução invisível". *Revista Luso-Brasileira de Direito do Consumo*, vol. VII, n.º 27, Setembro de 2017, pp. 61 e *ss*. Curitiba: Bonijuris, 2017.

FALIERO, Johana Caterina. "*La Protección de los datos personales del consumidor y su importância cardinal em nuestro sistema jurídico argentino*". *Revista Luso-Brasileira de Direito do Consumo*, vol. VII, n.º 27, Setembro de 2017, pp. 111 e *ss*. Curitiba: Bonijuris, 2017.

FROTA, Mário. *A Publicidade Infanto-Juvenil – Perversões e Perspectivas*. 2.ª edição – revista e actualizada, 2.ª tiragem. Curitba: Juruá, 2006.

MASSENO, Manuel David. "Protegendo os cidadãos-consumidores em tempos de *big data*: uma perspectiva da União Europeia". *Revista Luso-Brasileira de Direito do Consumo*, vol. VII, n.º 27, Setembro de 2017, pp. 37 e *ss*. Curitiba: Bonijuris, 2017.

MENDES, Jorge Barros. "O novo regulamento de protecção de dados – as principais alterações". *Revista Luso-Brasileira de Direito do Consumo*, vol. VII, n.º 27, Setembro de 2017, pp. 13 e *ss*. Curitiba: Bonijuris, 2017.

OROZCO, Margarita. "*Regimen jurídico de Protección de datos em ODR*". *Revista Luso-Brasileira de Direito do Consumo*, vol. VII, n.º 27, Setembro de 2017, pp. 91 e *ss*. Curitiba: Bonijuris, 2017.

SAIAS, Marco Alexandre. "Reforço da responsabilização dos responsáveis pelo tratamento de dados". *Revista Luso-Brasileira de Direito do Consumo*, vol. VII, n.º 27, Setembro de 2017, pp. 71 e *ss*. Curitiba: Bonijuris, 2017.

9. O Tratamento de Dados Pessoais de Crianças e Adolescentes pelo Poder Público: Entre Violação e Proteção

Rosane Leal da Silva

1. Introdução

É significativo o progresso tecnológico, com reflexos no setor privado, com incremento de novos modelos de negócios *online*, assim como a emergência de inéditos usos da tecnologia no setor público. Todos esses experimentos vivenciados nos últimos anos têm contribuído para que se colete e processe dados pessoais numa escala antes impensada. Tal ocorre também com os dados pessoais de crianças e adolescentes, coletados em quantidades sem precedentes por empresas, governos, escolas e outros organismos que atuam voltados a este segmento.

O comportamento *online* de crianças e adolescentes tem sido constantemente *escaneado* pelos mais diferentes atores nas distintas plataformas mediáticas que utilizam, o que cria novas vulnerabilidades já que essas interações usualmente envolvem a transferência de dados pessoais. Uma vez lançados no ecossistema digital, essas informações podem ser utilizadas tanto para finalidades declaradas quanto escusas, a serviço das estratégias empresariais publicitárias ou do próprio Estado, com se verá neste artigo, cujo objetivo é discutir o uso de aplicativos, por parte do Poder Judiciário, para agilizar os processos de adoção.

Ainda que esses instrumentos tecnológicos conectem crianças e adolescentes a um admirável mundo cheio de oportunidades e confiram inéditas oportunidades de exercer seus direitos fundamentais, incluindo a liberdade de expressão (art. 13), o direito à liberdade de reunião em assembleias (art. 15), o direito à educação (arts. 28 e 29), o direito de jogar e brincar (art. 31), todos da Convenção Internacional sobre os Direitos da Criança, esses benefícios são questionáveis quando contrastados com os significativos riscos e potenciais impactos negativos que a vasta coleta de dados pessoais de crianças e adolescentes pode produzir. De igual forma, mesmo que o objetivo inicial dos referidos aplicativos de adoção seja sensibilizar os pretendentes para agilizar a colocação de crianças e adolescentes em famílias substitutas, não se pode ignorar os potenciais riscos sobre o direito ao pleno desenvolvimento e o direito à privacidade, contemplados respectivamente nos artigos 6 e 16 do mesmo compromisso internacional.

É sobre essa temática que versa o trabalho, que pretende identificar e analisar alguns riscos que se apresentam às crianças e adolescentes diante da coleta, tratamento, transmissão e divulgação de seus dados pelo Poder Público, procedimentos que podem agravar sua vulnerabilidade.

2. Da Proteção da Privacidade à Infância Online

Desde 1989, com a Convenção Internacional sobre os direitos da criança, colocou-se em destaque uma parte da população que historicamente foi negligenciada. Tal esquecimento foi deliberado e resultou na ausência de leis que amparassem verdadeiramente seus direitos, pois tanto as legislações produzidas quanto as políticas públicas eram empreendidas com foco na defesa social, em clara objetificação dos denominados "menores de idade".

Esse tratamento normativo começa a ser revisto com a edição da Convenção sobre os direitos da Criança que, alicerçada sobre o pilar do melhor interesse, reconheceu que a infância não pode ser um objeto de controle e passou a considerar quem está em fase de desenvolvimento, tratando-os como sujeitos de direitos humanos indivisíveis e inafastáveis.

Não obstante, ainda que muitas organizações internacionais e nacionais reconheçam a importância do tema e adotem este discurso, pouco ainda é feito para que as ações, políticas e atuação dos entes públicos reflitam a compreensão de que crianças e adolescentes são merecedores de tutela específica. Essa condição especial exige que sejam reforçadas as ações para assegurar o gozo de direitos humanos, como liberdade, imagem, honra, identidade, privacidade, dados pessoais e demais direitos, cuja promoção e respeito são condições de possibilidade para o seu pleno desenvolvimento.

Dentre tantas dimensões negligenciadas encontra-se a privacidade, direito de uso muito corrente, mas ainda pouco entendido, especialmente quando se trata de titulares menores de idade. Sua observância é essencial para a manutenção da dignidade humana e para dotar o titular de condições para administrar inúmeras interações e relacionamentos interpessoais, já que este direito transcende o aspecto individual e produz reflexos sobre a arena pública.

Sua importância repousa tanto na dimensão individual, para impedir a invasão indevida na esfera jurídica de seu titular, quanto no plano coletivo, pois a privacidade é a base fundadora para uma saudável, vibrante e funcional vida em sociedade. Ainda que nesta quadra da história não se questione sua importância e que os tratados internacionais a tutelem como direito humano, o que também é acompanhado pelas Cartas Políticas da maioria dos Estados democráticos, o acentuado uso das tecnologias, típico da era digital, coloca a privacidade novamente em evidência ao revelar novas e sofisticadas formas de intrusão e violação de dados pessoais.

Muitas dessas invasões ocorrem e são aperfeiçoadas pelas inovações tecnológicas, o que leva a suspeitar de certa corrosão do próprio Direito. Em rápida digressão histórica convém lembrar que o direito à privacidade padeceu de tardio reconhecimento de sua autonomia, pois usualmente era compreendido como um desdobramento do direito à propriedade. Ao ser reconhecido de maneira autônoma pelo seminal trabalho produzido, em 1880, por Warren e Brandeis, passou a ter destaque como despregado do direito à propriedade. Com efeito, este estudo foi o pioneiro de nova e explícita proteção legal para a esfera mais reservada da vida das pessoas, que deveria ficar a salvo do olhar e intromissão externos. Trouxe à discussão uma dimensão relacionada à vida reservada das pessoas e seu direito de manter-se sozinho, com a proteção de aspectos intangíveis da sua personalidade[1].

O respeito a esta dimensão relacionava-se à dignidade individual e, no estudo, os autores já reconheciam que as tecnologias existentes à época (limitadas à câmera fotográfica) criavam abundantes oportunidades para ferir direitos alheios, sobretudo quando se tratava de fotografias obtidas

[1] WARREN, Samuel D.; BRANDEIS, Louis D. The right to privacy. *Harvard Law Review*, v. 4, n. 5 (Dec. 15, 1890), pp. 193-220. Disponível em: <http://www.jstor.org/stable/1321160>. Acesso em: 04 dezembro 2017.

sem o consentimento do titular. Segundo Eric Santanen[2], essas ideias precursoras posteriormente ganharam novos contributos até que, em 1964, Edward Bloustein desenvolveu a tese de que a essência da liberdade pessoal e da dignidade, prestigiadas em toda a cultura ocidental, é de dupla face e consiste tanto no direito ao isolamento quanto no direito do controle sobre determinadas informações. Esta tese dá um passo além, pois ainda que trabalhe sob uma visão individual desse direito, desvela sua dupla dimensão composta pelo aspecto negativo, representado pelo dever de abstenção de invadir a privacidade alheia, e pelo aspecto positivo, ao conferir ao titular a possibilidade de controle sobre suas informações.

Segundo se depreende do histórico apresentado por Santanen[3], em 1975 James Rachels explorou o tema a partir da análise de diferentes formas de relacionamento social, sustentando que esses relacionamentos são construídos *a partir* e *sobre* a partilha de histórias pessoais e experiências que vem do outro. Assim, privacidade é um específico mecanismo que permite que as pessoas mantenham um nível de controle sobre o que será partilhado com outros, só havendo interesse em protegê-la no âmbito das relações sociais.

Outra não é a posição de Pérez Luño[4], para quem os direitos humanos e fundamentais precisam ser considerados a partir de sua dimensão coletiva e social, o que exige que se atente não só para as novas formas de violação decorrentes do uso de tecnologias quanto se reconheça que os particulares podem se constituir em violadores desses direitos.

Ao aproximar o tema da proteção de dados às novas tecnologias, Eric Santanen[5] reporta as contribuições de Daniel Solove (2006), autor cujos estudos teria identificado vários problemas decorrentes do tratamento de dados. Tais vulnerabilidades se manifestariam em distintas etapas, a saber:

[2] SANTANEN, Eric. The Value of Protecting Privacy. *Business Horizons*, v. 62(1), pp. 5-14 (p. 7), janeiro 2019. Disponível em: <https://doi.org/10.1016/j.bushor.2018.04.004>. Acesso em: 30 abril 2019.

[3] SANTANEN, Eric. The Value of Protecting Privacy. *Business Horizons*. v. 62(1). pp. 5-14 (pp. 7-8), jan. 2019. Disponível em: https://doi.org/10.1016/j.bushor.2018.04.004. Acesso em 30 abril 2019.

[4] PÉREZ-LUÑO, Antonio Enrique. *Derechos humanos, estado de derecho y constitución*. 9. ed. Madri: Editorial Tecnos, 2005.

[5] SANTANEN, Eric. The Value of Protecting Privacy. *Business Horizons*, v. 62(1), pp. 5-14 (p. 10), janeiro 2019. Disponível em: <https://doi.org/10.1016/j.bushor.2018.04.004>. Acesso em: 30 abril 2019.

a) na coleta de informações; b) no processamento de informações; c) na disseminação de informações; e) nos riscos de invasão.

A primeira categoria envolve duas atividades específicas que se centram na *surveillance*[6] e na interrogação. Quanto à primeira, ainda que esta vigilância não seja nova e que alguns defendam sua contribuição e impactos positivos para o combate aos crimes de alcance global, como o terrorismo, quando praticada em excesso e de maneira continuada tem efeito negativo sobre as pessoas. O sentimento de constante vigilância levaria à perda da autenticidade, fazendo com que a pessoa alterasse seu comportamento e passasse a agir como autômato, o que limita a maneira de ser e estar no mundo, ferindo a autonomia individual da pessoa. As origens dessa forma de controle estariam no *panóptico* de Jeremy Bentham, agora muito mais sofisticada e global. A segunda forma de coletar informações seria a partir de técnicas de interrogação e de questionamentos feitos por agentes públicos ou no contexto de uma entrevista de trabalho. A partir de uma habilidosa entrevista, portanto, seria possível conduzir o diálogo para criar impressões ou inferências daquilo que na verdade a pessoa não quer dizer, revelar ou testemunhar contra si próprio[7].

Quanto ao processamento dos dados, as tecnologias permitem ágil e largo recolhimento das mais variadas informações, de onde podem decorrer inúmeras categorias incluindo agregação, identificação, uso secundários e exclusão. Enquanto a agregação vai permitir a combinação de dados de várias fontes, o que formará um perfil, a identificação é um processo pelo qual é possível revelar dados, como a data de aniversário, nome, endereço, número de seguro[8]. Um dos grandes problemas que rodeia o tema ocorre quando esses dados são utilizados de forma abusiva, com desvio de fina-

[6] Rafaela Bolson Dalla Favera, ao estudar o tema, explica que o Estado realiza constante e sistemática vigilância global contra cidadãos das mais diversas nacionalidades, utilizando requintados aparatos tecnológicos. O destaque para essas ações recai sobre os Estados Unidos da América que, sob justificativa de combater o terrorismo, realiza práticas de *surveillance* para monitorar, recolher dados pessoais, tratá-los, observando de maneira rotineira as ações dos cidadãos, independente de sua localização geográfica ou sua nacionalidade. FAVERA, Rafaela Bolzon Dalla. *Surveillance e Direitos Humanos:* o tratamento jurídico do tema nos EUA e no Brasil, a partir do caso Edward Snowden. Rio de Janeiro: Lumen Juris Editora, 2018.

[7] SANTANEN, Eric. The Value of Protecting Privacy. *Business Horizons*, v. 62(1), pp. 5-14 (p. 10), janeiro 2019. Disponível em: https://doi.org/10.1016/j.bushor.2018.04.004. Acesso em: 30 abril 2019.

[8] Ibidem.

lidade do recolhimento, como ocorre quando o número de telefone e endereço de e-mail são colhidos no curso de uma transação comercial e depois são utilizados para atividades publicitárias e de telemarketing de outras empresas, ou quando dados recolhidos no âmbito de um processo judicial posteriormente têm outra utilização que desvia da finalidade inicial.

Como se sabe, a tecnologia dissemina informações para as mais variadas organizações e esses dados rapidamente são dispersados e reutilizados por pessoas físicas, instituições privadas e públicas. Determinadas informações, quando divulgadas, além de ferir a autonomia individual, podem trazer problemas para segurança pessoal, especialmente quando o titular participou de processos na condição de testemunha ou até mesmo como vítima de abuso, sendo que a divulgação posterior de suas informações, tais como nome e endereço podem colocá-la como alvo fácil de perseguições.

Portanto, inegável que o uso de TIC impõe novas fronteiras para os direitos humanos. A luta é difícil especialmente considerando o ecossistema digital e suas múltiplas janelas, pois se de um lado é inquestionável a abertura que esses tantos ambientes oportunizam para o acesso às mais variadas notícias e fontes de informações, por outro também não se pode descuidar dos riscos emergentes da captura de dados pessoais e do seu posterior uso, situação que inspira ainda mais atenção quando o titular é criança ou adolescente.

E não é somente a exposição privada e espontânea que produz novos problemas. Os dados pessoais coletados, tratados e divulgados pelo Poder Público também não estão imunes a causar danos ao titular. Nessa categoria há desde dados sensíveis que precedem o nascimento da criança, ao dizer respeito à gestação, passando por dados escolares e de atendimentos em postos de saúde, até chegar a dados que porventura possam estar na posse do Poder Judiciário em razão de demandas jurídicas nas quais as crianças foram direta ou indiretamente implicadas. É sobre essa última categoria que o trabalho se centrará daqui para frente, o que será feito a partir da identificação de situações de violação aos dados pessoais de crianças e adolescentes, geradas pelo Poder Judiciário, bem como as possíveis respostas jurídicas sobre o tema.

3. O Poder Judiciário na Era Digital: os Riscos do Uso de TIC para os Dados Pessoais dos Jurisdicionados

A utilização de tecnologia da informação e comunicação alcançou o Estado, que passou a empreender inúmeros esforços para adaptar-se e inovar na prestação de informação pública, bem como na realização de serviços. Esta mudança de comportamento teve ênfase na última década do século XX quando, visando tornar-se mais eficiente, o Poder Executivo passou a utilizar mais intensamente as TIC em iniciativa que se convencionou chamar de governo eletrônico.

Modernização, funcionalidade e abertura foram objetivos delineados nesta fase, e para atingi-los a administração pública passou a contar com o apoio de TIC[9], iniciativa que também chegou ao Poder Judiciário. Este, por sua vez, viu nas tecnologias potencial para promover sua abertura com a sociedade, superando o hermetismo que sempre o caracterizou e que o empurrou para a crise que justificou a edição da Emenda Constitucional n. 45, de 2004. Por meio dessa Emenda foi criado o Conselho Nacional de Justiça, órgão que no exercício de sua competência normativa editou inúmeras Resoluções que previam a publicação de informações de interesse público, o que deveria conferir maior abertura e transparência a este poder.

Para dar conta desse desafio, o Judiciário investiu em seus portais institucionais na *internet*, que passaram a ter inúmeras funcionalidades, com aperfeiçoamento dos mecanismos de busca das decisões judiciais. A presença em *sites* de redes sociais não tardou a se efetivar, bem como a divulgação de notícias e julgamentos por meio da televisão passou a ter no ambiente virtual um canal complementar. As múltiplas formas de presença e a linguagem amigável eram empregadas como estratégias para reduzir as distâncias e aproximar Poder Judiciários dos cidadãos. Tais iniciativas foram reforçadas, posteriormente, pela Edição da Lei n. 12.527, de 2011, denominada Lei de Acesso à Informação Pública (LAI). Esta legislação, calcada nos princípios da máxima abertura e da transparência, teve como base inúmeros documentos internacionais que reconhecem o direito dos

[9] SILVA, Rosane Leal. A atuação do poder público no desenvolvimento da Internet: das experiências de governo eletrônico às diretrizes previstas na Lei 12.965/2014. *In*: DE LUCCA, Newton; SIMÃO FILHO, Adalberto; LIMA, Cíntia Rosa Pereira. *Direito e Internet III:* Marco Civil da Internet – Lei nº 12.965/2014 – tomo I. São Paulo: Quartier Latin, 2015, p. 211.

administrados e impõe deveres a todos os órgãos públicos, com menção expressa aos três poderes[10].

Tal comando não deixa imune o Poder Judiciário, que passou a ter novas atividades nos últimos anos. Não obstante, à medida que se insere de maneira mais intensa na sociedade em rede e adota as TIC como aliadas na produção da atividade jurisdicional e na divulgação de informações referentes à gestão administrativa e orçamentária, novos problemas passam a se descortinar. Com efeito, se por um lado essas iniciativas permitem que se concretize a almejada abertura deste Poder, conhecido por ser autônomo, independente e, ao mesmo tempo, hermético; por outro, o uso de tecnologias pode gerar vulnerabilidade aos dados pessoais dos jurisdicionados, especialmente quando se trata de crianças e adolescentes.

Ainda que estes riscos não sejam suficientemente divulgados no Brasil e pouco se invista em pesquisas sobre eles, é incontestável que a exposição de documentos e de decisões judiciais nos *sites* institucionais merece atenção[11]. É evidente que o acesso aos dados pessoais e sua divulgação, por parte do Estado, guarda relação com as Leis de Acesso à Informação Pública, conforme destacado por Rosilene Paiva Marinho de Sousa, Jacqueline Echeverría Barrancos e Manuela Eugênio Maia[12], pois se de um lado o Estado deve divulgar dados públicos, imposição feita pela LAI, por outro lado essa divulgação não deve ferir os dados pessoais e tampouco se afastar da sua finalidade. E nesse sentido as autoras lembram que "[...] o tratamento de dados pessoais, realizado pela pessoa jurídica de direito público, devem atender a finalidade e interesse público, com o objetivo

[10] SILVA, Rosane Leal da; DE LA RUE, LETÍCIA. O acesso à informação pública no Poder Judiciário: panorama normativo do tema no Brasil. *In*: Rosane Leal da Silva. (Org.). *O Poder Judiciário na sociedade em rede*: jurisdição, informação e transparência. Curitiba: Multideia Editora, 2015, v. 1, p. 23.

[11] Sobre este tema leia-se: SILVA, Rosane Leal da. A vulnerabilidade do trabalhador em face da Lei n.º 13.709/2018 quando o acesso à justiça pode violar dados pessoais sensíveis. *In*: GUIMARÃES, Cíntia; FELTEN, Maria Cláudia; ROCHA, Mariângela Guerreiro Milhoranza da. (Orgs.). *Temas polêmicos de direito e processo do trabalho*: estudos em homenagem à professora Denise Fincato. Porto Alegre: Paixão, 2018, pp. 323-339.

[12] SOUSA, Paiva Marinho de; BARRANCOS, Jacqueline Echeverría; MAIA, Manuela Eugênio. Acesso a informação e ao tratamento de dados pessoais pelo poder público. *Informação & Sociedade:* Estudos, v. 29 (1), pp. 237-251 (p. 245), 2019. Disponível em: <http://www.periodicos.ufpb.br/index.php/ies/article/view/44485/pdf>. Acesso em: 09 maio 2019.

de executar as competências legais ou cumprir as atribuições legais do serviço público [...]"

Trata-se de uma delicada equação entre divulgar o que interessa ao cidadão e, ao mesmo tempo, preservar dados pessoais dos jurisdicionados, especialmente quando sequer tiveram a oportunidade e capacidade de decidir se querem ou não participar de demandas judiciais.

Fora do país o tema preocupa aos juristas que, desde 2003, vêm discutindo a exposição dos jurisdicionados, o que rendeu, inclusive, a elaboração das denominadas Regras de Heredia. Este documento, elaborado no marco de um Congresso Internacional, contém importante recomendação sobre o modo de difusão de informações pessoais dos jurisdicionados nos portais institucionais[13].

Essas preocupações são procedentes e merecem a devida atenção, especialmente considerando a participação dos menores de idade nos processos, cuja atuação tanto pode ocorrer no âmbito da justiça socioeducativa quanto nas questões de direito de família. Quanto às primeiras, poderá figurar como vítima ou como autor de ato equivalente a crime ou contravenção, em procedimentos específico regulado pelo Estatuto da Criança e do Adolescente para a apuração de ato infracional, no qual deve ser observado o exercício da ampla defesa, contraditório e as garantias processuais previstas no art. 111, da Lei nº 8.069, de 1990.

A tramitação desse processo, além de expor vários dados e informações sobre os adolescentes – inclusive dados sensíveis – também produz efeitos negativos decorrentes dos processos de estigmatização dos envolvidos, acentuando a já existente discriminação que é endereçada aos autores de atos infracionais, especialmente nos casos em que a decisão transitada em julgado impuser uma das medidas socioeducativas contempladas no art. 112, da Lei nº 8.069, de 1990. A publicização dos dados constantes nesses processos pode gerar hostilização, discriminação e até impedir a ressocialização do autor do ato infracional ao criar obstáculos para sua posterior inserção no mercado de trabalho, o que frustrará qualquer finalidade da medida.

[13] INSTITUTO DE INVESTIGACIÓN PARA LA JUSTICIA. *Regras de Heredia*. Disponível em: <http://www.iijusticia.edu.ar/heredia/Regras_de_Heredia.htm>. Acesso em: 5 dezembro 2016.

Neste sentido, é oportuna a advertência manifestada no item 5 da Carta de Heredia, nos seguintes termos[14]:

> Regra 5. Prevalecem os direitos de privacidade e intimidade, quando tratados dados pessoais que se refiram a crianças, adolescentes (menores) ou incapazes; ou assuntos familiares; ou que revelem a origem racial ou étnica, as opiniões políticas, as convicções religiosas ou filosóficas, a participação em sindicatos; assim como o tratamento dos dados relativos à saúde ou à sexualidade; ou vítimas de violência sexual ou doméstica; ou quando se trate de dados sensíveis ou de publicação restrita segundo cada legislação nacional aplicável ou tenham sido considerados na jurisprudência emanada dos órgãos encarregados da tutela jurisdicional dos direitos fundamentais.

Como é possível perceber, o item 5 do documento refere-se a várias situações de risco, pois dados sobre crianças e adolescentes também podem figurar em processos de separação ou divórcio dos genitores, em que situações da rotina da família, informações sobre traumas e doenças podem constar nos processos, publicizados nos portais institucionais. Ainda que se utilizem as iniciais dos infantes e adolescentes, o conjunto de informações pode levar à identificação da pessoa, já que o tratamento pode, muitas vezes, fazer com que dados isolados, uma vez combinados a outros, possam levar à identificação dos titulares.

Outras decisões que também suscitam interesse pelo seu potencial danoso referem-se a abusos, maus tratos, negligência ou qualquer outra conduta praticada pelos genitores e que serão apuradas em procedimento visando à suspensão ou destituição do poder familiar, de acordo com o disposto nos artigos 155 e seguintes, do Estatuto da Criança e do Adolescente. Nesses processos usualmente são discutidas situações de violação da integridade física, psíquica, moral e até mesmo sexual de crianças e adolescentes, o que exige cuidados especiais, por parte do Estado, para não expor os dados pessoais das vítimas, o que produziria maior vitimização.

A situação é mais complexa porque nesses casos, ainda que não se divulgue o nome dos atingidos pela violência, o conjunto de informações constantes no processo, tais como nome dos genitores da criança, identificação do abusador, indicação do endereço onde a conduta foi realizada,

[14] ASSOCIAÇÃO JURÍDICA TEIXEIRA DE FREITAS. *Carta de Heredia 10 anos*. Disponível em: <http://www.atf.org.br/noticias/c_heredia.pdf>. Acesso em: 11 julho 2017.

identificação da escola, todas são informações que, isoladamente são destituídas de potencial ofensivo mas, quando reunidas, poderiam levar à identificação da vítima. Mas a situação de exposição não cessa neste procedimento para a suspensão ou destituição de poder familiar, pois se os pais perderem o poder familiar a criança ou adolescente terá seu nome inscrito no Cadastro Nacional de Adoção, procedimento necessário para sua colocação no seio de uma família substituta, conforme prescreve o artigo 39 e seguintes do Estatuto.

O procedimento para a adoção é regrado pela Lei nº 12.010, de 2009, com as alterações posteriores, que modificaram alguns aspectos da adoção internacional. Em razão do disposto na primeira legislação mencionada, haverá uma série de atividades de esclarecimento de preparação dos pretendentes à habilitação, o que envolverá desde noções sobre a tramitação do processo de adoção, como questões de ordem social e psicológica que podem influenciar na tomada de decisão. Apenas após a conclusão do processo de habilitação e do cumprimento de suas etapas é que o(a) postulante será inscrito(a) no Cadastro Nacional de Adoção, seguindo uma ordem cronológica em respeito à sentença de habilitação. Para tanto a pessoa deve ser maior de 18 anos e ter no mínimo 16 anos a mais que o adotando, o que independente do sexo, estado civil e orientação sexual, conforme prescrito no artigo 42, da Lei 8.069, de 1990.

Os adotantes informam o perfil de criança e adolescente que pretendem adotar e, de acordo com essas especificidades a adoção poderá ser ultimada com maior ou menor celeridade, a depender da flexibilidade do perfil. Conforme se depreende das informações disponíveis no site do Poder Judiciário gaúcho, um fato gerador da morosidade é que "[...] o perfil exigido pelos pretendentes não corresponde ao perfil da maioria das crianças e adolescentes disponíveis para a adoção no Cadastro Nacional de Adoção, que são crianças e adolescentes com mais de 6 anos de idade, que possuem irmãos ou que possuem deficiência".[15]

Os perfis estabelecidos, além de gerar morosidade nos processos, ainda servem de entraves, reduzindo o número de adoções concretizadas. Ainda que os números de adoções tenham crescido nos últimos anos em razão

[15] BRASIL. Tribunal de Justiça do Rio Grande do Sul. *Adoção*: Abra o teu coração e deixe o amor te surpreender, perguntas frequentes. Disponível em: <http://www.tjrs.jus.br/app-adocao/perguntas.html>. Acesso em: 11 maio 2019.

do cadastro único, em funcionamento desde 2009, novas mudanças estão em vias de implementação com o objetivo de ampliar as adoções, cujos números, segundo o Cadastro Nacional de Adoção, do Conselho Nacional de Justiça, podem ser assim expressos[16]: no ano de 2019, havia um total de 9.543 crianças cadastradas e disponíveis para adoção e, destas, 3.158 eram da raça branca, 1.585 da raça negra, 18 da raça amarela, 32 da raça indígena e 4.750 da raça parda, aquela que se sobressai entre as crianças disponíveis à adoção. Deste contingente, 4.269 não possuem irmãos, ao passo que a maioria, representando 5.274 crianças, possuem irmãos também cadastrados à adoção. Integrar grupo de irmãos dificulta a adoção, pois é reduzido o número de pessoas que deseja grupos de crianças e, pela legislação estatutária os irmãos devem, preferentemente, ser mantidos junto. Destaque-se que dentre os cadastrados, 2.451 apresentaram problemas de saúde, sendo que destes, 95 eram portadores de HIV, 332 tinham deficiência física, 788 tinham deficiência mental e 1.236 tinham outro tipo de doença detectada. A situação de patologia também é um grande obstáculo à adoção.

Quando a análise recai sobre os interessados em adotar constata-se que havia 45.987 pretendentes, cujo perfil de crianças desejadas retrata o seguinte panorama: 6.809 candidatos somente aceitam crianças da raça branca, 363 somente aceitam crianças da raça negra, 45 da raça amarela, 1.851 apenas aceitam crianças pardas como perfil ideal e outros 24 pretendentes buscam exclusivamente crianças da raça indígena. Do contingente cadastrado, 42.515 pessoas aceitam crianças da raça branca, o que aponta para o predomínio do perfil desejado pelos adotantes. O percentual de candidatos que aceitam todas as raças perfaz 23.270 pessoas. Quanto às preferências com relação ao sexo da criança, 29.795 candidatos são indiferentes em relação a este item e apenas 17.478 adotantes se propõem a adotar irmãos, número que contrasta com aqueles que não aceitam adotar grupos de irmãos, que atinge 28.509. Quanto à faixa-etária, fica bem evidente a preferência por crianças em tenra idade, o que se constitui num dos principais entraves ao processo: o grupo mais significativo de candidatos aceitam crianças com até seis anos de idade, o que perfaz um total de 31.840. A partir dos nove anos de idade cai consideravelmente o número de candidatos interessados, atingindo somente 3.022, dado que demonstra

[16] CONSELHO NACIONAL DE JUSTIÇA. *Cadastro Nacional de Adoção*. Relatórios estatísticos. Disponível em: <http://www.cnj.jus.br/cnanovo/pages/publico/index.jsf>. Acesso em: 11 maio 2019.

que depois de certa idade as crianças não mais serão adotadas, passando todos demais anos da infância e adolescência institucionalizados[17].

Embora o número de pretendentes seja superior e as adoções tenham crescido, muitas crianças passam a vida institucionalizados, o que demonstra a necessidade de promover avanços rumo à efetivação do direito à convivência familiar. Para tanto, além de integrar o cadastro, dotá-lo de mecanismos para realizar a busca inteligente, ou seja, usar as tecnologias para revisar diariamente o cadastro com o objetivo de selecionar o perfil das crianças desejadas pelo adotante, o sistema ainda é capaz de emitir alertas para os juízos e corregedores em casos de excessiva morosidade do processo. Esses avisos são importantes, pois quando se trata de adoção corre-se contra o tempo, já que o perfil desejado é de crianças em tenra idade e, quanto mais o tempo passa, menos oportunidades de vida familiar e comunitária terão. As próximas etapas, a serem implementadas no ano de 2019 prometem ir além, franqueando-se o acesso direto dos pretendentes que, uma vez logados no sistema, poderão não só ter contato com os dados pessoais dos adotandos, como também consultar fotos, vídeos, desenhos e cartas escritas por parte dos pretendentes, etapa em fase de implementação[18], com aplicativos já em teste em alguns Estados da federação[19].

A inclusão desses dados em formato de fotos e vídeos já vem sendo adotado em alguns tribunais, a exemplo do Tribunal de Justiça do Rio Grande do Sul, que desde 10 de agosto de 2018 já utiliza o Aplicativo "Deixa o Amor te Surpreender", elaborado em parceria com a Pontifícia Universidade Católica do Rio Grande do Sul. Segundo divulgado na mídia local, em 08 de agosto de 2018, todos os pais registrados no Cadastro Nacional de Adoção podem acessar o aplicativo a partir de seu CPF e do *e-mail* cadastrado e,

[17] BRASIL. Conselho Nacional de Justiça. *Cadastro Nacional de Adoção*. Relatórios estatísticos. Disponível em: <http://www.cnj.jus.br/cnanovo/pages/publico/index.jsf>. Acesso em: 11 maio 2019.

[18] BRASIL. Colégio Notarial do Brasil. *CNJ: Corregedoria lança novo sistema de adoção e acolhimento*. Disponível em: <http://www.cnbsp.org.br/index.php?pG=X19leGliZV9ub3RpY2lhcw==&in=MTY3MDc=&filtro=&Data=>. Acesso em: 11 maio 2019.

[19] Há distintos projetos em desenvolvimento e somente no Rio Grande do Sul existem dois aplicativos diferentes: "Adoção" e "Deixa o amor te surpreender". Ambos funcionam da mesma maneira, exigindo-se o cadastro dos pretendentes. Uma vez cadastrados, podem inserir dados do perfil selecionado e terão acesso às fotos e vídeos das crianças. Situação similar ocorre no Paraná, cujo aplicativo recebeu o nome de "A.dot".

a partir daí, o sistema operacional vai identificar crianças e adolescentes compatíveis com o perfil selecionado e, em caso de localização, surgirão na tela a foto e os dados pessoais dos infantes. Havendo interesse, os candidatos clicam no botão "interesse em adotar" e aguardam o contato do Tribunal, que deverá ser realizado em até 72 horas[20].

No Manual do Usuário[21] do aplicativo constam instruções para o seu acesso por parte dos pretendentes, ao que se somam detalhes sobre suas funcionalidades, com destaque para a forma como as crianças e adolescentes ficam expostos. No aplicativo aparecem dados como as iniciais da criança ou adolescente, sua idade, sexo e informação sobre a existência do grupo de irmãos. Há espaço para publicar fotos e é possível ver o perfil completo do adotando, o que conterá mais informações pessoais, dentre eles dados de saúde. Eis uma mostra da estrutura do aplicativo, conforme divulgado no Manual[22].

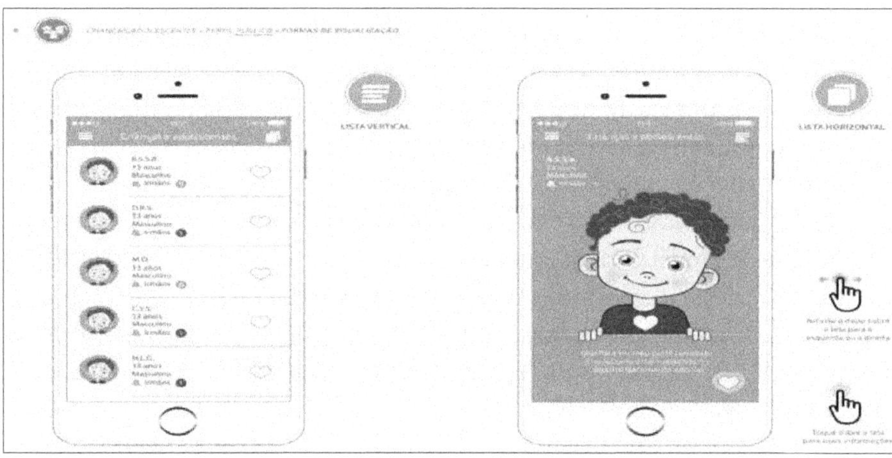

Fonte: *Manual do Usuário,* 2018, p. 9.

[20] CUSTÓDIO, Aline. Aplicativo para ajudar adoções no Estado será lançado nesta sexta-feira. Porto Alegre, *Gaúcha ZH*, 08 de agosto de 2018. Comportamento: iniciativa. Disponível em: https://gauchazh.clicrbs.com.br/comportamento/noticia/2018/08/aplicativo-para-ajudar-adocoes-no-estado-sera-lancado-nesta-sexta-feira-cjklei0a401ns01muf2fz8av3.html. Acesso em: 11 maio 2019.

[21] BRASIL. Tribunal de Justiça do Rio Grande do Sul. *Manual do Usuário*. Passim. Disponível em: http://www.tjrs.jus.br/app-adocao/doc/Manual-do-usuario-App-Adocao.pdf. Acesso em: 11 maio 2019.

[22] Ibidem, p. 09.

Ainda que a intenção desses aplicativos seja facilitar o processo de adoção a partir da sensibilização dos pretendentes, que podem ter contato mais rápido e ágil com os adotandos, esta estratégia se revela totalmente violadora dos direitos fundamentais desses sujeitos de direito. Por mais que o nome não esteja completo, dados pessoais como idade, sexo, eventuais doenças e a própria imagem da criança ficam expostos pelo Poder Público num aplicativo de fácil acesso aos demais, como que a tornar a criança num objeto de escolha.

Mesmo que o acesso exija que a pessoa previamente integre o Cadastro Nacional de Adoção e esteja logada ao sistema para poder receber as informações, esses requisitos não a impedem de capturar as imagens e dados e os transmitir a terceiros ou até mesmo usar o aplicativo junto a outras pessoas (familiares e amigos), expondo aqueles infantes e adolescentes que aguardam para integrar um novo lar.

Importantes direitos fundamentais, como imagem e demais dados pessoais de crianças e adolescentes sob a proteção do Estado são expostos a terceiros pelo próprio Poder Judiciário, o que se constitui em perigosa violação perpetrada justamente contra quem é destinatário de proteção integral, conforme disposto no art. 227, da Constituição Federal de 1988.

Ademais, tal prática atinge também o Estatuto da Criança e do Adolescente, cujo artigo 15 tutela sua dignidade como pessoas humanas em desenvolvimento, ao que se agrega o disposto no art. 17, segundo o qual "O direito ao respeito consiste na inviolabilidade da integridade física, psíquica e moral da criança e do adolescente, abrangendo a preservação da imagem, da identidade, da autonomia, dos valores, ideias e crenças, dos espaços e objetos pessoais"[23].

Ora, o tratamento objetificante desses adotandos fica claramente evidenciado, pois são expostos num aplicativo como se fossem produto à disposição dos caprichos dos pretendentes, com perfil e foto. Uma espécie de catálogo, que expõe pessoas e seus dados, inclusive sensíveis.

Uma vez identificada a violação e apresentados os dispositivos da legislação estatutária atingidos por essas iniciativas, resta verificar se há, na Lei

[23] BRASIL. Lei nº 8.069, de 13 de julho de 1990. Dispõe sobre o Estatuto da Criança e do Adolescente, e dá outras providências. Brasília, *Diário Oficial da União*, 14 de julho de 1990. Disponível em: http://www.planalto.gov.br/ccivil_03/LEIS/L8069.htm. Acesso em: 10 maio 2019.

de Proteção de Dados Pessoais brasileira, algum dispositivo que possa ser utilizado para evitar ou impedir tais violações.

4. A Proteção dos Dados Pessoais de Crianças e Adolescentes na Lei nº 13.709/2018

Sabe-se que a Lei nº 13.709, de 2018[24], em período de *vacatio legis*, buscou inspiração no Regulamento Geral de Proteção de Dados (GDPR), da União Europeia, vigente desde maio de 2018. Este importante documento adota a premissa básica de que as pessoas naturais devem ter controle sobre seus dados pessoais (autodeterminação informativa) e, partindo desse enunciado geral reconhecem que crianças e adolescentes que utilizam as tecnologias não dispõem das mesmas condições de exercer essa autodeterminação. Para dar conta dessa vulnerabilidade o GDPR previu diversos artigos para tratar da específica proteção a esses atores sociais e tal iniciativa se notabilizou, pois os documentos produzidos anteriormente, a exemplo da Diretiva 95/45[25] e suas subsequentes atualizações não continham previsão sobre a proteção especial destinada aos dados de crianças, que ficavam sujeitos aos mesmos princípios e direitos previstos para adultos. Em 2006, foi reconhecida a prioridade dos direitos das crianças neste segmento, o que deveria ser atendido por diferentes Estratégias[26].

[24] BRASIL. Lei nº 13.709, de 14 de agosto de 2018. Lei Geral de Proteção de Dados Pessoais (LGPD). Redação dada pela Lei nº 13.853, de 2019. Brasília, *Diário Oficial da União*, 15 de agosto de 2018. Disponível em: <http://www.planalto.gov.br/ ccivil_03/_Ato2015-2018/2018/Lei/L13709.htm>. Acesso em: 07 julho 2019.

[25] UNIÃO EUROPEIA. Parlamento Europeu; Conselho Europeu. Diretiva 95/46/CE do Parlamento Europeu e do Conselho, de 24 de outubro de 1995, relativa à proteção das pessoas singulares no que diz respeito ao tratamento de dados pessoais e à livre circulação desses dados. *Jornal Oficial da União Europeia*, 23 de novembro de 1995. Disponível em: <https://eur-lex.europa.eu/legal-content/PT/TXT/?uri=celex%3A31995L0046>. Acesso em: 06 dezembro 2018.

[26] LIEVENS, Eva. VERDOODT, Valerie. *Looking for needles in a haystack: Key issues affecting children's rights in the General Data Protection Regulation*. Computer Law & Security, v. 34(2), pp. 269-278 (p. 270), Apr. 2018. Disponível em: <https://doi.org/10.1016/j.clsr.2017.09.007>. Acesso em: 30 abril 2019.

Em comunicação da Comissão Europeia, datada de 2006[27] foram delineadas estratégias para proteção de direitos de crianças visando à efetiva promoção e salvaguarda de seus direitos por meio de políticas nacionais e externas, sob responsabilidade dos Estados. Neste documento a Comissão identifica que os direitos de crianças são uma das principais prioridades e que esta proteção precisa ser bastante efetiva contra a exploração econômica e as diversas formas de abuso.

Essa preocupação orientou a elaboração do próprio Regulamento Geral de Proteção de Dados, que passou a exigir o consentimento parental para o tratamento de dados dos menores de idade infantes. Ainda que tal regra seja muito importante, deve-se reconhecer que em muitos casos será difícil obter o consentimento verdadeiramente informado desses pais, especialmente daqueles que não se encontram suficientemente familiarizados com o desenvolvimento digital.

Deve-se também cuidar para que a exigência do consentimento parental não resulte numa excessiva interferência dos pais na vida e na intimidade dos filhos. Portanto, evidencia-se a complexidade de harmonizar a proteção de dados com o resguardo da privacidade do seu titular diante de seus próprios genitores.

Em se tratando de consentimento de crianças, o art. 58 esclarece que a informação deve ser formulada de maneira ainda mais clara, em linguagem que possa ser facilmente compreensível para a criança.

O tratamento dos dados constante no Regulamento Europeu culminou por inspirar a legislação brasileira produzida em 2018, cujo artigo 14 também refletiu tal preocupação diferenciada aos internautas dessa faixa-etária. O tratamento de dados pessoais desses atores deve ser feito em observância ao melhor interesse da criança, constituindo-se em exigência legal que os procedimentos sejam precedidos de autorização de pelo menos um dos genitores ou do responsável legal.

Ainda que se identifiquem dificuldades futuras em sua efetivação, especialmente no que tange à fiscalização, esta previsão legal só terá efeito nas relações entre particulares, deixando totalmente lacunosa a proteção de

[27] UNIÃO EUROPEIA. Commission of the European Communities. *Communication From the Commission:* Towards an EU Strategy on the Rights of the Child. Bruxelas, 2006. Disponível em: <https://ec.europa.eu/anti-trafficking/eu-policy/towards-eu-strategy-rights-child_en>. Acesso em: 30 abril 2019.

dados pessoais em caso de manipulação pelo próprio Estado, a exemplo do demonstrado na sessão anterior.

Tal ausência de previsão legal a partir de um marco que tutele o melhor interesse da criança e reconheça sua vulnerabilidade se constitui em ponto de crítica à recente Lei brasileira. Parece que não ficou suficientemente compreendido que a condição de seres em desenvolvimento exige proteção diferenciada, o que não ocorre quando os dados são recolhidos e tratados pelo ente público.

O conceito de melhor interesse da criança é flexível e adaptável e por conta dessa abertura tem sido mal-empregado e distorcido por parte dos Estados e da própria sociedade. Essa má aplicação foi detectada pelo Comitê dos Direitos da Criança, das Nações Unidas, o que determinou que elaborassem a Orientação n. 14, de 2013. Em tal documento o grupo de *experts* reconhece que o melhor interesse possui tríplice dimensão, atuando como 1) direito substantivo; 2) princípio jurídico e 3) regra processual. Como direito substantivo significa que vincula o Estado e os particulares, todos obrigados a sua observância e sujeitos a responder pelo seu descumprimento, já que seus titulares poderão recorrer ao Poder Judiciário em caso de violação. Analisá-lo como princípio requer compreender que sua dimensão aberta impõe hermenêutica diferenciada, pois havendo colisão ou disputa de interesses de distintos atores, a melhor opção sempre deverá ter em vista as crianças e adolescentes envolvidos, escolha que deve ser ancorada em documentos internacionais que fixam um mínimo ético aplicável a esses sujeitos. Por fim, como regra processual significa que qualquer decisão (em sentido amplo, abarcando lei, política pública, decisão administrativa ou judicial) deve ter em primeiro plano os interesses das crianças e ser precedida da análise dos aspectos positivos e negativos. As decisões precisam ser fundamentadas e devidamente justificadas[28] .

A efetividade desse interesse depende do atendimento de alguns parâmetros, tais como[29], sendo imperativo levar em conta:

[28] ORGANIZAÇÃO DAS NAÇÕES UNIDAS. Comitê dos Direitos das Crianças. *Comentário geral n.º 14 (2013) sobre o direito da criança a que o seu interesse superior seja primacialmente tido em conta.* ONU, 2013, p. 10. Disponível em: <https://www.cnpdpcj.gov.pt/...criancas/...crianca/interesse-superior-da-crianca-pdf.asp>. Acesso em: 13 maio 2019.

[29] Ibidem, p. 13.

(a) A natureza universal, indivisível, interdependente e inter-relacionada dos direitos da criança;
(b) O reconhecimento das crianças como detentoras de direitos;
(c) A natureza e o alcance global da Convenção;
(d) A obrigação dos Estados-partes de respeitar, proteger e cumprir todos os direitos da Convenção;
(e) Os efeitos a curto, médio e longo prazo, das decisões relacionadas com o desenvolvimento da criança ao longo do tempo.

Esses parâmetros deveriam guiar a atuação do Estado em todas as suas ações, o que parece não ter sido o caso da Lei n. 13.709, de 2018, cuja proteção aos dados pessoais das crianças e adolescentes revela-se frágil em face do Estado.

Ao tratar especificamente da legislação, Sérgio Ricardo Correia de Sá Júnior[30] evidencia o poder que a administração pública terá para o tratamento de dados, pois o art. 7º, inciso II da Lei Geral de proteção de dados brasileira prevê que o tratamento pode ser para o cumprimento de uma obrigação legal ou regulatória do controlador, ao que se soma o disposto no inciso seguinte, segundo o qual o ente público pode realizar o tratamento e o uso compartilhado dos dados para realização de políticas públicas. O autor considera este dispositivo uma espécie de guarda-chuva que deixa uma grande margem de atuação para administração pública ao dispensar o consentimento do titular para o tratamento e compartilhamento de dados com vistas à execução de políticas públicas. Pautado nisso, entende que essa ampla liberdade suscitará a exigência de uma base legal específica, pois muitos dados coletados para políticas públicas são integrantes de grupos já vulneráveis e se tratam de dados sensíveis. Nesse caso o seu uso indevido ou a sua dispersão para terceiros poderia ter efeito contrário e prejudicar os titulares, discriminando-os, o que impediria sua colocação no mercado de trabalho, o que se constituiria em um terrível revés.

Convém destacar que o Poder Público também poderá utilizar, sem autorização, os dados pessoais no exercício regular de direitos em processos

[30] SÁ JÚNIOR, Sergio Ricardo Correia. *A regulação jurídica da proteção de dados pessoais no Brasil*. Monografia apresentada ao Programa de Pós-Graduação em Direito da Propriedade Intelectual. Pontifícia Universidade Católica, Rio de Janeiro, 2018, p. 34. Disponível em: <https://www.maxwell.vrac.puc-rio.br/37295/37295.PDF>. Acesso em: 12 maio 2019.

judiciais, administrativos ou arbitral, conforme previsto no artigo 7º, VI. Tal dispositivo interessa especificamente a este estudo, pois os dados de crianças e adolescentes estão inseridos nos processos judiciais.

Ao revisar os dispositivos da Lei brasileira que se destinam a regular o tratamento de dados pessoais pelo Poder Público não se encontra menção expressa aos dados de crianças e adolescentes. De toda a forma, pelo teor do art. 23 depreende-se que o tratamento de dados deve observar ao princípio da finalidade pública, persecução do interesse público, com o objetivo de executar as competências legais ou cumprir as atribuições legais do serviço público.

A análise da finalidade do recolhimento dos dados de crianças que estão na fila de adoção já antecipa problemas, pois tais informações estão sob os cuidados do Poder Judiciário em razão de os infantes estarem sob custódia do Estado. São crianças hipervulneráveis, que além da pouca idade têm reduzido discernimento, quer pela escassa sociabilidade vivenciada nas entidades de acolhimento, quer pela sujeição ao próprio Poder Judiciário, o que impede de se insurgir contra o uso de seus dados. Ademais, a esperança de obter uma família e sair da condição de acolhimento os leva a concordar com as fotografias e filmagens, pois além de serem movidos pela esperança da adoção, seu reduzido discernimento e a própria incapacidade civil em consentir os impede de compreender o risco a que se expõem, bem como a objetificação a que foram reduzidos.

A resposta não é outra quando analisado o artigo 26 da Lei brasileira, cujo teor dispõe que "O uso compartilhado de dados pessoais pelo Poder Público deve atender a finalidades específicas de execução de políticas públicas e atribuição legal pelos órgãos e pelas entidades públicas [...]". Ora, os dados que estão sob a guarda do Poder Judiciário foram obtidos porque as crianças e adolescentes figuraram em processo de destituição de poder familiar, cujo inteiro teor disponibilizado nos Portais institucionais em alguns casos chega a permitir a identificação desses sujeitos, seja pela possibilidade de cruzamento de dados, seja por problemas de anonimização e posterior divulgação. Na sequência os dados são novamente expostos, pois ao integrarem o Cadastro Nacional de Adoção passam a figurar em aplicativos voltados à sensibilização dos adotantes.

Não há dispositivos expressos para esses casos, mas pela hermenêutica do Art. 26, § 1º, o qual proíbe que o Poder Público transfira a entidades privadas dados pessoais constantes de bases de dados a que tenha acesso pode-se chegar à idêntica compreensão, entendendo-se que está proibido o compartilhamento de dados do Poder Judiciário com terceiros que integram a lista de adoção.

Na hipótese do aplicativo analisado, em funcionamento no Rio Grande do Sul, houve a transferência à pessoa jurídica (Universidade desenvolvedora do aplicativo) e, posteriormente, os dados ficaram à disposição dos pretendentes, pessoas físicas. Entende-se que, à luz da hermenêutica constitucional e tendo em conta o melhor interesse da criança não há como defender o uso desses aplicativos, pois violam importantes direitos fundamentais.

Os aplicativos foram criados no vácuo legal, coincidindo com o mesmo período em que foi editada a Lei de Proteção de Dados brasileira. A questão é se poderão ser utilizados após a vigência da referida Legislação, o que parece pouco viável em face do sacrifício aos direitos fundamentais e à grande exposição de dados pessoais dos infantes e adolescentes à adoção.

Conclusões

Conforme demonstrado ao longo deste trabalho, o tratamento de dados pessoais pelos entes públicos é um tema relevante e que indica a necessidade de ampliar o debate, especialmente em face da vulnerabilidade do cidadão frente ao Estado. Neste contexto, alguns sujeitos são mais vulneráveis que os demais, situação de crianças e adolescentes.

O recolhimento e tratamento de seus dados pessoais por parte do Poder Judiciário, quer ocorra na divulgação de decisões em seus *sites*, quer em aplicativos voltados para a sensibilização e a maximização das adoções, revela que o tratamento objetificante de crianças e adolescentes persiste no Brasil, ainda que a Convenção Internacional sobre os Direitos da Criança, de 1989, adotada pelo país e refletida inicialmente no princípio da proteção integral, previsto no art. 227 da Constituição Federal e, posteriormente, no Estatuto da Criança do Adolescente, prometam outro tipo de tutela. Não obstante todos estes diplomas legais reconhecerem crianças e adolescentes como sujeitos detentores de importantes direitos fundamentais a serem tutelados e promovidos pela família, sociedade e Estado, constatou-se que o Poder Público ainda os trata como objetos da intervenção estatal ao permitir que sejam expostos para satisfazer aos caprichos dos adotantes. Para isso, utiliza aplicativos que, longe de promover direitos, expõem a imagem e dados pessoais sensíveis de crianças e adolescentes que estão na fila de adoção, fato que contraria o melhor interesse da criança.

A Lei de Proteção de Dados Pessoais brasileira, ainda em *vacatio legis*, não melhora sua situação, pois ainda que faça referência a este interesse superior, confere muito poder à Administração Pública ao não estabelecer forma específica de tratamento de dados pessoais de crianças e adolescentes neste caso. Sua insuficiência deve dar lugar a uma hermenêutica que trabalhe a partir do diálogo das fontes nacionais e internacionais sobre a proteção da infância, com preponderância dos dispositivos que protegem os direitos fundamentais e o pleno desenvolvimento das crianças que estão à espera da adoção.

O melhor interesse, expresso na legislação protetiva específica e delineado na Orientação n. 14, das Nações Unidas, deve ser observado em sua tríplice dimensão, como direito, princípio e diretriz procedimental a nortear o tratamento dos dados de crianças e adolescentes. A partir da sua correta compreensão será possível corrigir eventuais abusos e utilizá-lo como elemento de hermenêutica para a Lei nº 13.709, de 2018, não só no que pertine às instituições privadas, como também à atuação da administração pública, em especial, do Poder Judiciário. Este Poder não pode tornar-se violador dos direitos infanto-adolescentes, entendendo-se como incorreto o repasse, a terceiros, dos dados pessoais sensíveis obtidos a partir de processos judiciais.

À luz do Direito da Criança e do Adolescente e em busca da concretização do seu melhor interesse defende-se que esses aplicativos para a promoção da adoção, da forma como estão propostos, não podem ser utilizados, sob pena de regresso ao tempo em que esses seres em desenvolvimento eram meros objetos da intervenção estatal. Tal vedação se justifica, pois o direito à convivência familiar e comunitária e, especialmente, os caprichos e exigências dos adotantes, não podem sacrificar outros importantes direitos fundamentais dos adotandos, que são violados quando seus dados pessoais sensíveis são expostos em um verdadeiro catálogo eletrônico.

Referências

ASSOCIAÇÃO JURÍDICA TEIXEIRA DE FREITAS. *Carta de Heredia 10 anos.* Disponível em: <http://www.atf.org.br/noticias/c_heredia.pdf>. Acesso em: 11 julho 2017.

BRASIL. Lei nº 8.069, de 13 de julho de 1990. "Dispõe sobre o Estatuto da Criança e do Adolescente, e dá outras providências". Brasília, *Diário Oficial da União*, 14 de julho de 1990. Disponível em: http://www.planalto.gov.br/ccivil_03/LEIS/L8069.htm. Acesso em: 10 maio 2019.

______. Lei nº 13.709, de 14 de agosto de 2018. Lei Geral de Proteção de Dados Pessoais (LGPD). Redação dada pela Lei nº 13.853, de 2019. Brasília, *Diário Oficial da União*, 15 de agosto de 2018. Disponível em: <http://www.planalto.gov.br/ ccivil_03/_Ato2015-2018/2018/Lei/L13709.htm>. Acesso em: 07 julho 2019.

BRASIL. Colégio Notarial do Brasil. *CNJ: Corregedoria lança novo sistema de adoção e acolhimento.* Disponível em: <http://www.cnbsp.org.br/index.php?pG=X19leGliZV9ub3RpY2lhcw==&in=MTY3MDc=&filtro=&Data=>. Acesso em: 11 maio 2019.

BRASIL. Conselho Nacional de Justiça. *Cadastro Nacional de Adoção.* Relatórios estatísticos. Disponível em: http://www.cnj.jus.br/cnanovo/pages/publico/index.jsf. Acesso em: 11 maio 2019.

BRASIL. Tribunal de Justiça do Rio Grande do Sul. *Adoção: Abra o teu coração e deixe o amor te surpreender, perguntas frequentes.* Disponível em: <http://www.tjrs.jus.br/app-adocao/perguntas.html>. Acesso em: 11 maio 2019.

______. *Manual do Usuário.* Disponível em: <http://www.tjrs.jus.br/app-adocao/doc/Manual-do-usuario-App-Adocao.pdf>. Acesso em: 11 maio 2019.

CUSTÓDIO, Aline. Aplicativo para ajudar adoções no Estado será lançado nesta sexta-feira. Porto Alegre, *Gaúcha ZH*, 08 de agosto de 2018. Comportamento: iniciativa. Disponível em: <https://gauchazh.clicrbs.com.br/comportamento/noticia/2018/08/aplicativo-para-ajudar-adocoes-no-estado-sera-lancado-nesta-sexta-feira-cjklei0a401ns01muf2fz8av3.html>. Acesso em: 11 maio 2019.

FAVERA, Rafaela Bolzon Dalla. *Surveillance e Direitos Humanos: o tratamento jurídico do tema nos EUA e no Brasil, a partir do caso Edward Snowden.* Rio de Janeiro: Lumen Juris Editora, 2018.

INSTITUTO DE INVESTIGACIÓN PARA LA JUSTICIA. *Regras de Heredia.* Disponível em: <http://www.iijusticia.edu.ar/heredia/Regras_de_Heredia.htm>. Acesso em: 5 dezembro 2016.

LIEVENS, Eva; VERDOODT, Valerie. Looking for needles in a haystack: Key issues affecting children's rights in the General Data Protection Regulation. *Computer Law & Security*, v. 34(2), pp. 269-278, April 2018. Disponível em: <https://doi.org/10.1016/j.clsr.2017.09.007>. Acesso em 30 abril 2019.

ORGANIZAÇÃO DAS NAÇÕES UNIDAS. *Comitê dos Direitos das Crianças. Comentário geral n.º 14 (2013) sobre o direito da criança a que o seu interesse superior seja primacialmente tido em conta.* ONU, 2013. Disponível em*: <https://www.cnpdpcj.gov.pt/...criancas/...crianca/interesse-superior-da-crianca-pdf.asp>. Acesso em: 13 maio 2019.*

PÉREZ-LUÑO, Antonio Enrique. *Derechos humanos, estado de derecho y constitución*. 9. ed. Madri: Editorial Tecnos, 2005.

PRIETO, Rafael Rodríguez. "*Educar en Internet. Una Propuesta Para La Construcción Democrática De La Red*". *Revista Internacional de Pensamiento Político*, v. 8, pp. 161-176, 2013. Disponível em: <http://rabida.uhu.es/dspace/handle/10272/8240?show=full>. Acesso em: 30 abril 2019.

SÁ JÚNIOR, Sergio Ricardo Correia. *A regulação jurídica da proteção de dados pessoais no Brasil*. Monografia apresentada ao Programa de Pós-Graduação em Direito da Propriedade Intelectual. Pontifícia Universidade Católica, Rio de Janeiro, 2018. Disponível em: <https://www.maxwell.vrac.puc-rio.br/37295/37295.PDF>. Acesso em: 12 maio 2019.

SANTANEN, Eric. The Value of Protecting Privacy. *Business Horizons*, v. 62(1), pp. 5-14, Jan. 2019. Disponível em: <https://doi.org/10.1016/j.bushor.2018.04.004>. Acesso em 30 abril 2019.

SILVA, Rosane Leal. "A atuação do poder público no desenvolvimento da Internet: das experiências de governo eletrônico às diretrizes previstas na Lei 12.965/2014". *In*: DE LUCCA, Newton; SIMÃO FILHO, Adalberto; LIMA, Cíntia Rosa Pereira. *Direito & Internet III:* Marco Civil da Internet – Lei nº 12.965/2014. Tomo I. São Paulo: Quartier Latin, 2015, pp. 207-234.

SILVA, Rosane Leal da; DE LA RUE, LETÍCIA. "O acesso à informação pública no Poder Judiciário: panorama normativo do tema no Brasil". *In*: Rosane Leal da Silva. (Org.). *O Poder Judiciário na sociedade em rede*: jurisdição, informação e transparência. Curitiba: Multideia Editora, 2015, v. 1, pp. 13-31.

SILVA, Rosane Leal da. "A vulnerabilidade do trabalhador em face da Lei n.º 13.709/2018 quando o acesso à justiça pode violar dados pessoais sensíveis". *In*: GUIMARÃES, Cíntia; FELTEN, Maria Cláudia; ROCHA, Mariângela Guerreiro Milhoranza da. (Orgs.). *Temas polêmicos de direito e processo do trabalho*: estudos em homenagem à professora Denise Fincato. Porto Alegre: Paixão, 2018, pp. 323-339.

SOUSA, Paiva Marinho de; BARRANCOS, Jacqueline Echeverría; MAIA, Manuela Eugênio. Acesso a informação e ao tratamento de dados pessoais pelo poder público. *Informação & Sociedade*: Estudos, v. 29(1), pp. 237-251, 2019. Disponível em: <http://www.periodicos.ufpb.br/index.php/ies/article/view/44485/pdf>. Acesso em: 09 maio 2019.

UNIÃO EUROPEIA. "*Commission of the European Communities*". *Communication From the Commission:* Towards an EU Strategy on the Rights of the Child. Bruxelas, 2006. Disponível em: <https://ec.europa.eu/anti-trafficking/eu-policy/towards-eu-strategy-rights-child_en>. Acesso em: 30 abril 2019.

UNIÃO EUROPEIA. Parlamento Europeu; Conselho Europeu. Diretiva 95/46/CE do Parlamento Europeu e do Conselho, de 24 de outubro de 1995, relativa à proteção das pessoas singulares no que diz respeito ao tratamento de dados pessoais e à livre circulação desses dados. *Jornal Oficial da União Europeia*, 23 de novembro de 1995. Disponível em: <https://eur-lex.europa.eu/legal-content/PT/TXT/?uri=celex%3A31995L0046>. Acesso em: 06 dezembro 2018.

WARREN, Samuel D.; BRANDEIS, Louis D. "*The right to privacy*". *Harvard Law Review*, v. 4, n. 5 (Dec. 15, 1890), pp. 193-220. Disponível em: <http://www.jstor.org/stable/1321160>. Acesso em: 04 dezembro 2017.

10. Direitos do Titular dos Dados Pessoais

Cíntia Rosa Pereira de Lima
Lívia Froner Moreno Ramiro

1. Introdução

A Lei Geral de Proteção de Dados Pessoais do Brasil – LGPD, Lei n. 13.709, de 14 de agosto de 2018, pode ser considerada um microssistema, pois estabelece princípios e direitos específicos decorrentes do sistema protetivo de dados pessoais. Neste sentido, a LGPD representa um avanço na tutela dos dados pessoais, pois centralizou o tema, coordenando o sistema protetivo de dados pessoais em sistemas, direitos e obrigações específicos; contudo, não exclui outros, como o Código de Defesa do Consumidor (art. 45 da LGPD).

Assim, os direitos estabelecidos pela LGPD estão elencados, em sua maioria, nos arts. 17 a 22 da LGPD, e são eles: i) o direito de obter a confirmação da existência de tratamento; ii) direito de acesso aos dados; iii) direito de correção dos dados incompletos, inexatos ou desatualizados; iv) direito à anonimização dos dados pessoais; v) direito ao bloqueio ou eliminação dos dados desnecessários, excessivos ou decorrentes de tratamento ilícito; vi) direito à portabilidade dos dados pessoais; vii) direito à informação sobre o compartilhamento de seus dados pessoais pelo controlador; viii) informações sobre não fornecimento do consentimento e quais as consequências da negativa; ix) direito à revogação do consentimento; x) direito à revisão das decisões tomadas com base em tratamento automatizado de dados pessoais, dentre outros.

Todos esses direitos decorrem da autodeterminação informacional, considerada na lei como um dos fundamentos da proteção de dados pessoais (art. 2º, inc. II da LGPD), tida como o direito de controlar as informações que lhe digam respeito. Portanto, conforme os ensinamentos de Stefano Rodotà[1], o direito à autodeterminação informacional deve compreender o direito de procurar, receber e difundir informações. No Brasil, Laura Schertel Mendes[2] já destacou ser um direito fundamental por meio do qual o titular dos dados possa exercer efetivo controle de suas informações pessoais.

Neste contexto, o papel do consentimento é fundamental para a consolidação do direito à autodeterminação informacional, pois o consentimento informado e inequívoco (art. 7º, inc. I da LGPD) é um dos pilares do sistema protetivo dos dados pessoais. O conceito de consentimento está descrito no art. 5º, inc. XII da LGPD, ou seja, "manifestação livre, informada e inequívoca pela qual o titular concorda com o tratamento de seus dados pessoais para uma finalidade determinada". Observe-se que o consentimento é adjetivado para evitar que seja inviabilizado pelos modelos de negócios em que se pretende impor o consentimento sem dar o efetivo conhecimento ao titular dos dados pessoais.

Para evitar tal procedimento, tanto a LGPD quanto o Marco Civil da Internet (art. 7º, inc. VIII) determinaram que o consentimento deve ser informado, isto é, o titular dos dados deve ter efetivo conhecimento dos termos e condições de uso e, expressa ou inequivocamente, concordar com eles.

Portanto, não se trata apenas de conferir ao titular dos dados pessoas o controle de suas informações, mas, sobretudo, de operacionalizar tais possibilidades na medida em que se assegure ao titular dos dados habilidade concreta de tutela sobre suas informações. Para tanto, poder-se-ia utilizar ferramentas *user-friendly* para criar um ambiente propício ao exercício desse direito.[3]

[1] Privacy e costruzione dela sfera privata. Ipotesi e prospettive. *In: Politica del Diritto*, ano XXII, número 1, pp. 521 – 546. Bologna: Il Mulino, março de 1991. p. 525.

[2] *Privacidade, proteção de dados e defesa do consumidor:* linhas gerais de um novo direito fundamental. São Paulo: Saraiva, 2014. p. 76.

[3] LIMA, Cíntia Rosa Pereira de; BIONI, Bruno Ricardo. A proteção dos dados pessoais na fase de coleta: apontamentos sobre a adjetivação do consentimento implementada pelo artigo 7, incisos VIII e IX do Marco Civil da Internet a partir da Human Computer Interaction e da Privacy By Default. *In:* DE LUCCA, Newton; SIMÃO FILHO, Adalberto; LIMA, Cíntia Rosa Pereira de (coords.) *Direito & Internet III – Tomo I: Marco Civil da Internet (Lei n. 12.965/2014).* São Paulo: Quartier Latin, 2015. pp. 263 – 290. P. 271.

Atualmente, discute-se se há distinção entre os adjetivos "expressa" (art. 7º, inc. VIII do MCI) e "inequívoca" (art. 5º, inc. XII da LGPD). Para a correta compreensão desse debate, deve-se entender os denominados *"click-wraps"* e *"browse-wraps"*. Endente-se por *"click-wrap"* o contrato de adesão celebrados inteiramente em ambiente eletrônico ou telemático, em que as cláusulas são estabelecidas unilateralmente pelo fornecedor, com as quais o usuário ou consumidor tão somente aceita em bloco tais cláusulas, sem possibilidade de alterar substancialmente o seu conteúdo, manifestando sua anuência por meio de um clique em expressões pré-formuladas, tais como "eu concordo", "eu li e aceito os termos do contrato". Diferentemente, *"browse-wrap"* não exige a manifestação expressa do usuário ou consumidor, muitas vezes se apresentam como condições gerais à contratação, por meio do qual o fornecedor estabelece unilateralmente esses termos para que possa reger direitos e obrigações decorrentes de determinada relação jurídica. Neste caso, o consentimento, geralmente, é obtido com base em condutas socialmente típicas, incompatíveis com a recusa. No entanto, para que possam ter efeitos vinculantes entre as partes, essas condições gerais à contratação devem estar visíveis e facilmente acessíveis ao usuário ou consumidor, que deve ser informado quais condutas implicarão em anuência aos termos e condições de uso.[4]

É comum que os controladores do tratamento de dados pessoais utilizem essa técnica contratual para estabelecer unilateralmente os termos e condições de uso de determinado aplicativo ou outra prestação de serviço, inserindo nesses documentos cláusulas pelas quais o titular dos dados pessoais consente de maneira genérica e irrestrita com o tratamento de seus dados pessoais (o que acarretaria em nulidade nos termos do § 4º do art. 8º da LGPD). Recentemente, um determinado aplicativo de filtros para fotos continha em seus termos e condições de uso a cláusula que autorizava o aplicativo a coletar informações do registro de navegação, além de arquivos de cookies e demais informações sobre o dispositivo em que o aplicativo foi utilizado.[5] Tal prática é flagrantemente atentatória

[4] Cf. LIMA, Cíntia Rosa Pereira de. ______. *Validade e obrigatoriedade dos contratos de adesão eletrônicos (*shrink-wrap e click-wrap) *e dos termos e condições de uso (*browse-wrap). Tese de Doutorado defendida na Faculdade de Direito do Largo São Francisco. São Paulo, 2009. 673 p.

[5] EXAME. Tecnologia. *Aplicativo que envelhece fotos cede dados dos usuários para anunciantes.* Disponível em: <https://exame.abril.com.br/tecnologia/aplicativo-que-envelhece-fotos-cede-dados-dos-usuarios-para-anunciantes/>, acessado em 01 de agosto de 2019.

aos direitos estabelecidos na LGPD brasileira, pois não foi obtido o consentimento expresso ou inequívoco, na medida em que não se chamava a atenção do usuário para esta autorização específica.

A fim de corrigir tal assimetria, a LGPD determina que será nulo o consentimento manifestado de maneira genérica (art. 8º, § 4º da LGPD), ou seja, o consentimento deve estar relacionado à uma finalidade específica do tratamento de dados pessoais, inclusive porque assim estabelecem os princípios da finalidade, adequação e necessidade (art. 6º, inc. I, II e III da LGPD). Além disso, o consentimento fornecido por escrito deve constar de cláusulas destacadas das demais (art. 8º, § 1º da LGPD).

Portanto, nesses termos e condições de uso, quando o consentimento for manifestado de maneira expressa, a cláusula deve estar destacada, sendo preferível a adoção de um *"click-wrap"*, em que o titular dos dados para consentir deveria clicar na caixa de diálogo expressando sua anuência ao tratamento de dados. Por outro lado, é possível que o consentimento seja obtido por condutas socialmente típicas, hipótese em que será inequívoca, exemplo as políticas de *cookies* de determinados *sites* que são informadas de maneira ampla no início da navegação, informando o usuário que a conduta em continuar na página importa em anuência à política de *cookies,* desde que seja para uma finalidade determinada (*e. g.* otimizar a navegação) e que seja viabilizada a revogação do consentimento a qualquer tempo.

Por isso, deve-se entender que a LGPD, por ser mais específica e posterior ao MCI, prevalece sobre este para entender admissível o consentimento expresso ou inequívoco nos termos da LGPD.

Ainda é preciso diferenciar "privacidade" e "proteção de dados pessoais". Impossível elaborar um conceito exaustivo do direito à privacidade, muitos já o fizeram[6], não sendo esse o objetivo deste capítulo. Entretanto, para a acertada compreensão sobre direito à proteção de dados pessoais, é importante recordar o conceito do direito à privacidade, demonstrando a diferença entre ambos.

Danilo Doneda[7] propõe outra forma de análise da privacidade, para assumir "um caráter relacional, que deve determinar o nível de relação da própria personalidade com as outras pessoas e com o mundo exterior – pela

[6] SOLOVE, Daniel. J. Conceptualizing Privacy. *In: California Law Review,* vol. 90, Issue 4 (2002), pp. 1087 – 1156. p. 1101.

[7] *Da privacidade à proteção de dados pessoais.* Rio de Janeiro: Renovar, 2006. p. 146.

qual a pessoa determina sua inserção e de exposição". Semelhantemente, o direito à proteção dos dados pessoais é um direito de personalidade na medida em que se relaciona ao desenvolvimento do ser humano. Assim, entende-se por direito de personalidade[8]:

> Chamamos direitos de personalidade aos direitos que concedem ao seu sujeito um domínio sobre uma parte da sua própria esfera de personalidade. Com este nome, eles caracterizam-se como "direitos sobre a própria pessoa" distinguindo-se com isso, através da referência à especialidade do seu objeto, de todos os outros direitos... Os direitos de personalidade distinguem-se, como direitos privados especiais, do direito geral da personalidade, que consiste na pretensão geral, conferida pela ordem jurídica de valer como pessoa. O direito de personalidade é um direito subjetivo e deve ser observado por todos.

Daisy Gogliano[9] utiliza, então, a expressão *"direitos privados da personalidade"* para significar os direitos da personalidade sob o enfoque privatista, isto é, que tem por objeto as relações entre particulares que infringem o direito à vida, à intimidade, à privacidade, à liberdade de pensamento, à honra, ao corpo, à integridade física etc. de outros indivíduos.

Entretanto, a proteção dos dados pessoais distingue-se do direito à privacidade porque não se trata de uma exclusão tão somente; mas, além disso, trata-se de um conteúdo dinâmico que envolve todos dos direitos que adiante serão detalhados, tais como direito à confirmação do tratamento dos dados pessoais, direito à portabilidade dos dados, direito à correção e/ou atualização dos dados, dentre outros.

Portanto, o direito à privacidade e o direito à proteção de dados pessoais não são idênticos por diversas razões, quais sejam: quanto ao objeto de tutela, o direito à privacidade recai sobre fatos de foro íntimo, ou seja, privado, já a tutela dos dados pessoais recai sobre dados privados bem como dados públicos; quanto aos objetivos da tutela, o direito à privacidade tem um viés de exclusão ou bloqueio do acesso a esses fatos de foro íntimo, a

[8] MENEZES CORDEIRO, António. *Tratado de Direito Civil Português.* Vol. I – Parte Geral, Tomo I: Introdução, doutrina geral e negócio jurídico. 3. ed. 2ª reimp. Coimbra: Almedina, 2009. p. 373.

[9] *Direitos Privados da Personalidade.* Dissertação de Mestrado. São Paulo: Faculdade de Direito da Universidade de São Paulo. 431 p., 1982. p. 03. Neste mesmo sentido: LIMONGI FRANÇA, Rubens. *Manual de direito civil direito objetivo, direitos subjetivos, direitos privados da personalidade.* 2 ed. São Paulo: Revista dos Tribunais, 1971. p. 404.

proteção de dados pessoais não se resume a esta maneira de tutela, pois o indivíduo, muitas vezes não tem a opção de impedir o acesso a suas informações, mas ele tem direito de saber a finalidade e a adequação do tratamento dos dados pessoais.[10]

Por isso, nesse capítulo serão analisados os diversos direitos decorrentes da autodeterminação informacional, que poderão ser utilizados pelo titular dos dados pessoais a depender do caso concreto.

2. O Conteúdo do Direito à Autodeterminação Informacional

Preliminarmente, é importante destacar que esses direitos aqui tratados, decorrentes da proteção de dados pessoais, são direitos fundamentais, pois decorre do corolário da dignidade da pessoa humana previsto no art. 1°, inc. III da LGPD. Nesse sentido, há uma proposta de emenda à Constituição para estabelecer no texto constitucional esse direito dentre os direitos fundamentais previstos no art. 5° da CF/88.[11] Outrossim, o art. 17 da LGPD estabelece a garantia de direitos fundamentais de liberdade, de intimidade e de privacidade, aos quais deve ser acrescentado o direito à proteção de dados pessoais.

Portanto, os direitos que serão apresentados têm natureza de direito fundamental, assegurado pela supremacia constitucional, não podendo ser afastado por leis infraconstitucionais, pelos intérpretes e, nem tão pouco, pelos agentes de tratamento de dados pessoais.

O art. 18, *caput,* da LGPD determina que o titular dos dados pessoais pode exercer os direitos previstos na lei mediante requisição expressa e a qualquer tempo, o que é confirmado no § 3° do mesmo dispositivo legal. Esse requerimento deve ser atendido sem custos para o titular nos termos do § 5° do art. 18 da LGPD.

[10] Cf. LIMA, Cíntia Rosa Pereira de. *A imprescindibilidade de uma entidade de garantia para a efetiva proteção dos dados pessoais no cenário futuro do Brasil.* Tese de Livre Docência apresentada à Faculdade de Direito de Ribeirão Preto, Universidade de São Paulo. Ribeirão Preto, 2015.

[11] BRASIL. SENADO FEDERAL. PEC 17/19: "Acrescenta o inciso XII-A, ao art. 5º, e o inciso XXX, ao art. 22, da Constituição Federal para incluir a proteção de dados pessoais entre os direitos fundamentais do cidadão e fixar a competência privativa da União para legislar sobre a matéria." Disponível em: < https://www25.senado.leg.br/web/atividade/materias/-/materia/135594>, acessado em 01 de agosto de 2019.

Ao receber tal requisição, o agente de tratamento de dados deve responder de maneira imediata, ou, não sendo isso possível deve informar ao titular de dados: – que não é o agente de tratamento de dados, indicando, quando conhecido, o agente responsável pelo tratamento dos dados pessoais; – indicar as razões que impeçam as providências imediatas (§ 4º do art. 18 da LGPD).

2.1. Direito de Obter a Confirmação da Existência de Tratamento (Art. 18, Inc. I)

Esse é um direito de suma importância para que o titular de dados possa, inclusive, exercer os demais direitos elencados na LGPD. Portanto, é direito subjetivo do titular dos dados pessoais obter, sem custo, do agente de tratamento de dados a confirmação de tal prática.

O formato da requisição deve ser simplificado e disponibilizado nos *sites* dos agentes de tratamento de dados, que deverão responder no prazo de 15 (quinze) dias (art. 19, inc. II da LGPD), podendo a ANPD dispor especificamente sobre prazos diferenciados (§ 4º). Na resposta, o controlador do tratamento de dados deverá indicar a origem dos dados, a inexistência de registro, os critérios utilizados e a finalidade do tratamento de dados pessoais.

Este direito é complementado pelo art. 9º da LGPD que determina o direito ao acesso facilitado às informações sobre o tratamento de seus dados:

> Art. 9º O titular tem direito ao acesso facilitado às informações sobre o tratamento de seus dados, que deverão ser disponibilizadas de forma clara, adequada e ostensiva acerca de, entre outras características previstas em regulamentação para o atendimento do princípio do livre acesso:
>
> I – finalidade específica do tratamento;
>
> II – forma e duração do tratamento, observados os segredos comercial e industrial;
>
> III – identificação do controlador;
>
> IV – informações de contato do controlador;
>
> V – informações acerca do uso compartilhado de dados pelo controlador e a finalidade;
>
> VI – responsabilidades dos agentes que realizarão o tratamento; e
>
> VII – direitos do titular, com menção explícita aos direitos contidos no art. 18 desta Lei.

Aliás, o acesso facilitado previsto nesse artigo deve nortear a concretização de todos os demais direitos garantidos na LGPD, bem como o direito de acesso aos dados.

2.2. Direito de Acesso aos Dados (art. 18, inc. II)

Além de receber a confirmação do tratamento de seus dados pessoais, o titular tem direito de acesso aos dados, que deve ser providenciado nos mesmos termos e prazo do direito de confirmação *supra* mencionado. Para tanto, o titular deverá fazer um requerimento expresso, devendo ser facilitado pelo agente, por exemplo, disponibilizando no seu *site*. Os dados pessoais devem ser armazenados em formato que favoreça o exercício do direito de acesso (§ 1º do art. 19 da LGPD), o que pode ser disciplinado pela ANPD ao sugerir alguns formatos.

No requerimento de acesso aos dados pessoais, o titular deverá indicar se quer receber tais informações em meio eletrônico ou sob forma impressa (§2º do art. 19 da LGPD). Esse direito não tem ônus, se exercido inteiramente de maneira virtual; mas, se o titular solicitar o envio das informações em forma expressa, deve custear a impressão e a postagem, se for o caso. Veja que a própria Lei de Acesso à Informação, Lei n. 12.527, de 18 de novembro de 2011, prevê essa regra o art. 12: "O serviço de busca e fornecimento da informação é gratuito, salvo nas hipóteses de reprodução de documentos pelo órgão ou entidade pública consultada, situação em que poderá ser cobrado exclusivamente o valor necessário ao ressarcimento do custo dos serviços e dos materiais utilizados."

O direito de acesso é garantido nas diretrizes internacionais sobre proteção de dados, *e.g.* art. 23 da APEC, art. 12 da Dir. 95/46/CE, art. 13 das *Diretrizes* da OCDE, nos princípios estabelecidos pelo *FTC*, no art. 8 da Convenção n. 108 do Conselho da Europa e no art. 15 do GDPR, que garante o direito à confirmação do tratamento e o direito de acesso no mesmo dispositivo:

> 1. O titular dos dados tem o direito de obter do responsável pelo tratamento a confirmação de que os dados pessoais que lhe digam respeito são ou não objeto de tratamento e, se for esse o caso, o direito de aceder aos seus dados pessoais e às seguintes informações:
>
> a) As finalidades do tratamento dos dados;
>
> b) As categorias dos dados pessoais em questão;

c) Os destinatários ou categorias de destinatários a quem os dados pessoais foram ou serão divulgados, nomeadamente os destinatários estabelecidos em países terceiros ou pertencentes a organizações internacionais;

d) Se for possível, o prazo previsto de conservação dos dados pessoais, ou, se não for possível, os critérios usados para fixar esse prazo;

e) A existência do direito de solicitar ao responsável pelo tratamento a retificação, o apagamento ou a limitação do tratamento dos dados pessoais no que diz respeito ao titular dos dados, ou do direito de se opor a esse tratamento;

f) O direito de apresentar reclamação a uma autoridade de controlo;

g) Se os dados não tiverem sido recolhidos junto do titular, as informações disponíveis sobre a origem desses dados;

h) A existência de decisões automatizadas, incluindo a definição de perfis, referida no artigo 22, n. 1 e 4, e, pelo menos nesses casos, informações úteis relativas à lógica subjacente, bem como a importância e as consequências previstas de tal tratamento para o titular dos dados.

Resta definir se o direito de acesso é personalíssimo ou pode ser exercido pelos familiares, como prevê o parágrafo único do art. 12 do Código Civil, que admite a tutela do direito de personalidade pelo cônjuge ou companheiro sobrevivente, ou parente em linha reta ou colateral até o quarto grau. Deve-se analisar caso a caso, pois se o acesso a determinadas informações pelos familiares de uma pessoa falecida importar em violação à intimidade e à privacidade, o acesso não pode ser deferido; caso contrário, poderia ser admitido. Este é outro tema que a ANPD deverá regulamentar, para estabelecer um padrão de conduta a ser adotado pelas empresas.

Se o direito ao acesso não for cumprido pela empresa, o titular ou seus familiares (conforme o caso) poderá ingressar com uma ação de obrigação de fazer ou optar pelo *Habeas data*, art. 5º, inc. LXXII da CF/88, que garante essa ação constitucional para assegurar o conhecimento de informações pessoais em registros mantidos por entidades governamentais ou de caráter público e para retificar os dados quando não tiver outro meio.

Essa ação constitucional pode ser utilizada não só com a finalidade de acesso (*habeas data* informativo), mas também para: a) acrescentar informações quando estiverem incompletas (*habeas data* inclusivo); b) corrigir informações incorretas (*habeas data* retificador); c) cancelar a informação, eliminando-a do banco de dados (*habeas data* expletivo), entre outros fins.[12]

[12] DONEDA, Danilo. *Da privacidade a proteção..., op. cit.*, pp. 352-353.

2.3. Direito de Correção dos Dados Incompletos, Inexatos ou Desatualizados (art. 18, inc. III)

A lei brasileira se inspirou em diversos diplomas estrangeiros, que asseguram o direito à correção dos dados, por exemplo, o art. 23 do quadro de princípios da APEC, o art. 12, "b" e "c" da Diretiva 95/46/CE, art. 13 das *Diretrizes* da OCDE, art. 8º da Convenção n. 108 do Conselho da Europa e art. 16 do GDPR: "O titular tem o direito de obter, sem demora injustificada, do responsável pelo tratamento a retificação dos dados pessoais inexatos que lhe digam respeito. Tendo em conta as finalidades do tratamento, o titular dos dados tem direito a que os seus dados pessoais incompletos sejam completados, incluindo por meio de uma declaração adicional."

Ao constatar alguma inexatidão ou necessária complementação ou atualização dos dados pessoais, o titular pode pleitear a correção destes dados, em homenagem ao princípio da qualidade dos dados pessoais (art. 6º, inc. V da LGPD). Assim, por exemplo, se em determinado banco de dados consta que uma pessoa foi condenada por um crime, quando na verdade foi absolvida, o titular pode exigir que o agente do tratamento de dados faça a devida correção.

O importante é que essa correção seja feita imediatamente, o GDPR não estabeleceu um prazo para isso; mas a LGDP determinou um prazo de 15 (quinze) dias para a confirmação do tratamento dos dados pessoais e para o acesso a dados pessoais (art. 19), silenciando quanto ao prazo para a correção. Portanto, tendo em vista os prováveis danos pela perpetuação da informação incompleta, desatualizada ou errônea, o controlador e operador do tratamento de dados pessoais devem agir o quanto antes, seria razoável um prazo menor que o anterior, a ser determinado pela ANPD, a quem compete padronizar os procedimentos para a concretude da lei.

2.4. Direito à Anonimização dos Dados Pessoais (art. 18, inc. IV, 1ª parte)

A LGPD adota a anonimização (art. 18, inc. IV da LGPD)[13] como um dos pilares para o sistema protetivo dos dados pessoais, além do consentimento

[13] "Art. 18. O titular dos dados pessoais tem direito a obter do controlador, em relação aos dados do titular por ele tratados, a qualquer momento e mediante requisição: [...]IV – anonimização,

informado (art. 7º, inc. I da LGPD).[14] Dados anônimos são aqueles que não admitem a identificação do titular, "considerando a utilização de meios técnicos razoáveis e disponíveis na ocasião de seu tratamento" (art. 5º, inc. III da LGPD). Portanto, a confluência entre Direito e a Ciência da Computação mostra-se, mais uma vez, fundamental para a própria concretude da lei. Nesse sentido, remete-se o leitor para o capítulo 4 desta obra para a correta compreensão sobre anonimização, pseudoanonimização e reidentificação.[15]

2.5. Direito ao Bloqueio ou Eliminação dos Dados Desnecessários, Excessivos ou Decorrentes de Tratamento Ilícito (art. 18, inc. IV, 2ª parte)

O direito ao bloqueio ou eliminação dos dados é aplicável em duas hipóteses: i) tratamento lícito quando os dados pessoais forem desnecessários ou excessivos; e ii) quando se tratar de tratamento ilícito. Na primeira hipótese, o titular pode pleitear esse direito em homenagem aos princípios da finalidade, adequação e necessidade (art. 6º, incisos I, II e III, respectivamente da LGPD). No entanto, entendemos que se os dados forem desnecessários ou excessivos, justamente em virtude dos princípios ora destacados, o tratamento de dados não estará em conformidade com a lei. Já na segunda hipótese, trata-se de uma regra mais elástica, isto é, se por qualquer outra razão, constatar-se alguma ilicitude no tratamento de dados.

Por isso, além de ser um direito que o próprio titular pode exercer mediante requerimento expresso e sem ônus, a própria ANPD pode aplicar tais medidas como sanções administrativas nos termos do art. 52, incisos V e VI da LGPD, porque se trata de prática inadequada aos requisitos legais.

bloqueio ou eliminação de dados desnecessários, excessivos ou tratados em desconformidade com o disposto nesta Lei;"

[14] "Art. 7º O tratamento de dados pessoais somente poderá ser realizado nas seguintes hipóteses: I – mediante o fornecimento de consentimento pelo titular;"

[15] Cf. capítulo 4 deste livro: RUIZ, Evandro Eduardo Seron. Anonimização, pseudoanonimização e desanonimização de dados pessoais. *In:* LIMA, Cíntia Rosa Pereira de (coord.). *Comentários à Lei Geral de Proteção de Dados Pessoais*. São Paulo: Almedina, 2019.

2.6. Direito à Eliminação dos Dados Pessoais (art. 18, inc. VI)

Além desse direito e/ou sanção administrativa, o titular dos dados pessoais pode pleitear a eliminação dos dados pessoais, nos termos do art. 18, inc. VI da LGPD. Em regra, os dados pessoais devem ser automaticamente eliminados ao término do tratamento de dados (art. 16, *caput* da LGPD). Contudo, se não o forem, cabe ao titular o direito de obter a eliminação de suas informações da base de dados do agente, que somente está autorizado a conservá-las quando: i) por obrigação legal ou regulatória; ii) para estudo por órgão de pesquisa, garantida, sempre que possível a anonimização; iii) tenha transferido para terceiros conforme os requisitos estabelecidos na LGPD; iv) para uso exclusivo do controlador, desde que os dados sejam anonimizados, vedado seu acesso por terceiro.

Este direito tem clara inspiração no Regulamento Geral sobre Proteção de Dados (2016/679), de 26 de abril de 2016, estabelece, em seu artigo 17, o *right to erasure (right to be forgotten)*, garantindo ao titular dos dados o direito de obter do controlador dos dados que estes sejam apagados sem retardo indevido. Ademais, o controlador dos dados obriga-se a apagar os dados sem retardo indevido quando uma das seguintes situações se verificar, a saber: (a) o dado pessoal não seja mais necessário haja vista os propósitos da coleta ou do tratamento; (b) o titular dos dados revoga o consentimento ou quando deixa de existir autorização legal para tanto; (c) o titular dos dados se opuser ao tratamento de seus dados e não existir mais fundamentos legítimos para tanto; (d) o dado pessoal tiver sido tratado em desconformidade com a lei; (e) o dado pessoal tiver que ser apagado segundo determinação legal de um dos Estados-Membros da União Europeia ao qual o controlador dos dados esteja sujeito; (f) o dado pessoal tiver sido coletado em função da oferta de serviços na sociedade informacional.[16]

Entretanto, tecnicamente há uma distinção entre direito ao esquecimento, direito à eliminação dos dados pessoais e direito à desindexação.

[16] PIZZETTI, Franco. *Privacy e il diritto europeo alla protezione dei dati personali:* dalla diretiva 95/46 al nuovo Regolamento europeo. Torino: G. Giappichelli Editore, 2016. p. 20.

2.6.1. Direito ao Esquecimento vs. Direito à Eliminação

A doutrina moderna e atualizada faz distinção entre esses direitos, pois se entende por direito ao esquecimento "um direito autônomo de personalidade por meio do qual o indivíduo pode excluir ou deletar as informações a seu respeito quando tenha passado um período de tempo desde a sua coleta e utilização e desde que não tenham mais utilidade ou não interfiram no direito de liberdade de expressão, científica, artística, literária e jornalística."[17] Trata-se de um direito de personalidade autônomo, pois não se confunde com privacidade nem tão pouco com identidade pessoais, nas palavras de Massimiliano Mezzanotte[18] trata-se de uma situação jurídica subjetiva com *corpus* de um direito à identidade pessoal; mas *animus* de direito à privacidade.

Para entender o conteúdo do direito ao esquecimento e a distinção com o direito à eliminação, é mister recordar o caso "Aída Curi", em que a vítima de um brutal feminicídio ocorrido em 1958, teve as fotos do corpo estirado à calçada do prédio de Copacabana no Rio de Janeiro, bem como as fotos dos familiares no velório, utilizadas em um documentário que teve o caso como protagonista de um de seus programas. O STJ[19], ao julgar o pedido dos familiares da vítima, afirmou existir o "direito ao esquecimento"; entretanto, concluiu por não se aplicar ao caso concreto, por prevalência do direito à informação e à liberdade de imprensa:

> "[...] 5. Com efeito, *o direito ao esquecimento que ora se reconhece para todos, ofensor e ofendidos, não alcança o caso dos autos*, em que se reviveu, décadas depois do crime, acontecimento que entrou para o domínio público, de modo que se tornaria impraticável a atividade da imprensa para o desiderato de retratar o caso Aida Curi, sem Aida Curi.

[17] LIMA, Cíntia Rosa Pereira de. Direito ao esquecimento e internet: o fundamento legal no Direito Comunitário Europeu, no Direito Italiano e no Direito Brasileiro. *In*: CLÊVE, Clêmerson Merlin; BARROSO, Luis Roberto. *Coleção Doutrinas Essenciais em Direito Constitucional*: direitos e garantias fundamentais, volume VIII, São Paulo, Revista dos Tribunais, 2015, p. 511 – 544.

[18] *Il diritto all'oblio:* contributo allo studio della privacy storica. Napoli: Edizioni Scientifiche Italiane, 2009. p. 81.

[19] REsp 1335153/RJ, Rel. Ministro LUIS FELIPE SALOMÃO, QUARTA TURMA, julgado em 28/05/2013, DJe 10/09/2013.

> [...] 7. Não fosse por isso, o reconhecimento, em tese, de um direito de esquecimento não conduz necessariamente ao dever de indenizar. Em matéria de responsabilidade civil, a violação de direitos encontra-se na seara da ilicitude, cuja existência não dispensa também a ocorrência de dano, com nexo causal, para chegar-se, finalmente, ao dever de indenizar.
>
> [...] 8. A reportagem contra a qual se insurgiram os autores foi ao ar 50 (cinquenta) anos depois da morte de Aida Curi, circunstância da qual se conclui não ter havido abalo moral apto a gerar responsabilidade civil. *Nesse particular, fazendo-se a indispensável ponderação de valores, o acolhimento do direito ao esquecimento, no caso, com a consequente indenização, consubstancia desproporcional corte à liberdade de imprensa, se comparado ao desconforto gerado pela lembrança.*
>
> [...] 10. Recurso especial não provido." (grifo nosso)

Nesse caso, os familiares da vítima pretendiam não serem estigmatizados como os familiares da vítima daquele brutal feminicídio (direito à identidade pessoal), para tanto, os fatos pretéritos não podem ser acessados (direito à privacidade). O conteúdo, portanto, do direito ao esquecimento é um todo unitário que não pode se resumir a nenhum outro direito de personalidade, e tem por fundamento legal o art. 1º, inc. III da CF/88 (dignidade da pessoa humana). O reconhecimento deste direito impõe um sopesamento entre direitos de maneira casuística, o que revela ser inócua uma tese sobre o tema para ser replicada a outros casos, que fatalmente serão muito distintos.[20]

O caso está em análise pelo Supremo Tribunal Federal,[21] tendo sido reconhecida a repercussão geral:

> "Repercussão Geral" (art. 102, par 3º CF/88) – tem efeito vinculante?
>
> Ementa direito constitucional. Veiculação de programa televisivo que aborda crime ocorrido há várias décadas. Ação indenizatória proposta por familiares da vítima. Alegados danos morais. Direito ao esquecimento. Debate acerca da harmonização dos princípios constitucionais da liberdade de expressão e do direito à informação com aqueles que protegem a dignidade da pessoa humana e a inviolabilidade da honra e da intimidade. Presença de repercussão geral."

[20] LIMA, Cíntia Rosa Pereira de. La dinamicità del diritto all'oblio e il pericolo della sua non flessibilità secondo l'orientamento del Supremo Tribunale Federale brasiliano. *In*: DE CICCO, Maria Cristina; PINTO, Eduardo Vera-Cruz; SILVA, Marco Antônio Marques da (orgs.) *Direito à verdade, à memória e ao esquecimento*. Lisboa: AAFDL, 2017. pp. 317 – 332.

[21] ARE 833248 RG, relator(a): min. DIAS TOFFOLI, julgado em 11/12/2014, PROCESSO ELETRÔNICO dje-033 DIVULG 19-02-2015 PUBLIC 20-02-2015.

Bem da verdade que, duas turmas do E. STJ, já se manifestaram favoravelmente sobre a existência do direito ao esquecimento, definindo-o como "direito de não ser lembrado contra a sua vontade, especificamente no tocante a fatos desabonadores, de natureza criminal, nos quais se envolveu, mas que, posteriormente, fora inocentado" tanto no caso da Aida Curi quanto no episódio da Chacina da Candelária[22], ambos referentes a documentários, cujo interesse público na informação se discutia se ainda subsistia.

No caso da Chacina da Candelária, o Ministro Luiz Felipe Salomão, brilhantemente destacou o embate entre os direitos fundamentais e que a liberdade de imprensa não se traduz em algo absoluto e ilimitado. Nesse sentido:

> Desde sempre se reconheceu que a verdade é uma limitação à liberdade de informar. Vale dizer que a liberdade de informação deve sucumbir perante a notícia inverídica, como preceituam diversos precedentes da Casa. Em essência, o que se propõe aqui é, a um só tempo, reafirmar essa máxima, mas fazer acerca dela uma nova reflexão, que conduz à conclusão de que essa assertiva, na verdade, é de mão única, e a recíproca não é verdadeira. Embora a notícia inverídica seja um obstáculo à liberdade de informação, a *veracidade da notícia não confere a ela inquestionável licitude, muito menos transforma a liberdade de imprensa em um direito absoluto e ilimitado.* (...) Com efeito, o reconhecimento do direito ao esquecimento dos condenados que cumpriram integralmente a pena e, sobretudo, dos que foram absolvidos em processo criminal, além de sinalizar uma evolução cultural da sociedade, confere concretude a um ordenamento jurídico que, entre a memória – que é a conexão do presente com o passado – e a esperança – que é o vínculo do futuro com o presente –, fez clara opção pela segunda. E é por essa ótica que o direito ao esquecimento revela sua maior nobreza, pois afirma-se, na verdade, como um direito à esperança, em absoluta sintonia com a presunção legal e constitucional de regenerabilidade da pessoa humana.[23] (grifo nosso)

Todavia, importante destacar que o direito ao esquecimento não se limita aos casos de natureza criminal, mas este foi o ambiente em que,

[22] Como pode ser observado dos seguintes julgados: REsp 1335153/RJ, Quarta Turma, julgado em 28/05/2013, DJe 10/09/2013; REsp 1334097/RJ, Quarta Turma, julgado em 28/05/2013, DJE 10/09/2013 e HC 256.210/SP, Sexta Turma, julgado em 03/12/2013. DJE 13/12/2013.

[23] REsp 1334097/RJ, Quarta Turma, julgado em 28/05/2013, DJe 10/09/2013.

historicamente, encontrou a sua primeira aplicabilidade diante da necessidade de reabilitação e reinserção do condenado na sociedade.

A essência do direito ao esquecimento pode ser descrita como o direito de ser deixado em paz e recair no anonimato para não seja relembrado a todo o momento de fatos que almeja ter deixado no passado a fim de que não lhe cause mais constrangimentos, permitindo que a pessoa exerça a possibilidade de ser a si mesmo.

Nos últimos tempos, tal discussão ganhou holofotes em razão da internet e seu alto potencial de eternização da informação, cujo acesso ao conteúdo está disponível a todo o momento, independente do lapso temporal havido entre o seu acontecimento, sua (re)publicação e disponibilização[24].

Assim, parece-nos que o direito ao esquecimento é distinto ao direito à eliminação dos dados pessoais, na medida em que no caso analisado da Aída Curi não se pedia a eliminação de todas as notícias sobre o feminicídio nas fontes primárias, ou seja, nos jornais de grande circulação que foram veiculados à época noticiando o crime; mas, que essas notícias não fossem resgatadas por ausência de interesse público dado o lapso temporal entre os acontecimentos e a transmissão do documentário. Por outro lado, o direito à eliminação, conforme a redação da LGPD parece mais amplo, pois não se exige nenhuma justificativa, admitindo-se tão somente as exceções previstas no art. 16 da LGPD.

2.6.2. Direito à Desindexação vs. Direito à Eliminação

Não se deve confundir o direito ao esquecimento, *supra* analisado, o direito à desindexação e o direito à eliminação. Pizzetti Franco[25] define o direito à indexação como: "o direito de não ver facilmente encontrada uma notícia que não seja mais atual. O efeito principal da indexação e difusão da

[24] Tanto é que o Enunciado n. 531 da VI Jornada de Direito Civil promovido pela CJF/STJ estipula que: "A tutela da dignidade da pessoa humana na sociedade da informação inclui o direito ao esquecimento".

[25] Le Autorità Garanti per la Protezione dei Dati Personali e la Sentenza della Corte di Giustizia sul Caso Google Spain: è Tempo di Far Cadere il "Velo di Maya". *In: Il Diritto dell'informazione e dell'informatica,* 2014, fasc. 4-5, Giuffrè, pp. 805 – 829. p. 808: *"[...] il diritto a non vedere facilmente trovata una notizia non più attuale. L'effetto principale della indicizzazione e diffusione delle notizie attraverso il motore di ricerca è infatti quello di concorrere in modo contino a riattualizzare tutte le informazioni, facendole diventare tutte elementi del profilo in atto della persona a cui si riferiscono."*

notícia por meio das ferramentas de busca é, de fato, colaborar de maneira contínua para a atualidade das informações e criar um perfil da pessoa a que se referem" (tradução livre).

O caso mais conhecido sobre o tema é o *Costeja vs. Google*, analisado pelo Tribunal de Justiça europeu em que a Agência Espanhola de Proteção de dados Pessoais (AEPD) em julho de 2010, entendeu que as ferramentas de busca estão sujeitas à lei de proteção de dados, porque é uma forma de tratamento de dados pessoais. Sendo assim, o cidadão espanhol, González pediu que o seu nome não aparecesse nos buscadores *Google* alegando o direito ao esquecimento na medida em que a Diretiva 95/46/CE e Diretiva 2002/58/CE mencionam o direito de eliminar informações pessoais.

Nesta decisão de 20 de novembro de 2007, a Agência Espanhola de Proteção de Dados, Processo no. TD/00463/2007, AEPD Res. n. R/01046/2007,[26] estabeleceu um marco ao reconhecer que o indivíduo tem direito de seus dados não constarem das ferramentas de busca com fundamento na dignidade da pessoa humana.

A *Google Spain* recorreu desta decisão perante a Corte de Justiça da União Europeia, questionando, entre outras questões: 1) se as ferramentas de busca realizam atividades descritas no artigo 2º, alínea "b" da Diretiva 95/46/CE; 2) se o operador desta ferramenta de busca pode ser considerado responsável pelo tratamento dos dados nos termos da Diretiva 95/46/CE; e 3) se a *Google* estaria sujeita à lei espanhola e poderia ser processada e condenada por um órgão espanhol pois sua sede está em outro país, inclusive não sendo membro da União Europeia.

O Tribunal de Justiça da União Europeia concluiu que: 1) sim, as ferramentas de busca realizam atividades descritas na Diretiva 95/46 como tratamento de dados pessoais; 2) o operador da ferramenta de busca é responsável pelo tratamento dos dados; e 3) a *Google* está sujeita à lei espanhola, mesmo tendo sua sede nos Estados Unidos, pois oferece seus serviços aos cidadãos europeus.

Este julgamento foi importante por três aspectos: primeiro pela caracterização de tratamento de dados; reconhecimento do direito subjetivo à desindexação (interpretação do art. 14 da Dir. 95/46/CE); e, por fim, por entender que a legislação aplicável e foro competente são definidos

[26] Disponível em: <http://www.europarl.europa.eu/meetdocs/2004_2009/documents/dv/aepd_decision_/ AEPD_Decision_en.pdf>, acessado em 30 de maio de 2014.

no local onde a empresa tiver um estabelecimento, não necessariamente a sua sede, podendo ser a filial (nos termos do art. 4º da Dir. 95/46/CE).

Concordamos com o Tribunal de Justiça europeu para concluir que os motores de buscam realizam diversas das condutas de tratamento de dados pessoais, tal como prevê o art. 5º, inc. X da LGPD: "toda operação realizada com dados pessoais, como as que se referem a coleta, produção, recepção, classificação, utilização, acesso, reprodução, transmissão, distribuição, processamento, arquivamento, armazenamento, eliminação, avaliação ou controle da informação, modificação, comunicação, transferência, difusão ou extração". Portanto, no Direito brasileiro, o direito à desindexação tem guarida no direito à oposição nos termos do art. 18, § 2º da LGPD: "O titular pode opor-se a tratamento realizado com fundamento em uma das hipóteses de dispensa de consentimento".

No Brasil, a jurisprudência ainda confunde bastante o direito ao esquecimento com o direito à desindexação. Em relação ao direito de desindexar dados pessoais e desvinculação da palavras-chaves dos motores de busca da internet, o E. STJ no caso de uma empresária que pleiteou a filtragem prévia de conteúdo e bloqueio de palavras-chaves das fotos publicadas em revista masculina quando modelo decidiu que os provedores de pesquisa não podem ser obrigados a eliminar do seu sistema os resultados derivados de busca de determinado termo ou expressão, renegando completamente o direito à desindexação.[27]

Todavia, tal posicionamento está sendo revisto para a sua aplicação às situações excepcionais como é o caso da promotora de justiça que pleiteou a desindexação, nos resultados das aplicações de busca de notícias

[27] PROCESSUAL CIVIL E CIVIL. RECURSO ESPECIAL. AÇÃO DE OBRIGAÇÃO DE FAZER. PROVEDOR DE PESQUISA. DIREITO AO ESQUECIMENTO. FILTRAGEM PRÉVIA DAS BUSCAS. BLOQUEIO DE PALAVRAS-CHAVES. IMPOSSIBILIDADE. – Direito ao esquecimento como "o direito de não ser lembrado contra sua vontade, especificamente no tocante a fatos desabonadores, de natureza criminal, nos quais se envolveu, mas que, posteriormente, fora inocentado". Precedentes. – Os provedores de pesquisa não podem ser obrigados a eliminar do seu sistema os resultados derivados da busca de determinado termo ou expressão, tampouco os resultados que apontem para uma foto ou texto específico, independentemente da indicação da página onde este estiver inserido. – Ausência de fundamento normativo para imputar aos provedores de aplicação de buscas na internet a obrigação de implementar o direito ao esquecimento e, assim, exercer função de censor digital. – Recurso especial provido. (AgInt no REsp 1593873/SP, TERCEIRA TURMA, julgado em 10/11/2016, DJe 17/11/2016)

relacionadas às suspeitas de fraude no XLI Concurso da Magistratura do Estado do Rio de Janeiro, cujas notícias causam danos a sua dignidade e a sua privacidade e, por isso, pleiteou a filtragem dos resultados de buscas que utilizem seu nome como parâmetro, a fim de desvinculá-la das mencionadas reportagens.[28]

[28] RECURSO ESPECIAL. DIREITO CIVIL. AÇÃO DE OBRIGAÇÃO DE FAZER. 1. OMISSÃO, CONTRADIÇÃO OU OBSCURIDADE. AUSÊNCIA. 2. JULGAMENTO EXTRA PETITA. NÃO CONFIGURADO. 3. PROVEDOR DE APLICAÇÃO DE PESQUISA NA INTERNET. PROTEÇÃO A DADOS PESSOAIS. POSSIBILIDADE JURÍDICA DO PEDIDO. DESVINCULAÇÃO ENTRE NOME E RESULTADO DE PESQUISA. PECULIARIDADES FÁTICAS. CONCILIAÇÃO ENTRE O DIREITO INDIVIDUAL E O DIREITO COLETIVO À INFORMAÇÃO. 4. MULTA DIÁRIA APLICADA. VALOR INICIAL EXORBITANTE. REVISÃO EXCEPCIONAL. 5. RECURSO ESPECIAL PARCIALMENTE PROVIDO.
1. Debate-se a possibilidade de se determinar o rompimento do vínculo estabelecido por provedores de aplicação de busca na internet entre o nome do prejudicado, utilizado como critério exclusivo de busca, e a notícia apontada nos resultados.
2. O Tribunal de origem enfrentou todas as questões postas pelas partes, decidindo nos estritos limites da demanda e declinando, de forma expressa e coerente, todos os fundamentos que formaram o livre convencimento do Juízo. 3. A jurisprudência desta Corte Superior tem entendimento reiterado no sentido de afastar a responsabilidade de buscadores da internet pelos resultados de busca apresentados, reconhecendo a impossibilidade de lhe atribuir a função de censor e impondo ao prejudicado o direcionamento de sua pretensão contra os provedores de conteúdo, responsáveis pela disponibilização do conteúdo indevido na internet. Precedentes.
4. Há, todavia, circunstâncias excepcionalíssimas em que é necessária a intervenção pontual do Poder Judiciário para fazer cessar o vínculo criado, nos bancos de dados dos provedores de busca, entre dados pessoais e resultados da busca, que não guardam relevância para interesse público à informação, seja pelo conteúdo eminentemente privado, seja pelo decurso do tempo.
5. Nessas situações excepcionais, o direito à intimidade e ao esquecimento, bem como a proteção aos dados pessoais deverá preponderar, a fim de permitir que as pessoas envolvidas sigam suas vidas com razoável anonimato, não sendo o fato desabonador corriqueiramente rememorado e perenizado por sistemas automatizados de busca.
6. O rompimento do referido vínculo sem a exclusão da notícia compatibiliza também os interesses individual do titular dos dados pessoais e coletivo de acesso à informação, na medida em que viabiliza a localização das notícias àqueles que direcionem sua pesquisa fornecendo argumentos de pesquisa relacionados ao fato noticiado, mas não àqueles que buscam exclusivamente pelos dados pessoais do indivíduo protegido.
7. No caso concreto, passado mais de uma década desde o fato noticiado, ao se informar como critério de busca exclusivo o nome da parte recorrente, o primeiro resultado apresentado permanecia apontando link de notícia de seu possível envolvimento em fato desabonador, não comprovado, a despeito da existência de outras tantas informações posteriores a seu respeito disponíveis na rede mundial.
8. O arbitramento de multa diária deve ser revisto sempre que seu valor inicial configure manifesta desproporção, por ser irrisório ou excessivo, como é o caso dos autos.

Interessante esse caso da promotora, intitulado como direito ao esquecimento, mas que não passa de mera desindexação e desvinculação. Isto é, o ato de desindexar está dentro da tutela dos dados pessoais, este, por sua vez, que proporciona o direito ao esquecimento, de não ser lembrado e constrangido por fatos passados que não possuem mais o interesse público. Ainda relevante a análise desse caso, pois se tratava de pessoa pública, servidora, o que até então era negado tal direito à essas pessoas, inclusive, não se observava efetividade na restrição da atuação dos motores de busca na internet já que não se tratava de "remoção" de conteúdo em si.

Desse modo, o direito à desindexação também se distingue do direito à eliminação, pois não se trata de excluir definitivamente a informação da fonte primária; entretanto, reconhece ao titular dos dados pessoais o direito de se opor ao tratamento de suas informações pessoais na medida em que não forneceu o consentimento, pois não exigido em lei; ou mesmo que tenha fornecido, queira revogar o consentimento dado nos termos do art. 18, inc. IX da LGPD.

2.6.3. Da Remoção de Conteúdo Gerado por Terceiros do MCI

A Lei n. 12.965/2014, conhecida como Marco Civil da Internet (MCI), trouxe uma normatização específica para os direitos e garantias do usuário nas relações estabelecidas no ambiente eletrônico no Brasil. Dentre os princípios ali elencados, encontra-se a proteção da privacidade e dos dados pessoais[29], cuja lei sofreu forte influência e mudança em seu texto original ocasionada pelo episódio notório de invasões de privacidade cometidas pelos Estados Unidos e que foram denunciadas pelo ex-analista Edward Snowden, da Agência Nacional de Segurança dos EUA, cuja referência ficou conhecida como a inauguração de uma nova era denominada de "pós-Snowden".

Por ter sofrido tais transformações com o escopo de enrijecer a proteção da pessoa natural que o MCI também exige que sejam especificadas as finalidades pelas quais se justifique o uso dos dados pessoais exatamente

9. Recursos especiais parcialmente providos.
(REsp 1660168/RJ, Rel. Ministra NANCY ANDRIGHI, Rel. p/ Acórdão Ministro MARCO AURÉLIO BELLIZZE, TERCEIRA TURMA, julgado em 08/05/2018, DJe 05/06/2018)

[29] Art. 3º, II e III, do MCI: "Art. 3º A disciplina do uso da internet no Brasil tem os seguintes princípios: (...) II – proteção da privacidade; III – proteção dos dados pessoais, na forma da lei."

para que o seu titular possa se autodetermina, controlar a coleta de seus dados pessoais através do consentimento.

Para exercer esse controle que o usuário poderá requerer a exclusão definitiva dos dados pessoais que tiver fornecido a determinada aplicação de internet[30], a seu requerimento, ao término da relação entre as partes, ressalvadas as hipóteses de guarda obrigatória de registros, conforme estabelece o artigo 7º, inciso X do MCI.

Tal disposição do MCI muito se assemelha com o artigo 16, *caput*, da LGPD, o qual estabelece que os dados pessoais devem ser automaticamente eliminados após o término do tratamento de dados, exceto nas hipóteses que autorizem a sua conservação para as finalidades ali contempladas, já citadas no item 2.6 quanto ao direito à eliminação de dados pessoais, o que não se confunde com o direito ao esquecimento.

Desse modo, o usuário que possui ciência sobre o tratamento de seus dados pessoais poderá controlar o seu uso, desde a fase de coleta até o seu compartilhamento com terceiros, podendo eliminá-los ao término da relação junto ao prestador de serviços e produtos.

Muito se observa que o MCI e a LGPD se complementam nesse aspecto do direito à eliminação, todavia relevante observar que o âmbito de atuação desta é consideravelmente maior do que o daquele, pois protege os dados pessoais seja em ambiente online ou off-line.

Em contrapartida, válido comentar a hipótese de remoção de conteúdo identificado como infringente produzido por terceiros. O artigo 19 do MCI prevê em seu caput a responsabilidade civil por danos decorrentes de conteúdo gerado por terceiros apenas em vista de ordem judicial específica:

> Art. 19. Com o intuito de assegurar a liberdade de expressão e impedir a censura, *o provedor de aplicações de internet somente poderá ser responsabilizado civilmente por danos decorrentes de conteúdo gerado por terceiros* se, após *ordem judicial específica*, não tomar as providências para, no âmbito e nos limites técnicos do seu serviço e dentro do prazo assinalado, *tornar indisponível o conteúdo apontado como infringente*, ressalvadas as disposições legais em contrário. (Grifo nosso)

[30] Segundo o MCI, são aplicações de internet: "Art. 5º Para os efeitos desta Lei, considera-se: (...) VII – aplicações de internet: o conjunto de funcionalidades que podem ser acessadas por meio de um terminal conectado à internet."

Em outras palavras, o MCI elenca uma responsabilidade civil mais restritiva decorrente dos atos ilícitos, destoando o que estava sedimentado na jurisprudência brasileira sobre o funcionamento do "*notice and takedown*", inspirado no *Digital Millennium Copyright Act*[31], que, com uma simples notificação, estabeleceria a oportunidade do provedor avaliar o conteúdo gerado por terceiro e decidir se seria o caso de removê-lo ou não, sem a necessidade de impor a ida ao Poder Judiciário, exceto para a divulgação de cenas ou imagens de nudez e atos sexuais, estipulado no artigo 21 do MCI.

Vincular a ordem judicial específica para a remoção do conteúdo prejudica deveras a vítima que deverá aguardar tal deferimento para minimizar o dano causado. Além disso, limitar a responsabilidade até a ordem judicial ao terceiro causador do dano que, na maioria das vezes, a vítima não o conhece tampouco possui subsídios e condições técnicas para conhecer. Mesmo que esse terceiro, agente causador do dano direto, seja conhecido, dificilmente este possuirá condições financeiras para interromper a propagação do dano.

Todavia, sob o argumento da censura e liberdade de expressão, os direitos dos usuários são prejudicados, permitindo tratamento mais favorável para a liberdade econômica, aos direitos de cunho patrimonial, do que daqueles que tutelam a personalidade.

Com base no artigo 19 do MCI, verifica-se a existência de um ato ilícito que provoca o conteúdo infringente, o que, em contrapartida, não se assemelha com o aludido direito ao esquecimento que autoriza a remoção de conteúdo lícito e verdadeiro que não protege mais a identidade e privacidade do titular de dados pessoais.

Como já delimitado anteriormente, o direito ao esquecimento revela a necessidade de balancear a colisão de direitos fundamentais que, de um lado está a liberdade de expressão e o direito à informação e do outro, os direitos que protegem a dignidade da pessoa humana, privacidade e identidade pessoal.

Já a desindexação não encontra respaldo na remoção de conteúdo do artigo 19 do MCI já que, nesse caso específico, não há a supressão do conteúdo de sua fonte primária, mas tão somente é dificultado o acesso às informações não consentidas ou revogado o consentimento, o que tutela o direito à proteção dos dados pessoais.

[31] Lei dos Estados Unidos que protege e criminaliza a violação de direitos autorais naquele país.

2.7. Direito à Portabilidade dos Dados Pessoais (art. 18, inc. V)

Outro direito, inspirado no GDPR é o direito de portabilidade de dados (*personal data portability*), disciplinado no art. 20:

> 1. O titular dos dados tem o direito de receber os dados pessoais que lhe digam respeito e que tenha fornecido a um responsável pelo tratamento, num formato estruturado, de uso corrente e de leitura automática, e o direito de transmitir esses dados a outro responsável pelo tratamento sem que o responsável a quem os dados pessoais foram fornecidos o possa impedir, se:
> a) O tratamento se basear no consentimento dado nos termos do artigo 6º, n. 1, alínea a), ou do artigo 9º, n. 2, alínea a), ou num contrato referido no artigo 6º, n. 1, alínea b); e
> b) O tratamento for realizado por meios automatizados.
> 2. Ao exercer o seu direito de portabilidade dos dados nos termos do n. 1, o titular dos dados tem o direito a que os dados pessoais sejam transmitidos diretamente entre os responsáveis pelo tratamento, sempre que tal seja tecnicamente possível.
> 3. O exercício do direito a que se refere o n. 1 do presente artigo aplica-se sem prejuízo do artigo 17º. Esse direito não se aplica ao tratamento necessário para o exercício de funções de interesse público ou ao exercício da autoridade pública de que está investido o responsável pelo tratamento.
> 4. O direito a que se refere o n. 1 não prejudica os direitos e as liberdades de terceiros.

Assim, a LGPD garante ao titular dos dados, mediante requerimento expresso, a transmissão de seus dados pessoais para outro agente de tratamento de dados, desde que não tenham sido anonimizados consoante o §7º do art. 18 da LGPD.

Diferentemente do GDPR, a lei brasileira não especifica o formato em que os dados devem ser transmitidos e nem a possibilidade de transmissão direta entre os agentes de tratamento de dados, como ocorre quando o consumidor opta em portar seu *chip* de celular para outra operadora de telefonia móvel.

O ideal é que a ANPD possa regular esse direito para que possa se concretizar, determinando que o formato seja estruturado e que possa ser lido por sistema de informação (*machine-readeble)*, pois não será efetivo esse direito se um usuário, que opte a portar seus dados para outra rede social, receba suas fotos, contatos, vídeos em PDF, inviabilizando a concreta migração destas informações para a outra rede social para onde pretende portar essas informações.

Ademais, seria importante e muito útil que tal portabilidade se operasse diretamente entre os agentes de tratamento de dados, dada a vulnerabilidade informacional do usuário que, muitas vezes, não saberia realizar tal procedimento.

2.8. Direito à Informação Sobre o Compartilhamento de Seus Dados Pessoais pelo Controlador (§ 6º Do Art. 18)

O direito à informação é recorrente em diversos dispositivos da LGPD, por exemplo, o art. 9º (que prevê o acesso facilitado às informações sobre o tratamento dos dados pessoais), o art. 18, inc. VII (informação das entidades públicas e privadas com as quais o controlador realizou o uso compartilhado de dados), o art. 18, inc. VIII (informação sobre a possibilidade de não fornecer o consentimento e sobre as consequências da recusa).

Um dos temas muito debatidos na discussão e aprovação da LGPD foi o compartilhamento dos dados pessoais, o dilema era proibir ou regulamentar. A opção do legislador foi regular, ou seja, o compartilhamento de dados pessoais não é proibido, mas para tanto depende do consentimento específico do titular nos termos do art. 5º, inc. XVI que determina que uso compartilhado de dados é a "comunicação, difusão, transferência internacional, interconexão de dados pessoais ou tratamento compartilhado de bancos de dados pessoais por órgãos e entidades públicos no cumprimento de suas competências legais, ou entre esses e entes privados, reciprocamente, **com autorização específica**, para uma ou mais modalidades de tratamento permitidas por esses entes públicos, ou entre entes privados". (destaque nosso) Além desse dispositivo, o § 5º do art. 7º da LGPD exige o consentimento específico do titular dos dados pessoais para a finalidade que diga respeito ao compartilhamento de dados pessoais.

Por isso, o titular dos dados pessoais tem o direito de ser informado sobre o uso compartilhado de suas informações pessoais para que possa consentir ou não com tal prática pelo controlador do tratamento de dados pessoais.

2.9. Direito de Revisão de Decisões Tomadas com Base em Tratamento Automatizado de Dados Pessoais (art. 20)

O GDPR prevê a possibilidade de oposição ao tratamento de dados para finalidades de *marketing* direto (art. 21) e a não sujeição do titular dos dados às decisões automatizadas como o *profiling* (art. 20).

Preliminarmente, deve-se compreender o que significa a expressão "*online profiling*", genericamente considerado um processo de coleta, mineração e correlação de dados pessoais de um usuário, resultando em um perfil (*profile*) daquele indivíduo, qualificando-o e categorizando-o a partir dos sites que visita, dos *likes* e *dislikes* em uma determinada rede social, dos aplicativos utilizados, dos termos de busca numa determinada ferramenta de busca, etc. Segundo Frederik Borgesius[32] esse processo seria construído com base no monitoramento do comportamento do usuário na internet com objetivo de enviar publicidade direcionada aos interesses detectados com base neste monitoramento (*direct marketing*).

Os riscos desta prática é a doutrinação do indivíduo com base nesse perfil, segundo o diagnóstico de Eli Parisier[33] de que se cria um "filtro invisível" (uma bolha) afetando na própria interação deste indivíduo com outras pessoas e no acesso à informação. Além disso, há um risco à privacidade na medida em que o histórico do comportamento do indivíduo é vasculhado sem que se tenha conhecimento para poder consentir ou não.

Para evitar tais inconvenientes, o GDPR disciplinou especificamente o tema, assim como a LGPD assegura ao titular o direito de rever as decisões tomadas unicamente com base em tratamento automatizado de dados pessoais que afetem seus interesses (art. 20), para tanto, o controlador deve fornecer, sempre que solicitadas, informações claras e adequadas sobre os critérios e os procedimentos utilizados para a decisão automatizada (§1° do art. 20 da LGPD).

Ocorre que nem sempre essa cautela é adotada pelo controlador, e os titulares dos dados desconhecem a realização de tais práticas, por isso, nesse ponto é crucial que a ANPD realize auditorias para verificar essas práticas e adequação destas com os dispositivos legais nos termos do § 2° do art. 2° da LGPD.

[32] BORGESIUS, Frederik Zuiderveen. Behavioral targeting: A european legal perspective. *In: IEEE Security & Privacy*, vol.11, no. 1, Jan.-Feb. 2013. p. 82.

[33] *The Filter Bubble*. Nova Iorque: Pinguin Books, 2011.

Conclusões

A LGPD sistematizou a proteção aos dados pessoais, estabelecendo direitos e princípios específicos, inaugurando um verdadeiro microssistema de proteção de dados pessoais, sem excluir direitos já assegurados em outras leis, como o CDC, em verdadeiro diálogo entre as fontes.[34]

Nota-se que a tônica dos direitos assegurados ao titular dos dados pessoais é o direito à informação, mencionado em diversos dispositivos da LGPD ora como direito, ora como obrigação do controlador. Além destes, os principais direitos assegurados aos titulares de dados pessoais são: i) o direito de obter a confirmação da existência de tratamento; ii) direito de acesso aos dados; iii) direito de correção dos dados incompletos, inexatos ou desatualizados; iv) direito à anonimização dos dados pessoais; v) direito ao bloqueio ou eliminação dos dados desnecessários, excessivos ou decorrentes de tratamento ilícito; vi) direito à portabilidade dos dados pessoais; vii) direito à informação sobre o compartilhamento de seus dados pessoais pelo controlador; viii) informações sobre não fornecimento do consentimento e quais as consequências da negativa; ix) direito à revogação do consentimento; x) direito à revisão das decisões tomadas com base em tratamento automatizado de dados pessoais.

A LGPD oferece alguns parâmetros para a eficácia destes direitos, mas como se pode observar, a atuação da ANPD para tal fim será fundamental, pois caberá a ela estabelecer e definir padrões para os procedimentos a serem adotados pelos controladores e operadores do tratamento de dados pessoais.

Referências

BELLAVISTA, Alessandro. "*Società della sorveglianza e protezione dei dati personali*". In: Contratto e impresa, ano 12. Padova: CEDAM, 1996.

BILANCIA, Paola. "*Riflessi del potere normativo delle autorità indipendenti sul sistema delle fonti*". *In: Diritto e Società*, numero 1, Nuova Serie. Padova: CEDAM, 1999. pp. 251-278.

BORGESIUS, Frederik Zuiderveen. "*Behavioral targeting: A european legal perspective*". *In: IEEE Security & Privacy*, vol.11, no. 1, Jan.-Feb. 2013. p. 82.

[34] MARQUES, Cláudia Lima. *Diálogo das Fontes*: do conflito à coordenação de normas do direito brasileiro. 2ª Tiragem. São Paulo: Revista dos Tribunais, 2012.

BRASIL. Lei 13.709, de 14 de agosto de 2018. Lei Geral de Proteção de Dados Pessoais (LGPD). *Diário Oficial da União*, Brasília, 15 de agosto de 2018. Disponível em: <http://www.planalto.gov.br/ccivil_03/_Ato2015-2018/2018/Lei/L13709.htm>. Acesso em: 18 janeiro 2019.

______. *Parecer n. 129 de 2018*. Redação final do Projeto de Lei da Câmara n. 53, de 2018 (n. 4.060, de 2012, na Casa de origem). Senado Federal, 10 julho 2018. Disponível em: <https://legis.senado.leg.br/sdleggetter/documento?dm=7761513&ts=1533759419365&disposition=inline&ts=1533759419365>. Acesso em: 30 novembro 2018.

BRASIL. SENADO FEDERAL. PEC 17/19: "Acrescenta o inciso XII-A, ao art. 5º, e o inciso XXX, ao art. 22, da Constituição Federal para incluir a proteção de dados pessoais entre os direitos fundamentais do cidadão e fixar a competência privativa da União para legislar sobre a matéria." Disponível em: < https://www25.senado.leg.br/web/atividade/materias/-/materia/135594>, acessado em 01 de agosto de 2019.

CASTELLS, Manuel. *The Information Age. Economy, Society, and Culture*. Volume I: The Rise of the Network Society. Chichester, UK: John Wiley & Sons, 2010.

COLOMBO, Matteo. *Regolamento UE sulla Privacy:* principi generali e ruolo del data protection Officer. Milano: ASSO/DPO, 2015.

CONSELHO DA EUROPA. *Convenção para a Proteção dos Direitos do Homem e das Liberdades Fundamentais*. Roma, 04 de novembro de 1950. Disponível em: <https://www.echr.coe.int/Documents/Convention_POR.pdf>. Acesso em: 20 janeiro 2019.

DONEDA, Danilo. *Da privacidade à proteção de dados pessoais*. Rio de Janeiro: Renovar, 2006.

ESPANHA. Ley Orgánica 3/2018, de 5 de diciembre, de Protección de Datos Personales y garantía de los derechos digitales. Madrid, *Boletín Oficial del Estado*, 6 de dezembro de 2018. Disponível em: <https://boe.es/boe/dias/2018/12/06/pdfs/BOE-A-2018-16673.pdf>. Acesso em: 26 janeiro 2019.

EXAME. Tecnologia. *Aplicativo que envelhece fotos cede dados dos usuários para anunciantes*. Disponível em: <https://exame.abril.com.br/tecnologia/aplicativo-que-envelhece-fotos-cede-dados-dos-usuarios-para-anunciantes/>, acessado em 01 de agosto de 2019.

GEIST, Michael. *Law, Privacy and Surveillance in Canada in the Post-Snowden Era*. Ottawa: University of Ottawa Press, 2015.

GOGLIANO, Daisy. *Direitos Privados da Personalidade*. Dissertação de Mestrado. São Paulo: Faculdade de Direito da Universidade de São Paulo. 431 p., 1982.

LEONARDI, Marcel. *Tutela e Privacidade na Internet*. São Paulo: Saraiva, 2012.

LESSIG, Lawrence. *Code* version 2.0. New York: Basic Books, 2006, pp. 45-47. Disponível em: <http://codev2.cc/download+remix/Lessig-Codev2.pdf>. Acesso em: 30 novembro 2018.

LIMA, Cíntia Rosa Pereira de. *A imprescindibilidade de uma entidade de garantia para a efetiva proteção dos dados pessoais no cenário futuro do Brasil*. Tese de Livre Docência apresentada à Faculdade de Direito de Ribeirão Preto, Universidade de São Paulo. Ribeirão Preto, 2015.

______. *Validade e obrigatoriedade dos contratos de adesão eletrônicos* (shrink-wrap e click-wrap) *e dos termos e condições de uso* (browse-wrap). Tese de Doutorado defendida na Faculdade de Direito do Largo São Francisco. São Paulo, 2009. 673 p.

______. "Direito ao esquecimento e internet: o fundamento legal no Direito Comunitário Europeu, no Direito Italiano e no Direito Brasileiro". *In*: CLÊVE, Clêmerson Merlin;

BARROSO, Luis Roberto. *Coleção Doutrinas Essenciais em Direito Constitucional*: direitos e garantias fundamentais, volume VIII, São Paulo, Revista dos Tribunais, 2015, p. 511 – 544.

______. *"La dinamicità del diritto all'oblio e il pericolo della sua non flessibilità secondo l'orientamento del Supremo Tribunale Federale brasiliano"*. *In*: DE CICCO, Maria Cristina; PINTO, Eduardo Vera-Cruz; SILVA, Marco Antônio Marques da (orgs.) *Direito à verdade, à memória e ao esquecimento*. Lisboa: AAFDL, 2017. pp. 317 – 332.

______; BIONI, Bruno Ricardo. "A proteção dos dados pessoais na fase de coleta: apontamentos sobre a adjetivação do consentimento implementada pelo artigo 7, incisos VIII e IX do Marco Civil da Internet a partir da Human Computer Interaction e da Privacy By Default". *In:* DE LUCCA, Newton; SIMÃO FILHO, Adalberto; LIMA, Cíntia Rosa Pereira de (coords.) *Direito & Internet III – Tomo I: Marco Civil da Internet (Lei n. 12.965/2014)*. São Paulo: Quartier Latin, 2015.

LIMONGI FRANÇA, Rubens. *Manual de direito civil direito objetivo, direitos subjetivos, direitos privados da personalidade*. 2 ed. São Paulo: Revista dos Tribunais, 1971.

MENDES, Laura Schertel. *Privacidade, proteção de dados e defesa do consumidor:* linhas gerais de um novo direito fundamental. São Paulo: Saraiva, 2014.

MENEZES CORDEIRO, António. *Tratado de Direito Civil Português*. Vol. I – Parte Geral, Tomo I: Introdução, doutrina geral e negócio jurídico. 3. ed. 2ª reimp. Coimbra: Almedina, 2009.

MARQUES, Cláudia Lima. *Diálogo das Fontes*: do conflito à coordenação de normas do direito brasileiro. 2ª Tiragem. São Paulo: Revista dos Tribunais, 2012.

MEZZANOTTE, Massimiliano. *Il diritto all'oblio:* contributo allo studio della privacy storica. Napoli: Edizioni Scientifiche Italiane, 2009.

OCDE. *Guidelines Governing the Protection of Privacy and Transborder Flows of Personal Data*. OCDE, 23 de setembro de 1980. Disponível em: <http://www.oecd.org/internet/ieconomy/oecdguidelinesontheprotectionof privacyandtransborderflowsofpersonaldata.htm>. Acesso em: 19 janeiro 2019.

PARISIER, Eli. *The Filter Bubble*. Nova Iorque: Pinguin Books, 2011.

PIZZETTI, Franco. "*Le Autorità Garanti per la protezione dei dati personali e la sentenza della Corte di Giustizia sul caso Google Spain: è tempo di far cadere il 'velo di Maya'*". *In: Il Diritto dell'informazione e dell'informatica*, fasc. 4-5, Milão: Giuffrè, 2014.

______. PIZZETTI, Franco. *Privacy e il diritto europeo alla protezione dei dati personali:* dalla diretiva 95/46 al nuovo Regolamento europeo. Torino: G. Giappichelli Editore, 2016.

RODOTÀ, Stefano. "*Prefazione*". *In:* PANETTA, Rocco. *Libera circolazione e protezione dei dati personali*. Tomo I. Milão: Giuffrè, 2006.

______. "*Privacy e costruzione della sfera privata. Ipotesi e prospettive*". *In: Rivista Politica del Diritto*, anno XXII, numero 4, pp. 521-546. Bolonha: Il Mulino, dezembro 1991.

______. *Tecnopolitica – la democrazia e le nuove tecnologie della comunicazione*. Roma-Bari: Laterza, 2004.

______. "*Tra diritti fondamentali ed elasticità della normativa: il nuovo codice sulla privacy*". *In: Europa e Diritto Privato*, fasc. 01, pp. 01-11. Milão: Giuffrè, 2004.

SOLOVE, Daniel. J. "*Conceptualizing Privacy*". *In: California Law Review*, vol. 90, Issue 4 (2002), pp. 1087 – 1156.

SUPERIOR TRIBUNAL DE JUSTIÇA. REsp 1335153/RJ, Rel. Ministro LUIS FELIPE SALOMÃO, QUARTA TURMA, julgado em 28/05/2013, DJe 10/09/2013.

SUPREMO TRIBUNAL FEDERAL. ARE 833248 RG, relator(a): min. DIAS TOFFOLI, julgado em 11/12/2014, PROCESSO ELETRÔNICO dje-033 DIVULG 19-02-2015 PUBLIC 20-02-2015.

UNIÃO EUROPEIA. Comissão Europeia. *Directorate-General for Justice and Consumers. Guide to the EU-US Privacy Shield.* Comissão Europeia, 1º de agosto de 2016. Disponível em: <https://ec.europa.eu/info/sites/info/files/2016-08-01-ps-citizens-guide_en.pd_.pdf>. Acesso em: 29 novembro 2018.

UNIÃO EUROPEIA. Parlamento Europeu. Carta dos Direitos Fundamentais da União Europeia. *Jornal Oficial das Comunidades Europeias*, 18 de dezembro de 2000. Disponível em: <http://www.europarl.europa.eu/charter/ pdf/text_pt.pdf>. Acesso em: 20 janeiro 2019.

UNIÃO EUROPEIA. Parlamento Europeu; Conselho da Europa. Directive 95/46/EC of the European Parliament and of the Council of 24 October 1995. *Jornal Oficial da União Europeia*, 23 de novembro de 1995. Disponível em: https://eur-lex.europa.eu/legal-content/EN/TXT/PDF/?uri=CELEX:31995L0046&from=PT>. Acesso em: 30 novembro 2018.

______. *Regulation (EU) 2016/679 of the European Parliament and of the Council of 27 April 2016. Jornal Oficial da União Europeia*, 23 de maio de 2016. Disponível em: <https://eur-lex.europa.eu/legal-content/EN/TXT/?qid=1532348683434&uri=CELEX:02016R0679-20160504>. Acesso em: 30 novembro 2018.

11. Agentes de Tratamento de Dados Pessoais (Controlador, Operador e Encarregado pelo Tratamento de Dados Pessoais)

Cíntia Rosa Pereira de Lima

1. Introdução

A Lei Geral de Proteção de Dados Pessoais, Lei nº 13.709, de 14 de agosto de 2018 (LGPD), claramente inspirada no *General Data Protection Regulation – GDPR (Regulation 2016/679)*, trouxe três figuras como "agentes de tratamento de dados pessoais", a saber: controlador, operador e encarregado. À primeira vista, pode-se afirmar que seriam essas figuras correspondentes ao "controller", "processor" e "Data Privacy Officer", respectivamente, conforme dispõe o GDPR. No entanto, ao analisar o que dispõe o regulamento europeu sobre esses agentes e a LGPD, constata-se algumas semelhanças e diferenças que serão esmiuçadas nesse capítulo.

Preliminarmente, deve-se compreender as mudanças sobre essas três figuras durante a tramitação dos projetos de lei que resultaram na LGPD.

O Anteprojeto de Lei sobre Proteção de Dados Pessoais, de 2011[1], trazia duas figuras, quais sejam: "responsável" e "subcontratante", conceituadas no art. 5º, como segue:

[1] BRASIL. Ministério da Justiça. *Anteprojeto de Lei sobre Proteção de Dados Pessoais*. Versão de 2011. Disponível em: <http://culturadigital.br/dadospessoais/files/2011/03/PL-Protecao-de-Dados_.pdf>. Acesso em: 25 agosto 2019.

> VI – responsável: a pessoa física ou jurídica, de direito público ou privado, a quem competem as decisões referentes às finalidades e modalidades de tratamento de dados pessoais;
>
> VII – subcontratado: a pessoa jurídica contratada pelo responsável pelo banco de dados como encarregado do tratamento de dados pessoais;

Ao analisar o conceito do que seria o "subcontratado", percebe-se uma confusão nas suas funções, ou seja, o conceito correlaciona esse agente de tratamento ao encarregado, e no parágrafo único do art. 25 do Anteprojeto de Lei de Proteção de Dados Pessoais (2011), determinava a obrigatoriedade do subcontratante realizar o tratamento de dados pessoais conforme as instruções do responsável:

> Art. 25. O subcontratado deve ter experiência, capacidade e idoneidade para garantir o respeito às disposições vigentes em matéria de tratamento de dados pessoais, e responderá solidariamente com o responsável pelos prejuízos causados pela sua atividade aos titulares dos dados.
>
> Parágrafo único. O subcontratado deverá realizar o tratamento segundo as instruções fornecidas por escrito pelo responsável, que, mediante inspeções periódicas, verificará a observância das próprias instruções e das normas sobre a matéria.

Em sua primeira versão, em 2011, o Projeto de Lei de Proteção de Dados Pessoais estabelecia que o "responsável" poderia ser pessoa física ou pessoa jurídica, de direito público ou de direito privado, a quem incumbe as decisões sobre o tratamento de dados pessoais. Já o "subcontratante" (figura que se confundia com o "operador" e "encarregado") era pessoa jurídica, a quem competia realizar o tratamento de dados pessoais conforme as instruções do responsável. No entanto, quanto à responsabilidade civil, todos respondiam solidariamente nos termos do art. 26, *in verbis*:

> Art. 26 O responsável, o subcontratado ou qualquer outra pessoa que intervenha em qualquer fase do tratamento de dados pessoais obriga-se ao dever de segredo em relação aos mesmos, dever este que permanece após o término do respectivo tratamento ou do vínculo empregatício existente.

Quase 4 (quatro) anos depois, o Anteprojeto de Lei sobre Proteção de Dados Pessoais (1ª versão de 2015)[2], foi o primeiro a fazer a separação e caracterização específica das três figuras (responsável, operador e encarregado) no art. 5º:

> VIII – responsável: a *pessoa natural ou jurídica*, de direito público ou privado, a quem competem as decisões referentes ao tratamento de dados pessoais;
> IX – operador: a *pessoa natural ou jurídica*, de direito público ou privado, que realiza o tratamento de dados pessoais em nome do responsável;
> XVIII – encarregado: *pessoa natural*, indicada pelo responsável, que atua como canal de comunicação perante os titulares e o órgão competente.

A figura do "responsável" foi mantida, como prevista em 2011; contudo, criou-se a figura do "operador", pessoa natural ou jurídica, de direito público ou privado, que realiza o tratamento de dados pessoais em nome do primeiro; e a figura do "encarregado", pessoa natural, indicada pelo responsável, cuja função é atuar especificamente como um canal de comunicação entre o responsável e os titulares de dados pessoais, e entre aquele e o órgão competente para a fiscalização do cumprimento da lei (hoje, sabe-se que é a Autoridade Nacional de Proteção de Dados Pessoais). O curioso dessa versão foi restringir os agentes de tratamento de dados apenas às figuras do responsável e do operador (excluindo-se, portanto, o encarregado como agente de tratamento de dados pessoais, pois sua função é meramente atuar como canal de comunicação).

> CAPÍTULO VII – RESPONSABILIDADE DOS AGENTES
> Seção I – Agentes do Tratamento e Ressarcimento de Danos
> Art. 34. São agentes do tratamento de dados pessoais o responsável e o operador.

No entanto, o art. 35 desse Anteprojeto tem uma redação mais ampla, no sentido de que "*todo aquele que, por meio do tratamento de dados pessoais, causar a outrem dano material ou moral, individual ou coletivo, é obrigado a ressarci-lo*",

[2] BRASIL. Ministério da Justiça. *Anteprojeto de Lei sobre Proteção de Dados Pessoais*. 1ª versão de 2015 (antes da consulta pública). Disponível em: <http://pensando.mj.gov.br/dadospessoais/texto-em-debate/anteprojeto-de-lei-para-a-protecao-de-dados-pessoais/>. Acesso em: 25 agosto 2019.

dando a entender que o encarregado poderia ser responsabilizado. Todavia, nas excludentes de responsabilidade, menciona-se apenas o responsável e o operador, excluindo a figura do encarregado: "*[...] § 2º O responsável ou o operador podem deixar de ser responsabilizados se provarem que o fato que causou o dano não lhes é imputável.*"

A 1ª versão do Anteprojeto de Lei de Proteção de Dados Pessoais de 2015[3] regulamentou as obrigações recíprocas entre responsável e operador, determinando que este deve realizar o tratamento conforme as instruções dadas pelo responsável, que responde solidariamente pelas operações realizadas pelo operador, sendo que ambos devem manter registro das operações de tratamento de dados pessoais:

> Seção II – Responsável e Operador
>
> Art. 39. O operador deverá realizar o tratamento segundo as instruções fornecidas pelo responsável, que verificará a observância das próprias instruções e das normas sobre a matéria.
>
> § 1o O responsável tem responsabilidade solidária quanto a todas as operações de tratamento realizadas pelo operador.
>
> § 2o Órgão competente poderá determinar ao responsável que elabore relatório de impacto à privacidade referente às suas operações de tratamento de dados, nos termos do regulamento.
>
> Art. 40. O responsável ou o operador devem manter registro das operações de tratamento de dados pessoais que realizarem, observado o disposto no art. 15.
>
> Parágrafo único. Órgão competente poderá dispor sobre formato, estrutura e tempo de guarda do registro.

Em seção diversa, este Anteprojeto de Lei inaugurou uma disciplina específica sobre a figura do encarregado, pessoa natural indicada pelo responsável para atuar como canal de comunicação, cuja identificação deve constar de maneira clara e objetiva, preferencialmente no site do responsável para que se dê amplo acesso. Ao encarregado, conforme essa proposta, caberia receber reclamações e comunicações dos titulares e do órgão competente para a fiscalização da lei, bem como orientar funcionários do responsável quanto às boas práticas:

[3] Ibidem.

Seção III – Encarregado pelo Tratamento de Dados Pessoais

Art. 41. O responsável deverá indicar um encarregado pelo tratamento de dados pessoais.

§ 1º A identidade e as informações de contato do encarregado deverão ser divulgadas publicamente de forma clara e objetiva, preferencialmente na página eletrônica do responsável na Internet.

§ 2º As atividades do encarregado consistem em:

I – receber reclamações e comunicações dos titulares, prestar esclarecimentos e adotar providências;

II – receber comunicações do órgão competente e adotar providências;

III – orientar os funcionários da entidade a respeito das práticas a serem tomadas em relação à proteção de dados pessoais; e

IV – demais atribuições estabelecidas em normas complementares ou determinadas pelo responsável.

Essas atribuições ao encarregado são o que minimamente se espera, pois o § 3º do art. 41 desse Anteprojeto de Lei inovou, ao definir que o órgão competente poderia estabelecer *"normas complementares sobre a definição e as atribuições do encarregado, inclusive hipóteses de dispensa da necessidade de definição, conforme critérios de natureza ou porte da entidade, e volume de operações de tratamento de dados"*.

Essa primeira versão do Anteprojeto de Lei de Proteção de Dados Pessoais foi submetida à consulta pública, culminando na 2ª versão, também em 2015[4], que manteve as três figuras (responsável, operador e encarregado) nos incisos VIII, IX e X do art. 5º, respectivamente. O texto continuou restringindo o que considera "agentes de tratamento de dados": apenas o responsável e o operador (art. 36), disciplinando as atribuições mínimas do encarregado no art. 41. Quanto à responsabilidade, o art. 42 manteve o texto genérico no sentido de que todo aquele que participa do tratamento de dados pessoais poderiam ser responsabilizados pelos danos que sofrerem os seus titulares. Como o encarregado não era considerado "agente de tratamento", a conclusão era que este não seria responsabilizado.

[4] BRASIL. Ministério da Justiça. *Anteprojeto de Lei sobre Proteção de Dados Pessoais.* 2ª versão de 2015 (depois da consulta pública). Disponível em: <http://www.justica.gov.br/noticias/mj-apresenta-nova-versao-do-anteprojeto-de-lei-de-protecao-de-dados-pessoais/apl.pdf>. Acesso em: 25 agosto 2019.

Essa 2ª versão do Anteprojeto de Lei de Proteção de Dados Pessoais serviu de base para o Projeto de Lei n. 5.276-A, de iniciativa da Presidência da República, em 2016[5]. Assim, o PL 5.276-A manteve os mesmos conceitos acima mencionados, nos mesmos dispositivos.

O texto aprovado na Câmara dos Deputados seguiu para o Senado Federal, sob o Projeto de Lei nº 53, de 2018[6], conservando substancialmente as mesmas disposições sobre "responsável", "operador" e "encarregado", mudando apenas a numeração dos dispositivos. Assim, o art. 55º do PL 53/2018 do Senado Federal, disciplinava:

> VI – responsável: a pessoa natural ou jurídica, de direito público ou privado, a quem competem as decisões referentes ao tratamento de dados pessoais;
>
> VII – operador: a pessoa natural ou jurídica, de direito público ou privado, que realiza o tratamento de dados pessoais em nome do responsável;
>
> VIII – encarregado: pessoa natural, indicada pelo responsável, que atua como canal de comunicação entre o responsável e os titulares e o órgão competente;

Entretanto, no Capítulo VI, que trata dos "agentes do tratamento de dados pessoais", suprimiu o antigo art. 36 do Projeto de Lei n. 5.276-A, que caracterizava como "agentes de tratamento de dados" apenas o "responsável" e o "operador", de maneira que, no PL 53/2018, trata-se como agentes do tratamento de dados pessoais as três figuras ("responsável", "operador" e "encarregado"), sendo forçoso concluir que a supressão daquela restrição pela Senado Federal é substancial, incluindo o "encarregado" como agente de tratamento de dados. No entanto, o art. 42 do PL 53/2018 do Senado Federal deixou o texto mais claro, ao determinar que somente o responsável e o operador podem ser responsabilizados por danos aos titulares dos dados pessoais.

[5] BRASIL. Câmara dos Deputados. *Projeto de Lei nº 5.276, de 2016, do Poder Executivo*. Disponível em: <https://www.camara.leg.br/proposicoesWeb/prop_mostrarintegra;jsessionid=62B6CCB8D15F03BD169F7421D3CDB6EE.proposicoesWeb1?codteor=1457971&filename=Avulso+-PL+5276/2016> Acesso em: 25 agosto 2019.

[6] BRASIL. Senado Federal. *Projeto de Lei da Câmara nº 53, de 2018*. Disponível em: < https://legis.senado.leg.br/sdleg-getter/documento?dm=7738705&ts=1559744659551&disposition=inline>. Acesso em: 25 agosto 2019.

CAPÍTULO VI – DOS AGENTES DO TRATAMENTO DE DADOS PESSOAIS

Seção I – Do Responsável e do Operador

Art. 37. O responsável e o operador devem manter registro das operações de tratamento de dados pessoais que realizarem, especialmente quando baseado no legítimo interesse.

Art. 38. O órgão competente poderá determinar ao responsável que elabore relatório de impacto à proteção de dados pessoais, inclusive de dados sensíveis, referente às suas operações de tratamento de dados, nos termos do regulamento, observados os segredos comercial e industrial.

Parágrafo único. Observado o disposto no caput deste artigo, o relatório deverá conter, no mínimo, a descrição dos tipos de dados coletados, a metodologia utilizada para sua coleta e para a garantia da segurança das informações, bem como a análise do responsável com relação às medidas, salvaguardas e mecanismos de mitigação de risco adotados.

Art. 39. O operador deverá realizar o tratamento segundo as instruções fornecidas pelo responsável, que verificará a observância das próprias instruções e das normas sobre a matéria.

Art. 40. O órgão competente poderá dispor sobre padrões de interoperabilidade para fins de portabilidade, livre acesso aos dados e segurança, assim como sobre o tempo de guarda dos registros, tendo em vista especialmente a necessidade e a transparência.

Seção II – Do Encarregado pelo Tratamento de Dados Pessoais

Art. 41. O responsável deverá indicar um encarregado pelo tratamento de dados pessoais.

§ 1º A identidade e as informações de contato do encarregado deverão ser divulgadas publicamente, de forma clara e objetiva, preferencialmente no sítio eletrônico do responsável.

§ 2º As atividades do encarregado consistem em:

I – aceitar reclamações e comunicações dos titulares, prestar esclarecimentos e adotar providências;

II – receber comunicações do órgão competente e adotar providências;

III – orientar os funcionários e os contratados da entidade a respeito das práticas a serem tomadas em relação à proteção de dados pessoais; e

IV – executar as demais atribuições determinadas pelo responsável ou estabelecidas em normas complementares.

§ 3º O órgão competente poderá estabelecer normas complementares sobre a definição e as atribuições do encarregado, inclusive hipóteses de dispensa da necessidade de sua indicação, conforme a natureza e o porte da entidade ou o volume de operações de tratamento de dados.

Seção III – Da Responsabilidade e do Ressarcimento de Danos

Art. 42. O responsável ou o operador que, em razão do exercício de atividade de tratamento de dados pessoais, causar a outrem dano patrimonial, moral, individual ou coletivo, em violação à legislação de proteção de dados pessoais, é obrigado a repará-lo.

§ 1º A fim de assegurar a efetiva indenização ao titular dos dados:

I – o operador responde solidariamente pelos danos causados pelo tratamento quando descumprir as obrigações da legislação de proteção de dados ou quando não tiver seguido as instruções lícitas do responsável, hipótese em que o operador equipara-se a responsável, salvo nos casos de exclusão previstos no art. 43 desta Lei;

II – os responsáveis que estiverem diretamente envolvidos no tratamento do qual decorreram danos ao titular dos dados respondem solidariamente, salvo nos casos de exclusão previstos no art. 43 desta Lei.

§ 2º O juiz, no processo civil, poderá inverter o ônus da prova a favor do titular dos dados quando, a seu juízo, for verossímil a alegação, houver hipossuficiência para fins de produção de prova ou quando a produção de prova pelo titular resultar-lhe excessivamente onerosa.

§ 3º As ações de reparação por danos coletivos que tenham por objeto a responsabilização nos termos do caput deste artigo podem ser exercidas coletivamente em juízo, observado o disposto no Título III da Lei no 8.078, de 11 de setembro de 1990 (Código de Defesa do Consumidor).

§ 4º Aquele que reparar o dano ao titular tem direito de regresso contra os demais responsáveis, na medida de sua participação no evento danoso.

Art. 43. Os agentes de tratamento só não serão responsabilizados quando provarem:

I – que não realizaram o tratamento de dados pessoais que lhes é atribuído;

II – que, embora tenham realizado o tratamento de dados pessoais que lhes é atribuído, não houve violação à legislação de proteção de dados;

III – que o dano é decorrente de culpa exclusiva do titular dos dados ou de terceiro.

Constatou-se uma contradição ao utilizar essas nomenclaturas – "responsável" e "operador" –, pois pode dar a falsa ideia de que apenas o responsável seria responsabilizado pelos danos que ocorressem do tratamento de dados pessoais. Como o próprio texto da lei deixa claro, tanto o "responsável" quanto o "operador" respondem solidariamente (art. 42

supra). Portanto, ao aprovar o texto da LGPD, o termo "responsável" foi substituído por "controlador", pois é o agente que determina as decisões sobre o tratamento de dados pessoais, enquanto o "operador" realiza o tratamento em nome do "controlador" e seguindo as instruções deste. Por isso, o art. 5º, incisos VI, VII e VIII da LGPD, trouxe os seguintes conceitos sobre os agentes de tratamento de dados, com alterações por ocasião da Medida Provisória nº 869, de 27 de dezembro de 2018[7], que criou a ANPD:

> VI – *controlador:* pessoa natural ou jurídica, de direito público ou privado, a quem competem as decisões referentes ao tratamento de dados pessoais;
> VII – *operador:* pessoa natural ou jurídica, de direito público ou privado, que realiza o tratamento de dados pessoais em nome do controlador;
> VIII – *encarregado:* pessoa indicada pelo controlador para atuar como canal de comunicação entre o controlador, os titulares dos dados e a Autoridade Nacional de Proteção de Dados; (grifo nosso)

Quanto ao regime jurídico dos agentes de tratamento de dados (capítulo VI, arts. 37 e seguintes da LGPD), em suma, o controlador e o operador devem manter registro das operações de tratamento de dados pessoais, notadamente quando o fizerem sob o fundamento do legítimo interesse (art. 36 da LGPD). A ANPD pode determinar a elaboração de relatório de impacto de proteção de dados (art. 38) e o operador deve observar as instruções do controlador ao realizar as operações de tratamento de dados pessoais (art. 39). O controlador e o operador devem observar os padrões técnicos de interoperabilidade quando definidos pela ANPD (art. 40).

Quanto à figura do encarregado, o art. 41 traz as atribuições mínimas, ou seja, aceitar reclamações e comunicações dos titulares de dados pessoais e da ANPD, bem como orientar os funcionários do controlador quanto às melhores práticas para a proteção de dados pessoais. Entretanto, a ANPD poderá definir e ampliar as atribuições do encarregado, bem como as hipóteses de obrigatoriedade e dispensa dessa figura pelos controladores.

[7] BRASIL. Medida Provisória nº 869, de 27 de dezembro de 2018. Altera a Lei nº 13.709, de 14 de agosto de 2018, para dispor sobre a proteção de dados pessoais e para criar a Autoridade Nacional de Proteção de Dados, e dá outras providências. Brasília, *Diário Oficial da União*, 27 de dezembro de 2018. Disponível em: <http://www.planalto.gov.br/ccivil_03/_Ato2015-2018/2018/Mpv/mpv869.htm>. Acesso em: 26 agosto 2019.

Quanto à responsabilidade, o art. 42 da LGPD determina que o controlador e o operador são solidariamente responsáveis pelos danos que causarem a outrem no exercício de atividade de tratamento de dados pessoais.

Uma pergunta que se coloca é se o encarregado, conforme traz a LGPD, seria a mesma figura do *Data Privacy Officer (DPO)*, como prevê o GDPR europeu[8]. Importante analisar o que dispõe o GDPR sobre tais figuras. No art. 4º do GDPR, assim como o faz o art. 5º da LGPD, há uma série de conceitos para a correta aplicação da lei, sendo que há um conceito de "controller" (controlador) e de "processor" ("operador"), *in verbis:*

> (7) "controller" means the natural ou legal person, public authority, agency or other body which, alone or jointly with others, determines the purposes and means of the processing of personal data; where the purposes and means of such processing are determined by Union or Member State law, the controller or the specific criteria for its nomination may be provided for by Union or Member State law;
>
> (8) "processor" means a natural or legal person, public authority, agency or other body which processes personal data on behalf of the controller;

Quanto às figuras do "controlador" e do "operador", conseguimos constatar de plano a semelhança com o GDPR europeu. Entretanto, o Regulamento 679, de 2016, traz um outro conceito, que nos parece mais próximo ao "encarregado", que seria a figura do "representative", previsto na alínea "17" do art. 4º:

> (17) "representative" means a natural or legal person established in the Union who, designated by the controller or processor in writing pursuant to Article 27, represents the controller or processor with regard to their respective obligations under this Regulation;

Consoante o art. 27 do GDPR, verifica-se que a função precípua do "representante" seria a comunicação entre o controlador e o operador e

[8] UNIÃO EUROPEIA. Regulamento (EU) 2016/679 do Parlamento Europeu e do Conselho, de 27 de abril de 2016, relativo à proteção das pessoas singulares no que diz respeito ao tratamento de dados pessoais e à livre circulação desses dados e que revoga a Diretiva 95/46/CE (Regulamento Geral sobre a Proteção de Dados). *Jornal Oficial da União Europeia*, 04 de maio de 2016. Disponível em: <https://eur-lex.europa.eu/legal-content/PT/TXT/HTML/?uri=CELEX:32016R0679&from=PT#d1e8250-1-1>. Acesso em: 20 junho 2019.

entre os titulares dos dados pessoais e as autoridades de proteção de dados, exatamente como o art. 41 da LGPD disciplina a figura do encarregado.

O designado como "*Data Privacy Officer*" no GDPR não tem um conceito previsto no art. 4º, porém essa figura é disciplinada nos artigos 37 a 39 do regulamento europeu sobre proteção de dados pessoais. Portanto, o GDPR estabelece três hipóteses em que o DPO é obrigatório, quais sejam: a) tratamento efetuado por uma autoridade ou um organismo público, exceto os tribunais no exercício da sua função jurisdicional; b) atividades principais do responsável pelo tratamento consistam em operações de tratamento que, devido à sua natureza, âmbito e/ou finalidade, exijam um controle regular e sistemático dos titulares dos dados em grande escala; ou c) atividades principais do responsável pelo tratamento consistam em operações de tratamento em grande escala.

Além disso, o GDPR estabelece diretrizes sobre quem seria o DPO, ou seja, a autoridade ou um organismo público pode designar um único DPO para várias dessas autoridades ou organismos, tendo em conta a respetiva estrutura organizacional e dimensão, sendo que o DPO é designado com base nas suas qualidades profissionais e, em especial, nos seus conhecimentos especializados no domínio do direito e das práticas de proteção de dados. O DPO pode ser um elemento do pessoal da entidade responsável pelo tratamento, por exemplo, um funcionário do controlador, ou exercer as suas funções com base em um contrato de prestação de serviços, isto é, o controlador contrata uma empresa especializada em proteção de dados para dar esse suporte.[9]

Quanto às atribuições do DPO, constata-se que vão muito além do que um "*mero canal de comunicação entre os titulares, a ANPD e o controlador*", como dispõe a LGPD brasileira. A luz do que dispõe o GDPR, as atribuições do DPO são: a) agir em nome das associações e de outros organismos que representem os responsáveis pelo tratamento ou os subcontratantes; b) informar e aconselhar o responsável sobre as melhores práticas em proteção de dados pessoais; c) controlar a conformidade do tratamento com o GDPR e legislação relacionada; d) prestar aconselhamento, quando tal lhe for solicitado, no que respeita à avaliação de impacto sobre a proteção de dados e controla a sua realização; e) cooperar com a DPA; e f) ser um

[9] COLOMBO, Matteo. *Regolamento UE sulla Privacy: principi generali e ruolo del Data Protection Officer*. 3. ed. Alemanha: Amazon Distribution, 2015. p. 78.

contato para que os titulares possa resolver as questões relacionadas com o tratamento dos seus dados pessoais e com o exercício dos direitos.

Portanto, esse capítulo traz uma abordagem sobre essas três figuras, a fim de traçar um paralelo com o GDPR europeu e definir as obrigações de cada um e em que medida são responsáveis pelo tratamento de dados pessoais.

2. Controlador

O controlador é a pessoa física ou jurídica, de direito público ou privado, a quem competem as decisões sobre o tratamento dos dados pessoais (art. 5º, inc. VI da LGPD). Portanto, o controlador irá determinar a finalidade e os motivos para o tratamento de dados pessoais.[10]

A caracterização do controlador é de suma importância, pois determina o responsável pelos danos que causar a outrem em decorrência do tratamento de dados pessoais.[11] As principais obrigações do controlador são: a) elaborar relatório de impacto de proteção de dados pessoais quando determinado pela ANPD (art. 38 LGPD); b) manter registro das operações de tratamento de dados (art. 37 LGPD); c) dever de notificação sobre qualquer ocorrência de incidente de segurança que possa acarretar risco ou dano relevante aos titulares dos dados pessoais (art. 48 LGPD); d) adotar medidas de segurança, técnicas e administrativas para a proteção de dados pessoais (art. 46 LGPD); e) formular regras de boas práticas e de governança (art. 50 LGPD); f) dever de informar (transparência) e de respeitar os demais direitos dos titulares estabelecidos no art. 17 e seguintes da LGPD; e g) dever de sigilo.

Alguns questionamentos surgem de tratamento de dados em que o controlador é, na verdade, um grupo de empresas. Nesse sentido, o GDPR, art. 4º, alínea "16" entende que um grupo de empresas compreende uma empresa que exerce o controle e as demais empresas controladas. O ideal é que o grupo de empresas possa designar um "encarregado" para todo o

[10] LIMA, Cíntia Rosa Pereira de. *A imprescindibilidade de uma entidade de garantia para a efetiva proteção dos dados pessoais no cenário futuro do Brasil*. Tese de Livre Docência apresentada à Faculdade de Direito de Ribeirão Preto, Universidade de São Paulo. Ribeirão Preto, 2015. p. 255.

[11] SALOM, Javier Aparicio. *Estudio sobre la Protección de Datos*. 4. Ed. Navarra: Thomson Reuters, 2013. p. 69.

grupo, podendo aprovar normas internas que vinculem todas as empresas do mesmo grupo.[12]

Quanto à responsabilidade do controlador, ele responde nos termos do art. 42 do LGPD, de forma objetiva (prescindindo da análise de culpa) e solidariamente ao operador.

3. Operador

Entende-se por operador a pessoa natural ou jurídica, de direito público ou privado, que realiza o tratamento de dados pessoais em nome do controlador (art. 5º, inc. VII da LGPD). Além das obrigações acima relacionadas para o controlador, o operador deve, também, realizar o tratamento conforme as instruções do controlador (art. 39 da LGPD).[13]

Essa última obrigação do operador é fundamental, pois caso ele não tenha observado as instruções dadas pelo controlador ao aplicar as operações de tratamento de dados pessoais, o operador equipara-se ao controlador (§ 1º do art. 42 da LGPD). Caso as instruções dadas pelo controlador sejam ilícitas, o operador não pode observá-las, sob pena de ser equiparado ao controlador para fins de responsabilidade civil decorrente do tratamento ilícito dos dados pessoais.

Quanto à responsabilidade, nos termos do art. 42 da LGPD, ele responde solidariamente ao controlador. Muito embora a lei não ter estabelecido se tratar de responsabilidade objetiva ou subjetiva, entendemos que, pela própria estrutura de excludentes da responsabilidade civil, previstas no art. 43 da LGPD, ser responsabilidade objetiva. Assim, a responsabilidade do controlador ou do operador somente pode ser afastada quando provarem: a) que não realizaram o tratamento dos dados pessoais que lhes é atribuído; b) que, embora tenham realizado o tratamento de dados pessoais que lhes é atribuído, não houve violação à legislação de proteção de dados; ou c) que o dano é decorrente de culpa exclusiva do titular dos dados ou de terceiro.

[12] Idem, p. 75.

[13] LIMA, Cíntia Rosa Pereira de. *A imprescindibilidade de uma entidade de garantia para a efetiva proteção dos dados pessoais no cenário futuro do Brasil.* Tese de Livre Docência apresentada à Faculdade de Direito de Ribeirão Preto, Universidade de São Paulo. Ribeirão Preto, 2015. p. 256.

Importante destacar que pelo regime da solidariedade, cabe direito de regresso entre o controlador e o operador (art. 42, § 4º da LGPD), ou seja, se o controlador tiver indenizado em decorrência de culpa do operador ao realizar o tratamento de dados, ele pode reaver o prejuízo deste. Da mesma forma, se o operador for obrigado a indenizar o titular dos dados pessoais em virtude do tratamento de dados, desde que observadas as instruções lícitas do controlador, o operador será ressarcido pelo controlador na via regressiva.

4. Encarregado

O encarregado, por sua vez, é a pessoa indicada pelo controlador para atuar como "canal de comunicação entre o controlador, os titulares dos dados e a Autoridade Nacional de Proteção de Dados" (art. 5°, inc. VIII da LGPD).

As principais obrigações do encarregado consoante a LGPD brasileira são: a) dever de sigilo ou de confidencialidade no exercício das suas funções; b) administrar as reclamações e comunicações dos titulares de dados pessoais, incluindo o dever de prestar esclarecimentos e adotar as providências cabíveis; c) administrar as comunicações da ANPD; e d) orientar os funcionários do controlador quanto às melhores práticas para a proteção dos dados pessoais.

> Art. 41. O controlador deverá indicar encarregado pelo tratamento de dados pessoais.
>
> § 1º A identidade e as informações de contato do encarregado deverão ser divulgadas publicamente, de forma clara e objetiva, preferencialmente no sítio eletrônico do controlador.
>
> § 2º As atividades do encarregado consistem em:
>
> I – aceitar reclamações e comunicações dos titulares, prestar esclarecimentos e adotar providências;
>
> II – receber comunicações da autoridade nacional e adotar providências;
>
> III – orientar os funcionários e os contratados da entidade a respeito das práticas a serem tomadas em relação à proteção de dados pessoais; e
>
> IV – executar as demais atribuições determinadas pelo controlador ou estabelecidas em normas complementares.

Para tanto, o encarregado pode ser um funcionário do próprio controlador ou este pode contratar uma empresa (pessoa jurídica) especializada em proteção de dados pessoais, se assim desejar. É importante que o encarregado da proteção de dados tenha conhecimento profundo sobre proteção de dados, pois deverá levar em consideração os riscos associados às operações de tratamento, tendo em conta a natureza, o âmbito, o contexto e as finalidades do tratamento para que possa desempenhar suas funções a contento.

A questão que se coloca e que o judiciário irá resolver, provavelmente, diz respeito à responsabilidade do encarregado no contexto do tratamento de dados pessoais. Nos termos do art. 42 da LGPD, o encarregado não é responsável pelos danos causados a outrem no tratamento de dados pessoais realizados pelo controlador e pelo operador. No entanto, sendo ele um funcionário do controlador, aplicam-se as leis trabalhistas nas hipóteses específicas quanto à responsabilidade do trabalhador pelos danos que causar ao empregador no exercício de suas funções. Por outro lado, se o encarregado for uma pessoa jurídica contratada para tal fim, o contrato entre as partes estabelecerá as regras de distribuição de responsabilidade entre os contratantes. Nesse caso, entendemos que o encarregado responde de maneira subjetiva conforme a regra da responsabilidade contratual.

Nota-se que o encarregado, como disciplinado pela LGPD brasileira, não é o *Data Privacy Officer*, conforme as atribuições, características e responsabilidade previstas no GDPR europeu. No entanto, caberá à ANPD detalhar a figura do encarregado, podendo, se for o caso, transformá-lo no *Data Privacy Officer* europeu, à luz do que dispõe o art. 41, § 3º da LGPD:

> A autoridade nacional poderá estabelecer normas complementares sobre a definição e as atribuições do encarregado, inclusive hipóteses de dispensa da necessidade de sua indicação, conforme a natureza e o porte da entidade ou o volume de operações de tratamento de dados.

Com destaque, o DPO ou *Privacy Officer* é uma figura profissional com conhecimento jurídico e informático, cuja responsabilidade principal é observar, avaliar e organizar a gestão de tratamento de dados pessoais de uma determinada empresa ou órgão público para que se adeque ao sistema protetivo estabelecido pela lei.[14]

[14] SOFFIENTINI, Marco. *Privacy: protezione e trattamento dei dati*. Vicenza: Wolters Kluwer, 2015. p. 149.

Conclusões

A Lei Geral de Proteção de Dados brasileira traz três figuras como "agentes de tratamento de dados pessoais": o "controlador", o "operador" e o "encarregado". O primeiro, pessoa física ou jurídica, de direito público ou privado, determina as decisões referentes ao tratamento de dados pessoais. O segundo, por sua vez, realiza as operações do tratamento de dados em nome do controlador e seguindo as instruções lícitas deste. Por fim, o "encarregado" é a pessoa indicada de forma clara e objetiva pelo controlador, que será o canal de comunicação entre este, os titulares dos dados e a ANPD. Portanto, o encarregado pode ser um funcionário do controlador ou uma pessoa jurídica contratada por este para tal finalidade.

Inicialmente, os primeiros projetos de lei sobre proteção de dados traziam como agentes apenas o "responsável", que seria o "controlador" e o "operador". No entanto, deve-se considerar como um agente de tratamento de dados o encarregado, também, pois a ele cabe receber as reclamações dos titulares e tomar providências cabíveis; bem como receber as comunicações da ANPD e adotar as medidas necessárias conforme o caso.[15]

Outrossim, a LGPD traz um regime jurídico próprio sobre responsabilidade civil desses agentes nos arts. 42 a 45, indicando serem responsáveis o controlador e o operador. O encarregado, por sua vez, está disciplinado no art. 41 da LGPD. Todavia, não há um regime jurídico de sua responsabilidade, demandando do aplicador do Direito uma interpretação sistemática para definir a extensão da responsabilidade dessa figura, inaugurada pela LGPD – ao contrário do que dispõe o GDPR, que tratou de forma exaustiva sobre o que se denomina "Data Privacy Officer", seção 4, artigos 37 a 39.

Em suma, desde as redações iniciais dos projetos de lei sobre proteção de dados pessoais, houve uma mudança na caracterização dessas três figuras, sendo fundamental um estudo histórico para a completa compreensão do texto final da LGPD sobre esse ponto.

[15] LIMA, Cíntia Rosa Pereira de. *A imprescindibilidade de uma entidade de garantia para a efetiva proteção dos dados pessoais no cenário futuro do Brasil.* Tese de Livre Docência apresentada à Faculdade de Direito de Ribeirão Preto, Universidade de São Paulo. Ribeirão Preto, 2015. p. 324.

Referências

BRASIL. Câmara dos Deputados. *Projeto de Lei nº 5.276, de 2016, do Poder Executivo*. Disponível em: <https://www.camara.leg.br/proposicoesWeb/prop_mostrarintegra;jsessionid=62B6CCB8D15F03BD169F7421D3CDB6EE.proposicoesWeb1?codteor=1457971&filename=Avulso+-PL+5276/2016> Acesso em: 25 agosto 2019.

______. Lei nº 13.709, de 14 de agosto de 2018. Lei Geral de Proteção de Dados Pessoais (LGPD). Redação dada pela Lei nº 13.853, de 2019. Brasília, *Diário Oficial da União*, 15 de agosto de 2018. Disponível em: <http://www.planalto.gov.br/ ccivil_03/_Ato2015-2018/2018/Lei/L13709.htm>. Acesso em: 07 julho 2019.

______. Lei nº 13.853, de 08 de julho de 2019. Altera a Lei nº 13.709, de 14 de agosto de 2018, para dispor sobre a proteção de dados pessoais e para criar a Autoridade Nacional de Proteção de Dados, e dá outras providências. Brasília, *Diário Oficial da União*, 09 de julho de 2019. Disponível em: <http://www.planalto.gov.br/ccivil_03/_Ato2019-2022/2019/Lei/L13853.htm#art1>. Acesso em: 09 julho 2019.

______. Medida Provisória nº 869, de 27 de dezembro de 2018. Altera a Lei nº 13.709, de 14 de agosto de 2018, para dispor sobre a proteção de dados pessoais e para criar a Autoridade Nacional de Proteção de Dados, e dá outras providências. Brasília, *Diário Oficial da União*, 27 de dezembro de 2018. Disponível em: <http://www.planalto.gov.br/ccivil_03/_Ato2015-2018/2018/Mpv/mpv869.htm>. Acesso em: 26 agosto 2019.

______. Ministério da Justiça. *Anteprojeto de Lei sobre Proteção de Dados Pessoais*. Versão de 2011. Disponível em: <http://culturadigital.br/dadospessoais/files/2011/03/PL-Protecao-de-Dados_.pdf>. Acesso em: 25 agosto 2019.

______. Ministério da Justiça. *Anteprojeto de Lei sobre Proteção de Dados Pessoais*. 1ª versão de 2015 (antes da consulta pública). Disponível em: <http://pensando.mj.gov.br/dados-pessoais/texto-em-debate/anteprojeto-de-lei-para-a-protecao-de-dados-pessoais/>. Acesso em: 25 agosto 2019.

______. Ministério da Justiça. *Anteprojeto de Lei sobre Proteção de Dados Pessoais*. 2ª versão de 2015 (depois da consulta pública). Disponível em: <http://www.justica.gov.br/noticias/mj-apresenta-nova-versao-do-anteprojeto-de-lei-de-protecao-de-dados-pessoais/apl.pdf>. Acesso em: 25 agosto 2019.

______. Senado Federal. *Projeto de Lei da Câmara nº 53, de 2018*. Disponível em: <https://legis.senado.leg.br/sdleg-getter/documento?dm=7738705&ts=1559744659551&disposition=inline>. Acesso em: 25 agosto 2019.

COLOMBO, Matteo. *Regolamento UE sulla Privacy: principi generali e ruolo del Data Protection Officer*. 3. ed. Alemanha: Amazon Distribution, 2015.

LIMA, Cíntia Rosa Pereira de. *A imprescindibilidade de uma entidade de garantia para a efetiva proteção dos dados pessoais no cenário futuro do Brasil*. Tese de Livre Docência apresentada à Faculdade de Direito de Ribeirão Preto, Universidade de São Paulo. Ribeirão Preto, 2015.

SALOM, Javier Aparicio. *Estudio sobre la Protección de Datos*. 4. Ed. Navarra: Thomson Reuters, 2013.

SOFFIENTINI, Marco. *Privacy: protezione e trattamento dei dati*. Vicenza: Wolters Kluwer, 2015.

UNIÃO EUROPEIA. Regulamento (EU) 2016/679 do Parlamento Europeu e do Conselho, de 27 de abril de 2016, relativo à proteção das pessoas singulares no que diz respeito ao tratamento de dados pessoais e à livre circulação desses dados e que revoga a Diretiva 95/46/CE (Regulamento Geral sobre a Proteção de Dados). *Jornal Oficial da União Europeia*, 04 de maio de 2016. Disponível em: <https://eur-lex.europa.eu/legal-content/PT/TXT/HTML/?uri=CELEX:32016R0679&from=PT#d1e8250-1-1>. Acesso em: 20 junho 2019.

12. Responsabilidade e Ressarcimento de Danos por Violação às Regras Previstas na LGPD: um Cotejamento com o CDC

Tarcisio Teixeira
Ruth Maria Guerreiro da Fonseca Armelin

1. Introdução

O presente artigo tem por fim a análise da responsabilidade civil dos agentes de tratamento de dados – controlador e operador – perante o titular dos dados, à luz da Lei n. 13.709, de 14 de agosto de 2018 (Lei Geral de Proteção de Dados), especialmente dos arts. 42 a 45, localizados na Seção III do Capítulo VI.

Desde já vale esclarecer que, de acordo com a referida lei, art. 5º, incs. VI e VII, respectivamente, controlador é a "pessoa natural ou jurídica, de direito público ou privado, a quem competem as decisões referentes ao tratamento de dados pessoais"; já operador, a "pessoa natural ou jurídica, de direito público ou privado, que realiza o tratamento de dados pessoais em nome do controlador".

De acordo com os incisos I, II e X do art. 5º: dado pessoal consiste na "informação relacionada a pessoa natural identificada ou identificável". Por sua vez, dado pessoal sensível "significa o dado pessoal sobre origem racial ou étnica, convicção religiosa, opinião política, filiação a sindicato ou a organização de caráter religioso, filosófico ou político, dado referente à saúde ou à vida sexual, dado genético ou biométrico, quando vinculado a uma pessoa natural". E, tratamento quer dizer "toda operação realizada com dados pessoais, como as que se referem a coleta, produção, recepção, classificação, utilização, acesso, reprodução, transmissão, distribuição, processamento, arquivamento, armazenamento, eliminação, avaliação ou controle da informação, modificação, comunicação, transferência, difusão ou extração".

Para alcançarmos nosso objetivo, principiamos por uma explanação acerca do instituto da responsabilidade civil e aspectos do ressarcimento de danos; posteriormente analisaremos alguns pontos do Código de Defesa do Consumidor (CDC) e da responsabilidade objetiva, dos defeitos e vícios. Mais tarde, examinaremos aspectos da responsabilidade solidária entre o controlador e o operador quanto ao tratamento de dados, bem como as hipóteses de excludentes de responsabilidade, a inversão do ônus da prova e o dano coletivo.

Cabe esclarecer que optamos por realizar um cotejamento (comparação) com o CDC, pois o "espírito" da LGPD está muito alinhado a tal norma de defesa do consumidor. E, sendo uma lei de 1990, já houve tempo razoável para a construção doutrinária acerca das temáticas que cercam a tutela dos consumidores no Brasil.

Além disso, em matéria de dados praticamente ainda não temos suporte teórico para essa "nova" disciplina jurídica. Por tudo isso, aproveitar-se da experiência consumerista acaba – de certa forma – sendo um "porto seguro" para quem está "navegando por novos mares"; até porque, havendo relação de consumo entre o agente de tratamento e o titular de dados, o CDC terá aplicação complementar à LGPD, o que é confirmado pelo art. 45 desta última norma.

2. Aspectos da Responsabilidade Civil e do Ressarcimento de Dano

O instituto da responsabilidade civil tem por fim estimular comportamentos mais prudentes, para assim evitar danos a outrem. Já a não responsabilização estimula comportamentos despreocupados com bens alheios[1], como também comportamentos oportunistas, dando margem ao *moral hazard* (risco moral: o risco de uma pessoa mudar seu comportamento de acordo com o contexto).

[1] GARCIA, Enéas Costa. *Responsabilidade civil dos meios de comunicação*. São Paulo: Juarez de Oliveira, 2002, pp. 403-413.

A responsabilidade civil é a efetividade em concreto do ressarcimento (reparação abstrata) do dano quanto ao sujeito passivo de uma relação jurídica que se forma.[2] É considerada uma forma de realizar a sanção de atos praticados com culpa que resulta dano à vítima, tendo a função de assegurar o respeito aos direitos de terceiros.[3] A responsabilidade consiste na situação de quem viola qualquer norma, ficando assim exposto às consequências do ato. Estas são traduzidas em medidas impostas pela autoridade competente de velar pelo preceito desrespeitado.[4]

Dessa forma, a responsabilidade civil é o instituto cuja finalidade é aplicar medidas que obriguem alguém a reparar dano patrimonial e/ou extrapatrimonial (moral) causado a outra pessoa, buscando assim reequilibrar a situação das partes, bem como inibir outros atos transgressores. Tudo isso provoca (ou deveria provocar) comportamentos éticos na sociedade. Aqui estamos pensando em dano na esfera civil, ou seja, uma lesão a um bem jurídico de natureza patrimonial ou extrapatrimonial (moral); não de outra natureza, como o dano na esfera penal ou administrativa.

O exame da responsabilidade civil pode ser visto, basicamente, em duas situações. A primeira, pela questão do não cumprimento do contratual (inadimplemento), em que está presente a responsabilidade contratual; a segunda, pela questão da prática de ato ilícito (violação da lei) que acarreta a responsabilidade extracontratual. Alguns consideram superada esta divisão de regimes em contratual e aquiliana, preferindo falar em responsabilidade legal (derivada da lei).

Sem prejuízo do que trataremos sobre as teorias da culpa (responsabilidade subjetiva) e do risco (responsabilidade objetiva), uma questão extremamente relevante no âmbito da responsabilidade civil é a do nexo de causalidade (ou nexo causal), que é a relação entre a causa e o efeito, ou seja, é a ligação entre ação/omissão do causador e o dano gerado. O nexo causal é um dos pressupostos (ao lado da culpa/risco e da ação/omissão

[2] PEREIRA, Caio Mário da Silva. *Responsabilidade civil.* 2. ed. Rio de Janeiro: Forense, 1991, pp. 1216.

[3] VINEY, Geneviève. Les obligations – la responsabilité : conditions. *Traité de droit civil,* sour la direction de Jacques Ghestin. Paris: LGDJ, 1982. T. IV, pp. 5055 *apud* VERÇOSA, Haroldo Malheiros Duclerc. *Responsabilidade civil especial nas instituições financeiras e nos consórcios em liquidação extrajudicial.* São Paulo: RT, 1993, p. 97.

[4] MARTON, G. *Fondements de la responsabilité civile : revision de la doctrine, essai d'un systeme unitaire.* Paris: Recueil Sirey, 1938, p. 304.

lesiva) para a caracterização da obrigação de reparar o dano, pois se o ato realizado não foi o responsável pelo dano, não há nexo de causalidade, logo, não há obrigação de reparar o dano.

O conceito de nexo de causalidade consiste no vínculo, ligação ou relação de causa e efeito entre a conduta e o resultado. Cuida-se de um conceito que não é jurídico, mas decorre das leis naturais.[5] A relação de causalidade é um elemento do ato ilícito ou do não cumprimento contratual que vincula o dano com o ato. É o fator aglutinante que une o dano à culpa, ou se for o caso ao risco, sendo a fonte da obrigação de indenizar. Trata-se, portanto, do vínculo entre o dano e o ato de uma pessoa ou fato de uma coisa.[6]

Frise-se que o nexo causal indica que o fato lesivo deve ser decorrente da ação danosa. São vários os danos que afetam as pessoas, no entanto, o dever de indenizar nasce apenas quando for possível estabelecer um nexo de causalidade entre a conduta do agente e o resultado danoso. Por isso, para que se configure a obrigação de indenizar, não basta que o agente tenha atentado contra uma norma ou criado um risco; é preciso verificar se há um nexo causal que ligue a conduta do agente, ou sua atividade, ao dano injustamente experimentado pela vítima. Na esfera da responsabilidade civil, o nexo de causalidade tem a função de determinar a quem se deve atribuir um resultado danoso.[7]

Quanto ao ressarcimento (ou reparação) do dano decorrente de ato ilícito se dá em razão da ação ou omissão do agente. Se a ofensa tiver mais de um autor, todos serão solidariamente responsáveis pela reparação do dano causado.

Os bens do agente responsável pelo ilícito ficam sujeitos à reparação do dano causado à vítima. Nesse ponto, se o ofensor for pessoa jurídica com responsabilidade limitada, a empresa será responsável até o valor de seu patrimônio social, não alcançando os bens dos sócios, salvo nos casos de desconsideração da personalidade jurídica autorizados pelo ordenamento jurídico.

[5] CAVALIERI FILHO, Sergio. *Programa de responsabilidade civil Programa de responsabilidade civil*. 9. ed. São Paulo: Atlas, 2010, p. 46.

[6] ALSINA, Jorge Bustamante. *Teoria general de la responsabilidad civil. Teoria general de la responsabilidad civil. Octava edición*. Buenos Aires: Abeledo-Perrot, 1993, p. 261.

[7] CRUZ, Gisele Sampaio da. *O problema do nexo causal na responsabilidade civil*. Rio de Janeiro: Renovar, 2005, pp. 04 e 22.

A reparação dos danos causados por atos ilícitos deve ser a mais completa possível, devendo incluir danos emergentes e lucros cessantes [bem como dano moral/extrapatrimonial]. A princípio, a diferença entre a reparação civil e as perdas e danos se dá pelo fato de aquela ser decorrente de atos ilícitos e esta decorrente de inadimplemento contratual. A reparação civil deve ser a mais extensa e completa possível; já as perdas e danos têm um limite natural em razão da cláusula contratual não cumprida e nos prejuízos calculados pela inexecução.[8]

De forma apertada, danos emergentes são cabíveis quando houver uma diminuição patrimonial do credor, ou seja, um prejuízo de ordem econômica.

Já lucros cessantes são proporcionais ao credor em relação ao que ele razoavelmente deixou de lucrar pelo não cumprimento da obrigação por parte do devedor.

Por sua vez, dano moral (ou extrapatrimonial) é algo diferente de patrimônio, uma vez que este não é afetado (pelo menos diretamente). O dano moral afeta o lado psíquico, a dignidade e/ou a reputação da pessoa natural. Tendo reputação a zelar, o dano extrapatrimonial também pode afetar a pessoa jurídica.

3. LGPD *versus* CDC

Considerando o teor do art. 45 da LGPD ao prever que, no âmbito das relações de consumo, pela violação do direito do titular de dados permanecem as regras de responsabilidade previstas na legislação cabível, é preciso tecermos algumas considerações a respeito.

Inicialmente, não é demais lembrar que as relações de consumo são disciplinadas, sem prejuízo de outras normas, especialmente pelo CDC – Código de Defesa do Consumidor (Lei n. 8.078/1990), que por sua vez impõe responsabilidade objetiva (independentemente de culpa) aos fornecedores em favor dos consumidores.

[8] CARVALHO DE MENDONÇA, Manuel Inácio. *Doutrina e prática das obrigações*. 4. ed. aumentada e atualizada por José de Aguiar Dias. Rio de Janeiro: Forense, 1956. T. II, pp. 444-445.

Todavia, este diploma legal é aplicável aos casos em que houver a configuração de relação de consumo, constituída a partir do liame entre consumidor (CDC, art. 2º) e fornecedor (CDC, art. 3º), em que o primeiro efetua o contrato como "destinatário final" de produto ou serviço (podendo a remuneração ser indireta). Em tese, o CDC não deve ser aplicável às relações civis e empresariais, ambas sujeitas à legislação ordinária, sobretudo o Código Civil ao se pensar em responsabilidade civil.

O CDC adveio a partir de mandamento constitucional (CF, arts. 5º, XXXII, e 170, V; e Ato das Disposições Constitucionais Transitórias, art. 48), como forma de tutelar os interesses dos consumidores. Assim, o Código Civil seria uma norma para relação entre iguais, civis ou empresariais. As relações civis são entre iguais, pois se dão quando não há a presença de habitualidade e finalidade lucrativa (ou entre empresários, em que ambos atuam com habitualidade visando lucro). Já uma relação de consumo é formada entre desiguais ou diferentes se dá quando há um empresário e um "civil", este destinatário final de produto ou serviço, vulnerável, portanto; devendo, neste caso, ser aplicado prioritariamente o CDC, e apenas em caráter subsidiário, no que couber, o Código Civil. Dessa forma, pelo fato de o Código Civil incluir no seu regime a figura do empresário e não a do consumidor (diferenciando-se dos modelos alemão e italiano), o Código de Defesa do Consumidor é a norma reguladora das relações de consumo, aplicando-se com primazia e prioridade, por ser um microcódigo especial que protege situações de desigualdade; devendo o Código Civil, enquanto um Código central, ter aplicação subsidiária[9].

Às relações de consumo aplicam-se as regras do Código de Defesa do Consumidor – CDC, subsidiariamente o regime do Código Civil. Já quanto às relações civis e empresariais, são empregadas as regras do Código Civil e leis extravagantes, não cabendo, via de regra, a aplicação do CDC.

Entretanto, uma questão muito delicada é a da admissibilidade ou não da aplicação do CDC aos contratos empresariais, que se soma ao fato do que se pode compreender do conceito de "consumidor" e sua categorização por meio da expressão "destinatário final". Isso porque, nas relações entre empresários, muitas vezes uma das partes encontra-se em condições

[9] MARQUES, Cláudia Lima. Diálogo das fontes. *In:* BENJAMIN, Antônio Herman V.; MARQUES, Cláudia Lima; BESSA, Leonardo Roscoe (orgs.). *Manual de direito do consumidor.* 2. ed. São Paulo: RT, 2009, pp. 92-95.

de flagrante desigualdade em relação à parte adversa. Dessa forma, coloca-se a questão se a pessoa jurídica, sobretudo quando empresa, pode ou não ser tida como "destinatária final" de um produto ou serviço. Três teorias cuidam do assunto no Brasil: a maximalista, a finalista e a finalista mitigada.

A teoria **maximalista** considera consumidor todas as pessoas físicas ou jurídicas pelo simples fato de adquirirem um produto ou um serviço como destinatários fáticos (tiraram o bem do mercado), não importando se utilizarão o produto para fins pessoais ou em sua linha de produção.

Já a teoria **finalista** leva em conta a intenção do Código de Defesa do Consumidor de proteger o consumidor, que é vulnerável em relação ao fornecedor. Logo, como regra geral, considera o consumidor aquele que adquire produto ou serviço como destinatário final fático (retirou o bem de circulação) e econômico (não vai usar o bem como insumo para atividade profissional), de forma que não pode a pessoa física ou jurídica ser considerada consumidora se adquiriu o produto ou serviço para integrar a sua linha de produção. Ou seja, apenas a pessoa que adquire produto para fins pessoais poderia ser tida como destinatária final.

Mas cada vez mais vem se firmando a **teoria finalista mitigada** ou **temperada**, que corresponde a uma posição intermediária às anteriores. Essa teoria leva em conta a vulnerabilidade/fragilidade/desigualdade (econômica, técnica, jurídica ou informacional[10]) da pessoa física ou jurídica que se relaciona com o fornecedor, para aí considerá-la consumidor, portanto, protegida pelo Código de Defesa do Consumidor. Essa tese mitigou (aliviou) a teoria finalista.

Assim, a pessoa jurídica poderia então ser considerada consumidor se for **destinatária final** do bem, mas, se estiver contratando no exercício da atividade empresarial, estar-se-á diante de um contrato empresarial e não de consumo, o que dá ensejo à aplicação das regras do Código Civil e da legislação extravagante, e não necessariamente do Código de Defesa do Consumidor.

Portanto, destinatário final significa o consumo ou a aquisição de bem para si ou para outrem com a apropriação definitiva; diferenciando, portanto, do insumo em que haja uma utilização do bem de forma

[10] BESSA, Leonardo Roscoe. *Relação de consumo e aplicação do Código de Defesa do Consumidor.* 2 ed. São Paulo: RT, 2009, p. 57.

intermediária para implementar a atividade econômica desenvolvida pelo seu adquirente.

Por isso a aplicação do CDC se dá somente quando houver uma relação de consumo, devendo ser o adquirente do bem ou tomador do serviço tido como destinatário final.

No mais, a aplicação ou não do CDC a determinadas relações é de extrema importância, sobretudo pela responsabilidade objetiva imposta aos fornecedores em favor dos consumidores, diferenciando-se da responsabilidade subjetiva que ainda é a regra no Código Civil para as relações empresariais e civis.

Quando se analisa os preceitos normativos da LGPD observa-se que o legislador tratou o titular de forma díspar em relação aos agentes de tratamento de dados, estabelecendo medidas protetivas que visam reestabelecer o equilíbrio entre as partes, à semelhança do que se extrai da legislação consumerista.

Um diferencial substancial quanto à responsabilização do agente de tratamento de dados se encontra em um dos princípios que norteiam a lei, o chamado Princípio da *Accountability* ou Responsabilização e Prestação de Contas, em que não basta o agente ter cumprido todas as regras e determinações legais, é preciso que ele a todo tempo registre que cumpriu a lei, utilizando-se das mais diversas formas para que consiga comprovar o atendimento aos preceitos da lei caso algum incidente ocorra. É de se mencionar a obrigatoriedade da prestação de contas por parte do agente até mesmo quando não houver qualquer descumprimento ou irregularidade.

Assim, tem-se que o titular de dados que esteja inserido em uma relação de consumo, a par de possuir instrumentos protetivos previstos na LGPD, também estar-se-á sob o manto de abrangência das normas consumeristas, garantindo, pelo menos em tese, uma dupla proteção frente ao tratamento ilícito de seus dados pessoais.

Contudo, sem prejuízo de outros dispositivos, à luz do art. 1º da LGPD, esta norma tutela os interesses apenas de pessoa natural, não contemplando a proteção de dados de pessoa jurídica. Desse modo, via de regra, a relação entre o titular e o agente de dados será necessariamente uma relação de consumo.

4. Responsabilidade Objetiva

Enquanto na clássica responsabilidade subjetiva é indispensável a demonstração da culpa do agente praticante do ato a ser considerado ilícito civil, em razão da teoria da culpa; na responsabilidade objetiva, a responsabilização do agente se dá independentemente de culpa, em função da teoria do risco.

A regra sempre foi a da responsabilidade civil subjetiva (Código Civil, art. 927, *caput), sendo que a* base dessa responsabilidade subjetiva está no fato de saber o quanto a prática do ato contribuiu para o prejuízo sofrido pela vítima. A teoria que baliza essa responsabilidade considera o comportamento culposo (culpa *stricto sensu* ou dolo) do agente como pressuposto da indenização.[11] A culpa, uma vez configurada, pode produzir resultado danoso ou não, devendo ser reparada quando houver consequência no plano patrimonial ou moral.

A responsabilidade objetiva tem lugar: nos casos específicos em lei; ou, quando a atividade normalmente desenvolvida pelo autor do dano implicar, por sua natureza, risco para os direitos de outrem, o que o torna obrigado à reparação (Código Civil, art. 927, parágrafo único).

Sobre os "casos específicos lei", há vários exemplos no ordenamento jurídico brasileiro, sendo um dele o expressado pelo próprio Código Civil, art. 931, ao prever que os empresários individuais e as empresas respondem independentemente de culpa pelos danos causados pelos produtos colocados em circulação. Outra hipótese é prevista pelo § 2º do art. 5º da Lei 11.795/2008 (Lei do Consórcio), ao prever a responsabilidade pessoal e solidária, independentemente da verificação de culpa, de diretores, gerentes, prepostos e sócios com função de gestão na administradora de consórcio pelas obrigações perante os consorciados.

Outro exemplo é precisamente o do CDC – Código de Defesa do Consumidor, especialmente nos arts. 12 e 14, ao prever a responsabilidade dos fornecedores, independentemente de culpa, pela reparação de danos causados aos consumidores pelo defeito de produto e serviço. Sergio Cavalieri Filho lembra que o CDC adotou a teoria do risco da atividade ou empreendimento,[12] sendo que o explorador de atividade econômica

[11] PEREIRA, Caio Mário da Silva. *Responsabilidade civil...* ob. cit., p. 35.

[12] CAVALIERI FILHO, Sergio. *Programa de responsabilidade civil...* ob. cit., p. 497.

deverá arcar com os danos provocados pelo seu empreendimento, mesmo que para tanto não tenha agido com culpa. A teoria do risco da atividade ou do empreendimento impõe responsabilidade objetiva ao fornecedor por ele estar em uma posição de superioridade em relação ao consumidor, sendo este presumidamente considerado vulnerável no mercado de consumo.

Reforçamos que para haver a aplicação do Código de Defesa do Consumidor é preciso haver configurada uma relação de consumo, ou seja, o liame entre consumidor e fornecedor de produto e serviço, conforme os arts. 2º e 3º do referido diploma legal.

Pela teoria do risco todo aquele que se disponha a exercer alguma atividade no mercado (produção, estocagem, distribuição) tem o dever de responder pelos defeitos dos produtos e dos serviços fornecidos, independentemente de culpa; respondendo como um garantidor pela qualidade e segurança dos bens, não podendo o consumidor arcar sozinho com os prejuízos decorrentes de acidentes de consumo. Dessa forma, o fornecedor, via mecanismos de preço, procede a repartição dos custos sociais dos danos, sendo, portanto, uma justiça distributiva.[13]

A responsabilidade civil do agente de tratamento de dados prevista na LGPD é tida como responsabilidade *sui generis*, ou seja, a responsabilização do agente decorre da violação à lei, sendo que em se tratando de relação de consumo essa responsabilidade será objetiva.

Extrai-se da lei de proteção de dados que os critérios para a responsabilização do agente são: a ocorrência de dano e a violação à legislação de proteção de dados pessoais e/ou a violação da segurança dos dados, não se tratando aqui em culpa. Em caso de violação da segurança dos dados cumpre destacar que se o agente de tratamento tomou todas as medidas acautelatórias para evitar o incidente isso será levado em conta para a modulação de eventual penalidade administrativa e certamente contará também para o proferimento de decisão judicial.

De bom alvitre mencionar que a responsabilidade atribuída ao agente de tratamento de dados se limita ao tratamento, não podendo ser-lhe atribuída qualquer responsabilidade pelo conteúdo dos dados pessoais tratados em si. Imagine-se, por exemplo, um ilícito cibernético em que se utiliza indevidamente dados pessoais; nesse caso o provedor de conexão

[13] CAVALIERI FILHO, Sergio. *Programa de responsabilidade civil...* ob. cit., p. 181.

responderia pelas questões técnicas de sua atividade comercial para a prática do ilícito, mas não pelo conteúdo dos dados que foram tratados.[14]

Retornando ao Código Civil (art. 927, parágrafo único), quanto à expressão "quando a atividade normalmente desenvolvida pelo autor do dano implicar, por sua natureza, risco para os direitos de outrem", trata-se de uma cláusula geral. As cláusulas gerais são princípios gerais do direito que guardam certa flexibilidade. Elas estão previstas na lei e têm a função de dar um direcionamento na aplicação legal. Estes princípios necessitam de uma posição doutrinária e jurisprudencial para serem definidos no tempo e no espaço. Dessa forma, caberá à doutrina e à jurisprudência firmarem o significado do que venha a ser tido por "atividade" que implique, por sua natureza, em risco para os direitos alheios. Isso porque, grande parte das atividades humanas pode gerar algum risco para outrem.

A lei não restringiu as hipóteses à atividade econômica, pois expressamente utilizou apenas a expressão "atividade". Isso significa que dirigir automóvel pode constituir atividade que põe em risco os direitos de outras pessoas, levando à responsabilidade objetiva.[15]

Roger Silva Aguiar, comentando o parágrafo único do art. 927 do Código Civil, explica que o princípio geral tratado pela norma se inicia com a palavra "quando", refletindo que o legislador compreendeu que nem toda a atividade humana implicará em perigo para terceiros.[16]

Comparativamente, o Código Civil italiano trata da responsabilidade objetiva no seu art. 2.050[17] ao prever que, aquele que causar dano a outrem pelo desenvolvimento de atividade perigosa, por sua natureza ou pela

[14] CHAVES, Luis Fernando Prado. Responsável pelo tratamento, subcontratante e DPO. *In:* MALDONADO, Viviane Nóbrega; BLUM, Renato Ópice (orgs.). *Comentários ao GDPR*. São Paulo: Thomson Reuters, 2018, p. 115.

[15] PEREIRA, Caio Mário da Silva. *Instituições de direito civil*. 12. ed. Rio de Janeiro: Forense, 2006. V. III (Fontes das obrigações), p. 563.

[16] AGUIAR, Roger Silva. *Responsabilidade civil objetiva: do risco à solidariedade*. São Paulo: Atlas: 2007, p. 50.

[17] Art. 2.050 – *Responsabilità per l'esercizio di attività pericolose*: *"Chiunque cagiona danno ad altri nello svolgimento di un'attività pericolosa, per sua natura o per la natura dei mezzi adoperati, e tenuto al risarcimento, se non prova di avere adottato tutte le misure idonee a evitarei il danno"*. Responsabilidde pelo exercício de atividade perigosa: "Qualquer pessoa que causar dano a outro no desenvolvimento de uma atividade perigosa, por sua natureza ou pela natureza dos meios utilizados, é obrigada a pagar uma indenização, a menos que possa provar que tomou todas as medidas razoáveis para evitar o dano." (Tradução livre).

natureza dos meios empregados, é obrigado a indenizar; salvo se provar ter adotado todas as medidas idôneas para evitar o dano. Essa parte final figura como uma excludente de responsabilidade que não se vislumbra em nosso ordenamento jurídico.

O parágrafo único do art. 927 do Código Civil brasileiro é uma cláusula geral de responsabilidade objetiva tão ampla que, se interpretada literalmente, todos que exercem uma atividade responderão objetivamente, como dirigir um carro particular de passeio. Isso porque na sociedade moderna quase tudo o que se faz representa um risco. Essa cláusula geral precisa de uma adequada interpretação doutrinária e jurisprudencial, especialmente quanto às expressões "atividade normalmente desenvolvida" e "implicar, por sua natureza, risco". Por atividade deve-se compreender não a conduta isolada e individual, mas a conduta reiterada, habitualmente exercida, organizada de maneira profissional ou empresarial para alcançar fins econômicos. O vocábulo atividade inclui os serviços em geral, mesmo os públicos.[18]

Contudo, entendemos que essa cláusula geral deve ser interpretada de modo que a responsabilidade seja objetiva para as atividades que de fato são perigosas por si só, isto é, representem risco por sua natureza; não para quaisquer atividades.

No que tange à expressão "risco", é preciso se fazer uma distinção entre risco inerente e risco adquirido. O risco inerente é aquele intrínseco e pertencente à própria natureza de certos serviços, como, por exemplo, o serviço médico-hospitalar durante a realização de cirurgia em pessoa idosa, que por sua natureza representa risco, mesmo com o emprego das melhores técnicas e recursos. Esse risco não pode ser transferido ao prestador, pois seria um ônus insuportável que inviabilizaria sua atividade. Já o risco adquirido se dá quando produtos ou serviços, que ordinariamente não apresentam riscos superiores aos que legitimamente deles são esperados, tornam-se perigosos em razão de haver algum defeito. Deve-se concluir que os danos relacionados a uma 'periculosidade-risco inerente' não dão ensejo ao dever de indenizar, respondendo o fornecedor pelos danos causados pela 'periculosidade-risco adquirido'.[19]

[18] CAVALIERI FILHO, Sergio. *Programa de responsabilidade civil*... ob. cit., pp. 172-174.

[19] CAVALIERI FILHO, Sergio. *Programa de responsabilidade civil*... ob. cit., pp. 174-176.

Para Antônio Herman V. Benjamin, a classificação de periculosidade é mais ampla: periculosidade inerente ou latente (pelo risco intrínseco), periculosidade adquirida (em razão de um defeito) e periculosidade exagerada (o potencial danoso é tamanho que o requisito da previsibilidade não consegue ser totalmente preenchido pelas informações prestadas pelo fornecedor). No caso da periculosidade exagerada os bens não podem ser colocados no mercado para o consumidor. São considerados defeituosos por ficção, como um brinquedo que apresenta chance de sufocar as crianças. Neste caso a informação não é muito relevante, pois o risco não compensa.[20]

O autor explica que a proteção dos consumidores toma por base a noção da legítima expectativa, em que produtos e serviços colocados no mercado devem atender às expectativas de segurança que deles são esperados. As expectativas são legítimas quando colocadas em confronto com o estado da técnica e as condições econômicas da época, sendo que o desvio deste parâmetro é o que transforma a periculosidade inerente em periculosidade adquirida. A periculosidade integra a zona de expectativa do consumidor (periculosidade inerente), mas deve preencher dois requisitos. O requisito objetivo está relacionado como fato de que a periculosidade deve estar de acordo com o tipo específico do produto ou serviço. Já o segundo, requisito subjetivo, aponta para o fato de que o consumidor deve estar total e perfeitamente apto a prever a periculosidade, não podendo ser surpreendido pelo risco. Assegurados os dois requisitos, qualifica-se o risco-periculosidade como inerente, não havendo, portanto, vício de qualidade por insegurança, como regra geral. Essa principiologia de segurança tem limites, pois, exemplificativamente, não pode o vendedor de corda ser responsável pela vítima de enforcamento.[21]

[20] BENJAMIN, Antônio Herman V. Fato do produto e do serviço. *In:* BENJAMIN, Antônio Herman V.; MARQUES, Cláudia Lima; BESSA, Leonardo Roscoe (orgs.). *Manual de direito do consumidor.* 2. ed. São Paulo: RT, 2009, pp. 119-121.

[21] BENJAMIN, Antônio Herman V. Fato do produto e do serviço. *In:* BENJAMIN, Antônio Herman V.; MARQUES, Cláudia Lima; BESSA, Leonardo Roscoe. *Manual de direito do consumidor...* ob. cit., p. 117.

5. Defeito ou Vício no Tratamento de Dados?

Quando se pensa na responsabilidade dos agentes de tratamento de dados (controlador e operador[22]) estar-se-á diante de um serviço (um fazer) e não de um produto (um bem). Além disso, é preciso ter conta se estamos diante de um defeito ou vício quanto à violação de direitos do titular de dados.

De modo geral, o vício seria um funcionamento anormal ou o não funcionamento do bem (produto ou serviço), bem como a quantidade equivocada (em relação à prometida) ou a perda do valor do bem. Por sua vez, o defeito é um vício acrescido de um problema extra, algo extrínseco, causador de um dano maior, como o prejuízo à saúde ou segurança do destinatário[23].

Assim, o defeito (relacionado à segurança do bem) é aquilo que gera um dano – patrimonial e/ou moral – além do vício (inadequação em relação às finalidades do bem). O defeito é mais grave do que o vício, sendo que o defeito pressupõe a existência do vício, podendo haver vício sem defeito. Contudo, se houver irregularidade que resulte tão-somente em deficiência no funcionamento do produto ou serviço, mas não colocando em risco a saúde ou a segurança do consumidor, temos um vício e não um defeito.

O defeito é algo tão grave que compromete a segurança do produto ou serviço provocando assim um acidente que afeta a vítima, podendo causar-lhe dano de ordem patrimonial e/ou moral. Já o vício também é um defeito, porém menos grave, que fica limitado ao produto ou ao serviço em si mesmo, que provoca apenas o não funcionamento ou um funcionamento precário.[24]

No âmbito da LGPD, o art. 44 assevera que o tratamento de dados será tido por irregular ao não se observar o que dispõe a lei ou por não fornecer a segurança que o titular pode esperar do tratamento. Sobre essa

[22] Lei n. 13.709/2018, art. 5º: VI – **controlador**: pessoa natural ou jurídica, de direito público ou privado, a quem competem as decisões referentes ao tratamento de dados pessoais; VII – **operador**: pessoa natural ou jurídica, de direito público ou privado, que realiza o tratamento de dados pessoais em nome do controlador; (...) IX – **agentes de tratamento**: o controlador e o operador; (grifos nossos).

[23] Nesse sentido, NUNES, Rizzatto. *Comentários ao código de defesa do consumidor.* 4. ed. São Paulo: Saraiva, 2009. p. 183.

[24] CAVALIERI FILHO, Sergio. *Programa de responsabilidade civil*, cit., p. 497-498.

segurança que o titular pode esperar do tratamento de dados será considerado: o modo pelo qual o tratamento é realizado; o resultado e os riscos que razoavelmente se esperam; as técnicas de tratamento disponíveis ao tempo em que o tratamento ocorreu.

É de se considerar que o inciso III do referido artigo menciona que a segurança esperada é aquela disponível à época da realização do tratamento, o que merece destaque, haja vista que as técnicas de segurança vão se aperfeiçoando com o tempo, na mesma medida em que se aprimoram as violações aos mecanismos de proteção dos dados. Assim um mecanismo qualquer que possa proporcionar uma segurança adequada nos dias de hoje pode tornar-se obsoleto em pouco tempo, meses talvez.

Ainda, quando se fala em segurança no tratamento de dados deve-se ter em mente que a mesma precisa ser observada desde a sua concepção até a sua execução, motivo pelo qual a lei privilegia os chamados *privacy by design*[25] e *privacy by default*[26], expressões que convergem para a preocupação com a privacidade antes mesmo do serviço ser prestado ou do produto ser oferecido.

Embora o art. 44 da LGPD não empregue as palavras defeito e vício, suas disposições se assemelham ao que prevê o art. 14, § 1º, do CDC quanto ao "defeito" do serviço; sendo por isso que seguiremos a análise nos apoiando e comparando com as regras consumeristas.

Para fins de relações de consumo, o serviço é tido por defeituoso se não fornecer a segurança que o usuário dele pode esperar. Para tanto deve ser considerado, entre outras circunstâncias importantes, o modo como foi prestado, à época do fornecimento e o resultado e os riscos que dele razoavelmente se esperam (CDC, art. 14, § 1º).

Por sua vez, o *caput* do art. 14 do CDC estabelece que o "fornecedor de serviços" responde, independentemente da existência de culpa, pela

[25] *Privacy by design* é uma abordagem que trata o conceito de proteção da privacidade desde a concepção do produto ou serviço até a sua execução, ou seja, desde o momento em que se cria um produto ou se oferece um serviço deve se estabelecer medidas técnicas e administrativas aptas a garantir que os dados sejam tratados em adequados padrões de segurança, visando à proteção da privacidade.

[26] *Privacy by default* é um termo utilizado para definir que a privacidade seja padronizada. Em outras palavras, que o tratamento de dados priorize a privacidade, sendo que os produtos ou serviços ofereçam mecanismos de proteção à privacidade por padrão, sem precisar o usuário do bem ou serviço optar por isso.

reparação dos danos causados aos consumidores por defeitos relativos à prestação do serviço; sendo igualmente responsável por informações insuficientes ou inadequadas sobre sua fruição (uso, aproveitamento) e riscos.

A expressão "fornecedor de serviços" deve-se entender "prestador de serviços". Isso porque a expressão "fornecedor" é o gênero do qual são espécies produtor, montador, criador, construtor, transformador, importador, exportador, distribuidor, comerciante, prestador de serviços, etc. Sendo isso independe de a atividade ser exercida física ou digitalmente.

O art. 14, § 3º, prevê como excludente de responsabilidade do fornecedor de serviços as hipóteses de que: o defeito inexiste; ou, a culpa é exclusiva do consumidor ou de terceiro. Além disso, o serviço não é considerado defeituoso pela implementação de técnicas mais modernas, à luz do § 2º do art. 14 do CDC.

A título de comparação entre o "defeito" e o "vício" de serviço na esfera consumerista, o CDC, art. 20, *caput*, ao tratar da responsabilidade por vício do serviço, expressa que o fornecedor de serviço responde pelos vícios de qualidade, que são aqueles que tornam os serviços impróprios ao consumo ou lhes diminuam o valor; bem como responde pelos vícios de disparidade, que consistem na divergência existente entre o serviço prestado e as indicações constantes da mensagem publicitária (vício de comercialização).

Ainda quanto ao vício, o serviço é impróprio quando se mostrar inadequado para o fim que razoavelmente dele se espera ou por não atender as normas regulamentadoras de prestabilidade (CDC, art. 20, *caput* e § 2º).

Como regra geral, no caso de vício de serviço as alternativas do consumidor não coincidem integralmente com a solução para defeito do serviço (perdas e danos). O consumidor tem a faculdade de exigir, conforme a sua escolha: o abatimento proporcional de preço, a reexecução do serviço sem custo adicional; ou a restituição imediata da quantia paga – neste caso, cabíveis eventuais perdas e danos – (CDC, art. 20, *caput*, incs. I a III).

Para as relações fora do âmbito consumerista, ou seja, relações empresariais e civis, diversamente do CDC, o Código Civil não prevê um tratamento específico para a responsabilidade por defeito (seja de produto ou de serviço), nem uma clara divisão dos defeitos em relação aos vícios. O que há é um tratamento para os vícios redibitórios/ocultos previsto nos arts. 441 a 446 do Código Civil. E, neste âmbito, existe uma menção a defeitos ocultos no *caput* do art. 441, mas tendo aqui o mesmo sentido de vício oculto.

Quanto à responsabilidade por defeito nas relações civis e empresariais, pelo caráter extracontratual do defeito, seguir-se-á o regime da responsabilidade civil aquiliana (extracontratual), especialmente com a aplicação dos arts. 927 e 931 do Código Civil.

Voltando à LGPD, o parágrafo único do art. 44 assevera que, ao deixar de empregar os padrões de segurança, haverá a responsabilidade do controlador ou do operador pelos danos oriundos da violação da segurança dos dados, à luz do art. 46 da mesma lei[27]. Além disso, é obrigação do controlador comunicar os titulares de dados a ocorrência de incidente de segurança que possa implicar em risco ou dano significativos a estes (art. 48, *caput*[28]).

Contudo, quanto à responsabilidade dos controladores e operadores pelo ressarcimento de danos, parece-nos que a disciplina da LGPD assemelha-se mais ao regime jurídico dos defeitos do que a dos vícios no âmbito do CDC, sendo essa análise indispensável, pois havendo relação de consumo, o diploma consumerista terá aplicação complementar à LGPD.

[27] Lei n. 13.709/2018, art. 46: "Os agentes de tratamento devem adotar medidas de segurança, técnicas e administrativas aptas a proteger os dados pessoais de acessos não autorizados e de situações acidentais ou ilícitas de destruição, perda, alteração, comunicação ou qualquer forma de tratamento inadequado ou ilícito. § 1º A autoridade nacional poderá dispor sobre padrões técnicos mínimos para tornar aplicável o disposto no caput deste artigo, considerados a natureza das informações tratadas, as características específicas do tratamento e o estado atual da tecnologia, especialmente no caso de dados pessoais sensíveis, assim como os princípios previstos no caput do art. 6º desta Lei. § 2º As medidas de que trata o caput deste artigo deverão ser observadas desde a fase de concepção do produto ou do serviço até a sua execução."

[28] Lei n. 13.709/2018, art. 48: "O controlador deverá comunicar à autoridade nacional e ao titular a ocorrência de incidente de segurança que possa acarretar risco ou dano relevante aos titulares."

6. Solidariedade dos Agentes: Controlador e Operador

Acerca da responsabilidade solidária no âmbito da LGPD, de acordo com o seu art. 42, *caput*, tanto o controlador[29] como o operador[30] podem ser responsabilizados pelos danos causados, implicando em responsabilidade solidária entre eles perante os titulares de dados.

Além disso, visando assegurar a efetiva indenização ao titular dos dados, o inc. I do § 1º do art. 42 dispõe que o operador responde solidariamente pelos danos causados pelo tratamento quando descumprir as obrigações da legislação de proteção de dados; ou quando não tiver seguido as instruções lícitas do controlador (à luz do art. 39). Neste caso, operador fica equiparado a controlador (exceto quanto às exclusões previstas no art. 43).

Aqui vale destacar a relevância de uma elaboração minuciosa e criteriosa do contrato firmado entre controlador e operador, visto que será através dele que poderá se apurar quais as instruções passadas pelo controlador e eventual direito de regresso de ambas as partes a depender do que estava previsto contratualmente. Vale destacar que empresas precisarão revisar os contratos que já possuem nos seus mais diversos setores (Recursos Humanos, Marketing, etc.) para incluir cláusulas mínimas para compartilhamento de dados entre controlador e operador de forma a regular essa relação. Nesse sentido, a boa elaboração de um contrato contendo as instruções fornecidas pelo controlador ao operador não exime a responsabilidade desse último de verificar se o que está lhe sendo instruído obedece

[29] Vale explicar que, classicamente, no direito societário, controlador significa o acionista (pessoa física ou jurídica; ou grupo de pessoas em razão de acordo de voto) que detém uma quantidade relevante de ações assegurando-lhe a prevalência de sua vontade nas assembleias gerais de acionistas, incluindo a eleição dos administradores de sua confiança (Lei 6.404/1976, art. 116, *caput*). Ou seja, o controlador não é a sociedade (pessoa jurídica de direito privado), mas sim um dos acionistas.
Diferentemente, para a Lei n. 13.709/2018, art. 5º, inc. VI, controlador é pessoa natural ou jurídica, de direito público ou privado, a quem competem as decisões referentes ao tratamento de dados pessoais. Assim, tendo em vista a legislação brasileira societária, seria melhor que a LGPD tivesse instituído outra nomenclatura a tal figura jurídica. Isso pois, no âmbito da proteção de dados, o controlador pode ser uma sociedade, enquanto pessoa jurídica de direito privado, o que poderá implicar em "confusão jurídica".

[30] Operador é pessoa natural ou jurídica, de direito público ou privado, que realiza o tratamento de dados pessoais em nome do controlador (Lei n. 13.709/2018, art. 5º inc. VII). Desse modo, compreendemos que o operador pode ser uma pessoa que presta serviços ao controlador, seja na condição de funcionário ou de empresa terceirizada.

as normas sobre a matéria (art. 39, LGPD[31]), não podendo se escusar do cumprimento da lei alegando o cumprimento de cláusulas contratuais.

Ainda, visando concretizar a indenização ao titular, o inc. II do § 1º do art. 42 da LGPD descreve que, havendo dois ou mais controladores, os que estiverem diretamente envolvidos no tratamento do qual decorreram danos ao titular dos dados responderão solidariamente (salvo excludentes do art. 43).

É preciso tecer alguns apontamentos sobre "solidariedade", cuja palavra significa que há uma concorrência entre agentes, de credores ou de devedores. A concorrência de credores é denominada solidariedade ativa, em que cada um dos credores pode exigir do devedor o cumprimento da prestação. Já a concorrência entre devedores chama-se solidariedade passiva, na qual o credor tem a faculdade de exigir e receber de um ou de alguns dos devedores, total ou parcialmente, o valor devido, cabendo o direito de regresso do devedor que suportou o pagamento contra os demais coobrigados pelas respectivas partes (Código Civil, art. 264 e ss.).

Quanto à responsabilidade e solidariedade passiva vale explicar que a palavra "solidária" significa uma responsabilidade mútua entre as pessoas envolvidas, as quais respondem individual ou concomitantemente. Difere, portanto, da responsabilidade "subsidiária" cuja responsabilidade de um é acessória a de outro, funcionado como se fosse uma espécie de garantia, ou seja, respondendo apenas quando o devedor principal não suportar o pagamento ou não tiver bens suficientes para fazer frente ao valor total da dívida.

Não é demais explicitar que solidariedade não se presume, devendo resultar da vontade das partes ou de previsão legal, sendo que todos responderão solidariamente pela reparação dos danos (Código Civil, arts. 265 e 942). Logo, a solidariedade entre controlador e operador trata-se de uma solidariedade legal, não contratual.

Para efeitos de relação de consumo, o CDC prevê a responsabilidade solidária passiva em alguns dispositivos (arts. 18, 19 e 25), mas em especial o seu art. 7º, parágrafo único, dispõe que quando a ofensa tiver mais de um autor, todos responderão pelas perdas e danos. Na responsabilidade dos

[31] Lei n. 13.709/2018, art. 39: "O operador deverá realizar o tratamento segundo as instruções fornecidas pelo controlador, que verificará a observância das próprias instruções e das normas sobre a matéria."

fornecedores por defeitos nos serviços, havendo mais de um fornecedor, exemplificativamente, pela terceirização de serviços, todos serão solidariamente responsáveis.

Contudo, uma vez condenado, é assegurado àquele que arcou com a indenização o direito de regresso contra o efetivo causador do dano. Essa regra geral é espelhada pelo § 4º do art. 42 da LGPD ao prever que aquele que tiver reparado o dano ao titular dos dados terá o direito regressivo contra os demais responsáveis, de acordo com a sua participação no evento danoso.

7. Excludentes de Responsabilidade

O art. 43 da LGPD instituiu um rol de hipóteses excludentes de responsabilidade dos agentes (controlador e operador), num formato assemelhado com o CDC (art. 14, § 3º), quando este diploma prevê que o fornecedor de serviços não responde quando provar que o defeito inexiste ou a culpa exclusiva do consumidor ou de terceiro.

Especificamente na LGPD, os agentes de tratamento não são responsabilizáveis quando provarem que: não realizaram o tratamento de dados pessoais que lhes é atribuído; não houve violação à legislação de proteção de dados; ou o dano é decorrente de culpa exclusiva do titular dos dados ou de terceiro (art. 43). Essas são hipóteses de excludentes de responsabilidade.

De forma geral, as excludentes de responsabilidades são possibilidades previstas pelo Direito (legislação, doutrina e jurisprudência) que extinguem a responsabilidade da pessoa. As excludentes afastam a responsabilidade, pois eliminam o nexo causal entre o dano e a conduta do agente.

Frise-se que se houver culpa "concorrente" da vítima ou de terceiro ainda assim o controlador ou operador será responsável pelo dano. Neste caso, havendo culpa concorrente da vítima, é aplicável a regra do art. 945 do Código Civil ao estabelecer que a indenização deve ser fixada considerando a gravidade da culpa da vítima em confronto com a do autor do dano. Ou seja, a culpa concorrente não afasta a responsabilidade do controlador ou do operador, apenas pode atenuar o valor da indenização.

A culpa "exclusiva" da vítima pode dar-se por ação ou por omissão, ou seja, o seu ato é a causa do dano; ou quando ele tem acesso a meios para afastar seu próprio prejuízo e não o faz, mesmo que por simples descuido omissivo.

No âmbito da proteção de dados pode-se citar a culpa exclusiva da vítima quando, por exemplo, o titular dos dados pessoais os divulga publicamente em plataformas digitais; ou armazena seus dados de forma insegura em um *pendrive*, o qual é esquecido negligentemente em local público.

No que se refere à hipótese de exclusão da responsabilidade por culpa "exclusiva de terceiro", para a sua aplicação este terceiro não pode ser alguém que mantenha qualquer tipo de relação com o fornecedor (como comerciantes-intermediários, agentes, funcionários, prepostos em geral, etc.). Terceiro é uma pessoa que não se identifique com o controlador ou o operador (fornecedor), nem com o titular dos dados (consumidor).

Por isso, o terceiro deve ser uma pessoa que não mantenha vínculo com o fornecedor [controlador ou operador], isto é, completamente estranho à cadeia de consumo. Por hipótese, o comerciante que distribui os produtos não pode ser tido como terceiro. O mesmo vale para prepostos, empregados e representantes porque os riscos da atividade econômica são do fornecedor, sendo por essa assunção de riscos que o CDC, art. 34, estabelece que o fornecedor é solidariamente responsável pelos atos de seus prepostos ou representantes.[32]

Ressalte-se que quando se pensa na excludente da culpa exclusiva de terceiros, em tratamento ilícito de dados, não é possível alegar a hipótese de corrompimento de sistema (invasão de *hackers*, por exemplo) se ficar comprovado que as medidas de segurança adotadas pelo agente de tratamento não seguiam os padrões estabelecidos no art. 44 da LGPD.

Sergio Cavalieri Filho pondera que mesmo nos casos de responsabilidade objetiva, como do CDC, é indispensável o nexo causal, por se tratar de uma regra universal de responsabilidade civil, sendo excepcionada nos raríssimos casos em que a responsabilidade é fundamentada no risco integral, não sendo esse o caso do CDC. Por isso, não havendo relação de causa e efeito aplicam-se as hipóteses exonerantes de responsabilidade previstas nos arts. 12, § 3º, e 14, § 3º, do referido diploma consumerista.[33] Compreendemos que tal raciocínio se aplica à tutela da proteção de dados,

[32] CAVALIERI FILHO, Sergio. *Programa de responsabilidade civil*... ob. cit., p. 513.

[33] Ibidem, p. 508.

isto é, não havendo nexo de causalidade serão cabíveis as hipóteses de excludentes de responsabilidade previstas no art. 43 da LGPD.

Existem outras excludentes de responsabilidade não estabelecidas previstas pela LGPD, nem pelo CDC, as quais são importantes analisarmos sobre sua admissão ou não, sobretudo ao pensarmos em responsabilidade civil objetiva. Seriam elas: o caso fortuito e a força maior, o risco do desenvolvimento e o fato príncipe (ou fato do príncipe). Mais uma vez, nos apoiar nos ensinamentos consumeristas (mas também dos civilistas) para assim buscar bons fundamentos à tutela da proteção de dados.

Embora não haja consenso sobre os conceitos, de forma apertada, compreendemos que a força maior se trata de evento da natureza (por exemplo, um furacão) e o caso fortuito evento humano ou social (como uma greve). Em ambos os casos são inevitáveis e alheios a vontade das partes envolvidas.

Roberto Senise Lisboa pondera que pelo fato de o CDC não ter fixado expressamente como excludentes de responsabilidade o caso fortuito e a força maior, não se pode admiti-las nas relações de consumo, nem mesmo sob o argumento da aplicação subsidiária do Código Civil, por considerar que o microssistema consumerista é incompatível com as normas do sistema civil, que exoneram a responsabilidade por caso fortuito e força maior.[34]

Diferentemente, Sílvio de Salvo Venosa explica que a questão de o CDC deixar de prever expressamente o caso fortuito e a força maior não significam que não possam ser exonerantes de responsabilidade, pois do contrário estaríamos diante da responsabilidade pelo risco integral do fornecedor, o que não é o caso do CDC.[35]

Antônio Herman V. Benjamin explica que o caso fortuito e a força maior excluem a responsabilidade civil, sendo que o CDC não as elencou entre suas causas excludentes, mas não as nega. Logo, não sendo afastadas pelo CDC aplica-se o direito tradicional e suas excludentes a fim de impedir o dever indenizatório.[36]

Compreendemos que o caso fortuito e a força maior são princípios do Direito, independentemente de previsão no Código Civil, art. 393, ou em

[34] LISBOA, Roberto Senise. *Responsabilidade civil nas relações de consumo.* São Paulo: RT, 2001, pp. 270-271.

[35] VENOSA, Sílvio de Salvo. *Direito civil: responsabilidade civil.* 13. Ed., vol. 4, São Paulo: Atlas, 2013, p. 167.

[36] BENJAMIN, Antônio Herman V. Fato do produto e do serviço... ob. cit., p. 130.

outras normas jurídicas, por isso são aplicáveis a todos os tipos de relações jurídicas incluindo as de consumo. Não seriam aplicáveis somente em situações excepcionadas por lei de forma clara e expressa. Assim, aplicando-se o diálogo das fontes entre o CDC e o Código Civil, o caso fortuito e a força maior são cabíveis como excludente de responsabilidade para as relações de consumo. Ambos os institutos são excludentes por afetarem o nexo de causalidade entre conduta e dano ocasionado à vítima.[37]

Exatamente nos mesmos termos, entendemos que o caso fortuito e a força maior são hipóteses de exclusão de responsabilidade no âmbito da tutela dos dados pessoais, sendo plenamente possível a aplicação do Código Civil como fonte complementar à LGPD. E ainda que assim não fosse, o caso fortuito e a força maior são princípios gerais do Direito que não foram afastados expressamente pela LGPD.

Quanto ao risco do desenvolvimento Antônio Herman V. Benjamin explica que se trata de defeitos que eram desconhecidos em face do estado da ciência e da técnica ao tempo da colocação do produto ou serviço no mercado, ou seja, não eram conhecidos nem previsíveis; sendo revelados ("descobertos") posteriormente. O CDC, ao adotar a responsabilidade objetiva fundada na teoria do risco, não exonera o fabricante, o produtor, o construtor e o importador pelo risco do desenvolvimento [nem o prestador de serviço]. O autor esclarece que os sistemas que aceitam o risco do desenvolvimento como excludente de responsabilidade adotam como critério, não a informação apenas do fornecedor isoladamente, mas as

[37] Agostinho Alvim classifica essas excludentes de responsabilidade em fortuito interno e fortuito externo. Enquanto o fortuito interno estaria ligado à ação da pessoa, da coisa ou da empresa do agente, o fortuito externo ligado à força maior (como os fenômenos da natureza). Para o autor, no regime da responsabilidade objetiva, somente o fortuito externo, como causa ligada a fenômenos naturais (bem como a culpa da vítima, o fato do príncipe e outras situações invencíveis que não possam ser evitadas, por exemplo, guerra e revolução), excluiria a responsabilidade. ALVIM, Agostinho. *Da inexecução das obrigações e suas consequências*. 5. ed. São Paulo: Saraiva, 1980, pp. 329-330.
O fortuito interno não rompe o nexo de causalidade por ser um fato que se liga à organização da empresa, relacionando-se com os riscos da própria atividade desenvolvida, por isso não afasta a responsabilidade. Não basta que o fato de terceiro seja inevitável para a exclusão de responsabilidade do fornecedor, é preciso que seja indispensavelmente imprevisível. Assim entendemos que o fortuito interno está relacionado a algo que integra o processo produtivo ou de prestação de serviço, não excluindo a responsabilidade do agente; já o fortuito externo é derivado de um fato alheio ou extrínseco à produção do bem ou à execução do serviço, por isso é uma excludente de responsabilidade.

informações de toda a comunidade científica. Os defeitos decorrentes do risco do desenvolvimento são do gênero defeito de concepção, mas neste caso uma consequência da falta de conhecimento científico. Mesmo que o fabricante prove que desconhecia o defeito ao tempo da produção ainda assim será responsabilidade pelo risco assumido. Mais grave é a situação do fabricante que após a inserção do produto no mercado, descobre o defeito e se omite. Neste caso ao defeito de concepção soma-se um defeito de informação.[38]

Sergio Cavalieri Filho relata o fato de haver defensores de que o risco do desenvolvimento deveria ser suportado pelo consumidor, pois se o fornecedor tiver que responder por isso o desenvolvimento do setor produtivo poderia se tornar insuportável, a ponto de inviabilizar a pesquisa e o progresso tecnológico, diminuindo o lançamento de novos produtos, pois não conhecendo os defeitos não teriam como incluir isso no preço. Em sentido contrário, outros defendem que o progresso não pode ser suportado pelos consumidores, o que seria um retrocesso à responsabilidade objetiva, cujo fundamento é a socialização do risco, sendo que o setor produtivo pode utilizar-se de mecanismo de aumento de preço e de seguros, mesmo vindo a refletir no valor final do bem.

O referido autor entende que os riscos do desenvolvimento devem ser enquadrados como fortuito interno, ou seja, um risco que integra a atividade do fornecedor, que não exonera sua responsabilidade,[39] cuja tese estamos de acordo.

Trazendo para a tutela dos dados pessoais, entendemos que o risco do desenvolvimento não deve ser transferido ao titular dos dados, devendo ser suportado pelo agente de tratamento (controlador ou operador) do desenvolvimento de sua atividade. Logo, o risco do desenvolvimento não é uma excludente de responsabilidade na relação jurídica entre titular de dados e agente de tratamento.

No que tange à excludente pelo fato príncipe (ou fato do príncipe), esse fenômeno trata-se de um ato derivado do poder público, sem qualquer interferência do afetado, que obriga alguém a fazer ou deixar de fazer algo. Esse conceito genérico aplicado à atividade empresarial poder ser,

[38] BENJAMIN, Antônio Herman V. Fato do produto e do serviço... ob. cit., pp. 131-132.

[39] CAVALIERI FILHO, Sergio. *Programa de responsabilidade civil*... ob. cit., pp. 186-187.

por exemplo, uma norma jurídica que determina detalhadamente como se deve fabricar certo produto ou prestar determinado serviço.

Se a norma estabelece de forma estrita como se deve industrializar determinado bem, indicando com precisão os componentes, as quantidades, os métodos do processo fabril, etc. sem deixar espaço para a liberdade criativa do empresário; e se por conta disso o produto apresentar algum defeito, nos parece razoável que o fabricante [ou prestador de serviço] possa ter esse fato como uma excludente de responsabilidade. Ou seja, o fornecedor poderia se esquivar de responsabilização se comprovar que foi o cumprimento fiel da norma que originou o defeito.[40]

Diversamente, há muitos produtos que são fabricados mediante o cumprimento de certos padrões de conformidade e qualidade, com a aplicação de técnicas e/ou de insumos estabelecidos pelo poder público, que, entretanto, não restringem a liberdade empresarial completamente quanto à maneira de produzir o bem [ou prestar o serviço], pois apenas fixam regras mínimas para garantir maior segurança. O cumprimento dessas normas de conformidade ou qualidade não exclui a responsabilidade do fornecedor, pois há liberdade de empreender na maneira de fabricar e de organizar a atividade empresarial. Isso vale também para os casos de produtos que são testados, aprovados e autorizados pelo poder público, uma vez que isso comprova apenas a conformidade qualitativa dos bens,[41] por meio de amostras. Compreendemos que esse cumprimento de normas de qualidade/conformidade não se caracteriza como fato príncipe.

Diante de tudo até aqui exposto, a LGPD precisa ser compatibilizada com todo o ordenamento jurídico pátrio, sendo que o fato príncipe, o caso fortuito e a força maior (fortuito externo) são excludentes de responsabilidade aplicáveis às relações jurídicas sujeitas à LGPD, bem como à sua fonte subsidiária, o CDC.

[40] Nesse sentido, SILVA, João Calvão da. *Responsabilidade civil do produtor.* (Colecção Teses). Coimbra: Almedina, 1999, p. 725.

[41] Nesse sentido, ROCHA, Silvio Luís Ferreira da. *Responsabilidade civil do fornecedor pelo fato do produto no direito brasileiro.* (Biblioteca de direito do consumidor). 2. ed., vol. 4. São Paulo: RT, 2000, pp. 109-110. O autor prefere utilizar a expressão "controle imperativo administrativo" como causa excludente de responsabilidade.

8. Inversão do Ônus da Prova e Dano Coletivo

O § 2º do art. 42 da LGPD prevê a possibilidade de inversão do ônus da prova no processo civil, assemelhando-se ao previsto no inc. VIII do art. 6º do CDC, quanto à inversão do ônus da prova em benefício do consumidor. Isso porque, em geral, os agentes de tratamento de dados estarão em posse das provas necessárias à instrução do processo.

Isso deve ser visto à luz das hipóteses de excludentes de responsabilidade do art. 43 da LGPD, uma vez que caberá o ônus da prova ao agente de tratamento de dados (controlador ou operador), que precisará demonstrar que a hipótese concreta enquadra-se em uma daquelas excludentes previstas na lei.

Assim, em favor do titular de dados, no âmbito do processo civil, existe a possibilidade de inversão do ônus da prova em caso de hipossuficiência quanto à produção de provas ou se essa prova lhe for excessivamente onerosa; ou alegação verossímil (que parece verdadeira) pelo titular (LGPD, art. 42, § 2º).

A hipossuficiência do titular de dados se torna facilmente constatável quando se tem uma sociedade permeada pela cultura do *Big Data*[42], em que há uma coleta massiva de dados, muitas vezes até desnecessária. Diante dessa realidade, o titular de dados se encontra em uma posição claramente desfavorável, em que beira o impossível saber quais de seus dados estão sendo tratados, de que forma isso tem sido feito e quem seriam os agentes de tratamento.

Quanto ao dano coletivo, sem prejuízo de outras normas jurídicas tal qual o CDC, a LGPD prevê a possibilidade de ocorrer dano coletivo. Diferenciando-se do dano que provoca lesão pessoal e individual, o dano coletivo consiste em prejuízo a valores essenciais da sociedade, como, por exemplo, a publicidade abusiva que incita a violência nas crianças.

O CDC, art. 81, inc. II, traz um conceito que contribui para nossa análise: "[são] interesses ou direitos coletivos, assim entendidos, para efeitos deste código, os transindividuais, de natureza indivisível de que seja titular grupo, categoria ou classe de pessoas ligadas entre si ou com a parte contrária por uma relação jurídica base."

[42] *Big Data*: em português literal, Grandes Dados; ou, em sede de tecnologia da informação: grandes conjuntos de dados que são processados e armazenados.

No âmbito da proteção de dados, a LGPD prevê que o dano pode ser de ordem coletiva (art. 42, *caput*) e que o pleito para a reparação dele pode ser exercida judicialmente de forma coletiva, atendido ao que prevê a legislação aplicável (arts. 22 e 42, § 3º). Ou seja, pode ser haver apenas uma demanda para atender um grande número de interessados na tutela de dados pessoais.

As associações, a Defensoria Pública e – sobretudo – o Ministério Público têm legitimidade para propor as medidas judiciais em face do controlador e/ou operador em busca da reparação de danos coletivos pela violação de dados. Neste caso, são aplicáveis as normas que tratam de ações coletivas, como o CDC, art. 81, e a Lei 7.347/1985 (Lei da Ação Civil Pública), art. 1º, inc. IV.[43]

A inclusão da possibilidade de exercer coletivamente os direitos previstos no *caput* do art. 42 confere aos titulares de dados um poder maior do que se considerar uma tutela individual para frear abusos cometidos pelos agentes de tratamento. É de se destacar, novamente, a relevância da tutela coletiva para forçar mudanças, uma vez que somente com reiteradas decisões individuais conseguir-se-ia a diminuição e/ou erradicação de práticas abusivas pelos provedores de serviço. Uma efetiva mudança em toda configuração dos serviços só será possível por meio de mecanismos de tutela coletiva visando os interesses das vítimas[44].

Conclusões

A previsão quanto à responsabilidade civil dos agentes de tratamento de dados na LGPD (Lei n. 13.709/2018) demonstra que o legislador, ciente da realidade em que vivemos, se preocupou em assegurar que o titular de dados encontrasse instrumentos capazes de tutelar a sua privacidade, bem como também de responsabilizar aquele que deu causa ao tratamento ilícito de seus dados pessoais.

[43] Há outras normas que prevêem questões envolvendo tutelas jurídicas, interesses e danos coletivos, como: Lei n. 8.069/1990 (ECA – Estatuto da Criança e do Adolescente), arts. 148, IV, 201, V, 208, § 1º, e 210, *caput*; e a Lei n. 12.965/2014 (Marco Civil da Internet), art. 30.

[44] LEONARDI, Marcel. *Tutela e privacidade na internet*. São Paulo: Saraiva, 2011, p. 245.

Embora tal normativa seja louvável diante da lacuna que existia até então no ordenamento, no que tange à proteção de dados, permanece a inquietação jurídica de como se dará a utilização pragmática dos instrumentos disponibilizados ao titular pela lei e como isso impactará as relações sociais (civis) e econômicas (consumeristas e empresariais) nos próximos anos.

O que é possível aferir com a análise da Seção III do Capítulo VI da Lei (arts. 42 a 45) é que o agente de tratamento de dados deverá tomar todas as medidas necessárias para estar em conformidade com a LGPD, fazendo adequações não só em contratos e termos de uso, mas principalmente nos mecanismos de segurança que emprega para tratar dados pessoais, o que implica sobremaneira nos investimentos que deverão ser feitos, como também na indispensável integração entre os mais diversos setores de empresas.

Também, a LGPD deixa claro que todos os participantes da cadeia de tratamento poderão ser responsabilizados pelo tratamento irregular de dados pessoais, de forma que eventual direito de regresso poderá ser exercido posteriormente. Cumpre ressaltar que esse cuidado do legislador, baseado no regulamento europeu que o inspirou, pretende assegurar que haja a efetiva reparação de danos do titular que sofreu com o tratamento inadequado de seus dados, da mesma forma que visa impactar a maneira como se trata dados pessoais hoje em dia.

Considerando-se que a proteção de dados pessoais é algo recente na legislação brasileira, haverá, por certo, efeitos na forma como a responsabilização e o ressarcimento de danos serão tratados. Prevê-se, baseado no que se deu com o advento do Código Consumerista, que em um primeiro momento de adaptação, nos deparemos com ações temerárias, decisões esdrúxulas, além da inevitável desídia por grande parte dos agentes.

Contudo, levando em conta a movimentação que se observa desde a promulgação do GDPR na Europa, o que se imagina é que as adequações no comportamento da sociedade brasileira – quanto a dados pessoais – venha em uma velocidade muito maior do que aconteceu com os direitos do consumidor (advindos com o CDC). Isso não só pela velocidade da troca de dados de hoje em dia, mas pelo amadurecimento que se espera ter conseguido diante de outras matérias, sem prejuízo do maior da velocidade e do nível de informações que as pessoas têm acesso.

Também não é demais ressaltar que os agentes de tratamento deverão se atentar especialmente com a segurança da informação, que exercerá um papel substancial nas adequações esperadas em razão da lei, devendo o agente estar constantemente ciente das mais recentes atualizações nesse aspecto para se resguardar efetivamente de eventuais responsabilizações.

Outra movimentação desejada, mas não tão comum para o cenário brasileiro, é a tutela do titular de dados pessoais via ações coletivas que podem trazer uma eficácia legislativa muito mais robusta do que uma enxurrada de ações pontuais que demandariam um lapso temporal muito superior até que se consiga estabelecer padrões efetivos de proteção de dados.

Por fim, à semelhança do CDC, a lei de proteção de dados demonstra um caráter fortemente disruptivo (de quebra de paradigma), traçando um novo cenário para a proteção da privacidade, diante da indispensabilidade do tratamento de dados pessoais, sem ignorar a desejada privacidade de seus titulares. Destarte, a responsabilização do agente de tratamento e o ressarcimento de danos ao titular contribuem sobremaneira para a eficácia da LGPD, disponibilizando ao cidadão os meios de tutela de seus direitos, ao passo que limita quais são as obrigações dos agentes, o que em pouco tempo beneficiará a sociedade como um todo.

Referências

AGUIAR, Roger Silva. *Responsabilidade civil objetiva: do risco à solidariedade*. São Paulo: Atlas: 2007.

ALSINA, Jorge Bustamante. *Teoria general de la responsabilidad civil. Teoria general de la responsabilidad civil. Octava edición*. Buenos Aires: Abeledo-Perrot, 1993.

ALVIM, Agostinho. *Da inexecução das obrigações e suas consequências*. 5. ed. São Paulo: Saraiva, 1980.

BENJAMIN, Antônio Herman V. "Fato do produto e do serviço". *In:* BENJAMIN, Antônio Herman V.; MARQUES, Cláudia Lima; BESSA, Leonardo Roscoe. *Manual de direito do consumidor*. 2. ed. São Paulo: RT, 2009.

BESSA, Leonardo Roscoe. *Relação de consumo e aplicação do Código de Defesa do Consumidor*. 2 ed. São Paulo: RT, 2009.

CARVALHO DE MENDONÇA, Manuel Inácio. *Doutrina e prática das obrigações*. 4. ed. aumentada e atualizada por José de Aguiar Dias, T. II. Rio de Janeiro: Forense, 1956.

CAVALIERI FILHO, Sergio. *Programa de responsabilidade civil Programa de responsabilidade civil*. 9. ed. São Paulo: Atlas, 2010.

CHAVES, Luis Fernando Prado. "Responsável pelo tratamento, subcontratante e DPO". *In:* MALDONADO, Viviane Nóbrega; BLUM, Renato Ópice. *Comentários ao GDPR.* São Paulo: Thomson Reuters, 2018.

CRUZ, Gisele Sampaio da. *O problema do nexo causal na responsabilidade civil.* Rio de Janeiro: Renovar, 2005.

GARCIA, Enéas Costa. *Responsabilidade civil dos meios de comunicação.* São Paulo: Juarez de Oliveira, 2002.

LEONARDI, Marcel. *Tutela e privacidade na internet.* São Paulo: Saraiva, 2011.

LISBOA, Roberto Senise. *Responsabilidade civil nas relações de consumo.* São Paulo: RT, 2001.

MARQUES, Cláudia Lima. "Diálogo das fontes". *In:* BENJAMIN, Antônio Herman V.; MARQUES, Cláudia Lima; BESSA, Leonardo Roscoe. *Manual de direito do consumidor.* 2. ed. São Paulo: RT, 2009.

MARTON, G. *Fondements de la responsabilité civile: revision de la doctrine, essai d'un systeme unitaire.* Paris: Recueil Sirey, 1938.

NUNES, Rizzatto. *Comentários ao código de defesa do consumidor.* 4. ed. São Paulo: Saraiva, 2009.

PEREIRA, Caio Mário da Silva. *Instituições de direito civil.* 12. ed., vol. III (Fonte das obrigações). Rio de Janeiro: Forense, 2006.

______. *Responsabilidade civil.* 2. ed. Rio de Janeiro: Forense, 1991.

ROCHA, Silvio Luís Ferreira da. *Responsabilidade civil do fornecedor pelo fato do produto no direito brasileiro.* 2. ed., vol. 4 (Biblioteca de direito do consumidor). São Paulo: RT, 2000.

SILVA, João Calvão da. *Responsabilidade civil do produtor* (Colecção Teses). Coimbra: Almedina, 1999.

TEIXEIRA, Tarcisio. *Comércio eletrônico: conforme o Marco Civil da Internet e a regulamentação do e-commerce no Brasil.* São Paulo: Saraiva, 2015.

______. *Curso de direito e processo eletrônico: doutrina, jurisprudência e prática.* 4. ed. São Paulo: Saraiva, 2018.

______. *Direito empresarial sistematizado: doutrina, jurisprudência e prática.* 8. ed. São Paulo: Saraiva, 2019.

______. *Manual da compra e venda: doutrina, jurisprudência e prática.* 3. ed. São Paulo: Saraiva, 2018.

______. *Marco Civil da Internet comentado.* São Paulo: Almedina, 2016.

TEIXEIRA, Tarcisio; ARMELIN, Ruth Maria Guerreiro da Fonseca. *Manual da proteção de dados:* Lei n. 13.709/2018 comentada artigo por artigo; teoria, prática e modelos (no prelo).

VENOSA, Sílvio de Salvo. *Direito civil: responsabilidade civil.* 13. ed., vol. 4. São Paulo: Atlas, 2013.

VERÇOSA, Haroldo Malheiros Duclerc. *Responsabilidade civil especial nas instituições financeiras e nos consórcios em liquidação extrajudicial.* São Paulo: RT, 1993.

13. A Governança Corporativa Aplicada às Boas Práticas e *Compliance* na Segurança dos Dados

Adalberto Simão Filho

1. Introdução

Com o advento da Lei nº 13.079 de 2018, que dispõe sobre o tratamento de dados pessoais, complementa-se o arcabouço protetivo estabelecido nos princípios reguladores do Marco Civil da Internet, com relação à proteção dos direitos fundamentais de liberdade e de livre desenvolvimento da personalidade da pessoa natural, contendo claros fundamentos no respeito à privacidade, autodeterminação informativa, liberdade de expressão, informação, comunicação e opinião, inviolabilidade da intimidade, honra e imagem, além de buscar o desenvolvimento econômico e tecnológico e a inovação sob fundamento dos princípios de livre iniciativa, livre concorrência, defesa do consumidor, sempre sob a ótica do livre desenvolvimento da personalidade, dignidade e realce ao exercício da cidadania, e lastreado nos direitos humanos.

O âmbito de aplicabilidade da lei refere-se às operações de tratamento de dados realizadas tanto pelas pessoas naturais ou por pessoas jurídicas, independente do meio, do país de sua sede ou dos países onde se localizam os dados, observadas as condicionantes estipuladas nos seus arts. 3º e 4º.

A legislação em comento encerra um capítulo sobre segurança e boas práticas no tratamento dos dados, além de adotar claros princípios de governança nos arts. 46 a 51. E são estas disposições que procuraremos melhor explicitar neste artigo, esclarecendo que efetivamos a opção de ajustar o conteúdo proposto, ao sistema clássico de governança corporativa no âmbito do que terminologicamente se convencionou denominar de *compliance*, aqui visto no sentido de se buscar conformidades com leis e regulamentos externos e internos.

Há uma interdisciplinaridade muito vasta quando se pretende abordar o sentido da expressão governança corporativa como elemento prévio à avaliação da governança de dados proposta pelo legislador, justamente por envolver todo um sistema composto de regras de diversas naturezas para se chegar às melhores práticas que poderão ser estabelecidas pela empresa e instituições no trato desta disciplina.

Há premissas que norteiam a condução e governança dos dados onde o responsável pelo tratamento deve tomar as medidas adequadas para fornecer ao titular as informações legais e qualquer comunicação a respeito do tratamento a ser empreendido, de forma concisa, transparente, inteligível e de fácil acesso, utilizando uma linguagem clara e simples, em especial quando as informações são dirigidas especificamente para crianças.

Simon Deakin e Alan Hughes[1], vislumbrando a complexidade de detalhes que envolvem a prática da governança e o caráter interdisciplinar no qual se relacionam para a intelecção apropriada, matérias legais e econômicas, contábeis e de gestão, dentre outras, apresentam um gráfico do inter-relacionamento entre partes relacionadas, gerado por esta prática, onde estando a empresa no centro, e contendo a mesma os seus órgãos sociais, há uma extensa comunicação desta com os membros destes. Em contrapartida, uma interação entre a empresa e seus acionistas e, finalmente, entre a empresa, seus empregados, os consumidores, o mercado, os agentes financeiros e institucionais com vistas a criar um padrão adequado de conduta empresarial.

O sistema de governança de dados, conjugado aos conceitos de boa governança corporativa, pretende a adoção de melhores práticas que possam levar a uma relação harmônica entre todos estes agentes responsáveis pelo tratamento de dados, titulares dos dados, empresas, instituições e mercados, conforme será aprofundado.

Há ainda que se realçar os recentes movimentos legislativos que procuram estabelecer a proteção de dados pessoais, inclusive em meios digitais, como um direito individual de todos os brasileiros e estrangeiros residentes

[1] DEAKIN, Simon; HUGHES, Alan. *Enterprise and community:* New Directions in Corporate Governance. Cambridge: Blackwell,1997, p. 01.

no pais[2] a denotar a necessidade de se organizar e gerar uma governança para a matéria de proteção e tratamento de dados, de forma mais eficiente e efetiva.

Arturo Capasso[3] ao avaliar a questão metodológica da governança corporativa, que deverá se adaptar para a realidade da necessidade protetiva de dados, conclui que a mesma pode ser observada por duas perspectivas distintas; a positiva e a normativa.

No que tange a perspectiva positiva, o objetivo consistirá exatamente na individualização clara dos princípios e mecanismos que regularão o sistema, atentando-se inclusive para a questão do exercício do poder e da gestão para harmonização da prática.

O perfil normativo é definido por meio da otimização de regras, a forma de colocação em prática destes princípios e mecanismos, bem como da forma de submeter os participantes corporativos ao regramento. As seguintes características gerais da perspectiva normativa de uma governança são apresentadas por Arturo Capasso[4]:

a) Assegurar o desenvolvimento e a competitividade da empresa por longo período;
b) Garantir eficiente alocação de recursos financeiros e de fatores de produção;
c) Favorecer a mobilidade de função empreendedora quando esta possa se traduzir na criação de valor econômico;
d) Conciliar a finalidade empreendedora com as legítimas aspirações de todos os que se envolvem na atividade da empresa, inclusive os controladores.

Enfim, a governança corporativa, vista como um sistema, é instituto que contribui para que empresas e instituições possam bem adaptar certas regras advindas da lei geral de proteção de dados à atividade exercida,

[2] A propósito, a Proposta de Emenda Constitucional (PEC) apresentada pelo Senador Eduardo Gomes (MDB-TO), que visa a inserção da proteção de dados pessoais no rol das garantias individuais, ao lado de direitos fundamentais já consagrados, que se encontra em plena tramitação com a aprovação pelo Senado.

[3] CAPASSO, Arturo. *Asseti proprietari e governo d'impresa-Corporate Governance e risorse immateriali.* Milão: Cedam, 1996, p. 07.

[4] Ibidem.

independente de sua natureza, observando-se primordialmente, o negócio que operam em seu objeto social além das características próprias de tratamento de dados que realizam por força de suas atividades, em sintonia com o mercado na qual estas se inter-relacionam, de forma tal, que os resultados sejam satisfatórios para todo aquele que se envolver direta ou indiretamente na atividade desenvolvida, no espectro de abrangência das melhores práticas adotadas.

2. A Governança Corporativa numa Visão Histórico Evolutiva

A governança corporativa, a par de não possuir tecnicamente um conceito jurídico mas sim administrativo econômico, por estar ligada à gestão, pode se entendida como a submissão da empresa e de seus órgãos sociais a um sistema de regras impositivas de conduta que abrange determinadas práticas de fundo ético e moral, criadas para esta finalidade ou pré-existentes, que se refletem na sua administração; relacionamentos entre sócios, administradores e grupos de interesse social com os quais há interação, tais como, funcionários, prepostos, acionistas, fornecedores, clientes, além do estado e o mercado em geral, de forma positiva para que se cumpra o objeto social e se atinja o fim social dentro de certos parâmetros tidos por razoáveis e corretos.

Nos anos setenta inicia-se nos Estados Unidos, um movimento para a implementação de melhores práticas corporativas, cunhado com a expressão *Corporate Governance*, na época relacionada ao sistema pelo qual eram administradas as sociedades americanas.

Segundo Lélio Barbiera[5], além da questão administrativa, a expressão contempla também a intelecção de práticas ligadas a um sistema normativo específico e regulamentos governativos que dizem respeito inclusive à *Security Corporations Acts* e às regras (*rules*) da SEC (*Security Exchange Commission*) estadunidense, que culminam por limitar a liberdade da sociedade mas evitam abusos e danos advindos da prática societária.

Reconhecendo a importância econômica, social e jurídica da corporação, a doutrina norte-americana reclamava inovações, pelo menos no âmbito das grandes corporações, haja vista que as leis federais e estaduais

[5] BARBIERA, Lélio. *Il Corporate Governance in Europa*. Milano: Giuffrè Editore, 2000, p. 01.

de até então, não contemplavam práticas específicas relacionadas ao órgão de administração que efetivamente detinha o comando da empresa e, ainda, às questões ligadas a imparcialidade dos comitês de gestão e vigilância.

Dentro deste contexto de reforma, em 1982, o ALI (*American Law Institute*), fez editar os "Principles of Corporate governance and structure, restatement and recommendations", que delineavam princípios para determinadas práticas corporativas e recomendava a criação de certas estruturas internas que possibilitassem a implementação do sistema[6].

Merecem destaques especiais as ações empreendidas por Robert A. G. Monks,[7] para que se estabelecesse a prática da Governança Corporativa nos Estados Unidos. Segundo Hilary Rosenberg[8], Monks, até então um advogado, envolve-se com negócios da família e torna-se um bem-sucedido empresário e executivo.

Verificando as distorções do sistema corporativo norte-americano, onde o destino das companhias não era traçado por seus proprietários, mas pelos executivos que as dirigiam (fato que ocorria em razão do sistema de comando e volume de ações necessárias para se atingir quórum deliberativo) e que, em muitos casos somente se interessavam na mantença de seus privilégios a custa do comprometimento dos resultados financeiros das corporações, aliado ao fato de que a busca dos acionistas se dissociava desta posição, na medida em que estes pretendiam a maximização do valor de suas ações, Monks passa a se tornar um ativista corporativo, defendendo

[6] Estas práticas previam, ao contrário da legislação federal até então vigente, maior liberdade de ação aos diretores e administradores, porém, ligadas a certos preceitos éticos específicos. Nesta época o Estado de Delaware (EUA) possuía legislação corporativa bastante flexível e que especificamente reservava aos diretores uma liberdade de ação muito maior do que em outros Estados. Esta foi uma das principais razões pela qual se instalou em Delaware empresas como a *General Motors, Ford, Standard Oil,* entre outras.

[7] Robert A. G. Monks é autor de várias obras relacionadas às práticas de *Corporate Governance*, entre as quais pode-se citar *Power e Accountability* – 1991, que trata da necessidade de monitoramento das empresas por seus acionistas, inclusive os institucionais; *Corporate Governance* – 1995, que se resume em um manual para a prática da governança corporativa com análise de casos ocorridos nos Estados Unidos e em outros países; *Watching the Watcher's* – 1996, escrito com Nell Minow, que se trata de uma obra especialmente dedicada aos Conselhos de Administração, contendo um *business plan* dedicado ao funcionamento dos Conselhos de Administração do futuro; *The Emperor's Nightingale* – 1998, onde se procura analisar a relação entre as várias partes constitutivas de uma empresa e seus acionistas.

[8] Na obra intitulada *Mudando de Lado*, que relata a luta de Robert A. G. Monks pela Governança Corporativa nos EUA.

certas posições com fins a obtenção de melhores práticas na condução dos negócios sociais.

Mesmo reconhecendo a extraordinária importância dos investidores institucionais e dos fundos de pensões que cresciam suas participações acionárias nos mais diversos segmentos e, tendo desenvolvido atividades organizacionais destes fundos, quando trabalhou em órgão previdenciário, passou a desenvolver seus ideais corporativos e estratégicos junto ao setor privado, onde organizou um sem número de blocos de acionistas para atuar diretamente nas Assembleias Gerais das Corporações, obtendo êxito nas mais diversas oportunidades.

Para Robert A. G. Monks[9], *Corporate Governance* se faz por meio do relacionamento entre vários participantes para determinar a direção e a performance da corporação, observando-se determinadas práticas. Os participantes primários deste relacionamento são em primeiro lugar os acionistas, seguidos pelos diretores e chefes executivos e pelos membros do Conselho de Administração. Os participantes secundários são os empregados, clientes compradores, fornecedores, entidades de crédito e comunidade.

A expressão *Corporate Governance* e seu sentido específico voltado para melhores práticas, foi se ampliando e passou a ganhar conceito na Europa e no Japão.

Já em 1991[10], há um fato histórico na Inglaterra, com a criação pelo Banco da Inglaterra, de uma comissão para a elaboração de um Código de Melhores Práticas de Governança Corporativa, chefiada por Adrian Cadbury, que exercia a função de *Chairman* do Comitê de Assuntos Financeiros do Conselho de Administração do Banco da Inglaterra.

[9] Na obra conjunta com Nell Minow, intitulada *Watching the Watchers*, p.17, Monks pergunta: "What is corporate governance?" Resposta: "It is the relationship among various participants in determining the direction and performance of corporations. The primary participants are (1) the shareholders, (2) the manegement (led by the chief executive officer), and (3) the board of directors. Other participants include the employees, customers, suppliers, creditors, and the community."

[10] Os dados a respeito do *Cadbury Report* foram colhidos na obra de João Bosco Lodi, *Governança Corporativa*, p.55, onde se encontra o caso narrado de forma mais completa. Cf. LODI, João Bosco. *Governança Corporativa* – O Conselho da Empresa e o Conselho de Administração. Rio de Janeiro: Campus, 2000.

Esta comissão atuava conjuntamente com a Bolsa de Valores de Londres, com a associação que agrega os Contadores da Inglaterra e com o *Financial Reporting Council* (Conselho de Relatórios Financeiros).

Elaborou-se então, o Relatório Cadbury, divulgado em dezembro de 1992, com clara inspiração no sistema de inter-relacionamento empresa/investidores do mercado norte americano, que possui dinamismo e características peculiares.

O Relatório Cadbury definiu a Governança Corporativa como o sistema pelo qual as companhias são dirigidas e controladas. Este código de melhores práticas dava importância total aos Conselheiros, a quem foram apresentadas as maiores considerações ligadas à responsabilidade, características, importância do Conselho e perfil ideal do conselheiro.

Posteriormente, no prosseguimento das atividades, foi designado Ronald Hampel, que exercia a presidência do Conselho da *Imperial Chemical Industries*, para presidir uma comissão que daria seguimento aos trabalhos. Os resultados foram divulgados em janeiro de 1998 por meio do Relatório Hampel,[11] que enfatizou a necessidade da transparência nas informações e nas decisões em nível empresarial.

No Relatório Hampel se tratou de questões ligadas à função do conselheiro, sua remuneração e relação com os acionistas; a prestação de contas, auditorias e a figura do Conselheiro Externo, tudo com vistas à profissionalização do cargo e a necessidade de treinamento para o exercício da função.

A tônica da ação dos conselheiros segundo o Relatório Hampel, é a boa-fé nas ações de interesse da companhia, a diligência cuidadosa e a habilidade no exercício do cargo. O dever de informar é característica que também prepondera.

Outros fatos de impacto no tema em estudo: Em 1998 foi criado um grupo de estudos sob a coordenação de Ira M. Millstein, que atuou junto a entidade norte-americana OECD[12] (*Organization for Economic Co-Operation and Development*), que resultou na elaboração do Relatório Millstein, que versava basicamente sobre os seguintes pontos:

[11] Texto integral do Relatório Hampel pode ser encontrado na obra: BARBIERA, Lélio. *Il Corporate Governance in Europa*. Milano: Giuffrè Editore, 2000, p. 131 et seq.

[12] Os dados a respeito foram colhidos na obra: LODI, João Bosco. *Governança Corporativa* – O Conselho da Empresa e o Conselho de Administração. Rio de Janeiro: Campus, 2000, p. 72. Há também o texto integral da declaração de princípios da OECD para *Corporate Governance*, na obra: BARBIERA, Lélio. *Il Corporate Governance in Europa*... ob. cit., p. 171 et seq.

1. Verificação do objetivo corporativo com fins de maximizar o valor do acionista, com vistas para os outros *stakeholders*;
2. Transparência e independência na ação dos conselhos de administração;
3. Adaptabilidade das práticas de governança corporativa aos padrões da empresa;
4. Adoção de regras universalistas para a contabilidade.

Em maio de 1999, foi aprovado pela OECD um documento denominado de "Princípios da OECD para a Governança da Sociedade", que desenvolve temas como:

1. Tratamento igualitário dos acionistas;
2. Grupos de interesse social e a função dos *stakeholders*;
3. Transparência contábil nos relatórios e comunicação com o mercado;
4. Conselho de Administração – aspectos funcionais;
5. Tratamento da empresa junto aos grupos de interesse social, tais como empregados, fornecedores, credores, clientes e comunidades, entre outros.

Enfim, parece-nos que, hodiernamente, a prática da governança corporativa nos mais diversos países, está em evolução e crescimento. Como se trata de um sistema, onde gestores e controladores passam a adotar certos princípios para o exercício da atividade empresarial e da busca ao fim social, nada obstará que a mesma seja implementada, independente das regras legais do país na qual a empresa interessada está instalada, mesmo que com vistas à proteção dos dados pessoais sensíveis.

A propósito, Cíntia Rosa Pereira Lima, em sua primorosa e inovadora investigação científica, menciona que o direito à proteção de dados pessoais é distinto dos direitos da personalidade tradicionais, considerando os dados pessoais como elementos externos à pessoa, todavia, detentor do mesmo ponto de referência objetivo relacionado ao valor do indivíduo na sociedade, redundando na imposição de regras de conduta no tratamento dos dados. Sendo o direito à proteção de dados pessoais inerente ao desenvolvimento do ser humano ou das atividades desempenhadas, inclusive no âmbito empresarial, deve ser tutelado como um direito de personalidade autônomo[13].

Razão pela qual, este artigo enfatiza a ideia de governança de dados por meio de um sistema criado a partir da elaboração e implantação de um código de conduta que possa efetivamente refletir na proteção dos dados pessoais, privacidade e personalidade humana.

A consequência da implantação de um sistema de governança corporativa integrado com um sistema que comporte a segurança e o sigilo de dados, poderá ser sentida e repercutida na forma como a sociedade, governo e mercados passam a ver e a se relacionar com as empresas e as instituições, com possível reflexo positivo nas finanças e na operação, independente do custo da implantação do sistema de melhores práticas para a governança.

3. Objetivos a Serem Perseguidos com as Melhores Práticas de Governança Corporativa

A governança corporativa concretiza-se por meio da adesão do ente interessado, a um sistema de regras e de práticas estabelecidas em consenso.

Parte da premissa da necessidade de transparência em relação ao mercado e aos fatos internos empresariais que refletem, inclusive, na elaboração do próprio sistema de informes contábeis.

A totalidade das informações contábeis e de mercado deve ser realizada de tal forma, que efetivamente se possa aquilatar o estado atual da companhia em atenção às regras que contenham os deveres de informação, diligência e lealdade.

O administrador a despeito de seus deveres legais e institucionais, deve observar o necessário sigilo a respeito dos negócios que possuam tal característica.

Enfim, a governança corporativa quando implementada, visa não só uma forma mais dinâmica de se atingir o objeto social da empresa, como também enfatiza o seu fim social.

[13] Lima, Cintia Rosa Pereira de. *A imprescindibilidade de uma entidade de garantia para a efetiva proteção dos dados pessoais no cenário futuro do Brasil.* Tese de Livre Docência defendida na Faculdade de Direito de Ribeirão Preto, Universidade de São Paulo, 2015, p. 113.

Este fato ocorre quando o conjunto de normas e regras em sinergia passa a imprimir e a obrigar respeito a um plano de ação e de atuação dos administradores, que reflete junto aos acionistas, conselheiros, fornecedores, empregados e a comunidade em geral, com resultados práticos e econômicos sensíveis.

A consequência é uma empresa mais competitiva e atraente para o mercado consumidor e investidor, apesar dos custos de implantação do procedimento, possibilitando, inclusive, que esta seja receptora de aportes de capitais expressivos por meio da colocação de seus valores mobiliários, advindos de investidores institucionais nacionais e estrangeiros, que tenham por regra somente negociarem com empresas que estejam comprometidas com a boa prática da governança corporativa.

João Bosco Lodi[14], ao avaliar cerca de 49 códigos de melhores práticas de empresas das mais diversas nacionalidades, em especial das norte-americanas, apresenta vários pontos em comum entre estes, como: presidente do conselho deve se profissionalizar e não deve ser presidente da diretoria; deve haver maioria de conselheiros externos sobre conselheiros acionistas; os conselheiros externos devem ser captados no mercado e não nos quadros de ex-diretores da companhia; avaliação anual de diretores presidentes e de conselheiros; ausência de conflito de interesses entre conselheiros externos e a empresa. Da necessidade decorrente da LGPD de se efetivar uma governança de dados como elemento de proteção dos titulares e, indiretamente da empresa ou instituição, é de se verificar que os códigos de conduta serão adaptados para a nova realidade como se apontará em capítulo específico.

Estas recomendações são pertinentes, mas não se pode olvidar que um delineamento expressivo da conduta do administrador e dos acionistas controladores no que tange aos seus deveres e responsabilidades, em especial àqueles estatuídos no art. 153, que trata do dever de diligência; no art. 155, que dispõe sobre o dever de lealdade, e no art. 157 da Lei nº 6404/76, sobre o dever de informar, se constituem em elementos primorosos para amparar toda a ideologia voltada para a organização do código de conduta no que tange à governança de dados.

[14] LODI, João Bosco. *Governança Corporativa* – O Conselho da Empresa e o Conselho de Administração. Rio de Janeiro: Campus, 2000, p. 33.

Com este cabedal de regras e princípios, se pode bem delinear o contexto protetivo primário das regras de melhores práticas no tratamento dos dados, em sintonia com a função dos órgãos sociais da empresa ou instituição, visando gerar um ambiente de governança corporativa, aliando-se ou adicionando-se às mesmas, as regras que forem estabelecidas para a marcha do negócio, com fins a atingir o objetivo maior e o fim social com harmonia e equilíbrio.

4. Valores e Eticidade na Governança dos Dados

A governança na gestão da empresa visa a obtenção de resultados de realce em vários campos, a partir de uma pré-disposição a uma nova forma de conduta lastreada em princípios éticos e de boas práticas a serem adotados pela empresa e instituições e por todos os que com ela se inter-relacionam como agentes principais.

A governança corporativa aplicada à atividade empresarial é resultante da adoção de princípios tidos por norteadores da conduta dos administradores, com reflexos diretos na gestão, na empresa e na sua relação *interna corporis*, entre acionistas e com o mercado, lastreando-se tal conduta em princípios éticos aceitos como ideais pelos seus instituidores.

Tanto a governança corporativa como a governança dos dados, na forma pretendida pelo legislador, estão claramente associadas a estes ideários. Razão pela qual se conjugou neste artigo os dois sistemas de governo e gestão, com a observação de que os mesmos são independentes e podem ser implantados de forma individual ou coletiva. É espírito da legislação que o sistema de governança de dados se conjugue com os demais sistemas de gestão operados na empresa ou na instituição, a demonstrar a ideia da busca da homogenia.

Já mencionou Carlos Llano Cifuentes[15], que "*el proceder ético de la empresa se resume en el desarrollo de las personas que la integran o con las que establece relaciones*".

As regras de conduta e princípios que regerão a prática da governança corporativa, são estabelecidas pelos órgãos sociais da empresa que podem,

[15] CIFUENTES, Carlos Llano. *Dilemas Éticos de la Empresa Contemporânea.* 2ª Reimpressão México: Fondo de Cultura Económica, 2000, p. 80.

para o desiderato, criar outros órgãos de auxílio na administração ou para a verificação das atividades concernentes às práticas da governança.

Para fins de viabilizar o procedimento de governança corporativa, os poderes supremos da empresa deliberam a respeito da criação das normas que resultarão num padrão *standard* comportamental, bem como na forma de torná-las exigíveis em ambiente corporativo.

Os administradores da empresa se sujeitarão às normativas e, caso a conduta seja contrária a qualquer delas, poderá haver a sanção disciplinar prevista no regulamento de regras corporativas.

Estes administradores farão com que os funcionários e subordinados cumpram as regras de governança corporativa, no que lhes disser respeito. Os contratos de trabalho de empresas que professam a governança corporativa como prática, possuem cláusulas no sentido de que o funcionário não só conhece as regras a que irá se submeter no curso de sua atividade funcional, como se compromete a bem seguir o regramento. Desvios podem gerar a tomada imediata de providências funcionais em face do funcionário faltoso, a critério da empresa.

Finalmente, não é incomum que empresas que pratiquem a governança corporativa, também coloquem em relevo o aspecto social, passando a operar como empresas cidadãs ou empresas socialmente responsáveis, para dar a sua margem de contribuição à sociedade.

5. A Segurança do Sistema de Dados

Os sistemas utilizados para o tratamento de dados pessoais devem ser estruturados de forma a atender aos requisitos de segurança, aos padrões de boas práticas e de governança e aos princípios gerais previstos na Lei e demais normas regulamentares, a demonstrar a necessidade de intensa aplicação de *compliance* nas operações de tratamento de dados.

Os dados pessoais coletados e em vias de tratamento pela empresa devem estar protegidos por meio da adoção de medidas de segurança técnicas e administrativas que possuam a necessária aptidão para protegê-los de acessos não autorizados e de situações acidentais ou ilícitas de destruição, perda, alteração, comunicação ou qualquer forma de tratamento inadequado ou ilícito, desde a fase da concepção do produto ou do serviço até a sua execução. Há ainda a obrigação de os agentes de tratamento dos dados ou pessoas que intervenham em alguma das fases de tratamento destes, de garantir a segurança da informação coletada, mesmo após o término do tratamento.

Este nível de segurança exigido pelo Art. 46 da lei, não destoa da necessidade de se atender às disposições da Autoridade Nacional de Proteção de Dados, acerca dos padrões técnicos mínimos a serem exigidos no tratamento dos dados sensíveis em sintonia com o estágio atual do desenvolvimento tecnológico, cabendo ao controlador o dever de comunicar em prazo razoável à autoridade nacional e ao titular dos dados, a ocorrência de incidente de segurança que possa acarretar risco ou dano relevante aos titulares, tais como a descrição da natureza dos dados pessoais afetados; as informações sobre os titulares envolvidos; a indicação das medidas técnicas e de segurança utilizadas para a proteção dos dados, observados os segredos comercial e industrial; os riscos relacionados ao incidente; os motivos da demora, no caso de a comunicação não ter sido imediata; e as medidas que foram ou que serão adotadas para reverter ou mitigar os efeitos do prejuízo.

Caberá à Autoridade Nacional de Proteção de Dados verificar a gravidade do incidente, podendo, em caso de necessidade, com vistas à salvaguarda dos direitos dos titulares, determinar ao controlador a adoção de providências, tais como a ampla divulgação do fato em meios de comunicação; e medidas para reverter ou mitigar os efeitos do incidente.

Na análise da gravidade do incidente e alcance, a Autoridade Nacional poderá solicitar aos agentes de tratamento de dados, comprovações de que foram adotadas as medidas técnicas adequadas que tornem os dados pessoais afetados ininteligíveis, no âmbito e nos limites técnicos de seus serviços, para terceiros não autorizados a acessá-los.

6. A Governança dos Dados no Âmbito do Regramento de Boas Práticas

A governança do sistema de dados poderá ser criada de forma individualizada ou, ainda, de forma integrada, observada uma clara sintonia com as finalidades e propósitos de um programa que já possa ter sido instituído pela empresa, visando a governança corporativa e a implantação de um código de melhores práticas também denominado de código de boa conduta.

Não se confunde o código de boa conduta com os princípios éticos que são inerentes à pessoa. Para Carlos Llano Cifuentes,[16] o código de conduta deve ser visto como uma norma representativa de um ideal de comportamento. Porém, o autor esclarece que o comportamento real não reside na norma, mas sim, na virtude ou capacitação do indivíduo para atuar, de modo que possa abranger os aspectos normatizados no código de boa conduta.

Este deverá ser um dos desafios da empresa contemporânea e das instituições, ou seja, como fazer para que os agentes internos a quem se dirige o código de boa conduta, se afinem com os ideais normatizados no código, haja vista que será difícil impor sanção pela prática contrária.

Sobre a questão conceitual, Jorge Pinzón Sánchez[17] esclarece que códigos de conduta empresarial são:

> entendidos como conjuntos de reglas básicas aplicables a algunos aspectos de la administración, control e información de las empresas que, sin necesidad de sanción legal, al estilo del célebre "Code of Best Practice" propuesto em Gran Bretaña em 1992 por la Comisión Cadbury, pueden ser útiles para difundir y generalizar pautas de conductas profesionales y transparentes, indispensables en el interior de las empresas y en sus relaciones recíprocas para enfrentar y sortear una crisis generalizada o "sistémica".

Há autores, a exemplo de Carlos Lano Cifuentes[18], que entendem que os códigos de conduta poderiam ser baseados ou inspirados no decálogo bíblico que consiste na quinta-essência dos princípios de conduta aceitos pelas grandes civilizações da história. Cifuentes[19] apresenta a seguinte propositura de princípios formais atinentes à atividade empresarial:

a) O bem deve prosperar e evitar-se o mau;
b) Não se deve empregar meios moralmente maus ainda que os fins sejam bons;
c) Não se deve buscar fins bons que tenham efeitos resultantes desproporcionalmente maus;

[16] CIFUENTES, Carlos Llano. *Dilemas Éticos de la Empresa Contemporânea*... ob. cit., p. 84.

[17] LÓPEZ. Juan Torres. *Analisis Econômico del Derecho*. Madrid: Editorial Tecnos, 1987, p. 33.

[18] CIFUENTES, Carlos Llano. *Dilemas Éticos de la Empresa Contemporânea*... ob. cit., p. 107.

[19] Ibidem, p. 89 et. seq., tradução livre.

d) Há que se considerar valioso tudo aquilo que contribua para o desenvolvimento do homem;
e) O homem deve capacitar-se nas virtudes necessárias para alcançar uma vida plena e completa;
f) Trabalhe de tal forma que seus atos possam erigir-se em norma universal de conduta;
g) O bem comum é preferível ao bem privado se ambos são da mesma ordem;
h) A pessoa não deve ser considerada como meio, mas sim como fim. O bem não é menor porque beneficia a outro e nem o mal é maior porque prejudica a si;
i) Proibir não é mau nem permitir é bom, pois é mau proibir o bom e bom proibir o mal;
j) Os princípios de ações expressados em proposições negativas não necessariamente possuem um valor ontológico menor que os princípios expressados em proposições afirmativas.

Estas máximas que parecem ser mais futuristas e inovadoras do que terem sido subtraídas de um passado distante, demonstram não só a aproximação com o decálogo bíblico, como também com a moral clássica da expressão "*honeste vivere, neminem laedere, suum cuique tribuere*"[20], e se prestam como elementos norteadores para a criação de qualquer código de boa conduta corporativa, mesmo em ambiente de sociedade informacional, onde prepondera o uso das tecnologias e a rapidez no tráfego de dados em massa.

A outro lado, no Regulamento Europeu de dados, a seção 5 trata de Códigos de Conduta e Certificação e, em especial, o art. 40 disciplina acerca da promoção por parte dos Estados-Membros, as autoridades de controle, o Comitê e da Comissão de dados, da elaboração de códigos de conduta destinados a contribuir para a correta aplicação do regulamento, tendo-se em conta as características dos diferentes setores de tratamento e as necessidades específicas das micro, pequenas e médias empresas.

Também as associações e outros organismos representantes de categorias de responsáveis pelo tratamento ou de subcontratantes podem elaborar códigos de conduta, alterar ou aditar a esses códigos, a fim de

[20] "Viver honestamente, não lesar a ninguém e dar a cada qual o que é seu."

especificar a aplicação do regulamento europeo que sugere matérias tais como: tratamento equitativo e transparente; os legítimos interesses dos responsáveis pelo tratamento em contextos específicos; a pseudonimização dos dados pessoais; a informação prestada ao público e aos titulares dos dados; o exercício dos direitos dos titulares dos dados; as informações prestadas às crianças e a sua proteção, e o modo pelo qual o consentimento do titular das responsabilidades parentais da criança deve ser obtido; as ações extrajudiciais e outros procedimentos de resolução de litígios entre os responsáveis pelo tratamento e os titulares dos dados em relação ao tratamento medidas destinadas a garantir a segurança do tratamento; notificação de violações de dados pessoais às autoridades de controle e a comunicação dessas violações de dados pessoais aos titulares dos dados.

Os códigos de conduta, segundo o regulamento europeu, são submetidos Autoridade de Controle para *compliance*, análise prévia e aprovação. Todos os códigos de conduta aprovados são registrados e disponibilizados ao público pelo princípio da publicidade. Há ainda a previsão de supervisão dos códigos de conduta aprovados, que será exercida ou pela Autoridade de Controle ou por um organismo que tenha nível adequado e competência funcional para o ato, credenciado pela Autoridade de Controle.

A previsão do art. 50 da Lei Geral de Proteção de Dados brasileira sobre este tema, se faz no sentido de que os controladores, operadores e associações, no âmbito de suas competências, pelo tratamento de dados pessoais, poderão formular regras de boas práticas e de governança que estabeleçam as condições de organização, o regime de funcionamento, os procedimentos, incluindo reclamações e petições de titulares, as normas de segurança, os padrões técnicos, as obrigações específicas para os diversos envolvidos no tratamento, as ações educativas, os mecanismos internos de supervisão e de mitigação de riscos e outros aspectos relacionados ao tratamento de dados pessoais.

No âmbito da elaboração e edição de um Código de Melhores Práticas, pode-se adotar um padrão organizacional e de cunho ético onde se elaborará capítulo específico ou tópico voltado para a formulação das regras de boas práticas e de governança de dados, observando-se para com relação à matéria de tratamento e proteção de dados, certas conformidades a serem seguidas no estabelecimento deste regramento, em especial atentando para a sua natureza, escopo, finalidade, além da probabilidade e gravidade dos riscos e dos benefícios decorrentes de tratamento de dados do titular.

Dois princípios devem também ser observados na elaboração do regramento do código de melhores práticas. Um é voltado para a segurança onde devem ser utilizadas as medidas técnicas e administrativas aptas a proteger os dados pessoais de acessos não autorizados e de situações acidentais ou ilícitas de destruição, perda, alteração, comunicação ou difusão dos dados e o outro é reservado para à prevenção onde se relacionarão as medidas que possam ser adotadas para prevenir a ocorrência de danos em virtude do tratamento dos dados pessoais.

Desta forma, poderá o controlador, uma vez observados a estrutura, a escala e o volume de suas operações, bem como a sensibilidade dos dados tratados e a probabilidade e a gravidade dos danos para os titulares dos dados, implementar programa de governança em privacidade que, segundo a lei, no mínimo: demonstre o seu comprometimento com a adoção de processos e políticas internas que assegurem o cumprimento, de forma abrangente, de normas e boas práticas relativas à proteção de dados pessoais; seja aplicável a todo o conjunto de dados pessoais que estejam sob seu controle, independentemente do modo como se realizou sua coleta; seja adaptado à estrutura, à escala e ao volume de suas operações, bem como à sensibilidade dos dados tratados; estabeleça políticas e salvaguardas adequadas com base em processo de avaliação sistemática de impactos e riscos à privacidade.

Este programa de governança de dados deve objetivar o estabelecimento de relação de confiança com o titular dos dados, por meio de atuação transparente e que assegure mecanismos de participação deste. Ainda, deve estar integrado à estrutura geral de governança corporativa da empresa como já mencionado e deve estabelecer as regras e aplicar os mecanismos de supervisão internos e externos.

O programa de governança de dados deve ser continua e constantemente monitorado, atualizado e, ainda, submetido a avaliações periódicas além de contar com planos de respostas a incidentes e remediação.

A pedido da Autoridade Nacional ou de outra entidade responsável por promover o cumprimento de boas práticas ou códigos de conduta, o agente poderá demonstrar a efetividade de seu programa de governança em privacidade quando apropriado.

Finalizando este tópico, este conjunto de regramento de boas práticas e de governança na matéria de dados, deverão ser publicados e atualizados periodicamente, atendendo ao anseio de informações do consumidor e do mercado e poderão ser reconhecidos e divulgados pela Autoridade

Nacional a quem cabe, inclusive, estimular a adoção de padrões técnicos que facilitem o controle pelos titulares dos seus dados pessoais.

7. Sistema de *Compliance* na Governança de Dados

No Regulamento Europeu de dados, a partir do artigo 42, são disciplinados os sistemas e procedimentos de certificação em matéria de proteção de dados, a serem efetivados pelos Estados-Membros, as autoridades de controle, o Comitê e a Comissão, bem como de criação de selos e marcas de proteção de dados, para efeitos de comprovação da conformidade (*compliance*) das operações de tratamento de responsáveis pelo tratamento e subcontratantes. Nestas disposições se consideram as necessidades específicas das micro, pequenas e médias empresas.

A certificação é efetivada por um período máximo de três anos, pode ser renovada nas mesmas condições e é voluntária, estando disponível por meio de um processo transparente onde os responsáveis pelo tratamento ou os subcontratantes assumem compromissos vinculativos e com força executiva, por meio de instrumentos contratuais ou de outros instrumentos juridicamente vinculativos, no sentido de aplicar as garantias adequadas, inclusivamente em relação aos direitos dos titulares dos dados.

Na análise da implantação do sistema empresarial de governança de dados em harmonia e conjugação com um sistema de governança corporativa preexistente ou em vias de ser criado, onde a empresa e seus órgãos sociais aderem a um conjunto de regras de cunho ético ou moral de natureza procedimental, há que se viabilizar também o sistema de procedimentos prévios preventivos que possa significar a obrigatoriedade da adesão de todos às normas comportamentais e funcionais previamente estabelecidas, no que tange ao tratamento de dados sensíveis.

Não há óbice legal para que as sociedades empresárias ou de qualquer natureza e instituições, professem a vontade de adotar o sistema de governança corporativa para fins de melhoria na sua relação com o mercado consumidor ou fomento de sua atividade, integrando um sistema de governança de dados ou o faça a partir deste último. Pelo contrário, a lei geral de proteção de dados incentiva esta conduta como já observado e procedimentos de *compliance* são ferramentas adequadas para a prevenção de danos e proteção no tratamento de dados.

Conclusões

Um avanço protetivo traduz a vigência no país de uma lei geral de proteção de dados sensíveis a exemplo do que ocorre na Europa, Estados Unidos e demais países que adotaram os princípios e conceitos relacionados ao tráfego de dados e a sua abrangência. Parece-nos que uma gestão de dados calcada nos ideários apresentados na legislação, gerará proteção institucional e empresarial quando proveniente da adoção das regras de governança corporativa de forma conjugada às regras de governança de dados.

Uma mudança conceitual na orientação dos órgãos sociais responsáveis pela gestão e administração das empresas e instituições, pode ser necessária para que se possam adotar os valores relacionados à eticidade e proteção de dados, no que tange à forma de se dirigir a atividade no âmbito das regras de *compliance*.

Medidas como a inserção em atos constitutivos societários, empresariais de qualquer natureza e associativos ou em deliberações de assembleias, das premissas maiores norteadoras do comportamento de boa governança corporativa e de dados, além das sugestões das cláusulas relativas aos princípios norteadores da conduta dos sócios, acionistas, agentes de tratamento e administradores da empresas, voltadas para a eticidade e proteção dos dados sensíveis que forem tratados, se traduzem em bom começo de uma perspectiva de mudança que evitará uma externalidade negativa advinda de uma penalização legal e responsabilidade na infração da lei, com reflexos nocivos do ponto de vista financeiro e operacional.

Neste contexto, um código de melhores práticas bem elaborado no que tange ao seu objeto e princípios regularmente aceitos, acaba por contribuir para inibir qualquer desvio de conduta por parte dos componentes dos órgãos sociais ou dos agentes de tratamento e, uma falta seria vista como infração ao contrato social ou ao estatuto a ponto de poder gerar a penalização competente, além de possibilitar o uso das medidas preventivas previstas em lei para se evitar prejuízos ao titular dos dados, contribuindo para eventualmente anular ou minimizar o impacto do caráter indenizatório.

Nestas regras de cunho ético e moral, se incluem também aquelas necessárias para dar transparência aos procedimentos estruturais e contábeis da empresa, além das regras a serem seguidas pelos sócios diretores, gerentes, agentes e funcionários, relacionadas ao tratamento de dados. Os interessados a elas se sujeitam e teriam a obrigação de fazer com que todos os funcionários, administradores, contratados e membros futuros do conselho, observem o regramento no que lhes fosse concernente.

Enfim, do ponto de vista estritamente empresarial, um conjunto de procedimentos de gestão e de decisões assembleares é suficiente para a implantação de regras de governança corporativa e ou de governança de dados que comporte a segurança e o sigilo no tráfego dos dados, criando-se e operacionalizando um código de melhores práticas com realce para a proteção de consumidores e titulares dos dados sensíveis, repercutido na forma como a sociedade, governo e mercados passam a ver a empresa e as instituições, além de contribuir sobremaneira, para a melhor resposta social e o crescimento sustentável com o fomento das atividades econômicas e institucionais desenvolvidas, sem que se afaste dos princípios protetivos da privacidade e da dignidade humana.

Referências

BARBIERA, Lélio. *Il Corporate Governance in Europa*. Milano: Giuffrè Editore, 2000.

CAPASSO, Arturo. *Asseti proprietari e governo d'impresa-Corporate Governance e risorse immateriali*. Milão: Cedam, 1996.

CIFUENTES, Carlos Llano. *Dilemas Éticos de la Empresa Contemporânea*. 2ª Reimpressão México: Fondo de Cultura Económica, 2000.

DEAKIN, Simon; HUGHES, Alan. *Enterprise and community:* New Directions in Corporate Governance. Cambridge: Blackwell,1997.

DE LUCCA, Newton. "Marco Civil da internet – uma visão panorâmica dos principais aspectos relativos às suas disposições preliminares". *In:* DE LUCCA, Newton; SIMÃO FILHO, Adalberto; LIMA, Cíntia Rosa Pereira de (coords.). *Direito & Internet III:* Marco Civil da Internet (Lei n. 12.965/2014). Tomo I. São Paulo: Quartier Latin, 2015, pp. 23-76.

DONEDA, Danilo. "Princípios da proteção de dados pessoais". *In:* DE LUCCA, Newton; SIMÃO FILHO, Adalberto; LIMA, Cíntia Rosa Pereira de (coords.). *Direito & Internet III:* Marco Civil da Internet (Lei n. 12.965/2014). Tomo I. São Paulo: Quartier Latin, 2015, pp. 369-384.

LIMA, Cíntia Rosa Pereira de; BIONI, Bruno Ricardo. "A proteção dos dados pessoais na fase de coleta: apontamentos sobre a adjetivação do consentimento implementada pelo artigo 7, incisos VIII e IX do Marco Civil da Internet a partir da *Human Computer Interaction* e da *Privacy By Default*". *In:* DE LUCCA, Newton; SIMÃO FILHO, Adalberto; LIMA, Cíntia Rosa Pereira de (coords.). *Direito & Internet III:* Marco Civil da Internet (Lei n. 12.965/2014). Tomo I. São Paulo: Quartier Latin, 2015, pp. 263-287.

LIMA, Cintia Rosa Pereira de. *A imprescindibilidade de uma entidade de garantia para a efetiva proteção dos dados pessoais no cenário futuro do Brasil*. Tese de Livre Docência defendida na Faculdade de Direito de Ribeirão Preto, Universidade de São Paulo, 2015.

LODI, João Bosco. *Governança Corporativa – O Conselho da Empresa e o Conselho de Administração*. Rio de Janeiro: Campus, 2000.

LÓPEZ. Juan Torres. *Analisis Econômico del Derecho*. Madrid: Editorial Tecnos, 1987

MONKS, Robert A. G.; MINOW, Nell. *Watching the Watchers*. Cambridge: Blackwell Publishers, 1996.

ROSENBERG, Hilary. *Mudando de Lado* – A Luta de Robert A. G. Monks pela Governança Corporativa nos EUA. Rio de janeiro: Campos, 2000.

SÁNCHEZ, Jorge Pinzón. El Buen Hombre de Negócios y la Crisis de la Empresa. *Nuevos Retos del Derecho Comercial*. Medellín: Biblioteca Juridica Dike, 2000.

SIMÃO, A. F.; PEREIRA, S. L.; *A Empresa Ética em Ambiente Econômico* – A Contribuição da Empresa e da Tecnologia da Automação para o Desenvolvimento Sustentável Inclusivo. São Paulo: Quartier Latin, 2014.

SIMÃO FILHO, Adalberto. "Revisitando a nova empresarialidade a partir do Marco Civil em contexto de Internet das Coisas". *In:* DE LUCCA, Newton; SIMÃO FILHO, Adalberto; LIMA, Cíntia Rosa Pereira de (coords.). *Direito & Internet III:* Marco Civil da Internet (Lei n. 12.965/2014). Tomo II. São Paulo: Quartier Latin, 2014, pp. 27-47.

SORO, José Felix Muñoz; OLIVER-LALANA, A. Daniel. *Derecho y cultura de protección de datos*, um estúdio sobre la privacidad em Aragón. Madrid: Dykinson, 2012.

TORRIJOS, Julián Valero. *La protección de los datos personales en Internet ante la innovación tecnológica*. Riesgos, amenazas y respuestas desde la perspectiva jurídica. Navarra: Thomson Reuters Aranzadi, 2013.

14. Segurança, Boas Práticas, Governança e *Compliance*

Guilherme Magalhães Martins
José Luiz de Moura Faleiros Júnior

1. Introdução

Em seu capítulo VII, a LGPD estabelece diretrizes essenciais de segurança e boas práticas para a realização das atividades de tratamento de dados, alicerçando-se em dois princípios basilares descritos no rol do artigo 6º: o princípio da segurança (inciso VII) e o princípio da prevenção (inciso VIII).

Neste estudo, buscar-se-á delimitar os principais aspectos concernentes às regras insculpidas nos artigos 46 a 51 da LGPD, com delineamentos doutrinários que reforcem a importância da segurança da informação e, em especial, da governança corporativa (*compliance*) para a efetivação da proteção de dados pessoais.

2. Da Segurança e do Sigilo de Dados

2.1. Artigo 46

O artigo 46, em especial, trabalha com a exigência de medidas direcionadas à efetivação de controles protetivos capazes de mitigar os riscos do tratamento de dados – realidade ampla[1] e inexorável no contexto do

[1] Sobre a essencialidade da segurança da informação para a proteção de dados, Ian J. Lloyd comenta: "Although in its early stages data protection law tended to apply almost exclusively to textual information, developments in technology mean that almost any form of recorded

chamado *Big Data*[2] e da chamada Internet das Coisas (*Internet of Things*, ou *IoT*), também chamada de *web 4.0* ou "*web* inteligente"[3]. A "segurança da informação" é o fundamento primordial da regra descrita no dispositivo.

Todo e qualquer tipo de informação adquire dimensão conceitual relevante na medida em que conduz à *personalização* do indivíduo a quem faz referência, conforme indica o clássico estudo de Pierre Català:

> Mesmo que a pessoa em questão não seja a "autora" da informação, no sentido de sua concepção, ela é a titular legítima de seus elementos. Seu vínculo com o indivíduo é por demais estreito para que pudesse ser de outra forma. Quando o objeto dos dados é um sujeito de direito, a informação é um atributo da personalidade.[4]

Nesse contexto, a exigência de mecanismos concretos para atender ao imperativo de segurança descrito no dispositivo reverbera, em última instância, na proteção a atributos personalíssimos do titular; noutros termos, a segurança da informação é um desdobramento de um novo direito fundamental à proteção de dados pessoais[5], o que confere à norma em questão maior densidade axiológica no contexto propugnado pela norma, que deve se voltar ao atendimento de inúmeros parâmetros, como a confidencialidade, a integridade e a disponibilidade.

O dispositivo deve ser lido em sintonia com os incisos VI e VII do artigo 5º da LGPD, que trazem os conceitos de controlador ("pessoa natural ou jurídica, de direito público ou privado, a quem competem as decisões referentes ao tratamento de dados pessoais") e de operador ("pessoa natural ou

information is likely to come within the ambit of the legislation. In the event that an individual interacts with an automated telephone service by speaking a series of numbers or words to allow a call to be directed to the appropriate department, those recorded words will class as personal data." LLOYD, Ian J. *Information technology law*. 6. ed. Oxford: Oxford University Press, 2011, p. 40.

2 Confira-se: MAYER-SCHÖNBERGER, Viktor; CUKIER, Kenneth. *Big data*: a revolution that will transform how we live, work, and think. Nova Iorque: Eamon Dolan/Houghton Mifflin Harcourt, 2013.

3 GREENGARD, Samuel. *The internet of things*. Cambridge: The MIT Press, 2015, p. 188-189.

4 CATALÀ, Pierre. Ebauche d'une théorie juridique de l'information. *Informatica e Diritto*, Nápoles, ano IX, jan./apr. 1983, p. 20, tradução livre.

5 DONEDA, Danilo. O direito fundamental à proteção de dados pessoais. *In:* MARTINS, Guilherme Magalhães; LONGHI, João Victor Rozatti (Coord.). *Direito digital*: direito privado e Internet. 2. ed. Indaiatuba: Foco, 2019, p. 36.

jurídica, de direito público ou privado, que realiza o tratamento de dados pessoais em nome do controlador") na dinâmica, amplamente considerada, do tratamento dos dados pessoais coletados e armazenados, sendo mister relembrar que ambos são descritos pela própria lei, no artigo 5º, inciso IX, como espécies do gênero "agentes de tratamento".

Em linhas gerais, pode-se afirmar que o artigo 46 pavimenta o caminho para a delimitação do regime de responsabilidade civil descrito, na LGPD, no capítulo antecedente, conjugando-se aos deveres de prevenção desdobrados da governança corporativa expressamente consignada nos ulteriores artigos 50 e 51. Nesse compasso, observa-se grande similitude ao que dispõe o Regulamento Geral de Proteção de Dados europeu.[6]

Almeja-se prevenir três situações contextuais: (i) acessos não autorizados aos dados; (ii) situações acidentais, marcadas pela presença de culpa em sentido estrito (imprudência, negligência ou imperícia); (iii) situações ilícitas, consubstanciadas pelo dolo emanado do intuito deliberado de destruir, causar perda, alteração, propiciar comunicação ou qualquer forma de tratamento inadequado ou ilícito do dado. Por força do que explicita o §2º, deve-se assim proceder desde a concepção do produto ou serviço, o que indica um imperativo amplo de controle e proteção que não se limita apenas ao tratamento de dados, *per se*, mas a todas as etapas relacionadas a atividades que, potencialmente, contemplem o tratamento.

A fim de evitar, inclusive, o *profiling* de dados[7], a conjugação da privacidade à proteção de dados pessoais emana seus efeitos naquilo que a dou-

[6] VOIGT, Paul; VON DEM BUSSCHE, Axel. *The EU General Data Protection Regulation (GDPR)*: a practical guide. Basileia: Springer, 2017, p. 129. Os autores comentam: "As previously mentioned (see Sect. 3.9 for details), self-regulation procedures can help to reach and demonstrate compliance with the GDPR and, thus, play a more important role for data security in the future. The self-regulation instruments, Codes of Conduct (Arts. 40, 41 GDPR) and Certification mechanisms (Arts. 42, 43 GDPR) shall ensure a certain level of data security and can serve as legal basis for international data transfers."

[7] GUTWIRTH, Serge; HILDEBRANDT, Mireille. Some caveats on profiling. *In:* GUTWIRTH, Serge; POULLET, Yves; DE HERT, Paul (Ed.). *Data protection in a profiled world*. Basileia: Springer, 2010, p. 36. Com efeito: "Privacy is recognized as a fundamental right in different major international legal instruments and in many national constitutions. In short, it protects a number of fundamental political values of democratic constitutional states, such as the freedom of self-determination of individuals, their right to be different, their autonomy to engage in relationships, their freedom of choice, and so on. By default privacy prohibits interferences of the state and private actors in the individuals' autonomy: it shields them off from intrusions, it provides them a certain degree of opacity and invisibility. The

trina chamou de *privacy by design*, que se impõe aos agentes de tratamento em toda e qualquer ação empreendida em suas atividades. Nesse contexto, incluem-se projetos concebidos internamente, o desenvolvimento de produtos e serviços desde que forem concebidos (conforme indica expressamente a lei), o desenvolvimento de *software* e muito mais. Em termos pragmáticos, significa que o departamento responsável pela tecnologia da informação, ou qualquer departamento que processe dados pessoais nas rotinas empresariais da companhia, deve garantir que a privacidade seja incorporada a um sistema durante todo o ciclo do processo.[8]

Não se pode confundi-la com a *privacy by default* (privacidade por padrão), que está relacionada aos produtos e serviços liberados ao público e cujas configurações de privacidade (mais rígidas) devem ser aplicadas por padronização previamente definida em sistema, isto é, sem nenhuma necessidade de entrada manual de dados por parte do usuário final.[9] Outrossim, quaisquer dados pessoais fornecidos pelo usuário devem ser mantidos somente durante o tempo necessário para fornecer o produto ou o serviço, não se admitindo a extrapolação das finalidades para as quais se procedeu à coleta, sob pena de violação.[10]

Nessa linha, estando constatado que a privacidade deve reger os processos de desenvolvimento de produtos e serviços, impõe-se remissão ao artigo 35, §5º, da LGPD[11], no qual se explicita a necessidade de cooperação para a realização do tratamento de dados. E essa dinâmica não está ads-

scope and reach of privacy are underdetermined and in the final instance it is up to the judges to decide when privacy interests are at stake and when protection can rightfully be invoked. Legislators can also intervene to protect particular privacy interests, for example through statutory protection of professional secrets, the secrecy of communications or the inviolability of the home."

[8] CAVOUKIAN, Ann; CASTRO, Daniel. Big Data and innovation, setting the record straight: de-identification does work. *The Information Technology & Innovation Foundation*, Ontario, p. 1-18, jun. 2014, p. 1. Disponível em:<http://www2.itif.org/2014-big-data-deidentification.pdf>. Acesso em: 17 junho 2019.

[9] TAMÒ-LARRIEUX, Aurelia. *Designing for privacy and its legal framework*: data protection by design and default for the Internet of Things. Basileia: Springer, 2018, pp. 211-225.

[10] VOIGT, Paul; VON DEM BUSSCHE, Axel. *The EU General Data Protection Regulation (GDPR)*: a practical guide. Basileia: Springer, 2017, p. 62.

[11] "Art. 35. A definição do conteúdo de cláusulas-padrão contratuais, bem como a verificação de cláusulas contratuais específicas para uma determinada transferência, normas corporativas globais ou selos, certificados e códigos de conduta, a que se refere o inciso II do caput do art. 33 desta Lei, será realizada pela autoridade nacional.

trita aos agentes de tratamento (controlador e operador), uma vez que o §1º do artigo 46 também exige atuação ativa da autoridade nacional para "dispor sobre padrões técnicos mínimos para tornar aplicável o disposto no *caput* deste artigo".

Isto revela a importância ímpar da adequada implementação da Agência Nacional de Proteção de Dados, sobre a qual serão dedicadas linhas específicas mais adiante. Importa asseverar, a despeito das polêmicas que circundam a criação e a implementação da ANPD, desde seu veto no texto original da lei até os recentes debates travados nas audiências públicas relacionadas ao texto final de Medida Provisória nº 869/2018, que a ausência da regulamentação infralegal sobre "padrões técnicos mínimos" para viabilizar a segurança da informação não isenta os agentes de tratamento de cumprirem o mandamento descrito no *caput*.

É importante lembrar que já existem diretrizes administrativas voltadas à integração desse dispositivo, como a norma técnica ISO/IEC 27002, na qual estão catalogados padrões de segurança exigíveis para procedimentos que envolvam o tratamento de dados, sempre com vistas à garantia da continuidade do negócio explorado e com minimização e contingenciamento de riscos.[12] Igualmente, o disposto no Decreto nº 8.771/2016, que regulamentou o Marco Civil da Internet para dispor sobre padrões de segurança e sigilo dos registros, de dados pessoais e comunicações privadas, servirá como parâmetro para a colmatação de eventual lacuna regulamentar que dependa da ANPD.

Observa-se, no contexto do artigo 46, um dever crucial para a operacionalização da efetiva proteção de dados pessoais enquanto dimensão positiva do direito fundamental à privacidade: a devida diligência (*due diligence*), que será melhor analisada adiante.[13]

[...] § 5º As garantias suficientes de observância dos princípios gerais de proteção e dos direitos do titular referidas no *caput* deste artigo serão também analisadas de acordo com as medidas técnicas e organizacionais adotadas pelo operador, de acordo com o previsto nos §§ 1º e 2º do art. 46 desta Lei."

[12] ASSOCIAÇÃO BRASILEIRA DE NORMAS TÉCNICAS. ISO/IEC 27002. *Tecnologia da informação. Técnicas de segurança. Código de prática para a gestão da segurança da informação.* Disponível em: <http://www.fieb.org.br/download/senai/NBR_ISO_27002.pdf>. Acesso em: 16 junho 2019.

[13] YAZBEK, Otavio. Representações do dever de diligência na doutrina jurídica brasileira: um exercício e alguns desafios. *In:* KUYVEN, Luiz Fernando Martins (Org.). *Temas essenciais de direito empresarial.* São Paulo: Saraiva, 2012, p. 942.

2.2. Artigo 47

Complementando adequadamente o que já sinaliza o artigo 46 da LGPD, tem-se, no artigo 47, a consagração do imperativo de proteção e segurança do tratamento de dados com efeitos ultrativos, isto é, mesmo na etapa pós-contratual ou, ainda que não haja contratação em sentido estrito, após o esgotamento da finalidade precípua para a qual se deu a coleta. Trata-se de hialino dever desdobrado da boa-fé objetiva que rege as relações jurídicas e pelo qual se permite integrar a norma jurídica para a junção do dever de *standards* normativo-comportamentais ao tratamento de dados.[14] Isso porque "os fornecedores que conduzem negócios por meio eletrônico na Internet devem esclarecer como coletam e usam os dados dos consumidores, em face do direito de informação por estes titularizado (art. 6º, III, da Lei 8.078/1990)".[15]

Trata-se de situação que o microssistema jurídico das relações de consumo já abarcava para fins de proteção da vulnerabilidade informacional do ciberconsumidor, conforme apontado, há tempos, por Newton De Lucca: "A questão da caracterização da relação de consumo, no âmbito da *internet*, põe-se exatamente da mesma forma. Aplicar-se-á total ou parcialmente o CDC às relações jurídicas, dependendo de serem ou não os sujeitos atuantes dessas relações fornecedores e consumidores."[16] Exatamente por isso, o dever de resguardo à privacidade e à higidez das políticas de segurança da informação se perpetuam para além do contexto obrigacional estrito, denotando eficácia ultrativa.

Nos parece que esse dever deve se materializar por todo o período durante o qual o agente de tratamento estiver obrigado a zelar pelo resguardo desses dados e, também, enquanto os processos de tratamento

[14] MARQUES, Claudia Lima. *Contratos no Código de Defesa do Consumidor.* 8. ed. São Paulo: Revista dos Tribunais, 2016, p. 810; MIRAGEM, Bruno. Função social do contrato, boa-fé e bons costumes: nova crise dos contratos e a reconstrução da autonomia negocial pela concretização das cláusulas gerais. *In:* MARQUES, Claudia Lima (Org.). *A nova crise do contrato.* São Paulo: Revista dos Tribunais, 2007, pp. 176-200.

[15] MARTINS, Guilherme Magalhães. *Responsabilidade civil por acidente de consumo na Internet.* 2. ed. São Paulo: Revista dos Tribunais, 2014, p. 334.

[16] DE LUCCA, Newton. *Aspectos jurídicos da contratação informática e telemática.* São Paulo: Saraiva, 2003, p. 109.

desses dados produzirem (ou puderem produzir) efeitos danosos a seus titulares.

2.3. Artigo 48

O artigo 48 da LGPD trabalha, enfaticamente, com os deveres de transparência (art. 6º, VI), segurança (art. 6º, VII) e prevenção (art. 6º, VIII), isto é, no intuito de colaborar com as autoridades responsáveis pela persecução de responsabilidades por eventuais incidentes com dados pessoais, deve o controlador proceder, prontamente, à divulgação da ocorrência do fato e de seus principais impactos, descritos no rol de incisos do §1º. Não se tem a mesma exigência com relação à figura do operador, o que fornece alguns indícios importantes quanto à abrangência da responsabilidade de um e de outro em cenários de incidentes graves.

Este *disclosure* (aqui lido como dever de revelar a ocorrência do evento danoso; não como a própria revelação indevida do dado[17]) nada mais é que um atributo desdobrado da ética empresarial que deve reinar em todas as etapas de desenvolvimento e implementação dos processos de coleta, tratamento e armazenagem de dados pessoais. Novamente, a lei dá sinais daquilo que virá a tratar com maior ênfase nos dispositivos seguintes: o *compliance* digital dá a tônica dos deveres imponíveis aos agentes de tratamento.

Isto se torna ainda mais claro no §2º, que indica as medidas que a ANPD poderá impor ao agente de tratamento que incorrer neste tipo de violação: (i) ampla divulgação do fato em meios de comunicação; e (ii) medidas para reverter ou mitigar os efeitos do incidente.

Medidas dessa natureza visam evitar a ocultação de situações danosas, como vazamentos, comercialização ou utilização indevida – para citar alguns exemplos – de largos bancos de dados de usuários.[18] O papel da

[17] Cf. NORBERG, Patricia A.; HORNE, Daniel R.; HORNE, David A. The privacy paradox: personal information disclosure intentions versus behaviors. *Journal of Consumer Affairs*, v. 41, n. 1, pp. 100-126, 2007.

[18] O escândalo envolvendo *Facebook Inc.* e *Cambridge Analytica* é retumbante nesse contexto. Sobre isso, consulte-se: DAVIES, Harry. Ted Cruz campaign using firm that harvested data on millions of unwitting Facebook users. *The Guardian*, 11 dezembro 2015. Disponível em: <https://www.theguardian.com/us-news/2015/dec/11/senator-ted-cruz-president-campaign--facebook-user-data>. Acesso em: 12 junho 2019; MARTINS, Guilherme Magalhães; LONGHI,

ANPD, nesse percurso, dependerá da avaliação da gravidade do incidente, sendo certo que a aferição do impacto deverá levar em conta todo o arcabouço de medidas de segurança implementadas para a prevenção do evento (o que realça o papel normativo-vinculante do artigo 46 aos parâmetros de segurança versados na lei).

Para além disso, deve-se ter em mente que a revelação desse tipo de evento implicará a sujeição do controlador a uma série de ações judiciais, acarretando impactos quanto ao contingenciamento de sua responsabilização civil e os reflexos disso para suas atividades – evidenciando claro contexto de desestímulo à transparência –, razão pela qual será crucial a atuação dedicada da ANPD, no exercício de seu múnus fiscalizatório e especialmente em casos de incidentes graves.

Em 15 de abril de 2019, a *Microsoft* revelou publicamente a exposição de dados de milhões de usuários de suas plataformas de serviços de e-mail (*Outlook* e *Hotmail*)[19] entre janeiro e março do mesmo ano. Além de indicar a origem do acesso ilícito, a empresa asseverou ter tomado medidas contundentes para prevenir reiteração de fatos semelhantes. Situação parecida ocorreu com a rede hoteleira *Marriott*, gerando vultosa ação coletiva e ações individuais de consumidores.[20]

Também ocorreram importantes revelações de eventos com vazamentos de dados em larga escala de usuários do *Instagram*[21], de estudantes da *Georgia Tech University*[22], de cidadãos cadastrados junto ao *Department of*

João Victor Rozatti. Nota dos coordenadores. *In:* MARTINS, Guilherme Magalhães; LONGHI, João Victor Rozatti (Coord.). *Direito digital*: direito privado e Internet. 2. ed. Indaiatuba: Foco, 2019, p. XXX;

19 SIEGAL, Jacob. Microsoft reveals Outlook hackers were able to gain access to private emails. *BGR*. 15 abr. 2019. Disponível em: <https://bgr.com/2019/04/15/microsoft-outlook-hack-email-content-accessed/>. Acesso em: 18 junho 2019.

20 VOLODZKO, David. Marriott breach exposes far more than just data. *Forbes*, 04 dez. 2018. Disponível em: <https://www.forbes.com/sites/davidvolodzko/2018/12/04/marriott-breach-exposes-far-more-than-just-data/>. Acesso em: 16 junho 2019.

21 WHITTAKER, Zack. Millions of Instagram influencers had their contact data scraped and exposed. *TechCrunch*. 20 mai. 2019. Disponível em: https://techcrunch.com/2019/05/20/instagram-influencer-celebrity-accounts-scraped/. Acesso em: 16 junho 2019.

22 OSBORNE, Charlie. Georgia Tech reveals data breach, 1.3 million records exposed. *ZDNet*, 04 abril 2019. Disponível em: https://www.zdnet.com/article/georgia-tech-reveals-data-breach-1-3-million-records-exposed/. Acesso em: 16 junho 2019.

Human Services do Estado de Oregon, nos Estados Unidos da América[23], e até mesmo com dados cadastrais de funcionários da *National Aeronautics and Space Administration – NASA*.[24] E estes são apenas *alguns* exemplos.

Tudo isso revela a importância da transparência, da segurança e da prevenção como parâmetros que ultrapassam os liames da assunção consequencial do risco-proveito na exploração de atividades de diversas espécies, e transpõem a atuação estatal repressiva, contextualizada na responsabilidade civil para ulterior reparação do dano, transitando rumo ao imperativo da governança – ou *compliance* – a partir de emanações concernentes à boa-fé objetiva, a inserção ética nas relações negociais, à prevenção e à efetivação dos direitos fundamentais à privacidade e à proteção de dados pessoais.

2.4. Artigo 49

Se os artigos precedentes serviram de "chanfro" à sinalização do *compliance* digital como via inexorável da adesão corporativa a parâmetros éticos para o tratamento de dados pessoais, o artigo 49 é a chancela final da parametrização dos aspectos conducentes a este novo paradigma: de forma categórica, o legislador indicou como "dever" a estruturação de sistemas utilizados para o tratamento de dados em consonância aos: (i) requisitos de segurança; (ii) padrões de boas práticas e de governança; (iii) princípios previstos na LGPD; (iv) outras normas regulamentares aplicáveis.

Segundo Colin Bennett,

> O mecanismo para implementar uma maior flexibilidade é tipicamente o "código de prática". Em países com legislação de proteção de dados, esses códigos pretendem traduzir os requisitos legislativos mais amplos em conselhos práticos e uma interpretação mais pragmática da redação legislativa. Na Nova Zelândia e na Holanda, esses códigos são formalmente endossados

[23] PARFITT, Jamie. Oregon DHS reveals data breach of more than 350,000 clients' data. *KDRV.com*. 21 mar. 2019. Disponível em: https://www.kdrv.com/content/news/Oregon-DHS-reveals-data-breach-of-more-than-350000-clients-data-507481961.html. Acesso em: 16 junho 2019.

[24] KEANE, Sean. NASA reveals employee data breach in internal memo. *C-Net*. 19 dez. 2018. Disponível em: https://www.cnet.com/news/nasa-reveals-data-breach-in-internal-memo/. Acesso em: 16 junho 2019.

pelas respectivas agências de proteção de dados e, em seguida, têm força de lei. No Reino Unido, entretanto, os códigos de prática são encorajados pelo Registrador de Proteção de Dados do Reino Unido como instrumentos para propagar "boas práticas de computação", mas eles não têm força de lei.[25]

Já se fala em governança corporativa há décadas e o assunto, costumeiramente, revolve ao direito empresarial e à importância da ética nas técnicas de gestão organizacional; mas, hodiernamente, o assunto se expandiu, a ponto de se falar em um *compliance* digital.[26]

Nesse contexto, quando se fala em *compliance* digital a partir de mecanismos de segurança, é possível enumerar, dentre vários instrumentos, a autenticação multinível, as ferramentas criptográficas, o controle de acesso a bancos de dados, a prevenção à exposição a *software* de natureza maliciosa e aos ataques de *denial-of-service*, a detecção de vulnerabilidades e intrusões, o uso de *firewalls* e sistemas de prevenção, os controles de *buffer*, os sistemas operacionais e a segurança de sistemas de armazenamento em nuvem como singelos exemplos[27] de gargalos dos quais não se prescinde na edição de uma lei que pretenda tutelar contingências de envergadura tão complexa.

[25] BENNETT, Colin J. Convergence revisited: toward a global policy for protection of personal data? *In:* AGRE, Philip E.; ROTENBERG, Marc (Ed.). *Technology and privacy*: the new landscape. Cambridge: The MIT Press, 1997, pp. 114-115, tradução livre.

[26] CRESPO, Marcelo. Compliance digital. *In:* NOHARA, Irene Patrícia; PEREIRA, Flávio de Leão Bastos. (Coord.) *Governança, compliance e cidadania*. São Paulo: Revista dos Tribunais, 2018, p. 178-179. Comenta: "Numa sociedade baseada em informações, onde todos os negócios são automatizados em algum nível, com constantes tratamentos de dados, é inegável que há a necessidade de um corpo especializado de prontidão para esclarecer, prevenir e reagir a situações adversas, compreendendo aspectos tecnológicos. Afinal, a tecnologia nos cerca independentemente se o modelo de negócio adotado é focado nela ou se é somente um fator secundário."

[27] Para uma compreensão aprofundada do assunto, recomendam-se as seguintes leituras: STALLINGS, William; BROWN, Lawrie. *Computer security*: principles and practice, global edition. 4. ed. Nova Iorque: Pearson, 2018; AGRE, Philip E. *Computation and human experience.* Cambridge: Cambridge University Press, 1997.

3. Das Boas Práticas e da Governança

3.1. Artigo 50

Quiçá o dispositivo de maior potencial da Lei Geral de Proteção de Dados, o artigo 50 é um importante marco normativo para a propagação do chamado *compliance* no Brasil, que, embora não seja um assunto completamente novo, vem aparecendo em leis e decretos recentes com maior evidência.

O estudo do *compliance* está necessariamente atrelado aos assuntos de governança corporativa, gestão de riscos, ética e moral. São vários pilares essenciais, dos quais Marcelo Crespo elenca oito: (i) *tone from the top*, ou seja, o exemplo advindo da alta administração; (ii) *risk assessment* ou a avaliação de riscos (e seu contingenciamento); (iii) os Códigos de Conduta e as Políticas corporativas, dos quais emanam os comandos que descreverão a cultura empresarial que se almeja propagar; (iv) os controles internos, ou seja, procedimentos capazes de diagnosticar, apurar e sanar não conformidades; (v) treinamentos e comunicações, para, de fato, propagar uma cultura concernente às políticas previamente definidas; (vi) os canais de denúncia, que abrem espaço comunicacional ao cascateamento de não conformidades; (vii) as investigações internas, que permitem descobrir desconformidades; (viii) a devida diligência (*due diligence*), já abordada em comentários anteriores e concernente à avaliação de todos aqueles com quem se trabalha para a realização das atividades da empresa.[28]

É importante comentar, a esse respeito, que a governança corporativa teve seu nascimento no decorrer do século XX, com a expansão das transações financeiras em escala global e a mudança no modelo de propriedade. Com a transição do modelo "concentrado" para o modelo "difuso", a figura do proprietário ou acionista da empresa deu lugar aos agentes especializados (administradores). Diante dessa inovação, o termo *compliance* (decorrente do verbo inglês "*to comply*", ou seja, agir em conformidade) foi cunhado, nos Estados Unidos da América, pela *Securities and*

[28] CRESPO, Marcelo. Compliance digital. *In:* NOHARA, Irene Patrícia; PEREIRA, Flávio de Leão Bastos. (Coord.) *Governança, compliance e cidadania*. São Paulo: Revista dos Tribunais, 2018, pp. 183-184.

Exchange Commission (SEC), que passou a exigir das empresas a contratação de *Compliance Officers*.[29]

Posteriormente, ocorreram alguns eventos que firmaram o termo no que tange à governança corporativa: (i) o caso Watergate, em 1974, que levou à renúncia do Presidente Richard Nixon; (ii) em 1976, a criação da Teoria da Firma ou do Agente Principal, de Jensen e Meckling[30], definindo a necessidade de compatibilizar os interesses; (iii) a edição do *Foreign Corrupt Practices Act (FCPA)*, em 1977, a Lei Anticorrupção americana.

Além desses eventos ocorridos nos Estados Unidos da América, ocorreram outros em âmbito internacional, que demonstraram a expansão do tema: (iv) em 1980, a atividade de *Compliance* se expandiu para diversas atividades financeiras dos EUA; (v) em 1988, foi firmado o Primeiro Acordo de Capital da Basileia; (vi) em 1990, foram lançadas 40 recomendações sobre lavagem de capitais pela *Financial Action Task Force* (as chamadas "boas práticas"). Tudo remete aos auspícios da autorregulação.[31]

Por sua vez, o assunto aportou no Brasil e em diversos outros países do mundo no final do século XX: (vii) em 1992, foi editada a Lei de Improbidade Administrativa brasileira (Lei nº 8.429/1992); (viii) em 1995, foi publicada a "Basileia I", que definiu regras para o mercado financeiro; (ix) em 1997, foi editada a OCDE, ou Convenção sobre o Combate da Corrupção de Funcionários Públicos Estrangeiros em Transações Comerciais Internacionais, ratificada pelo Brasil e promulgada internamente pelo Decreto nº 3.678/2000; (x) em 1998, foi publicada no Brasil a Lei nº 9.613/1998, que definiu os crimes de lavagem e ocultação de bens e criou o COAF; (xi) ainda em 1998, foi publicada a Resolução nº 2.554/1998, dispondo sobre a implementação de sistemas de controles internos.

[29] D'ÁVILA, Marcos Zähler; OLIVEIRA, Marcelo Aparecido Martins de. *Conceitos e técnicas de controles internos de organizações*. São Paulo: Nobel, 2002, p. 32.

[30] JENSEN, Michael C.; MECKLING, William H. Theory of the firm: managerial behavior, agency costs and ownership structure. *Journal of Financial Economics*, v. 3, 1976. Disponível em: https://doi.org/10.1016/0304-405X(76)90026-X. Acesso em: 16 junho 2019.

[31] FRAZÃO, Ana. Programas de compliance e critérios de responsabilização de pessoas jurídicas por ilícitos administrativos. *In:* ROSSETTI, Maristela Abla; PITTA, Andre Grunspun (Coord.). *Governança corporativa*: avanços e retrocessos. São Paulo: Quartier Latin, 2017, pp. 43-44. A autora ainda anota que: "A autorregulação é essencial, portanto, para a construção de uma cultura de respeito à legalidade e à ética, uma vez que os incentivos para o cumprimento da lei passam a ser internos e desenvolvidos pela sociedade em lugar de serem externos e impostos pelo Estado."

No ano de 2002, foi editado o *Sarbanes-Oxley Act*, nos EUA, definindo regras e padrões de auditoria, controle de qualidade e independência, prevendo maiores responsabilidades aos diretores executivos e financeiros e atribuindo maior responsabilidade dos advogados em relatar quaisquer indícios de violações legais aos diretores e ao comitê de auditoria.[32] No Brasil, foi publicada a Resolução nº 3.198/2003 do Conselho Monetário Nacional, que tratou de auditoria independente e regulamentou a instituição do Comitê de Auditoria, com funções semelhantes às publicadas pelo *Sarbanes-Oxley Act*.

O tema avançou muito na primeira década do século XXI, culminando com a edição do Pacto Global contra a Corrupção, da Organização das Nações Unidas, em 2004, que desencadeou, a seu turno, o *Global Corporate Governance Principles* e a *International Corporate Governance Network (ICGN)*, em 2005.

Tudo isso revela uma dimensão inexorável da *segurança da informação* que precisa ser, necessariamente, observada para que se opere com segurança na Internet.[33] A despeito disso, o tema sempre foi, em certa medida, ambiente nebuloso no Brasil. Em âmbito local, conforme dito, suas origens remontam a 1992, ano em que foi editada a Lei de Improbidade Administrativa brasileira (Lei nº 8.429/1992) e a 1995, quando foi publicada a "Basileia I", que definiu regras para o mercado financeiro.[34]

[32] MARCHETTI, Anne M. *Beyond Sarbanes-Oxley compliance*: effective enterprise risk management. Nova Jersey: John Wiley & Sons, 2005, pp. 1-3.

[33] SILVERMAN, Michal G. *Compliance management for public, private, or nonprofit organizations*. Nova Iorque: McGraw Hill, 2008, p. 206. O autor ainda comenta: "The past several years have witnessed staggering reports of information breaches. Laptop thefts, for example, have compromised the data privacy of hundreds of thousands of people. In 2006, an employee from the firm of Ernst & Young had his laptop stolen; it contained unencrypted credit and debit card information on 243,000 Hotels.com customers. In that same year, the U.S. Department of Veterans Affairs reported the theft of a laptop and an external hard drive that contained sensitive information on 26.5 million U.S. veterans."

[34] SILVA, André Luiz Carvalhal da. *Governança corporativa e decisões financeiras no Brasil*. 2. ed. Rio de Janeiro: Mauad, 2005, p. 15. Nesse contexto, o autor acrescenta: "[...] o conjunto de práticas que tem por finalidade melhorar o desempenho de uma companhia ao proteger todas as partes interessadas, por exemplo, investidores, empregados e credores, facilitando o acesso ao capital. Segundo essa definição, a análise das práticas de governança corporativa aplicada ao mercado de capitais envolve principalmente: a transparência, equidade, de tratamento dos acionistas e prestação de contas."

Já em 1997, foi editada a OCDE, ou Convenção sobre o Combate da Corrupção de Funcionários Públicos Estrangeiros em Transações Comerciais Internacionais, ratificada pelo Brasil e promulgada internamente pelo Decreto nº 3.678/2000; em 1998, foi publicada no Brasil a Lei nº 9.613/1998, que definiu os crimes de lavagem e ocultação de bens e criou o COAF; ainda em 1998, foi publicada a Resolução nº 2.554/1998, dispondo sobre a implementação de sistemas de controles internos nas corporações.[35]

Além disso, em 2009, o Banco Central do Brasil publicou a Circular nº 3.461, que consolidou todos os normativos relativos às atividades de prevenção à lavagem de dinheiro. Por sua vez, foi promulgada, no ano de 2012, a Lei nº 12.683, com importantes mudanças na lei de lavagem. No mesmo ano, foi editada a Lei Anticorrupção russa. Também é importante destacar o advento da Lei de Defesa da Concorrência (Lei nº 12.529/2011) e da Lei Anticorrupção brasileira (Lei nº 12.846/2013) e de seu Decreto regulamentador (Decreto nº 8.420/2015). Todo esse cenário foi moldado, como se pode ver, em torno de questões concernentes ao direito penal, ao direito econômico e às práticas regulatórias e anticorrupção.[36]

O novo contexto que se inaugurou, contudo, revela largo campo para a proliferação e propagação de novos modais capazes de gerar impactos jurídicos sobre todos os ramos do direito, e, até mesmo, para a implementação da Lei Geral de Proteção de Dados e, em segundo nível, para a proteção amplamente aplicável às relações entre direito e tecnologia.

A governança classicamente abordada por André-Jean Arnaud, com lastro na construção de uma definição perfeita e capaz de atuar pela coordenação de atores, grupos sociais e instituições, na ação pública-política, com o escopo de definir objetivos próprios, discutidos e definidos coletivamente, como a elaboração de programas de ação e políticas públicas concertadas

[35] FRAZÃO, Ana; MEDEIROS, Ana Rafaela Martinez. Desafios para a efetividade dos programas de *compliance*. *In:* CUEVA, Ricardo Villas Bôas; FRAZÃO, Ana. *Compliance*: perspectivas e desafios dos programas de conformidade. Belo Horizonte: Fórum, 2018, p. 72.

[36] OLIVA, Milena Donato; SILVA, Rodrigo da Guia. Origem e evolução histórica do *compliance* no direito brasileiro. *In:* CUEVA, Ricardo Villas Bôas; FRAZÃO, Ana. *Compliance*: perspectivas e desafios dos programas de conformidade. Belo Horizonte: Fórum, 2018, p. 33. Ao que os autores acrescentam: "Dessa forma, no Brasil, assiste-se, progressivamente, à atribuição de efeitos jurídicos ao *compliance*, que é tratado na legislação como: (i) prática incentivada por meio da previsão legal de consequências favoráveis (*v.g.* dosimetria da pena) ou (ii) obrigação legal em sentido estrito (como no caso da imposição, pela legislação federal, da obrigatoriedade de as empresas estatais adotarem programas de *compliance*)."

e capazes de alcançar tais objetivos, se articula por lógicas divergentes de ação no processo de construção de um consenso – inclusive na aferição de eventual violação a um dever previamente assumido.[37] Tudo isso se alinha aos parâmetros de motivação e responsividade que se espera de um arcabouço hígido e eficaz[38] de políticas de *compliance*, principalmente para que não se propicie a criação de programas vazios (que somente existam no papel) e que consubstanciem uma 'autorregulação regulada', servindo de expediente para "estratagemas de evasão da responsabilidade".[39]

As "boas práticas", segundo Arnaud, se manifestariam na transição paradigmática que denominou de 'governança corporativa para governança global'[40], sob o manto dos seguintes aspectos:

- Anseio pelo equilíbrio e pelo controle na gestão da empresa através da lógica sistêmica;
- Implementação da transparência, assim entendida como o princípio orientador da boa governança;
- Eficiência prestacional, a partir de uma ressignificação da gestão para melhorar o desempenho da empresa com base na estrutura de propriedade com a equação de custo-qualidade-serviço, que o autor denomina 'reengenharia';
- Acolhimento de um modelo de gestão complexo através de "racionalização de poderes, pesquisa sobre transparência, equilíbrio e eficiência, num contexto de mercado competitivo" permeado por *soft law* e *hard law* e complementado por questões sobre o equilíbrio alcançado, os limites e o poder decorrente do excesso de regulamentação.[41]

[37] ARNAUD, André-Jean. *La gouvernance*: un outil de participation. Paris: LGDJ, 2014, pp. 273-275.

[38] MINTZBERG, Henry. *Criando organizações eficazes*: estruturas em cinco configurações. Tradução de Cyro Bernardes. 2. ed. São Paulo: Atlas, 2003, p. 24 *et seq.*

[39] CUEVA, Ricardo Villas Bôas. Funções e finalidades dos programas de *compliance*. *In:* CUEVA, Ricardo Villas Bôas; FRAZÃO, Ana. *Compliance*: perspectivas e desafios dos programas de conformidade. Belo Horizonte: Fórum, 2018, p. 55.

[40] Sobre a 'governança global', leia-se: ZOLO, Danilo. *Cosmopolis*: prospects for world government. Tradução do italiano para o inglês de David McKie. Cambridge: Polity Press, 1997, pp. 164-170.

[41] ARNAUD, André-Jean. *La gouvernance*: un outil de participation. Paris: LGDJ, 2014, pp. 214-223.

Nesse compasso, o legislador brasileiro teve cuidado especial na delimitação de vasto rol de obrigações relacionadas à definição da governança de T.I. e das boas práticas, naquilo que aqui nomeamos de "*compliance* digital": impõe-se, por força do disposto no §1º do artigo 50, atenção redobrada à natureza, ao escopo, à finalidade e à probabilidade, bem como à gravidade dos riscos e dos benefícios decorrentes de tratamento de dados do titular.

Soma-se a isso o disposto no §2º, inciso I, e em suas oito alíneas, que indicam a quantidade de detalhes que se espera de um programa de *compliance* dessa natureza. De fato, a normativa em questão inaugura novo modelo para a compreensão dos parâmetros de governança no Brasil, apontando minudências que somente uma corporação bem estruturada será capaz de implementar com total eficiência.[42]

A lei andou no sentido do fenômeno que David Jackman denomina de 'revolução do compliance'.[43] Porém, ponto passível de crítica se extrai da facultatividade eleita pelo legislador para a adoção desses programas de *compliance* para o tratamento de dados. Infelizmente, o uso do verbo "poderá" acaba por esvaziar, em certa medida, o inegável potencial da norma, deixando para as grandes corporações – que, costumeiramente já

[42] Indicam-se as seguintes leituras sobre o tema: MARTINEZ, Maria Beatriz. Programas de compliance e a defesa da concorrência: perspectivas para o Brasil. *Revista do IBRAC – Direito da Concorrência, Consumo e Comércio Internacional*, v. 12, jan. 2005; SAAD-DINIZ, Eduardo. Ética negocial e compliance: entre a educação executiva e a interpretação judicial. São Paulo: Revista dos Tribunais, 2019; KRAWIEC, Kimberly D. Cosmetic compliance and the failure of negotiated governance. *Washington University Law Quarterly*, v. 81, 2003; STUCKE, Maurice E. In search of effective ethics & compliance programs. *The Journal of Corporation Law*, v. 39, 2014; AIRES, Ian; BRAITHWAITE, John. *Responsive regulation*: transcending the deregulation debate. Nova Iorque: Oxford University Press, 1992.

[43] JACKMAN, David. *The compliance revolution*: how compliance needs to change to survive. Nova Jersey: John Wiley & Sons, 2015, p. 200. Comenta: "So revolution can be justified on two counts. The overall picture is one of evolution but we can say that the pace of change and its fundamental nature explained here amounts to a revolution. But the second justification is more compelling. Each individual act of stepping forward into a space and acting positively is a small revolution, a turning around of the raw basics of 'old compliance'. It is not heroics or courage or a sign of an individual's inward character, experience, or virtue. It is a product of human responses to a wide range of environmental factors that surround us – the ethical considerations, the prevailing culture, the governance framework, a view of outcomes, and community. And it is a collective process. What regulation and compliance provides is space for these countervailing elements to be accessible, to be in contact, to be within the line of sight. The model describes an evolution, the process a revolution."

se valem de programas de integridade desta estirpe – a continuidade do implemento de boas práticas.

Considerando-se que a norma é uma lei "geral", ou seja, aplicável a todo aquele que efetue operações de coleta, tratamento e armazenagem de dados, a imposição do *compliance*, mesmo para pequenas e médias empresas, representaria inegável avanço rumo à inserção de parâmetros ético-preventivos voltados à minimização de danos em operações tão arriscadas como as que envolvem dados pessoais (especialmente os sensíveis).

Vale dizer que, apesar da vastidão de elementos que um bom programa de governança de T.I. demanda, não é inviável sua implementação em pequena ou média escala[44], e sua imposição certamente representaria valioso avanço no contexto da propagação de uma cultura de prevenção.

Merece destaque derradeiro, ainda neste campo, o disposto no §3º, que exige a atualização periódica das políticas de governança – o que ressalta a necessidade de auditorias cíclicas e revisões de métodos e procedimentos para a garantia da efetividade indicada no §2º, II, pois, como se disse, o programa somente servirá de parâmetro para a avaliação de boa conduta empresarial e para a mitigação de responsabilidades se, reconhecidamente, for efetivo.

Esse último aspecto, que diz respeito à responsabilidade civil e à sua mitigação, ganha corpo pela leitura conjunta do artigo 50 com o artigo 43, inciso II, *in fine*, da lei, que define como causa excludente do nexo causal a demonstração de que o tratamento de dados não foi realizado em desconformidade aos parâmetros exigidos para o tratamento de dados. É evidente que um programa de governança de T.I. bem estruturado e adaptado ao amplo rol de diretrizes do artigo 50 seguramente tornaria mais fácil esta demonstração.

3.2. Artigo 51

Finalizando o capítulo relacionado à segurança e às boas práticas, tem-se, no artigo 51 da LGPD, a previsão de que caberá à autoridade nacional a adoção de padrões para a facilitação técnica do controle de dados pelos titulares.

[44] Cf. FERNANDES, Aguinaldo Aragon; ABREU, Vladimir Ferraz. *Implantando a governança de TI*: da estratégia à gestão dos processos e serviços. 2. ed. Rio de Janeiro: Brasport, 2008.

Sabe-se que a própria LGPD estabeleceu um vasto rol de direitos aos titulares de dados (vide o art. 18), restando a dúvida acerca dos limites e funções da titularidade (e do exercício do controle) sobre os dados. Nesse sentido, relevante a lição de Fabiano Menke:

> Assim, o direito da proteção de dados não regula a propriedade, mas sim consiste num ordenamento sobre a informação e a comunicação a eles relacionada, determinando quem, em qual relação, e em que situação, está autorizado a lidar com os modelos de uma determinada pessoa de uma determinada maneira. O autor chama a atenção para o fato de que a autodeterminação informativa não pode ser compreendida como garantidora de um domínio absoluto da pessoa sobre os dados a ela relacionados, como se fossem "seus" dados numa relação de exclusão de todos os demais membros da sociedade.[45]

O princípio da autodeterminação informativa, elencado no artigo 2º, inciso II, da LGPD, visa garantir ao titular dos dados o livre desenvolvimento de sua personalidade, sendo dever do Estado propiciar, através de direitos positivos, a tutela favorável ao usuário comum, que é presumivelmente leigo.[46] Então, o controle sobre os dados se torna relativo e, segundo Helen Nissenbaum, invariavelmente contextual:

> Temos um direito à privacidade, mas não se trata de um direito de controlar informações pessoais, ou de um direito de limitar o acesso a estas informações. Em vez disso, é o direito de viver em um mundo no qual nossas expectativas sobre o fluxo de informações pessoais são, na maioria das vezes, atendidas; expectativas que são moldadas não apenas pela força do hábito e pelas convenções, mas devido a uma confiança geral no apoio mútuo que esses fluxos concedem aos princípios-chave de organização da vida social, incluindo os princípios morais e políticos. Esse é o direito que chamei de integridade

[45] MENKE, Fabiano. A proteção de dados e o direito fundamental à garantia da confidencialidade e da integridade dos sistemas técnico-informacionais no direito alemão. *Revista Jurídica Luso-Brasileira*, Lisboa, ano 5, n. 1, pp. 781-809, 2019, p. 791.

[46] Nesse sentido: "Mais do que garantir, artificialmente, diversos qualificadores para o consentimento, deve-se buscar, sobretudo, outras ferramentas regulatórias para equalizar a referência assimétrica do mercado informacional, redesenhando a sua dinâmica de poder. Esse é o maior desafio para se propiciar ao cidadão um melhor controle de seus dados – uma verdadeira autonomia para, com a pressão de ser prolixo, autodeterminar as informações pessoais." BIONI, Bruno Ricardo. *Proteção de dados pessoais*: a função e os limites do consentimento. Rio de Janeiro: Forense, 2019, p. 168.

contextual, alcançada através do equilíbrio harmonioso de regras sociais, ou normas, com valores, fins e propósitos locais e gerais. Isso nunca é uma harmonia estática, no entanto, porque, com o tempo, as condições mudam e os contextos e normas evoluem junto com eles.[47]

Os apontamentos colhidos da doutrina denotam uma disparidade entre o escopo do artigo 51, que vislumbra o controle de dados (levando o leitor a entende-lo como 'propriedade'), quando, em compreensão mais razoável, parece ser necessário ponderar, contextualmente, o efetivo atendimento de expectativas relacionadas à aplicação de tais dados nos processos de tratamento. Se preenchidas as diretrizes legais, não haverá violação; caso contrário, deve-se exigir a materialização dos direitos específicos do titular, numerados no artigo 18 da lei, como o acesso (inciso II), a correção (inciso III) e a eliminação (inciso VI), apenas para citar alguns.

Essa compatibilização se revela salutar, sob pena de a consagração de um direito absoluto ao controle de dados representar empecilho ao próprio funcionamento das plataformas, ou seja, no contexto da delimitação das funções e dos limites do consentimento – elemento nuclear para a coleta e para o tratamento dos dados – deve-se proceder a um escorço exegético de compatibilidade vertical entre a finalidade apontada (artigo 6º, I), sua adequação (artigo 6º, II) ao tratamento realizado, sua necessidade efetiva (artigo 6º, III) e os demais parâmetros descritos no artigo 6º e noutros dispositivos aplicáveis a essa aferição.

Conclui-se que, embora não se possa ver o controle de dados como um 'direito de propriedade', a adoção de padrões técnicos que facilitem o acesso do titular, enquanto política pública propalada pela ANPD, dependerá dessa conjugação de fatores que, estando presente, será propícia, profícua e condizente aos propósitos indicados no texto legal.

[47] NISSENBAUM, Helen. *Privacy in context*: technology, policy, and the integrity of social life. Stanford: Stanford University Press, 2010, p. 231, tradução livre.

Conclusões

A delimitação de deveres relacionados à segurança da informação denota uma preocupação profunda do legislador pátrio com a consolidação de parâmetros preventivos que correspondam à legítima expectativa do titular de dados de que os processos de coleta, tratamento e armazenagem aos quais está submetido serão hígidos e adequados.

Trabalha-se, desse ponto de vista, com a ideia de governança (ou *compliance*) para além de uma responsabilidade acessória do agente de tratamento, muito embora a lei faça expressa menção ao seu implemento como uma faculdade (vide o emprego do verbo "poder", em lugar de "dever" no *caput* do artigo 50). Isso porque a cláusula inserida no artigo 46, atrelada aos regramentos contidos ao longo de todo o texto da LGPD, reafirma a preocupação com a efetividade da proteção de dados pessoais.

É insofismável a relevância deste capítulo da lei para a sua ampla compreensão, sendo certa, ademais, a importância destacada que os programas de governança corporativa representarão para todo aquele que opere com dados pessoais.

Referências

AGRE, Philip E. *Computation and human experience.* Cambridge: Cambridge University Press, 1997.

AIRES, Ian; BRAITHWAITE, John. *Responsive regulation*: transcending the deregulation debate. Nova Iorque: Oxford University Press, 1992.

ARNAUD, André-Jean. *La gouvernance*: un outil de participation. Paris: LGDJ, 2014.

ASSOCIAÇÃO BRASILEIRA DE NORMAS TÉCNICAS. ISO/IEC 27002. *Tecnologia da informação. Técnicas de segurança. Código de prática para a gestão da segurança da informação.* Disponível em: http://www.fieb.org.br/download/senai/NBR_ISO_27002.pdf. Acesso em: 16 jun. 2019.

BENNETT, Colin J. Convergence revisited: toward a global policy for protection of personal data? *In:* AGRE, Philip E.; ROTENBERG, Marc (Ed.). *Technology and privacy*: the new landscape. Cambridge: The MIT Press, 1997.

BIONI, Bruno Ricardo. *Proteção de dados pessoais*: a função e os limites do consentimento. Rio de Janeiro: Forense, 2019.

CATALÀ, Pierre. *Ebauche d'une théorie juridique de l'information. Informatica e Diritto,* Nápoles, ano IX, jan./apr. 1983.

CAVOUKIAN, Ann; CASTRO, Daniel. *Big Data and innovation, setting the record straight: de-identification does work. The Information Technology & Innovation Foundation*, Ontario,

p. 1-18, jun. 2014, p. 1. Disponível em: http://www2.itif.org/2014-big-data-deidentification.pdf. Acesso em: 17 jun. 2019.

CRESPO, Marcelo. "Compliance digital". *In:* NOHARA, Irene Patrícia; PEREIRA, Flávio de Leão Bastos. (Coord.) *Governança, compliance e cidadania*. São Paulo: Revista dos Tribunais, 2018.

CUEVA, Ricardo Villas Bôas. "Funções e finalidades dos programas de *compliance*". *In:* CUEVA, Ricardo Villas Bôas; FRAZÃO, Ana. *Compliance*: perspectivas e desafios dos programas de conformidade. Belo Horizonte: Fórum, 2018.

D'ÁVILA, Marcos Zähler; OLIVEIRA, Marcelo Aparecido Martins de. *Conceitos e técnicas de controles internos de organizações*. São Paulo: Nobel, 2002.

DAVIES, Harry. *Ted Cruz campaign using firm that harvested data on millions of unwitting Facebook users. The Guardian*. 11 dez. 2015. Disponível em: https://www.theguardian.com/us-news/2015/dec/11/senator-ted-cruz-president-campaign-facebook-user-data. Acesso em: 12 jun. 2019.

DE LUCCA, Newton. *Aspectos jurídicos da contratação informática e telemática*. São Paulo: Saraiva, 2003.

DONEDA, Danilo. "O direito fundamental à proteção de dados pessoais". *In:* MARTINS, Guilherme Magalhães; LONGHI, João Victor Rozatti (Coord.). *Direito digital*: direito privado e Internet. 2. ed. Indaiatuba: Foco, 2019.

FERNANDES, Aguinaldo Aragon; ABREU, Vladimir Ferraz. *Implantando a governança de TI*: da estratégia à gestão dos processos e serviços. 2. ed. Rio de Janeiro: Brasport, 2008.

FRAZÃO, Ana. "Programas de compliance e critérios de responsabilização de pessoas jurídicas por ilícitos administrativos". *In:* ROSSETTI, Maristela Abla; PITTA, Andre Grunspun (Coord.). *Governança corporativa*: avanços e retrocessos. São Paulo: Quartier Latin, 2017.

FRAZÃO, Ana; MEDEIROS, Ana Rafaela Martinez. "Desafios para a efetividade dos programas de *compliance*". *In:* CUEVA, Ricardo Villas Bôas; FRAZÃO, Ana. *Compliance*: perspectivas e desafios dos programas de conformidade. Belo Horizonte: Fórum, 2018.

GREENGARD, Samuel. *The internet of things*. Cambridge: The MIT Press, 2015.

GUTWIRTH, Serge; HILDEBRANDT, Mireille. *Some caveats on profiling*. *In:* GUTWIRTH, Serge; POULLET, Yves; DE HERT, Paul (Ed.). *Data protection in a profiled world*. Basileia: Springer, 2010.

JACKMAN, David. *The compliance revolution*: how compliance needs to change to survive. Nova Jersey: John Wiley & Sons, 2015.

JENSEN, Michael C.; MECKLING, William H. Theory of the firm: managerial behavior, agency costs and ownership structure. *Journal of Financial Economics*, v. 3, 1976. Disponível em: https://doi.org/10.1016/0304-405X(76)90026-X. Acesso em: 16 jun. 2019.

KEANE, Sean. *NASA reveals employee data breach in internal memo. C-Net*. 19 dez. 2018. Disponível em: https://www.cnet.com/news/nasa-reveals-data-breach-in-internal-memo/. Acesso em: 16 jun. 2019.

KRAWIEC, Kimberly D. *Cosmetic compliance and the failure of negotiated governance. Washington University Law Quarterly*, v. 81, 2003.

LLOYD, Ian J. *Information technology law*. 6. ed. Oxford: Oxford University Press, 2011.

MARCHETTI, Anne M. *Beyond Sarbanes-Oxley compliance*: effective enterprise risk management. Nova Jersey: John Wiley & Sons, 2005.

MARQUES, Claudia Lima. *Contratos no Código de Defesa do Consumidor*. 8. ed. São Paulo: Revista dos Tribunais, 2016.

MARTINEZ, Maria Beatriz. "Programas de compliance e a defesa da concorrência: perspectivas para o Brasil". *Revista do IBRAC – Direito da Concorrência, Consumo e Comércio Internacional*, v. 12, jan. 2005.

MARTINS, Guilherme Magalhães; LONGHI, João Victor Rozatti. Nota dos coordenadores. *In:* MARTINS, Guilherme Magalhães; LONGHI, João Victor Rozatti (Coord.). *Direito digital*: direito privado e Internet. 2. ed. Indaiatuba: Foco, 2019.

MARTINS, Guilherme Magalhães. *Responsabilidade civil por acidente de consumo na Internet*. 2. ed. São Paulo: Revista dos Tribunais, 2014.

MAYER-SCHÖNBERGER, Viktor; CUKIER, Kenneth. *Big data*: a revolution that will transform how we live, work, and think. Nova Iorque: Eamon Dolan/Houghton Mifflin Harcourt, 2013.

MENKE, Fabiano. "A proteção de dados e o direito fundamental à garantia da confidencialidade e da integridade dos sistemas técnico-informacionais no direito alemão". *Revista Jurídica Luso-Brasileira*, Lisboa, ano 5, n. 1, p. 781-809, 2019.

MIRAGEM, Bruno. "Função social do contrato, boa-fé e bons costumes: nova crise dos contratos e a reconstrução da autonomia negocial pela concretização das cláusulas gerais". *In:* MARQUES, Claudia Lima (Org.). *A nova crise do contrato*. São Paulo: Revista dos Tribunais, 2007.

MINTZBERG, Henry. *Criando organizações eficazes*: estruturas em cinco configurações. Tradução de Cyro Bernardes. 2. ed. São Paulo: Atlas, 2003.

NORBERG, Patricia A.; HORNE, Daniel R.; HORNE, David A.. *The privacy paradox: personal information disclosure intentions versus behaviors. Journal of Consumer Affairs*, v. 41, n. 1, p. 100–126, 2007.

OLIVA, Milena Donato; SILVA, Rodrigo da Guia. "Origem e evolução histórica do *compliance* no direito brasileiro". *In:* CUEVA, Ricardo Villas Bôas; FRAZÃO, Ana. *Compliance*: perspectivas e desafios dos programas de conformidade. Belo Horizonte: Fórum, 2018.

OSBORNE, Charlie. *Georgia Tech reveals data breach, 1.3 million records exposed. ZDNet*. 04 abr. 2019. Disponível em: https://www.zdnet.com/article/georgia-tech-reveals-data-breach-1-3-million-records-exposed/. Acesso em: 16 jun. 2019.

PARFITT, Jamie. Oregon DHS reveals data breach of more than 350,000 clients' data. *KDRV.com*. 21 mar. 2019. Disponível em: https://www.kdrv.com/content/news/Oregon-DHS-reveals-data-breach-of-more-than-350000-clients-data-507481961.html. Acesso em: 16 jun. 2019.

SAAD-DINIZ, Eduardo. Ética negocial e compliance: entre a educação executiva e a interpretação judicial. São Paulo: Revista dos Tribunais, 2019.

SIEGAL, Jacob. *Microsoft reveals Outlook hackers were able to gain access to private emails. BGR*. 15 abr. 2019. Disponível em: https://bgr.com/2019/04/15/microsoft-outlook-hack-email-content-accessed/. Acesso em: 18 jun. 2019.

SILVA, André Luiz Carvalhal da. *Governança corporativa e decisões financeiras no Brasil*. 2. ed. Rio de Janeiro: Mauad, 2005.

SILVERMAN, Michal G. *Compliance management for public, private, or nonprofit organizations*. Nova Iorque: McGraw Hill, 2008.

STALLINGS, William; BROWN, Lawrie. *Computer security*: principles and practice, global edition. 4. ed. Nova Iorque: Pearson, 2018.

STUCKE, Maurice E. *In search of effective ethics & compliance programs. The Journal of Corporation Law*, v. 39, 2014.

TAMÒ-LARRIEUX, Aurelia. *Designing for privacy and its legal framework*: data protection by design and default for the Internet of Things. Basileia: Springer, 2018.

VOIGT, Paul; VON DEM BUSSCHE, Axel. *The EU General Data Protection Regulation (GDPR)*: a practical guide. Basileia: Springer, 2017.

VOLODZKO, David. *Marriott breach exposes far more than just data. Forbes*. 04 dez. 2018. Disponível em: https://www.forbes.com/sites/davidvolodzko/2018/12/04/marriott-breach-exposes-far-more-than-just-data/. Acesso em: 16 jun. 2019.

WHITTAKER, Zack. *Millions of Instagram influencers had their contact data scraped and exposed. TechCrunch*. 20 mai. 2019. Disponível em: https://techcrunch.com/2019/05/20/instagram-influencer-celebrity-accounts-scraped/. Acesso em: 16 jun. 2019.

YAZBEK, Otavio. *Representações do dever de diligência na doutrina jurídica brasileira: um exercício e alguns desafios. In:* KUYVEN, Luiz Fernando Martins (Org.). *Temas essenciais de direito empresarial*. São Paulo: Saraiva, 2012.

ZOLO, Danilo. *Cosmopolis: prospects for world government*. Tradução do italiano para o inglês de David McKie. Cambridge: Polity Press, 1997.

15. Autoridade Nacional de Proteção de Dados Pessoais (ANPD) e Conselho Nacional de Proteção de Dados Pessoais e da Privacidade

Newton De Lucca
Cíntia Rosa Pereira de Lima

1. Introdução

Um dos grandes impasses nas discussões e na própria aprovação da Lei Geral de Proteção de Dados Pessoais do Brasil – LGPD, Lei n. 13.709, de 14 de agosto de 2018, foi a criação ou não do órgão independente para a fiscalização, regulação e cumprimento da lei de proteção de dados pessoais. Isso porque a criação desse órgão envolveria aumento de gastos e dotação orçamentária, o que seria um movimento contrário à redução de despesas em tempos de crise político-econômica pela qual passa o País. Entretanto, a aprovação de uma lei geral de proteção de dados pessoais sem a criação desse órgão representaria um sistema inócuo e pouco eficiente, pois para a concretude da lei, a atuação da Autoridade Nacional de Proteção de Dados Pessoais (ANPD) é fundamental. Por isso, a Lei n. 13.853, de 8 de julho de 2019, converteu em lei a Medida Provisória n. 869, de 27 de dezembro de 2018, criando a ANPD, sem aumento de despesa, nos termos do art. 55-A da LGPD.

Para compreender corretamente essas discussões por ocasião da aprovação da LGPD no Congresso Nacional, vale a pena destacar que existiam três projetos de lei principais sobre o tema: 1) o Projeto de Lei n. 4.060 de 2012, de autoria do Deputado Milton Monti, que apresentava um sistema de autorregulação para a proteção de dados pessoais; 2) o Projeto de Lei n.

6.291 de 2016, de autoria do Deputado João Derly, que trazia como objeto apenas a vedação do compartilhamento de dados pessoais dos assinantes de aplicações de internet, por meio da sugerida alteração do Marco Civil da Internet, Lei n. 12.965, de 23 de abril de 2014; 3) o Projeto de Lei n. 5.276-A, de autoria do Poder Executivo, que previu a criação da Autoridade Nacional de Proteção de Dados em um sistema de corregulação como a seguir será detalhado neste capítulo.

Assim, o Título II do PL n. 4.060, de 2012, ao estabelecer regras para a fiscalização (arts. 21 a 23), determinava a autorregulamentação, estruturada a partir de "Conselhos de Autorregulamentação" instituídos pelas entidades representativas dos responsáveis pelo tratamento de dados pessoais. Semelhantemente ao Conselho Nacional de Autorregulamentação Publicitária – CONAR, que é uma sociedade sem fins lucrativos com sede em São Paulo e duração ilimitada,[1] o órgão idealizado pelo PL 4.060/2012 não estaria de acordo com o modelo europeu, fundado na corregulação, como se explicará a seguir. O CONAR criou o *Código Brasileiro de Autorregulamentação Publicitária*[2], com regras para nortear a atividade publicitária, fiscalizando o seu cumprimento. Entretanto, o CONAR mesmo não fazendo parte da administração pública direta ou indireta – por isso não tem seus poderes e atribuições definidas em lei –, recebe denúncias de consumidores, de autoridades e de associados sobre violação do Código e aplica sanção administrativa, porém sem coerção legal.

Não nos parece adequado esse modelo de sistema fiscalizador e sancionatório quanto à proteção dos dados pessoais, por diversas razões. Primeira: a descentralização não seria conveniente em um setor tão sensível, como o da proteção de dados pessoais, pois fomentaria incertezas e insegurança no que diz respeito às regras e padrões técnicos exigidos, pois caberia ao Judiciário definir essas questões com todas as prerrogativas e garantias que a lei lhe assegura. Portanto, o livre convencimento motivado do juiz viabilizaria situações nas quais cada juiz poderia decidir diferentemente um do outro, o que iria criar insegurança quanto às regras de tratamento de dados pessoais. Por exemplo, cada juiz poderia compreender de maneira diversa a anonimização... Para evitar essas situações indesejáveis, a LGPD

[1] FADEL, Marcelo Costa. Breves Comentários ao Código de Auto-Regulamentação Publicitária do CONAR. *In: Revista do Direito do Consumidor*, vol. 50, abril – junho de 2004. pp. 153-170. p. 155.

[2] Disponível em: < http://www.conar.org.br/>, último acesso em 27 de novembro de 2015.

centralizou na ANPD a atribuição de editar regulamentos e procedimentos sobre proteção de dados pessoais e privacidade (art. 55-J, inc. XIII da LGPD) e de editar normas, orientações e procedimentos simplificados e diferenciados (art. 55-J, inc. XVIII da LGPD); dessa forma, é possível conhecer e se adequar *a priori* a essas regras.

Segunda razão: o próprio CONAR não tem poder de polícia, o que pode tornar esse sistema pouco eficaz na medida em que os titulares dos dados pessoais, para exercerem seus direitos, deveriam recorrer necessária e exclusivamente ao Poder Judiciário, o que demandaria tempo e dinheiro, sendo, tampouco, conveniente ao Judiciário, que já está assoberbado pela quantidade das demandas. Se considerarmos o volume de dados na sociedade informacional, esses números aumentariam exponencialmente, podendo até mesmo inviabilizar a eficiência do provimento jurisdicional. Por isso, deve-se conceder à ANPD poder de polícia, pois entre suas atribuições estão: fiscalizar e aplicar sanções em caso de tratamento de dados realizado em descumprimento à legislação (art. 55-J, inc. IV da LGPD); apreciar petições de titular contra controlador após comprovada pelo titular a apresentação de reclamação ao controlador não solucionada no prazo estabelecido em regulamentação (art. 55-J, inc. V da LGPD).

Terceira razão: deve-se prestigiar a independência e autonomia da ANPD; por isso, não seria confiável um sistema no qual o ente que fiscaliza é composto por representantes dos fiscalizados, ou seja, os próprios controladores. Daí ser muito interessante a composição multissetorial do Conselho Nacional de Proteção de Dados e Privacidade, haja vista o art. 58-A da LGPD, composto por representantes da sociedade civil, da academia, do Poder Público e do mercado. Em outras palavras, para a efetividade do sistema de proteção de dados, essa entidade deve ter absoluta independência funcional e autonomia financeira para que possa tomar decisões imparciais. Nesse sentido, o art. 55-B da LGPD assegura a autonomia técnica e decisória da ANPD.

Por todas essas razões, o PL n. 5.276-A da Câmara dos Deputados (iniciativa do Executivo) e o PL n. 53 do Senado Federal determinaram a criação da ANPD, inicialmente prevista como órgão da administração pública indireta, submetida a regime autárquico especial, vinculado ao Ministério da Justiça.[3] Por determinação constitucional, a criação de tal

[3] Redação originária do Projeto de Lei n. 53 do Senado Federal sobre Proteção de Dados: "Art. 55. Fica criado o órgão competente, Autoridade Nacional de Proteção de Dados, integrante da

órgão deve ser de iniciativa do Poder Executivo. Entretanto, como o PL n. 5.276-A foi apensado ao PL n. 4.060, de iniciativa do Deputado Milton Monti, a criação da ANPD poderia ser atacada por vício formal. Por isso, o presidente Michel Temer vetou os artigos relacionados à ANPD por ocasião da sanção da Lei n. 13.709, de 14 de agosto de 2018; porém, criou o órgão pela Medida Provisória n. 869, de 27 de dezembro de 2018. Como já assinalado em outra oportunidade,[4] o veto do então presidente Michel Temer não ocorreu por ser ele contrário à criação da Autoridade Nacional de Proteção de Dados – já que ele a considerava necessária –, mas em razão de ser competência do Poder Executivo, e não do Legislativo, a criação do órgão. As razões do veto presidencial relativas a esse ponto específico foram: "Os dispositivos incorrem em inconstitucionalidade do processo legislativo, por afronta ao artigo 61, § 1º, II, 'e', cumulado com o artigo 37, XIX da Constituição." Tais dispositivos estabelecem, de um lado, ser de competência privativa do presidente da República a iniciativa de leis que disponham sobre "criação, estruturação e atribuições dos Ministérios e órgãos da administração pública" (artigo 61, § 1º, II, 'e') e, de outro, que somente por lei específica poderão ser criadas "empresa pública, sociedade de economia mista, autarquia e fundação pública" (art. 37, XIX). Ainda que a cumulação referida nas razões do veto com esse art. 37, XIX, pudesse ser questionada, já que se tratava, no caso, de "lei específica", o fato é que a aplicação do art. 61, § 1º, II, alínea "e", é absolutamente incontroversa, não tendo o Congresso Nacional tentado derrubar o veto presidencial.

Atualmente, a ANPD é um órgão da administração pública direta, integrante da Presidência da República, a quem caberá nomear os Diretores e Conselheiros, após aprovação do Senado Federal (§ 1º do art. 55-D da LGPD). A opção brasileira é justamente a corregulação, ou seja, a ANPD desempenhará suas funções fiscalizadora, reguladora e sancionatórias, sem excluir a possibilidade de os agentes de tratamento de dados pessoais estabelecerem "Boas Práticas" (art. 50 da LGPD).

administração pública federal indireta, submetido a regime autárquico especial e vinculado ao Ministério da Justiça."

[4] Cf. "A Lei nº 13.709, de 14 de agosto de 2018: a disciplina normativa que faltava", artigo escrito em conjunto com Renata Mota Maciel M.Dezem, no livro Direito&Internet, vol. IV, no prelo da Editora Quartier Latin.

Cumpre destacar a importância da ANPD para o *enforcement* da própria LGPD, o que se constatou a partir dos anos 60 na União Europeia. Não se trata de um mero órgão para criar regulamentos; além disso, compete à ANPD conciliar os interesses de mercado e a proteção da pessoa humana.[5] A Organização para a Cooperação e Desenvolvimento Econômico (OCDE) já evidenciou tal preocupação ao elaborar as *Diretrizes sobre Proteção da Privacidade e Circulação Transfronteiriça de Dados Pessoais da OCDE ("Guidelines on the Protection of Privacy and Transborder Flows of Personal Data")* de 1980, demonstrando que um sistema de proteção de dados pessoais eleva o Brasil a outro patamar no contexto do capitalismo informacional, pois o nível de proteção passa a estar adequado ao europeu.[6]

Isto porque em 28 de janeiro de 1981, foi celebrada a *Convenção sobre a Proteção de Dados Pessoais,* tendo em vista o tratamento automatizado desses dados, a denominada *Convenção n. 108.*[7] Nessa ocasião, foi ressaltada a necessidade de se criar uma entidade de fiscalização e controle para o adequado cumprimento das leis de proteção de dados pessoais, tendo sido asseguradas as características de independência e autonomia para poder desempenhar suas funções.

Posteriormente, em 2001, foram acrescidas regras sobre a circulação transfronteiriça de dados pessoais entre países-membros da União Europeia e países não participantes do bloco[8]. Tendo em vista que a coleta, o tratamento, o armazenamento e o uso dos dados pessoais sejam realizados em nível global, é fundamental que haja regras que assegurem o *enforcement* das leis de proteção de dados pessoais. Por isso, ficou estipulado que dados pessoais de europeus só poderiam ser enviados para países que tivessem

[5] SCHWARTZ, Paul M. The EU – U.S. Privacy Collision: a turn to institutions and procedures. *In: Harvard Law Review,* vol. 126, pp. 1966 – 2009, 2013. p. 1.969 – 1.970.

[6] COLOMBO, Matteo. *Regolamento UE sulla Privacy:* principi generali e ruolo del data protection Officer. Milão: ASSO/DPO, 2015. p. 07.

[7] Todos os estados membros da União Europeia ratificaram a Convenção n. 108 de 1981 a 1999, sendo essa Convenção aberta a países não membros do Bloco com a finalidade de uniformizar a legislação de proteção de dados pessoais em todo o mundo. Entre os signatários dessa Convenção, o Uruguai foi o primeiro país que não fazia parte da UE a assinar o documento, e, em 2013, o Marrocos também aderiu à Convenção. Cf. COLOMBO, Matteo. *Op. cit.,* p. 10 – 11.

[8] Additional Protocol to the Convention for the Protection of Individuals with regard to Automatic Processing of Personal Data regarding supervisory authorities and transborder data flows. Disponível em: < https://rm.coe.int/CoERMPublicCommonSearchServices/DisplayDCTMContent?documentId=090000168008c2b8>, acessada em 20 de novembro de 2015.

um nível adequado de proteção de dados[9]. Este critério de adequação é apreciado pela Comissão Europeia de proteção de dados, levando em consideração se o país destinatário tem lei que assegura tal proteção, bem como um sistema eficiente e próximo do estabelecido na União Europeia.

Portanto, ao apreciar os sistemas de proteção de dados pessoais, constata-se, também, a existência de um órgão independente para a fiscalização e controle das leis de proteção de dados. Isso ficou claro nas decisões da Comissão Europeia ao reconhecer o nível de adequação da Argentina:

> ARGENTINA: 2003/490/CE: Decisão da Comissão, de 30 de Junho de 2003, nos termos da Diretiva 95/46/CE do Parlamento Europeu e do Conselho relativa à adequação do nível de proteção de dados pessoais na Argentina (Texto relevante para efeitos do EEE). Jornal Oficial nº L 168 de 05/07/2003 p. 0019 – 0022.
>
> (14) A lei argentina abrange todos os princípios básicos necessários para assegurar um nível adequado de proteção das pessoas singulares, embora também preveja exceções e limitações de modo a salvaguardar interesses públicos importantes. A aplicação destas normas é garantida por uma reparação judicial rápida específica para a proteção de dados pessoais, conhecida como habeas data, juntamente com as reparações judiciais gerais. *A lei prevê a criação de um organismo de controlo responsável pela proteção de dados encarregado de realizar todas as ações necessárias para dar cumprimento aos objetivos e às disposições da lei e dotado das competências de investigação e de intervenção.* Nos termos do regulamento, a *"Direção Nacional de Proteção de Dados Pessoais" foi criada como organismo de controlo.* A lei argentina prevê sanções dissuasivas eficazes de natureza tanto administrativa como penal. Por outro lado, as disposições da lei argentina no que respeita à responsabilidade civil (contratual e extracontratual) aplicam-se no caso de tratamento ilícito prejudicial para as pessoas em causa.

[9] GDPR – Regulamento 679/2016, art. 45: "1. Pode ser realizada uma transferência de dados pessoais para um país terceiro ou uma organização internacional se a Comissão tiver decidido que o país terceiro, um território ou um ou mais setores específicos desse país terceiro, ou a organização internacional em causa, assegura um nível de proteção adequado. Esta transferência não exige autorização específica." A regra já estava prevista na Diretiva 95/46/CE: Artigo 25: "1. Os Estados-membros estabelecerão que a transferência para um país terceiro de dados pessoais objeto de tratamento, ou que se destinem a ser objeto de tratamento após a sua transferência, só pode realizar-se se, sob reserva da observância das disposições nacionais adoptadas nos termos das outras disposições da presente diretiva, o país terceiro em questão assegurar um nível de proteção adequado.

(15) O Estado argentino apresentou explicações e deu garantias sobre o modo como a legislação argentina deve ser interpretada e garantiu que as regras de proteção de dados na Argentina são aplicadas de acordo com essa interpretação. A presente decisão baseia-se nessas explicações e garantias e, consequentemente, depende delas. [...] (grifo nosso)

No mesmo sentido, a Comissão Europeia entendeu que o nível de proteção de dados do Uruguai é adequado ao estabelecido na União Europeia, pois, entre outros aspectos, tem um órgão independente para fiscalizar o cumprimento da lei:

URUGUAI: DECISÃO DE EXECUÇÃO DA COMISSÃO, de 21 de agosto de 2012, nos termos da Diretiva 95/46/CE do Parlamento Europeu e do Conselho relativa à adequação do nível de proteção de dados pessoais pela República Oriental do Uruguai no que se refere ao tratamento automatizado de dados [notificada com o número C(2012) 5704]. (Texto relevante para efeitos do EEE) (2012/484/UE).

(6) As normas de proteção dos dados pessoais da República Oriental do Uruguai baseiam-se em grande medida nas normas da Diretiva 95/46/CE e encontram-se estabelecidas na Lei n. 18.331 de proteção dos dados pessoais e ação de habeas data (Ley n. 18.331 de protección de datos personales y acción de habeas data), de 11 de agosto de 2008, que é aplicável tanto às pessoas singulares como às pessoas coletivas.

(7)A referida lei é regulamentada pelo Decreto n. 414/009, de 31 de agosto de 2009, aprovado no intuito de clarificar diversos elementos da lei e regular a organização, os poderes e o funcionamento da autoridade nacional de proteção de dados. O preâmbulo deste decreto indica que, quanto a esta questão, a ordem jurídica nacional deve ser adaptada ao regime jurídico comparável mais comumente aceite, sobretudo o estabelecido pelos países europeus através da Diretiva 95/46/CE.[...]

(10) A aplicação das normas de proteção de dados é garantida pela existência de vias de recurso administrativas e judiciais, em especial pela ação de habeas data, que permite à pessoa a quem se referem os dados intentar uma ação judicial contra o responsável pelo tratamento dos dados, a fim de exercer o direito de acesso, retificação e supressão, e *por um controlo independente efetuado pela Unidade Reguladora e de Controlo de Dados Pessoais (Unidad Reguladora y de Control de Datos Personales – URCDP), que tem poderes de investigação, intervenção e sanção, seguindo o disposto no artigo 28.o da Diretiva 95/46/CE, e que atua de forma totalmente independente.* Além disso, qualquer parte interessada pode recorrer

aos tribunais para pedir uma indenização por danos sofridos em consequência do tratamento ilícito dos seus dados pessoais. (grifo nosso)

Diante disso, está claro que o Brasil precisava de uma Lei Geral de Proteção de Dados Pessoais, bem como de um órgão independente para o controle e fiscalização do cumprimento da lei, tal como ocorre em vários países do mundo. Só assim poderão as empresas brasileiras receber dados de cidadãos europeus e de cidadãos de outros continentes, preservando-se a necessária reciprocidade entre os países. Tomando por base o capitalismo informacional, tal exigência é crucial para que as empresas brasileiras possam competir em igualdade de condições com as empresas de outros países.

Para tanto, não basta adotar uma legislação sobre o tema, mas o modelo regulatório deve ser eficiente. Na América Latina, apenas a Argentina e o Uruguai têm o reconhecimento europeu sobre a adequação do modelo de proteção de dados desses países. Na Argentina, foi criada a "Direção Nacional de Proteção de Dados", do Ministério da Justiça, e, no Uruguai, foi criada uma agência reguladora para fiscalizar e fazer cumprir a lei uruguaia de proteção de dados, ou seja, a *Unidad Reguladora y de Control de Datos Personales (URCDP)*, órgão da *Agencia para el Desarrollo del Gobierno de Gestión Electronica y la Sociedad de la Información y del Conocimiento (AGESIC)*.

Em suma, este capítulo pretende destacar a importância desse órgão para a efetiva proteção dos dados pessoais, esclarecendo suas atribuições.

2. Autoridade Nacional de Proteção de Dados Pessoais: composição

O art. 55-C da LGPD traz claramente a estrutura da ANPD, que é composta:

1. Conselho Diretor, órgão máximo de direção;
2. Conselho Nacional de Proteção de Dados Pessoais e da Privacidade;
3. Corregedoria;
4. Ouvidoria;
5. Órgão de assessoramento jurídico próprio;
6. Unidades administrativas e unidades especializadas necessárias à aplicação da LGPD.

A LGPD disciplina as regras quanto à composição e à competência do Conselho Diretor e do Conselho Nacional de Proteção de Dados Pessoais e da Privacidade. Os demais órgãos serão criados, bem como lhes serão atribuídas competências, pelo regimento. Importante destacar que a estrutura regimental da ANPD será criada pelo presidente da República nos termos do art. 55-G da LGPD, cabendo ao Conselho Diretor dispor sobre o regimento interno nos termos do § 2º do mesmo dispositivo legal. Até a entrada em vigor dessa estrutura regimental, a ANPD contará com o apoio técnico e administrativo da Casa Civil da Presidência da República para o exercício de suas atividades. Não há alternativa, pois quaisquer provimentos dos cargos e das funções necessárias à criação da ANPD depende de expressa autorização física e financeira na lei orçamentária anual e de permissão na lei de diretrizes orçamentárias § 3º do art. 55-A da LGPD.

Ademais, os cargos em comissão e as funções de confiança da ANPD serão remanejados de outros órgãos e entidades do Poder Executivo federal (art. 55-H da LGPD).

2.1. Conselho Diretor da ANPD

O Conselho Diretor é o órgão máximo de direção, o que deverá ser observado pelo regimento interno da ANPD. A LGPD determina que sua composição seja de 5 (cinco) diretores, incluído o diretor-presidente (*caput* do art. 55-D). Caberá ao presidente da República a escolha dos diretores que, após a aprovação pelo Senado Federal, serão nomeados pelo presidente da República nos termos do art. 52, inc. III, "f" da CF/88. Os membros do Conselho Diretor devem ser brasileiros com reputação ilibada, nível superior de educação e elevado conceito no campo da especialidade de proteção de dados (§ 2º do art. 55-D da LGPD).

A opção da lei foi instituir a nomeação por ato complexo, para que se possa assegurar autonomia funcional dos diretores no exercício de suas funções. Isso não impede a perda do cargo, que pode dar-se por renúncia, condenação judicial transitada em julgado ou pena de demissão decorrente de processo administrativo disciplinar (art. 55-E da LGPD).

Na hipótese de apuração de falta grave, o ministro chefe da Casa Civil da Presidência da República irá instaurar o processo administrativo disciplinar, que será conduzido por uma comissão especial, constituída para tal fim por servidores públicos federais estáveis (§ 1º do art. 55-E da LGPD). Durante a tramitação do processo administrativo disciplinar, a comissão especial pode sugerir o afastamento preventivo do diretor, o que será determinado pelo presidente da República.

Os diretores exercerão o cargo pelo mandato de 4 (quatro) anos nos termos do § 3º do art. 55-D da LGPD; entretanto, para evitar que a ANPD fique sem diretores se todos os mandatos vencerem no mesmo período, o § 4º do art. 55-D determina que os primeiros diretores nomeados exercerão o mandato por 2 (dois), 3 (três), 4 (quatro), 5 (cinco) e 6 (seis) anos, conforme estabelecido no ato de nomeação.

Após o exercício do cargo, os membros do Conselho Diretor ficam sujeitos ao disposto no art. 6º da Lei n. 12.813, de 16 de maio de 2013:

> Art. 6º Configura conflito de interesses após o exercício de cargo ou emprego no âmbito do Poder Executivo federal:
>
> I – a qualquer tempo, divulgar ou fazer uso de informação privilegiada obtida em razão das atividades exercidas; e
>
> II – no período de 6 (seis) meses, contado da data da dispensa, exoneração, destituição, demissão ou aposentadoria, salvo quando expressamente autorizado, conforme o caso, pela Comissão de Ética Pública ou pela Controladoria-Geral da União:
>
> a) prestar, direta ou indiretamente, qualquer tipo de serviço a pessoa física ou jurídica com quem tenha estabelecido relacionamento relevante em razão do exercício do cargo ou emprego;
>
> b) aceitar cargo de administrador ou conselheiro ou estabelecer vínculo profissional com pessoa física ou jurídica que desempenhe atividade relacionada à área de competência do cargo ou emprego ocupado;
>
> c) celebrar com órgãos ou entidades do Poder Executivo federal contratos de serviço, consultoria, assessoramento ou atividades similares, vinculados, ainda que indiretamente, ao órgão ou entidade em que tenha ocupado o cargo ou emprego; ou
>
> d) intervir, direta ou indiretamente, em favor de interesse privado perante órgão ou entidade em que haja ocupado cargo ou emprego ou com o qual tenha estabelecido relacionamento relevante em razão do exercício do cargo ou emprego.

Não observado o que dispõe esse dispositivo legal, responderá o condenado por ato de improbidade administrativa conforme o parágrafo único do art. 55-F da LGPD.

Ao Conselho Diretor da ANPD compete:

- dispor sobre o regimento interno da ANPD (§ 2º do art. 55-G);
- indicar os ocupantes dos cargos em comissão e das funções de confiança da ANPD, cuja nomeação será feita pelo diretor-presidente (art. 55-J).

2.2 Conselho Nacional de Proteção de Dados Pessoais e da Privacidade

O Conselho Nacional de Proteção de Dados Pessoais e da Privacidade (CNPDPP) é um órgão da ANPD, composto por 23 (vinte e três) titulares e suplentes nos termos do art. 58-A da LGPD conforme a redação alterada pela Lei n. 13.853/2019. Os conselheiros serão provenientes dos seguintes órgãos:

a) Serão indicados pelos titulares dos respectivos órgãos e entidades da administração pública: – 5 do Poder Executivo federal; – 1 do Senado Federal; – 1 da Câmara dos Deputados; – 1 do Conselho Nacional de Justiça; – 1 do Conselho Nacional do Ministério Público; – 1 do Comitê Gestor da Internet no Brasil;

b) Serão indicados na forma de regulamento, desde que não façam parte do Comitê Gestor da Internet no Brasil, com mandato de 2 anos, permitida uma recondução: – 3 de entidades da sociedade civil com atuação comprovada em proteção de dados pessoais; – 3 de instituições científicas, tecnológicas e de inovação; – 3 de confederações sindicais; – 2 de entidades representativas do setor empresarial relacionado à área de tratamento de dados pessoais; e, – 2 de entidades representativas do setor laboral.

Os conselheiros serão designados por ato do presidente da República, permitida a delegação nos termos do § 1º do art. 58-A da LGPD. Destaca-se que os conselheiros não serão remunerados, considerada tal função como prestação de serviço público relevante nos termos do § 4º do mesmo dispositivo legal.

A composição multissetorial do Conselho Nacional de Proteção de Dados e Privacidade é interessante, pois propicia um natural sistema de freios e contrapesos *interna corporis*, colaborando para a autonomia técnica da ANPD, pois os representantes do setor privado serão constantemente fiscalizados pelos representantes do setor público e vice-versa. Portanto, seus integrantes devem ser especialistas na área e com notável atuação na área de proteção de dados pessoais, para que tenham um absoluto comprometimento com as atribuições da autoridade brasileira, atraindo, então, o reconhecimento pela União Europeia do nível protetivo adequado.

As atribuições do Conselho estão elencadas no art. 58-B da LGPD (a partir da redação da Lei n. 13.853/2019), quais sejam: – propor diretrizes estratégicas e fornecer subsídios para a elaboração da Política Nacional de Proteção de Dados Pessoais; – elaborar relatórios anuais de avaliação da execução das ações da Política Nacional de Proteção de Dados Pessoais; – sugerir ações a serem realizadas pela ANPD; – elaborar estudos e realizar debates e audiências públicas sobre proteção de dados pessoais; – disseminar o conhecimento sobre a proteção de dados pessoais à população.

3. Competência da ANPD

Quanto à competência da ANPD, o art. 55-J menciona as atribuições que podem ser agrupadas em: *1) preventivas:* elaborar diretrizes para a Política Nacional de Proteção de Dados Pessoais e da Privacidade (inc. III), promover conhecimento na população das normas e políticas públicas sobre proteção de dados pessoais e das medidas de segurança (inc. VI), promover e elaborar estudos sobre as práticas nacionais e internacionais sobre proteção de dados e privacidade (inc. VII), ouvir os agentes de tratamento de dados (inc. XIV), comunicar às autoridades competentes as infrações à lei (inc. XXI), comunicar aos órgãos de controle interno o descumprimento da lei (inc. XXII); *2) fiscalizatórias:* zelar pela proteção dos dados pessoais (inc. I), zelar pela observância dos segredos comercial e industrial (inc. II), fiscalizar (inc. IV), solicitar do poder público informações sobre as respectivas atividades de tratamento de dados (inc. XI), realizar auditorias ou determinar sua realização (inc. XVI), garantir que o tratamento de dados de idosos seja efetuado de maneira simples (inc. XIX); *3) regulatórias:* estimular a adoção de padrões para serviços e produtos que privilegiem a autodeterminação informacional inc. VIII), promover ações de cooperação com autoridades de proteção de dados de outros países (inc. IX), dispor sobre as formas de publicidade das operações de tratamento de dados pessoais (inc. X), editar regulamentos e procedimentos sobre proteção de dados pessoais (inc. XIII), editar normas, orientações e procedimentos (inc. XVIII), deliberar administrativamente sobre a interpretação da LGPD (inc. XX), articular-se com autoridades reguladoras (inc. XXIII); *4) sancionatórias e reparatórias:* aplicar sanções nas hipóteses de descumprimento da lei, mediante processo administrativo, sendo assegurado o contraditório, a ampla defesa e o direito de recurso (inc. IV), apreciar pedidos dos titulares contra os controladores (inc. V), celebrar compromisso com agentes de tratamento para eliminar irregularidades (inc. XVII) e implementar mecanismos simplificados para o registro de reclamações sobre o tratamento de dados pessoais (inc. XXIV).

Por fim, a ANPD exerce funções de gestão, tais como elaborar relatórios de gestão sobre suas atividades (inc. XII) e arrecadar e aplicar suas receitas (inc. XV). Destaca-se que o produto da arrecadação das multas aplicadas pela ANPD será destinado ao Fundo de Defesa de Direitos Difusos (§ 5o do art. 52 da LGPD, com a redação dada pela Lei n. 13.853, de 8 de julho de 2019), evitando-se, assim, uma possível indústria da multa. Por outro lado, elas fazem parte das receitas da ANPD, nos termos do art. 55-L da LGPD, com a redação dada pela Lei n. 13.853, de 08 de julho de 2019.

As funções preventivas e fiscalizatórias devem ser desempenhadas com o máximo empenho, sendo essa a ênfase na atuação da ANPD. Isto porque quando ocorre uma violação aos princípios e direitos estabelecidos na LGPD, dificilmente é possível retornar ao *status quo*. Essas atribuições são especificadas de maneira exemplificativa, a nosso ver, pois a ANPD deve engendrar todos os esforços necessários para a prevenção de danos aos dados pessoais (*e. g.* vazamento de dados pessoais ou tratamento indevido nos termos da lei) e fiscalização para o efetivo cumprimento da lei.

Entretanto, as funções reguladoras e sancionatórias dependem de previsão legal. Nesse sentido, os incisos do art. 55-J, que remetem essas atribuições à ANPD, são de caráter taxativo e, como tal, serão tratados a seguir.

3.1. Poder-Dever Regulatório da ANPD

Essa função da ANPD deve ser compreendida como um "poder-dever", pois deve ser exercida em prol da defesa dos titulares dos dados pessoais, considerados *hipervulneráveis* em função da assimetria informacional, jurídica e do poder econômico.

A ANPD faz parte, atualmente, da Administração Pública direta como destacamos supra, sendo assim, esse órgão tem um "poder-dever normativo ou regulador", que segundo Maria Sylvia Zanella di Pietro[10] seria o regulamento de execução, hierarquicamente subordinado a uma lei prévia,

[10] *Direito Administrativo*. 12 ed. São Paulo: Atlas, 2000. p. 88.

pois é a única possibilidade admissível no direito brasileiro após a CF/88. Nesse caso, o poder-dever normativo da ANPD está subordinado à LGPD.

Ocorre que nessa área tão dinâmica, uma vez que a coleta e o tratamento dos dados pessoais são realizados em massa por sistemas de informação e circulam na internet, dado o crescente uso da web em diversas áreas, essa competência da ANPD será fundamental para manter a LGPD sempre adaptada às novas tecnologias e modelos de negócios sem ter de alterar a lei, dada a demora do processo legislativo.

Nesse sentido, a ANPD poderá emitir resoluções, portarias, deliberações e instruções para:

a) estimular a adoção de padrões para serviços e produtos que privilegiem a autodeterminação informacional (inc. VIII do art. 55-J da LGPD), por exemplo, ainda que a LGPD não tenha estabelecido a *privacy by design* e *by default,* como o faz o *General Data Protection Regulation* – GDPR (art. 25).[11] A ANPD poderá, por portaria, implementar essa prática, pois está dentro desse "poder-dever" regulamentador.
b) promover ações de cooperação com autoridades de proteção de dados de outros países (inc. IX do art. 55-J da LGPD). Ainda por meio de portarias, a ANPD poderá implementar ações de cooperação com autoridades de proteção de dados de outros países, função de suma relevância, dada a circulação transfronteiriça dos dados pessoais;

[11] 1. Taking into account the state of the art, the cost of implementation and the nature, scope, context and purposes of processing as well as the risks of varying likelihood and severity for rights and freedoms of natural persons posed by the processing, the controller shall, both at the time of the determination of the means for processing and at the time of the processing itself, implement appropriate technical and organisational measures, such as pseudonymisation, which are designed to implement data-protection principles, such as data minimisation, in an effective manner and to integrate the necessary safeguards into the processing in order to meet the requirements of this Regulation and protect the rights of data subjects.
2. The controller shall implement appropriate technical and organisational measures for ensuring that, by default, only personal data which are necessary for each specific purpose of the processing are processed. That obligation applies to the amount of personal data collected, the extent of their processing, the period of their storage and their accessibility. In particular, such measures shall ensure that by default personal data are not made accessible without the individual's intervention to an indefinite number of natural persons.

c) dispor sobre as formas de publicidade das operações de tratamento de dados pessoais (inc. X do art. 55-J da LGPD), ou seja, caberá à ANPD definir como os agentes de tratamento de dados pessoais deverão informar amplamente sobre as respectivas práticas de tratamento de dados pessoais;
d) editar regulamentos e procedimentos sobre proteção de dados pessoais (inc. XIII do art. 55-J da LGPD) e editar normas, orientações e procedimentos (inc. XVIII do art. 55-J da LGPD), haja vista a impossibilidade de o legislador prever todos os aspectos sobre os quais a ANPD irá normatizar. Esses incisos alargam a possibilidade de se exercer essa função, quando se fizer necessária para a implementação do sistema de proteção de dados brasileiro;
e) deliberar administrativamente sobre a interpretação da LGPD (inc. XX do art. 55-J), a fim de assegurar a centralização e sua consequente segurança jurídica;
f) articular-se com autoridades reguladoras (inc. XXIII do art. 55-J), ou seja, a ANPD deverá se comunicar com as autoridades reguladoras, por exemplo, se for um problema relacionado aos serviços dos provedores de internet; ela poderá adotar medidas conjuntas com a ANATEL. Se, em outra hipótese, for assunto relacionado a dados sensíveis coletados e tratados por clínicas de fertilização assistida, deverá comunicar-se com o CTN-Bio etc.

3.2. Poder-Dever Sancionatório da ANPD

Cabe, ainda, aqui analisar as funções sancionatórias que serão desempenhadas pela ANPD, pois compete a ela aplicar sanções nas hipóteses de descumprimento da lei, mediante processo administrativo, sendo assegurado o contraditório, a ampla defesa e o direito de recurso (inc. IV do art. 55-J da LGPD).

As sanções estão previstas no art. 52 da LGPD, quais sejam:

I. advertência, com indicação de prazo para adoção de medidas corretivas;
II. multa simples, de até 2% (dois por cento) do faturamento da pessoa jurídica de direito privado, grupo ou conglomerado no Brasil no seu último exercício, excluídos os tributos, limitada, no total, a R$ 50.000.000,00 (cinquenta milhões de reais) por infração;

III. multa diária, observado o limite total a que se refere o inciso II;
IV. publicização da infração após devidamente apurada e confirmada a sua ocorrência;
V. bloqueio dos dados pessoais a que se refere a infração até a sua regularização;
VI. eliminação dos dados pessoais a que se refere a infração.

Observe-se que a própria LGPD destaca no § 1º do art. 52 (redação dada pela Lei n. 13.853/2019) que essas sanções não substituem a aplicação das sanções administrativas previstas no CDC. O importante é que a ANPD somente poderá aplicar uma sanção previamente prevista em lei. Ademais, segundo Maria Sylvia Zanella Di Pietro[12] o poder disciplinar da Administração Pública é discricionário, pois não tem ela liberdade de escolha entre punir e não punir. Portanto, tendo conhecimento de falta cometida (violação da LGPD), deve instaurar o procedimento adequado para sua apuração e, se for o caso, aplicar a penalidade adequada.

Nos termos da LGPD, § 1º do art. 52:

> § 1º As sanções serão aplicadas após procedimento administrativo que possibilite a oportunidade da ampla defesa, de forma gradativa, isolada ou cumulativa, de acordo com as peculiaridades do caso concreto e considerados os seguintes parâmetros e critérios:
> I – a gravidade e a natureza das infrações e dos direitos pessoais afetados;
> II – a boa-fé do infrator;
> III – a vantagem auferida ou pretendida pelo infrator;
> IV – a condição econômica do infrator;
> V – a reincidência;
> VI – o grau do dano;
> VII – a cooperação do infrator;
> VIII – a adoção reiterada e demonstrada de mecanismos e procedimentos internos capazes de minimizar o dano, voltados ao tratamento seguro e adequado de dados, em consonância com o disposto no inciso II do § 2º do art. 48 desta Lei;
> IX – a adoção de política de boas práticas e governança;
> X – a pronta adoção de medidas corretivas; e
> XI – a proporcionalidade entre a gravidade da falta e a intensidade da sanção.

[12] *Op. cit.*, p. 90.

Um dos pontos mais polêmicos do "poder-dever" da ANPD é a possibilidade de aplicação de multa, objeto de intensos e calorosos debates no decorrer do processo legislativo de discussão da LGPD. O receio era justamente que se criasse uma "indústria da multa", em que o órgão que aplicaria a sanção estaria "interessado" no proveito econômico dessa penalidade. Por isso, a Lei n. 13.853, de 8 de julho de 2019, determinou que o produto da arrecadação das multas aplicadas pela ANPD será destinado ao Fundo de Defesa de Direitos Difusos previsto no art. 13 da Lei n. 7.347, de 24 de julho de 1985 e na Lei n. 9.008, de 21 de março de 1995 (§ 2º do art. 52 da LGPD).

Por derradeiro, a ANPD desempenhará uma função de facilitar e estimular a efetiva proteção dos dados pessoais na medida em que poderá: – apreciar os pedidos dos titulares contra os controladores (inc. V do art. 55-J da LGPD); – celebrar compromisso com agentes de tratamento para eliminar irregularidades (inc. XVII do art. 55-J da LGPD); – implementar mecanismos simplificados para o registro de reclamações sobre o tratamento de dados pessoais (inc. XXIV do art. 55-J da LGPD).

Além desses dispositivos, o § 7º do art. 52 da LGPD prevê a possibilidade de conciliação direta entre controlador e titular dos dados pessoais nas hipóteses de vazamento de dados pessoais ou acessos não autorizados, o que deverá aliviar o Judiciário que já está sobrecarregado com o excesso de demandas. Nesse sentido, como o próprio CPC prevê (art. 334), a ANPD deverá estimular a conciliação e mediação para a célere e eficiente aplicação da LGPD.

Para que se tenha uma ideia desse acúmulo de processos na Justiça brasileira, o último "Justiça em números", constante do sítio do Conselho Nacional de Justiça[13], é de 2018, ano-base 2017. Lá, foram contabilizados 80,1 milhões de processos (2017) em tramitação, aguardando alguma solução definitiva. Infelizmente, o relatório de 2019, ano-base 2018, ainda não foi lançado, como era de se esperar... Seja como for, verifica-se, por tais números, um tanto quanto obsoletos, que o Poder Judiciário decidiu 6,5% de casos acima da demanda, o que poderia sugerir, em tese, certa redução do estoque, nessa proporção. Sucede, porém, que tal não ocorreu, por conta de processos que retornam à tramitação e que, portanto, são ainda considerados casos pendentes (sentenças anuladas na instância superior;

[13] Cf. 4.1. *Litigiosidade*, p. 73, acessado em 29/07/19, disponível em: <https://www.cnj.jus.br/files/conteudo/arquivo/2018/09/8d9faee7812d35a58cee3d92d2df2f25.pdf>.

remessas e retornos de autos entre tribunais em razão de questões relativas à competência etc.)

4. Receitas da ANPD

Em tempos de crise, realmente esse será um dos grandes desafios da ANPD, pois suas funções dependem de aparelhamento tecnológico, sistema de informação adequado, contratação de pessoal especializado na matéria, entre outras.

Entretanto, o art. 55-L da LGPD, após redação dada pela Lei n. 13.853, de 8 de julho de 2019, prevê como receitas da ANPD:

> I – as dotações, consignadas no orçamento geral da União, os créditos especiais, os créditos adicionais, as transferências e os repasses que lhe forem conferidos;
> II – as doações, os legados, as subvenções e outros recursos que lhe forem destinados;
> III – os valores apurados na venda ou aluguel de bens móveis e imóveis de sua propriedade;
> IV – os valores apurados em aplicações no mercado financeiro das receitas previstas neste artigo;
> V – (VETADO); (Incluído pela Lei nº 13.853, de 2019)
> VI – os recursos provenientes de acordos, convênios ou contratos celebrados com entidades, organismos ou empresas, públicos ou privados, nacionais ou internacionais; (Incluído pela Lei nº 13.853, de 2019)
> VII – o produto da venda de publicações, material técnico, dados e informações, inclusive para fins de licitação pública.

A possibilidade da cobrança de uma taxa, pelo poder de polícia que exercerá a ANPD, foi objeto de veto em função do clamor das empresas que já têm um sério comprometimento dos lucros com impostos e demais encargos. No entanto, parece-nos que esse seria um ponto a se refletir, já que tradicionalmente tantas autoridades de proteção de dados realizam tal prática (por exemplo, o *Information Commissioner Office* – ICO).[14]

[14] INFORMATION COMMISSIONER OFFICE. *Data Protection Fee.* "From 25 May 2018, the Data Protection (Charges and Information) Regulations 2018 requires every organisation or

Conclusões

O dilema entre regular ou não a coleta e o tratamento de dados pessoais esteve sempre presente no Congresso Nacional quando da aprovação da LGPD, Lei n. 13.709, de 14 de agosto de 2018. "Regular" é conciliar os interesses econômicos, públicos e sociais. Neste sentido, uma legislação sobre proteção de dados não busca frear o desenvolvimento econômico. Ao contrário, assim como outras leis setoriais, denominadas microssistemas jurídicos, a LGPD pretende consolidar um sistema de proteção de dados para viabilizar a inserção do Brasil no capitalismo informacional, considerados os bancos de dados em escala global e a circulação transfronteiriça dessas informações de um modo revolucionário (global e interconectado) de estruturação do mercado e circulação dos produtos e serviços.

Portanto, para que o Brasil possa se inserir no capitalismo informacional, recebendo informações sobre cidadãos residentes em países com um consistente sistema de proteção de dados, uma lei geral sobre a matéria é fundamental. Outrossim, a LGPD não pode ser vista como um retrocesso ou um óbice ao desenvolvimento econômico, mas, sim, como um investimento para que o País possa obter o reconhecimento do nível adequado de proteção de dados.

De fato, a polêmica foi enorme em torno da criação ou não de um órgão independente para a fiscalização e controle do cumprimento da lei, dividindo as opiniões entre autorregulação (sugestão feita pelo Projeto de Lei 4.060/2012, de iniciativa do Deputado Milton Monti) e corregulação (estabelecida no Projeto de Lei n. 5.276-A/2016, de iniciativa do Poder Executivo). Esse último projeto de lei pretendia criar a Autoridade Nacional de Proteção de Dados como órgão da administração pública indireta, ou seja, uma agência reguladora vinculada ao Ministério da Justiça.

Contudo, por cautela – haja vista o fato de ter sido o PL 5.276-A/2016 apensado ao PL 4.060/2012, muito embora o texto aprovado tenha sido o do PL n. 5.276-A/2016 (posterior) que foi uma iniciativa do Poder Executivo –, a fim de evitar prováveis questionamentos sobre a criação da ANPD

sole trader who processes personal information to pay a data protection fee to the ICO, unless they are exempt." Disponível em: < https://ico.org.uk/for-organisations/data-protection-fee/>, acessado em 01 de agosto de 2019.

por um vício de origem, conforme destacado anteriormente, o presidente Michel Temer preferiu vetar os dispositivos da redação original da LGPD que mencionavam esse órgão. Posteriormente, no mesmo ano, o órgão foi criado pela Medida Provisória n. 869, de 27 de dezembro de 2018, abrindo o debate sobre a estrutura, a composição, a competência e a receita da ANPD e do Conselho Nacional de Proteção de Dados e da Privacidade, órgão que integra a ANPD.

Durante todo o primeiro semestre de 2019, foram realizadas diversas audiências públicas, culminando na Lei n. 13.853, de 8 de julho de 2019, que converteu em lei a Medida Provisória n. 869. Entre as principais mudanças com relação à proposta original do Projeto de Lei n. 5.276-A está a que diz respeito à estrutura da ANPD, criada como órgão da administração pública direta, vinculada à Presidência da República. Entretanto essa estrutura inicial é transitória por expressa disposição legal (art. 55-A, § 2º da LGPD): após 2 anos será reapreciada a possibilidade de transformar esse órgão em uma agência reguladora.

Quanto à independência da ANPD, requisito avaliado por outros sistemas de proteção de dados pessoais para o reconhecimento do nível adequado de proteção de dados brasileiro, o art. 55-B da LGPD assegura a autonomia técnica e decisória do órgão. Sendo assim, a própria lei destaca que os diretores (cinco) da ANPD somente poderão perder o cargo em virtude de renúncia, condenação judicial transitada em julgado ou pena de demissão decorrente de processo administrativo disciplinar (art. 55-E da LGPD). Ademais, a nomeação desses diretores é por ato complexo, sendo indicados pelo presidente da República, após a aprovação pelo Senado Federal (§ 1º do art. 55-D da LGPD).

No que diz respeito à composição, importante destacar que o Conselho Nacional de Proteção de Dados Pessoais e da Privacidade integra a ANPD, sendo composto por 23 Conselheiros, que exercerão a função de forma não remunerada, sendo considerada prestação de serviço público relevante (§ 4º do art. 58-A da LGPD). Além disso, é louvável a composição multissetorial do CNPDP, art. 58-A da lei, com integrantes do Poder Público (Executivo federal, Senado Federal, Câmara dos Deputados, CNJ, CNMP, CGI), da sociedade civil com relevante atuação relacionada à proteção de dados pessoais, da academia, do setor empresarial, de confederações sindicais e do setor laboral, sendo que essas duas categorias foram acrescentadas por ocasião da aprovação da Medida Provisória n. 869 na Lei 13.853/2019.

A ANPD exercerá diversas funções listadas no art. 55-J da LGPD, sejam elas de natureza regulatória ("poder-dever" normativo ou regulador), sejam de natureza fiscalizatória ou, ainda, de natureza sancionatória ("poder-dever" disciplinar ou sancionatório). Quanto ao primeiro, é um avanço constatar que no sistema brasileiro de proteção de dados pessoais, a ANPD centraliza a função de editar regulamentos e procedimentos sobre proteção de dados pessoais e privacidade, bem como interpreta os dispositivos da LPGD porque representa uma segurança jurídica ao setor empresarial, bem como aos titulares de dados pessoais.

A função fiscalizadora é fundamental para a tutela preventiva e para a higidez do sistema de proteção de dados brasileiro, de maneira que a ANPD poderá garantir o correto cumprimento da LGPD, bem como a adequação das práticas empresariais sobre o tema. No exercício dessa função fiscalizatória ou mesmo recebendo alguma denúncia de violação à LGPD, caberá à ANPD, por meio de processo administrativo, garantida a ampla defesa e o contraditório, aplicar as sanções previstas no art. 52 da LGPD.

Uma das penas previstas é a multa simples ou multa diária, aplicada no percentual de até 2% do faturamento da pessoa jurídica de direito privado, grupo ou conglomerado no Brasil no seu último exercício, excluídos tributos, limitada, no total, a R$ 50.000.000,00 (cinquenta milhões de reais) por infração. Tal possibilidade despertou um temor no setor empresarial, pois poderia levar uma empresa à falência. E, um dos argumentos foi que essa sanção poderia fomentar o que se denomina "indústria da multa", se o proveito fosse revertido em prol da própria ANPD. Assim, a Lei n. 13.853/2019 determinou, no § 5º do art. 52 da LGPD, que o "*produto da arrecadação das multas aplicadas pela ANPD, inscritas ou não em dívida ativa, será destinado ao Fundo de Defesa de Direitos Difusos de que tratam o art. 13 da Lei nº 7.347, de 24 de julho de 1985, e a Lei nº 9.008, de 21 de março de 1995*".

São diversos os desafios da ANPD, ainda mais quando a fase de implementação do órgão dá-se em tempos de crise econômica e política. Destaca-se o próprio obstáculo tecnológico que, em razão da velocidade com que avança a tecnologia, a ANPD deverá contar com uma excelente equipe multidisciplinar para desempenhar suas funções. Além de pessoal, requer-se investimento em sistema de informação e computadores de última geração, devendo ser renovados periodicamente para garantir a eficiência do órgão. Por isso, as fontes de receita da ANPD, previstas no art. 55-L, não nos parecem suficientes para que o órgão seja sempre moderno e possa estar em constante aperfeiçoamento. Uma fonte de receita possível seria a advinda da taxa do exercício do poder de polícia, que deveria ser paga pelas empresas, que são fiscalizadas, proporcionalmente ao faturamento. Entretanto, tal possibilidade, antes prevista, foi vetada na Lei n. 13.853/2019. Assim sendo, a ANPD deverá exercer, de maneira criativa, as possibilidades de fontes de receitas permitidas em lei, quais sejam: "*I – as dotações, consignadas no orçamento geral da União, os créditos especiais, os créditos adicionais, as transferências e os repasses que lhe forem conferidos; II – as doações, os legados, as subvenções e outros recursos que lhe forem destinados; III – os valores apurados na venda ou aluguel de bens móveis e imóveis de sua propriedade; IV – os valores apurados em aplicações no mercado financeiro das receitas previstas neste artigo; V – (VETADO); (Incluído pela Lei nº 13.853, de 2019) VI – os recursos provenientes de acordos, convênios ou contratos celebrados com entidades, organismos ou empresas, públicos ou privados, nacionais ou internacionais; VII – o produto da venda de publicações, material técnico, dados e informações, inclusive para fins de licitação pública.*"

Por tudo que foi exposto, a criação da ANPD deve ser vista como um fator de segurança jurídica, pois é um órgão independente e altamente especializado que irá zelar pelo efetivo cumprimento da LGPD.

Referências

ARGENTINA. Ley 25.326. Ley de Protección de los Datos Personales. Buenos Aires, *Boletín Oficial de la República Argentina*, 04 de outubro de 2000. Disponível em: <https://www.oas.org/juridico/pdfs/arg_ley25326.pdf>. Acesso em: 27 janeiro 2019.

BAUMAN, Zygmunt. *Modernidade Líquida*. Tradução de Plínio Dentzien. Rio de Janeiro: Jorge Zahar, 2001.

BELLAVISTA, Alessandro. Società della sorveglianza e protezione dei dati personali. In: Contratto e impresa, ano 12. Padova: CEDAM, 1996.

BILANCIA, Paola. Riflessi del potere normativo delle autorità indipendenti sul sistema delle fonti. *In: Diritto e Società*, numero 1, Nuova Serie. Padova: CEDAM, 1999. pp. 251-278.

BRASIL. Lei 13.709, de 14 de agosto de 2018. Lei Geral de Proteção de Dados Pessoais (LGPD). *Diário Oficial da União*, Brasília, 15 de agosto de 2018. Disponível em: <http://www.planalto.gov.br/ccivil_03/_Ato2015-2018/2018/Lei/L13709.htm>. Acesso em: 18 janeiro 2019.

______. *Parecer n. 129 de 2018*. Redação final do Projeto de Lei da Câmara n. 53, de 2018 (n. 4.060, de 2012, na Casa de origem). Senado Federal, 10 julho 2018. Disponível em: <https://legis.senado.leg.br/sdleggetter/documento?dm=7761513&ts=1533759419365&disposition=inline&ts=1533759419365>. Acesso em: 30 novembro 2018.

CANADÁ. Office of the Privacy Commissioner of Canada. *Investigation into the personal information handling practices of WhatsApp Inc.* Disponível em: <https://www.priv.gc.ca/en/opc-actions-and-decisions/investigations/investigations-into-businesses/2013/pipeda-2013-001/>. Acesso em: 26 janeiro 2019.

______. Privacy Act. An Act to extend the present laws of Canada that protect the privacy of individuals and that provide individuals with a right of access to personal information about themselves. Ottawa, *Office of the Privacy Commissioner of Canada*, 1985. Disponível em: <https://laws-lois.justice.gc.ca/PDF/P-21.pdf>. Acesso em: 26 janeiro 2019.

CASTELLS, Manuel. *The Information Age. Economy, Society, and Culture.* Volume I: The Rise of the Network Society. Chichester, UK: John Wiley & Sons, 2010.

CATALLOZZI, Marina. I provvedimenti del Garante per la protezione dei dati personali. *In: La nuova giurisprudenza civile commentata,* ano XIV, 2ª Parte. Padova: CEDAM, 1998.

CAVOUKIAN, Ann. Privacy by Design. *The 7 Foundational Principles.* Toronto: Information and Privacy Commissioner of Ontario, 2011. Disponível em: <https://www.ipc.on.ca/wp-content/uploads/Resources/7foundationalprinciples.pdf>. Acesso em: 30 novembro 2018.

COLOMBO, Matteo. *Regolamento UE sulla Privacy:* principi generali e ruolo del data protection Officer. Milano: ASSO/DPO, 2015.

CONAR. Código Brasileiro de Autorregulamentação Publicitária. Disponível em: <http://www.conar.org.br>. Acesso em: 20 janeiro 2019.

CONSELHO DA EUROPA. *Convenção para a Proteção dos Direitos do Homem e das Liberdades Fundamentais.* Roma, 04 de novembro de 1950. Disponível em: <https://www.echr.coe.int/Documents/Convention_POR.pdf>. Acesso em: 20 janeiro 2019.

DE LUCCA, Newton; SIMÃO FILHO, Adalberto; LIMA, Cíntia Rosa Pereira de (coords.) *Direito & Internet III – Tomo I: Marco Civil da Internet (Lei n. 12.965/2014).* São Paulo: Quartier Latin, 2015.

DE FILIPPI, Primavera; BOURCIER, Danièle. Réseaux et gouvernance. Le cas des architectures distribuées sur internet. *In: Pensée plurielle,* 2014/2, n. 36, pp. 37-53. Paris: De Boeck Supérieur, 2014.

DI PIETRO, Maria Zanella. *Direito Administrativo.* 12 ed. São Paulo : Atals, 2000.

ESPANHA. Ley Orgánica 3/2018, de 5 de diciembre, de Protección de Datos Personales y garantía de los derechos digitales. Madrid, *Boletín Oficial del Estado,* 6 de dezembro de 2018. Disponível em: <https://boe.es/boe/dias/2018/12/06/pdfs/BOE-A-2018-16673.pdf>. Acesso em: 26 janeiro 2019.

FADEL, Marcelo Costa. Breves Comentários ao Código de Auto-Regulamentação Publicitária do CONAR. *In: Revista do Direito do Consumidor,* vol. 50, abril-junho de 2004.

FRANÇA. Loi n. 2018-493 du 20 juin 2018 relative à la protection des données personnelles. Paris, *Journal Officiel de la République française* n. 0141, de 21 de junho de 2018. Disponível em : <https://www.legifrance.gouv.fr/affichTexte.do;jsessionid=F4F9E84CAA51F016C836254D8A268655.tplgfr42s_1?cidTexte=JORFTEXT000037085952&dateTexte=20180621>. Acesso em: 26 janeiro 2019.

GEIST, Michael. *Law, Privacy and Surveillance in Canada in the Post-Snowden Era.* Ottawa: University of Ottawa Press, 2015.

GREWAL, Paul. *Suspending Cambridge Analytica and SCL Group from Facebook*. Facebook Newsroom, 16 março 2018. Disponível em: <https://newsroom.fb.com/news/2018/03/suspending-cambridge-analytica/>. Acesso em: 23 novembro 2018.

INFORMATION COMMISSIONER OFFICE. *Data Protection Fee*. "From 25 May 2018, the Data Protection (Charges and Information) Regulations 2018 requires every organisation or sole trader who processes personal information to pay a data protection fee to the ICO, unless they are exempt." Disponível em: < https://ico.org.uk/for-organisations/data-protection-fee/>, acessado em 01 de agosto de 2019.

LEONARDI, Marcel. *Tutela e Privacidade na Internet*. São Paulo: Saraiva, 2012.

LESSIG, Lawrence. *Code* version 2.0. New York: Basic Books, 2006, pp. 45-47. Disponível em: <http://codev2.cc/download+remix/Lessig-Codev2.pdf>. Acesso em: 30 novembro 2018.

LÉVY, Pierre. *Sur les chemins du virtuel*. Paris: Université Paris-8 St. Denis, 1995. Disponível em: <http://hypermedia.univ-paris8.fr/pierre/virtuel/virt0.htm>. Acesso em: 30 novembro 2018.

LIMA, Cíntia Rosa Pereira de. *A imprescindibilidade de uma entidade de garantia para a efetiva proteção dos dados pessoais no cenário futuro do Brasil*. Tese de Livre Docência apresentada à Faculdade de Direito de Ribeirão Preto, Universidade de São Paulo. Ribeirão Preto, 2015.

______; BIONI, Bruno Ricardo. A proteção dos dados pessoais na fase de coleta: apontamentos sobre a adjetivação do consentimento implementada pelo artigo 7, incisos VIII e IX do Marco Civil da Internet a partir da Human Computer Interaction e da Privacy By Default. *In:* DE LUCCA, Newton; SIMÃO FILHO, Adalberto; LIMA, Cíntia Rosa Pereira de (coords.) *Direito & Internet III – Tomo I: Marco Civil da Internet (Lei n. 12.965/2014)*. São Paulo: Quartier Latin, 2015.

MARCOS, Isabel Davara Fernández de. *Hacia la estandarización de la protección de datos personales*. Madrid: La Ley, 2011.

OCDE. *Guidelines Governing the Protection of Privacy and Transborder Flows of Personal Data*. OCDE, 23 de setembro de 1980. Disponível em: <http://www.oecd.org/internet/ieconomy/oecdguidelinesontheprotectionof privacyandtransborderflowsofpersonaldata.htm>. Acesso em: 19 janeiro 2019.

PIZZETTI, Franco. Le Autorità Garanti per la protezione dei dati personali e la sentenza della Corte di Giustizia sul caso Google Spain: è tempo di far cadere il "velo di Maya". *In: Il Diritto dell'informazione e dell'informatica*, fasc. 4-5, Milão: Giuffrè, 2014.

RODOTÀ, Stefano. Prefazione. *In:* PANETTA, Rocco. *Libera circolazione e protezione dei dati personali*. Tomo I. Milão: Giuffrè, 2006.

______. Privacy e costruzione della sfera privata. Ipotesi e prospettive. *In: Rivista Politica del Diritto*, anno XXII, numero 4, pp. 521-546. Bolonha: Il Mulino, dezembro 1991.

______. *Tecnopolitica* – la democrazia e le nuove tecnologie della comunicazione. Roma-Bari: Laterza, 2004.

______. Tra diritti fondamentali ed elasticità della normativa: il nuovo codice sulla privacy. *In: Europa e Diritto Privato*, fasc. 01, pp. 01-11. Milão: Giuffrè, 2004.

SCHWARTZ, Paul M. The EU-U.S. Privacy Collision: a turn to institutions and procedures. *In: Harvard Law Review*, vol. 126, pp. 1966-2009. Cambridge, Massachusetts: Harvard University Press, 2013.

SEBRAE. Políticas Públicas: conceitos e práticas. LOPES, Brenner; AMARAL, Ney Amaral (supervisores). CALDAS, Ricardo Wahrendorff. Belo Horizonte: SEBRAE/MG, 2008.

UNIÃO EUROPEIA. Comissão Europeia. Directorate-General for Justice and Consumers. *Guide to the EU-US Privacy Shield.* Comissão Europeia, 1º de agosto de 2016. Disponível em: <https://ec.europa.eu/info/sites/info/files/2016-08-01-ps-citizens-guide_en.pd_.pdf>. Acesso em: 29 novembro 2018.

______. *A new era for data protection in the EU:* what changes after May 2018? Comissão Europeia, 23 de maio de 2018. Disponível em: <https://ec.europa.eu/commission/sites/beta-political/files/data-protection-factsheet-changes_en.pdf>. Acesso em: 04 janeiro 2019.

UNIÃO EUROPEIA. Conselho da Europa. *Segundo Protocolo adicional à Convenção Europeia de auxílio judiciário mútuo em matéria penal.* Estrasburgo, 08 de novembro de 2001. Disponível em: <http://gddc.ministeriopublico.pt/sites/default/files/documentos/instrumentos/segundo_protocolo_adicional_convencao_europeia_auxilio_judiciario_mutuo_materia_penal.pdf>. Acesso em: 27 janeiro 2019.

UNIÃO EUROPEIA. Parlamento Europeu. Carta dos Direitos Fundamentais da União Europeia. *Jornal Oficial das Comunidades Europeias,* 18 de dezembro de 2000. Disponível em: <http://www.europarl.europa.eu/charter/ pdf/text_pt.pdf>. Acesso em: 20 janeiro 2019.

UNIÃO EUROPEIA. Parlamento Europeu; Conselho da Europa. Directive 95/46/EC of the European Parliament and of the Council of 24 October 1995. *Jornal Oficial da União Europeia,* 23 de novembro de 1995. Disponível em: https://eur-lex.europa.eu/legal-content/EN/TXT/PDF/?uri=CELEX:31995L0046&from=PT>. Acesso em: 30 novembro 2018.

______. Regulation (EU) 2016/679 of the European Parliament and of the Council of 27 April 2016. *Jornal Oficial da União Europeia,* 23 de maio de 2016. Disponível em: <https://eur-lex.europa.eu/legal-content/EN/TXT/?qid=1532348683434&uri=CELEX:02016R0679-20160504>. Acesso em: 30 novembro 2018.

ZITTRAIN, Jonathan. The Generative Internet. *In: Harvard Law Review,* vol. 119, 2006, pp. 1974-2040. Cambridge, Massachusetts: Harvard University Press, 2006.

16. Protection of Personal Data in Brazil: Internal Antinomies and International Aspects

Leonardo Netto Parentoni
Henrique Cunha Souza Lima

1. Introduction[1]

Since the beginning of this century there has already been a discussion in Brazil about the need to create some laws in order to adapt the country's legal system to the new needs and challenges arising from technological developments. Two of the laws to be analysed in this article were the result of this movement: the so-called *Marco Civil da Internet* (Brazilian Civil Framework of the Internet – BCFI)[2] and the *Lei Geral de Proteção de Dados* (Brazilian General Data Protection Law – BGDPL)[3]. At the same time, the European Union was also reformulating part of its legal system, culminating in the edition of the new European Data Protection Act *(General Data Protection Regulation* – GDPR)[4], currently the most influential legislation in the world in this area.

[1] *The authors thank the friends Renato Leite Monteiro and Bruno Bioni for the careful review of the originals and the criticism that greatly contributed to the improvement of this paper.*
[2] BRAZIL. National Congress. Law No. 12,965 (Civil Framework of the Internet). Brasilia: 23 Apr. 2014.
[3] BRAZIL. National Congress. Law No. 13,709 (General Law on Data Protection). Brasília: 14 Aug., 2018.
[4] EUROPEAN UNION. European Parliament. Regulation nº 2016/679/EC. Brussels: 27 Apr., 2016. Available at <https://eur-lex.europa.eu/legal-content/EN/TXT/?qid=1528874672298&uri=CELEX%3A32 016R0679>. Accessed 13 Jul., 2018.

In Brazil, the plan was to update the *Lei de Direitos Autorais* (Brazilian Copyright Law – BCL)[5] of 1998 and to introduce two others to discipline, respectively, structural aspects of the Internet (BCFI) and the processing of personal data (BGDPL). It was expected that these three pillars would be deployed simultaneously, resulting in a cohesive and harmonic system. The practice, however, evidenced a very diverse course. Each of the three reforms had peculiar and absolutely troubled legislative processes, resulting that the BGDPL was published four years after the BCFI enactment, while the reform of the BCL has not yet happened.

This profound departure from the initial planning has caused several problems. The comparative analysis of the provisions of the BCFI and the BGDPL will demonstrate that there are antinomies between them capable of leading to bad results. For the sake of brevity, this text will only analyse the contradictions regarding two issues: the forms of obtaining consent of the data subject for the processing of his personal data; and the administrative penalties for controllers and processors in case of non-compliance with the legal provisions. In addition, since the BGDPL is strongly inspired by the GDPR, it also our purpose to conduct a comparative analysis between them, focusing on these two points (consent and sanctions).

The text is structured as follows: topic 2 briefly describes the historical background of the proposed changes in the BCL, as well as the enactment of the BCFI and the BGDPL, highlighting how the proceedings were troubled and surrounded by controversies, frustrating the legislator's initial plans for the three laws to be enacted simultaneously or, at least, in upcoming dates. The topic will also evidence the decisive role of the international scandals involving Edward Snowden and Cambridge Analytica for the final approval of, respectively, BCFI and BGDPL. In the absence of a major scandal involving copyright, it is curious to note that the reform of the BCL has not yet been completed, although it was the first to take place.

Topic 3 discusses the antinomies between BCFI and BGDPL in respect with two issues: (a) how to obtain the data subject's consent to the processing of their personal data; and (b) administrative penalties applicable to controllers and processors in case of non-compliance. Follows the topic

[5] BRAZIL. National Congress. Law nº. 9.610 (Copyright Law). Brasília: 19 Feb., 1998.

4, which compares the provisions enshrined in the Brazilian legislation on these two issues with the GDPR.

The article concludes that the disorder in the edition of the BCFI and the BGDPL brought bad results, manifested through antinomies between them both. However, it considers that it is possible to solve the controversies through interpretation of the laws, ensuring not only their harmonious coexistence, but also the compliance of the Brazilian legal system with international standards, notably those provided in the GDPR.

2. An Incomplete Tale: Brief History of the Recent Internet Regulation in Brazil

Since the expansion of internet in Brazil in the second half of the 90's[6], initially based on the e-commerce[7], the country started to regulate the internet's usage by applying the existing legislation.

There was no *specific* legal framework, *adapted* to the peculiarities of this new technology, as outlined and advocated by Lawrence Lessig[8]. The proposals for the amendment of the BCL and, some time later, the discussions on the creation of the BCFI and the BGDPL began in this context. Although these three projects refer to different subjects and have followed

[6] The expansion of the Internet in Brazil was due, in large part, to the work of the National Research Network (RNP), created in 1989 by the Ministry of Science and Technology. For further information, see: BRAZIL. Rede Nacional de Pesquisa – RNP. *Nossa História*. Available at https://www.rnp.br/institucional/nossa-historia. Accessed 05 Jan., 2019; SILVA, Cláudia *et al.* A Rede Nacional de Ensino e Pesquisa – RNP e o Marco Civil da Internet – MCI. *Position Paper.* Rede Nacional de Ensino e Pesquisa: Rio de Janeiro, 2018. Available at https://www.rnp.br/sites/default/files/artigo_-_a_rnp_e_o_marco_civil_da_internet.pdf. Accessed 05 Jan., 2019; and VARGAS, Joseph Israel. A Informação e as Redes Eletrônicas. *Revista Ciência da Informação.* Instituto Brasileiro de Informação em Ciência e Tecnologia (IBICT): Brasília, 1994, v. 23, n. 01. Available at http://revista.ibict.br/ciinf/article/view/562/562. Accessed 05 Jan., 2019.

[7] CASTELLS, Manuel. *La Galaxia Internet.* Translation: Raúl Quintana. Barcelona: Plaza & Janés Editores, 2001, p. 81. "En una sociedad donde las empresas privadas son la fuente principal de creación de riqueza no debería extrañarnos que, en cuanto la tecnologia de Internet estuvo disponible en los noventa, la difusión más rápida y amplia de sus usos tuviera lugar en el ámbito de la empresa."

[8] LESSIG, Lawrence. The Law of the Horse: What Cyberlaw Might Teach. *Harvard Law Review.* Cambridge: Harvard University Press, vol. 113, n. 01, p. 501-546, Apr. 1999.

separate legislative processes, they undeniably fit into the *common purpose* of adapting the Brazilian legislation to the needs of the 21st century in terms of internet regulation and protection of personal data. This is why the BCFI expressly opted, in article 19, paragraph 2, and in article 31, *not* to deal with copyright, which should be governed by the new BCL, according to the peculiarities of this matter.

Thus, there is no legitimate ground for the criticism coming from part of the legal literature, saying that the BCFI would represent "contempt" regarding copyright[9]. On the contrary, what it did was clearly to point out that the systemic regulation of the Internet in Brazil would depend on a legislative tripod, of which it would be solely *one of the* bases. Only for that reason did article 31, BCFI, establish that "until the entry into force of the specific law", the civil liability of internet service providers "in the case of copyright or related rights infringement" would continue to be governed by the copyright law still in effect. For the same reason, article 3, II, of the BCFI highlighted that the protection of personal data would be regulated "according to the law". That is, according to the specific law to be enacted. In sum, the BCFI is the first support of this legislative tripod and expressly referenced the other two.

They are, therefore, three *structuring and interrelated* laws that must be understood and applied systemically. It turns out that their troubled legislative processes led each of them through different paths, as it will be briefly described below. Before, however, it is worth pointing out that such historical course is complex and has countless dates and striking facts. For the sake of brevity, the following paragraphs will mention only a few of them.

The first of the three legislative proposals was the new BCL. In effect, the copyright law currently in effect in Brazil is Act No. 9.610, from 19th February, 1998, enacted to repeal the previous act, from 1970[10]. The 1998

[9] MORATO, Antônio Carlos; MORAES, Rodrigo. Breve Crônica dos Riscos de uma Lei Criada sob o Signo da Hostilidade à Criação Intelectual. *In:* DEL MASSO, Fabiano; ABRUSIO, Juliana; FLORÊNCIO FILHO, Marco Aurélio (Coord.). *Marco Civil da Internet:* Lei 12.965/2014. São Paulo: Revista dos Tribunais, 2014, p. 214.

[10] CHAVES, Antônio. Direito de Autor: Apanhado Histórico. Legislação Brasileira de Caráter Interno. *Revista da Faculdade de Direito.* Universidade de São Paulo: São Paulo, 1985. v. 80, p. 284-303. Available at http://www.revistas.usp.br/rfdusp/article/view/67055. Accessed 05 Jan., 2019, p. 301.

act was published in an era of rapid technological evolution, marked by the commercial expansion of the Internet, which caused it to quickly become outdated. Thus, the first discussions to replace it took place in 2004.

In 2007, the then Minister of Culture, Gilberto Gil, when participating in the National Copyright Forum decided to "draw the attention of society to the importance of a comprehensive and transparent copyright policy and legislation that encompassed the representative body of the author's universe and of the nation"[11].

In 2010, there was a public consultation – by traditional means, without using the Internet – to discuss the reform of the BCL. It attracted more than 8,000 contributions from varied sectors[12]. However, the elections in that year resulted in the replacement of the Minister of Culture, which has led the discussions to go back to ground zero[13]. Only in 2012 the BCL reform projects were effectively presented to the Congress[14], as the Bill Projects No. 3,133[15] and 4,072[16]. Until now[17], however, none of them has been voted nor enacted[18].

[11] GIL, Gilberto. *Opening Speech of the National Copyright Forum* (05 Dec., 2007). Available at http://www2.cultura.gov.br/consultadireitoautoral/2007/12/05/discurso-de-abertura-do-forum-nacional-de-direito-autoral-ministro-gilberto-gil/. Accessed 05 Jan., 2019.

[12] BRAZIL. Ministry of Culture. *Consulta Termina, Diálogo Continua* (1st Sep., 2010). Available at http://www2.cultura.gov.br/consultadireitoautoral/tag/forum-nacional-de-direito-autoral/. Accessed 05 Jan., 2019.

[13] VALENTE, Mariana Giorgetti; MIZUKAMI, Pedro Nicoletti. *Copyright Week:* O que aconteceu com a Reforma do Direito Autoral no Brasil? (18 Jan., 2014). Available at https://creativecommons.org/copyright-week-en/. Accessed 05 Jan., 2019.

[14] Regarding the objectives of the reform, see: DIAS, Guilherme Ataíde *et al.* Modernização da Lei de Direito Autoral: Transformações Evidentes nas Limitações aos Direitos Autorais. *Revista do Mestrado Profissional Gestão em Organizações Aprendentes (MPGOA).* Universidade Federal da Paraíba: João Pessoa, 2012, v. 01, n. 01, p. 33-47. Available at http://www.periodicos.ufpb.br/ojs/index.php/mpgoa/article/view/160 67/9191. Accessed 05 Jan., 2019.

[15] BRAZIL. Câmara dos Deputados. *Projeto de Lei n. 3.133/2012.* Available at http://www.camara.gov.br/proposicoesWeb/fichadetramitacao?idProposicao=534039. Accessed 05 Jan., 2019.

[16] BRAZIL. Câmara dos Deputados. *Projeto de Lei n. 4.072/2012.* Available at http://www.camara.gov.br/proposicoesWeb/fichadetramitacao?idProposicao=548155. Accessed 05 Jan., 2019.

[17] It is important to note that this article was completed in January 2019.

[18] There was also the edition of Decree No. 8,469, dated 22 Jun., 2015, to deal with the collective management of copyright, a subject consolidated by Decree No. 9,574, dated 22 Nov., 2018. However, the analysis of these decrees does not concern the present study.

In what regards the BCFI, it began to take shape as a response to a bill drafted from the 1990's[19]. Indeed, Bill No. 84/1999[20] – dubbed "Azeredo Project", in allusion to the name of the senator assigned to be its rapporteur[21] – intended to typify crimes committed over the internet, imposing imprisonment for ordinary behaviour such as transferring music from a CD to a computer or installing applications non certified by the mobile phone manufacturer ("*jailbreaking*"). This project triggered intense aversion from the Brazilian society[22].

The main criticism was that the country's first act dealing specifically with the Internet should not focus on criminal aspects, but instead on the structural matters of the network, especially on the definition of rights and duties of users and service providers. Nevertheless, if the rejection was absolutely clear, on the other hand it was not well known, at the time, which alternative would be better. It was only in May 2007 that, for the first time, a major newspaper mentioned the need to concentrate efforts on the creation of a "civil regulatory framework" for the Internet[23].

Subsequently, in October 2009, the Secretariat for Legislative Affairs of the Ministry of Justice provided an online public consultation for the civil society to participate in the drafting of the new act. Interestingly, the first

[19] LEMOS, Ronaldo. Uma Breve História da Criação do Marco Civil. *In:* DE LUCCA, Newton; SIMÃO FILHO, Adalberto; LIMA, Cíntia Rosa Pereira de (Coord.). *Direito & Internet III*: Marco Civil da Internet – Lei nº 12.965/2014. São Paulo: Quartier Latin, 2015. t. I, p. 23-79.

[20] BRAZIL. Câmara dos Deputados. *Projeto de Lei n. 84/1999.* Available at https://www.camara.gov.br/proposicoesWeb/fichadetramitacao?idProposicao=15028#portlet-navigation-tree. Accessed 28 Oct., 2018.

[21] Rapporteur in the Commission of Science and Technology, Communication and Informatics, of the Federal Senate.

[22] Similar to what occurred in the United States of America, against the edition of the *Stop Online Piracy Act – SOPA.*

For a detailed description of the Brazilian discussions that culminated in the rejection of the Bill Project No. 84/1999, as well as an analysis of its main actors, see: CRUZ, Francisco Carvalho de Brito. *Law, Direito, Democracia e Cultura Digital:* A experiência de elaboração legislativa do Marco Civil da Internet. 2015. 138 f. Dissertation (Masters in Philosophy and General Theory of Law) – Faculty of Law, University of São Paulo, São Paulo, 2015, p. 44-53.

For an empirical analysis of this process, in the light of sociology, see: SOLAGNA, Fabricio. *A Formulação da Agenda e o ativismo em Torno do Marco Civil da Internet.* 2015. 199 f. Dissertation (Masters in Sociology) – Instituto de Filosofia e Ciências Humanas, Universidade Federal do Rio Grande do Sul, Porto Alegre, 2015, p. 55-62.

[23] SOUZA, Carlos Affonso Pereira de; LEMOS, Ronaldo. *Marco Civil da Internet: Construção e Aplicação.* Juiz de Fora: Editar, 2016, p. 18.

Brazilian law to structurally address the internet received online criticism and suggestions[24]. In total, the portal got more than 18,000 accesses and more than 2,000 suggestions were sent through it[25]. In 2011, Bill Project No. 2,126 was finally presented to the Congress[26].

From then on there was an intense lobbying, coming mainly from the major telecom operators and important figures inside the federal government, aiming at either rejecting or substantially amend the project. This lobby was able, for some time, to delay the legislative process, despite the pressure by civil society, by cyber-activists, academics and also by some market sectors. Nonetheless, the decisive factor for BCFI's enactment was *external* and *unpredictable:* the last straw for the approval was the *Edward Snowden scandal,* when the espionage practiced by the US government became public, such as spying on the former President of Brazil, Dilma Roussef, and on important state companies, such as Petrobras, the national oil dealer. The former President herself declared at that time that the BCFI was "a response from Brazil to espionage"[27]. Thus, the BCFI was enacted in April 2014 and entered into effect on June 23th of the same year.

In what regards the BGDPL, the main characters changed, but the plot was very much the same. In 2010, a draft bill also was placed in an online public consultation[28]. The intention was to withdraw the country from the vexing list of States that did not confer an adequate level of protection

[24] BRAZIL. Ministério da Justiça. *Marco Civil da Internet.* Available at http://www.justica.gov.br/seus-direitos/elaboracao-legislativa/participacao-social/marco-civil. Accessed 28 Oct., 2018.

[25] BRAZIL. Ministério da Justiça. *Marco Civil da Internet.* Available at http://www.justica.gov.br/seus-direitos/elaboracao-legislativa/participacao-social/marco-civil. Accessed 28 Oct., 2018. Detailing the procedure and methodology of this public consultation: CRUZ, Francisco Carvalho de Brito. *Direito, Democracia e Cultura Digital*: A experiência de elaboração legislativa do Marco Civil da Internet. 2015. 138 f. Dissertation (Master in Philosophy and General Theory of Law) – Faculty of Law, University of São Paulo, São Paulo, 2015, p. 65-88.

[26] BRAZIL. Câmara dos Deputados. *Projeto de Lei nº 2.126/2011.* Available at https://www.camara.gov.br/proposicoesWeb/fichadetramitacao?idProposicao=517255. Accessed 28 Oct., 2018.

[27] BRAZIL. Federal Senate. *Marco Civil da Internet foi reação brasileira a denúncias de Snowden* Available at https://www12.senado.leg.br/emdiscussao/edicoes/espionagem-cibernetica/proposal-suppliers-want-intelligence-forte/marco-civil-da-internet-foi-reacao-brasileira-en-uniquidades- of-snowden. Accessed 28 Oct., 2018.

[28] BRAZIL. Ministério da Justiça. *Proteção de Dados Pessoais.* Available at http://pensando.mj.gov.br/dadospersonal/. Accessed 03 Dec., 2018.

for the processing of personal data. The intention was to adopt a general regulation on the subject, such as in Europe and other South American countries. Again, there were thousands of accesses and suggestions from various sectors. Several draft bills resulted from this debate[29].

The first of these was Bill Project No. 4,060, of 2012[30]. There was a latency period until 2015, when a new public consultation took place[31]. Since then, the aforementioned bill has undergone several changes, much closer to what would become the final text of the BGDPL. Just as occurred with the BCFI, the BGPL approval was not truly planed and predictable. On the contrary, it took many by surprise. Again, *external* factors were crucial for the enactment of the new law. Firstly, the entry into effect of the European GDPR in May 2018. Secondly, the scandal of illicit processing of personal data of Facebook users by *Cambridge Analytica*[32]. These external factors boosted the enactment of BGDPL, which was then sanctioned by

[29] The main ones were: **1)** Bill Project No. 4,060/2012; **2)** Senate Bill No. 330/2013; **3)** Senate Bill No. 131/2014; **4)** Bill Project No. 7,881/2014; **5)** Bill Project No. 1,589/2015; **6)** Bill Project No. 1676/2015; **7)** Bill Project No. 2,712/2015; **8)** Bill Project No. 5,276/2016 (resulting from the Preliminary Draft of the Personal Data Protection Law, proposed by the Ministry of Justice); and **9)** Bill Project No. 8,443/2017.

[30] BIONI, Bruno Ricardo; LIMA, Cíntia Rosa Pereira de. A Proteção dos Dados Pessoais na Fase de Coleta: Apontamentos sobre a adjetivação do consentimento implementada pelo artigo 7, incisos VIII e IX do Marco Civil da Internet a partir da Human Computer Interaction e da Privacy By Default. In: DE LUCCA, Newton; SIMÃO FILHO, Adalberto; LIMA, Cíntia Rosa Pereira de (Coord.). *Direito & Internet III:* Marco Civil da Internet – Lei nº 12.965/2014. São Paulo: Quartier Latin, 2015. t. I, p. 286.

[31] BRAZIL. Câmara dos Deputados. *Consulta pública será base para projeto de lei sobre proteção de dados pessoais.* Available at http://www2.camara.leg.br/camaranoticias/noticias/administracao-publica/ 480920-consultation-publica-sera-base-for-project-of-law-on-protection-of-personal-data. html. Accessed 14 Jan., 2019.

[32] Even before the scandal involving *Cambridge Analytica,* the justification for some bills already highlighted this type of concern. See: BRAZIL. Federal Senate. Senate Bill No. 330/2013. Available at https://www25.senado.leg.br/web/atividade/materias/-/materia/113947. Accessed 08 Dec. 2018; and MONTEIRO, Renato Leite. *Lei Geral de Proteção de Dados do Brasil:* Análise Contextual Detalhada. JOTA (14 Jul., 2018). Available at https://www.jota.info/opiniao-e-analise/colunas/agenda-de-privacidad-e-da-proteca-de-dados/BGDPL-analysis-14072018. Accessed 29 Oct., 2018.
Other factors also contributed, such as Brazil's intention to join the OECD, but the two mentioned in the text were decisive.

the President – with partial vetoes – on August 14th, 2018, and will come into effect on August 2020[33] after a long period of *vacatio legis*[34].

There are similarities in the legislative process for the BCFI and the BGDPL. In both of them, *several years* elapsed between the beginning of the debates and the final approval. There were also online public consultations. The *lobbying* of the opposing sectors played an important role, to assure that the bills would not be approved or at least would be substantially amended according to the lobbyist's interests. Finally, the crucial factors for approval, in both cases, were major international scandals with impacts in Brazil.

On the other hand, even though it was the first to be presented, the draft proposal for the reform of the BCL is the only one that has not yet been concluded. Therefore, the matter continues to be governed by the 1998 act, which was definitely not conceived for the internet. Unlike what happened with the other two acts, in the matter of copyright protection there has not (yet?) been a major international scandal that reaches Brazil and is rumorous enough to boost the legislative process. Probably this scandal would be as important here to hasten the approval of the new copyrights act as it was with the BCFI and the BGDPL. Perhaps the controversial approval of the European proposal on Copyright in the Digital

[33] BRAZIL. Federal Senate. *Atividade Legislativa:* Projeto de Lei da Câmara nº 53, de 2018. Available at https://www25.senado.leg.br/web/atividade/materias/-/materia/133486. Accessed 28 Oct., 2018.

[34] TRABUCCHI, Alberto. *Istituzioni di Diritto Civile.* 42. ed. Padova: CEDAM, 2005, p. 43. "[vacatio legis] è il period intermediate tra la pubblicazione and l'entrata in vigore [da una Legge]".

With the exception of the provisions regarding the National Data Protection Authority, which are effective immediately, the BGDPL will only come into force *24 months* after its publication. *None* of the Brazilian Codes in force – known as comprehensive and complex laws – had such a large *vacatio legis.* In the Criminal Procedure Code of 1941, for instance, this period was of only *03 months;* and of *06 months* in the Commercial Code of 1850. Whereas in the Criminal, Civil and Civil Procedure Codes, this term was of *12 months.* That is, the *vacatio legis* of the BGDPL is one of the largest in the nation's recent legislative history.

Coincidentally, also it is of 24 months the period provided in art. 89 of the draft new data protection law of Argentina, submitted to the Congress of that country in September 2018. See: ARGENTINA. Presidencia de la Nación. *Mensage de Ley n. 147, de 19 de Septiembre de 2018.* Available at https://www.argentina.gob.ar/noticias/proteccion-de-datos-personales-al-congreso. Accessed 26 Dec., 2018.

Single Market[35], on 12th September 2018, might encourage Brazil to (re) discuss the issue.

Summing up, the fact is that of the three structuring and interrelated laws that should adapt the Brazilian legal system to new technologies, only two have been enacted so far. Yet, with a time gap of more than four years between them. As a consequence of this misalignment, there are certain contradictions between BCFI and BGDPL, which, if not properly addressed, can have practical bad results. This is the subject of the next topic.

3. Antinomies between the Brazilian Civil Framework of the Internet and the Brazilian General Data Protection Law

The succession of laws in time may eventually cause conflicts between them. About this matter, the traditional Brazilian legal literature has pointed out that:

> As a rule, one law is effective until another law repeals it, that is, until it is outdated or modified by another. Not infrequently, however, it happens that at the outbreak of the new law, the old law has already created legal relationships of such a nature, that it is imperative that they remain, despite the validity of the revocatory diploma. On the other hand, it may happen that the social and public interest leads the legislator to determine that these relationships, from the new law on, shall be governed by the latter and not by the one under whose empire they were created, or, still, by submitting previous relationships entirely to the new act.[36]

[35] Proposal that complements the current Directive 2010/13/EC and also amends other normative acts.
Check the amendments adopted on: EUROPEAN UNION. European Parliament. *Copyright in the Digital Single Market: Amendments adopted by the European Parliament on 12 September 2018 on the proposal for a directive of the European Parliament and of the Council on copyright in the Digital Single Market* (COM (2016) 0593 – C8-0383 / 2016 – 2016/0280 (COD)). Available at http://www.europarl.europa.eu/sides/getDoc.do?pubRef=-//EP//NONSGML+TA+P8-TA-2018-0337+0+DOC+PDF+V0//EN. Accessed 08 Jan., 2019; and EUROPEAN UNION. EUR-Lex. Procedure 2016/0280/COD. Available at https://eur-lex.europa.eu/legal-content/EN/HIS/?uri=CELEX:52016PC0593#2018-09-25_DIS_byCONSIL. Accessed 08 Jan., 2019.

[36] FRANÇA, Rubens Limongi. *A Irretroatividade das Leis e o Direito Adquirido.* 6. ed. São Paulo: Saraiva, 2000, p. 1-2.

The temporal hiatus of more than four years between the BCFI and the BGDPL gave rise to this type of conflict. By carefully analysing the text of the two laws, it is possible to identify topics in apparent *antinomy*[37]. That is, provisions that seem to be in conflict because they contain different determinations on the same matter. This topic will analyse two of these antinomies and propose a way of solving them, according to the interpretation of the authors.

The analysis begins by pointing out that, long before the advent of BGDPL, Brazil already had a number of sector-specific regulations which, *among other matters, also concerned* the protection of personal data. Some examples are The Brazilian Telecommunications Code of 1962, the Code of Consumer Protection of 1990 and the Positive Registration Law of 2011. The common feature among them all is that the *central* objective of these laws was *not* the protection of personal data, although this subject is addressed ancillary in sparse provisions.

Hence, in terms of data protection, the BGDPL can be considered the first *general* law Brazil, since it focuses *exclusively* on the theme and can be applied without distinction to *any processing* of personal data (carried out both in digital and offline media), by *any person*, in *any sector*, except for the exceptions set out in the BGDPL itself[38]. That is, the BGDPL is *general (omnibus law)* regarding the protection of personal data in Brazil[39].

However, when compared to the BCFI – which regulates several other topics – the BGDPL can be considered a *special* regulation. This is because there is no law that is *per se*, *always* general or *always* special. The specialty relationship arises from the comparison of two or more laws in a given

[37] BOBBIO, Norberto. *Teoria do Ordenamento Jurídico*. 10. ed. Brasília: Universidade de Brasília, 1999, p. 86; and COELHO, Fábio Alexandre. *Lei de Introdução às Normas do Direito Brasileiro:* Comentada. São Paulo: EDIPRO, 2015, p. 60.

[38] BRAZIL. National Congress. Lei nº 13.709 (Lei Geral de Proteção de Dados). Brasília: 14 Aug., 2018. "Article 1. This Law provides for the processing of personal data, including digital media, by natural person or legal entity under public or private law, with the purpose of protecting the fundamental rights of freedom and privacy and the free development of the personality of the natural person".

[39] On what defines a data protection law as general, see: SCHWARTZ, Paul M.; PEIFER, Karl-Nikolaus. Transatlantic Data Privacy Law. *Georgetown Law Journal*. Washington: Georgetown Law School. v. 106, n. 01, p. 115-179. 2017, p. 128. "Such laws seek to cover all personal data processing, whether in the public or private sector, and regardless of the area of the economy."

situation, as the legal literature points out[40]. That is, the same law can be general when compared to "A" and special when compared to "B", since such a qualification depends on the content of each act. Therefore, even if BCFI also addresses the protection of personal data[41], it regulates a number of other themes, while the BGDPL is *specific* to the processing of personal data, addressing it in detail and in a comprehensive manner.

Summing up, when considering only the *micro-system of personal data protection,* the BGDPL would be general in relation to the various sectoral laws that also deal with the matter, such as the Code of Consumer Protection. Differently, when considering *the whole structure of Internet regulation in Brazil*, the general law is the BCFI, and the BGDPL and BCL are special in relation to it. This point is controversial and there will probably be divergent positions in the legal literature, with enormous practical consequences. The authors herein intended to briefly contribute to the debate, since the discussion is still incipient in Brazil.

Note that the importance of defining which law should apply to a given situation is not a matter of concern just in Brazil. On the contrary, it should be a core question to any data protection legal system. For instance, The European Data Protection Board issued an opinion about that subject on March 2019[42]. In its role of ensuring a consistent application of the GDPR in the EU, The Board addressed that question in response to a request for guidance from the Belgian Data Protection Authority, that has asked how to proceed when the matter "can be governed by provisions of both the ePrivacy Directive and the GDPR". Before answering that question, the

[40] GRAU, Eros Roberto, FORGIONI, Paula A. CADE vs. BACEN: Conflitos de competência entre autarquias e a função da Advocacia-Geral da União. *Revista de Direito Mercantil, Industrial, Econômico e Financeiro.* São Paulo: Malheiros, year XLIII, n. 135, fls. 7-25, jul./sep., 2004, p. 13.

[41] The BCFI mentions the expression "personal data" 11 times. There is also a specific section entitled "Protection of Records, of *Personal Data* and of Private Communications". The Decree No. 8,771/2016, which regulated the BCFI, mentions "personal data" in 6 opportunities. There is also a section entitled "Protection of Records, of *Personal Data* and of Private Communications". See also: BIONI, Bruno Ricardo. *Proteção de Dados Pessoais: A Função e os Limites do Consentimento.* Rio de Janeiro: Forense, 2018, p. 223.

[42] EUROPEAN UNION. *European Data Protection Board. Opinion 5/2019 on the interplay between the ePrivacy Directive and the GDPR, in particular regarding the competence, tasks and powers of data protection authorities.* Brussels: 12 Mar., 2019. Available at <https://edpb.europa.eu/sites/edpb/files/files/file1/201905_edpb_opinion_eprivacydir_gdpr_interplay_en_0.pdf>. Accessed 25 Mar., 2019.

Board highlighted that it "concern a matter of general application of the GDPR, as there is a clear need for a consistent interpretation among data protection authorities."

In his answer, the Board initially stated that "a number of provisions of the ePrivacy Directive '*particularise*' the provisions of the GDPR with respect to the processing of personal data in the electronic communication sector". For instance, the GDPR applies only to natural persons, while the ePrivacy Directive also protects legal entities. The Board then concluded that the ePrivacy Directive should be considered a *special* regulation in comparison with the GDPR. Therefore, *when they overlap, the ePrivacy Directive take precedence*. For other aspects, however, the GDPR provisions remains applicable, especially the ones related to the rights of data subjects and legitimate grounds for processing. Finally, the Board pointed out that "a corollary of the '*lex specialis*' principle is that there shall only be a derogation from the general rule insofar as the law governing a specific subject matter contains a special rule. The facts of the case must be carefully analysed to find how far the derogation extends, especially in cases where data undergoes many different kinds of processing – either in parallel or sequentially". That last warning from the European Data Protection Board applies to any legal system, including Brazil.

Returning to the analysis of the first antinomy, it is necessary to apply the traditional hermeneutic criteria in order to define whether the rules of the BCFI or the BGDPL should govern the consent of data subjects in regard to the processing of their personal data. It can be anticipated that the authors see *three possibilities*, of which *only the latter seems to be correct to them.*

The *first possibility* would be to consider that the BGDPL has repealed *all* the BCFI provisions dealing with the processing of personal data, as it is subsequent and has the same hierarchy. Once the BCFI is general in nature and deals with the functioning of the Internet as a whole, its provisions regarding other issues would remain in effect. However, this does not seem to be the best answer.

The *second possibility* is to verify that in cases where the BGDPL wanted to amend the BCFI, it did so expressly and in a timely manner, through article 60[43]. Such article modified only two of the BCFI provisions. *Contrario*

[43] "Article 60. Law No. 12.965, of April 23rd, 2014 (Brazilian Civil Framework of the Internet), shall come into force with the following changes: 'Art. 7 (...) X – definitive exclusion of the

sensu[44], the other BCFI provisions should be kept intact (*including* those related to the processing of personal data), because Brazilian legislative body has not expressed its intention to repeal them. This interpretation would be perfect *were it not* for the reasons mentioned below.

In fact, the *third possibility* of interpretation highlights that there are *other interferences* of the BGDPL on the BCFI beyond those expressly regulated by article 60. Indeed, there are *implicit* interferences leading to antinomies. The text will now address two of them: 1) how to obtain consent from the data subject; and 2) in respect to the administrative sanctions applicable to controllers and processors in case of non-compliance with legal provisions.

In both cases, the analysis will be based on the *literalness* of BGDPL compared to BCFI, especially because the former has not yet even come into effect and, therefore, there is still scarcely any legal literature about it. Before moving on, it is important to clarify that literal interpretations are not the "finish line", but only the "starting point". Nonetheless, in the current context, in which there is still little scientific material on the BGDPL, literal interpretation proves to be extremely useful[45]. Moreover, it is worth remembering the premise according to which: "in legal provisions, words are not to be presumed useless" (*verba cum effectu sunt accipienda*).

Turning to the analysis of the *first antinomy*, the BCFI textually mentions that the data subject's consent, considered as a legitimate ground for the processing of their personal data, must be *expressed*[46]. The BGDPL,

personal data provided to a particular internet application, at your request, at the end of the relationship between the parties, except for the hypotheses of mandatory record keeping provided for in this Law and on the law regarding the protection of personal data; (...)' (...) 'Art. 16. (...) II – personal data that are excessive in relation to the purpose for which consent was given by its subject, except in the cases provided for in the Law regarding the protection of personal data.'"

[44] TARELLO, Giovanni. *Trattato di Diritto Civile e Commerciale:* L'interpretazione della legge. Milano: Giuffre, 1980. v. I. t. 2, p. 346-350.

[45] RAMOS, Elival da Silva. *Ativismo Judicial:* Parâmetros Dogmáticos. 2. ed. São Paulo: Saraiva, 2015, p. 171.

[46] BRAZIL. National Congress. Law No. 12,965 (Brazilian Civil Framework of the Internet). Brasília: April 23rd, 2014. "Article 7. Internet access is essential to the exercise of citizenship, and the user has the following rights guaranteed: (...) VII – non-provision of personal data to third parties, including connection logs, and of data concerning the access to internet applications, except by free, *express* and informed consent or in the cases provided for by law".

diversely, defines consent as being the "free, informed and *unambiguos* manifestation" of the data subject[47]. That is, the BCFI refers to "*express*" consent while the BGDPL uses the "*unambiguous*" adjective. There is some debate in the legal literature to understand if the expressions should be treated as synonymous or if one of them would be broader and encompass the other[48]. This study does not intend to join that discussion. Its scope is just to highlight, from a practical point of view, which are the *legally admissible ways of declaring consent*[49]. In this regard, both the BCFI[50] and the BGDPL[51] provide that consent must be "detached from the other contractual terms". This could give rise to the interpretation that consent, for the purposes of processing of personal data, must be stated *in written form*. After all, in unwritten contracts it does not make sense to mention detached clauses, since there is no written instrument[52] of the contract registering such clauses. Recalling the premise mentioned earlier: "in legal provisions, words are not to be presumed useless".

See also: BIONI, Bruno Ricardo; LIMA, Cíntia Rosa Pereira de. A Proteção dos Dados Pessoais na Fase de Coleta: Apontamentos sobre a adjetivação do consentimento implementada pelo artigo 7, incisos VIII e IX do Marco Civil da Internet a partir da *Human Computer Interaction* e da *Privacy By Default. In:* DE LUCCA, Newton; SIMÃO FILHO, Adalberto; LIMA, Cíntia Rosa Pereira de (Coord.). *Direito & Internet III:* Marco Civil da Internet – Lei nº 12.965/2014. São Paulo: Quartier Latin, 2015. t. I, p. 273.

[47] BRAZIL. National Congress. Law No. 13,709 (General Data Protection Law). Brasília: 14 Aug., 2018, article 5.

[48] The authors of this paper, for example, consider that *unambiguos* is *broader* and includes, as one of its species, express consent, as will be described throughout the text.
On the other hand, there are those who understand precisely the opposite (that express consent is broader, encompassing the unambiguous): BIONI, Bruno Ricardo. *Proteção de Dados Pessoais:* A Função e os Limites do Consentimento. Rio de Janeiro: Forense, 2018, p. 203-204.

[49] GOMES, Orlando. *Contratos*. 19. ed. Rio de Janeiro: Forense, 1999, p. 50.

[50] BRAZIL. National Congress. Law No. 12,965 (Brazilian Civil Framework of the Internet). Brasilia: April 23 2014. "Article 7. (...) IX – *express* consent to the collection, use, storage and processing of personal data, which should take place in a manner *detached from the other contractual terms*".

[51] BRAZIL. National Congress. Law No. 13,709 (General Data Protection Law). Brasília: 14 Aug., 2018. "Article 8. The consent provided for in item I of article 7 of this Law must be provided in writing or by other means that evidences the will of the data subject.
§1º. If consent is given in writing, it should be included in a clause detached from the other contractual terms."

[52] Instrument is the written text in which the clauses of the contract are registered.

Furthermore, the BGDPL takes an important step forward by adding that the consent is also valid when given "in written or *by another means* that demonstrates the manifestation of will of the data subject". That is, the BGDPL provisions are *broader* and encompasses other forms of consent than the purely written manifestation. It is yet to be analysed what such other forms are.

There are States that admit – albeit under very restricted circumstances – implicit consent[53]. Brazil, following the European tradition, demands an *affirmative conduct* (a positive action) of the data subject for consent to be legally valid[54]. This does not mean that this action needs to be exclusively in written form. Other forms of manifestation of will are equally admissible to provide valid consent, such as *verbal* declarations or even with the *upload of photos and videos*, already used by some business models.

In this first case, therefore, the antinomy is *only apparent* and can be easily solved by considering that *the requirements for valid consent are those foreseen in the BGDPL*, not restricted only to written manifestations.

The *second antinomy*, however, is not that simple and cannot be easily solved. In that situation there is a conflict of laws capable of causing serious practical problems. This second antinomy concerns *administrative sanctions applicable to controllers and processors in case of non-compliance with the provisions of the law*. To facilitate comparison, the table below shows the legal provisions under analysis.

[53] CANADA. Office of the Privacy Commissioner of Canada. *Guidelines for obtaining meaningful consent*. Available at https://www.priv.gc.ca/en/privacy-topics/collecting-personal-information/consent/gl_omc_201805/. Accessed 06 Jan., 2019. "(...) it is important for organizations to consider the appropriate form of consent to use (express or implied) for any collection, use or disclosure of personal information for which consent is required. While consent should generally be express, it can be implied in strictly defined circumstances."

[54] BIONI, Bruno Ricardo. *Proteção de Dados Pessoais: A Função e os Limites do Consentimento*. Rio de Janeiro: Forense, 2018, p. 125.

BCFI	BGDPL
Art. 11. In *any operation of gathering, storage, custody and treatment of records, personal data or communications by connection and internet application providers* in which at least one of these acts occurs in national territory, the Brazilian law and the rights to privacy, protection of personal data and the confidentiality of private communications and records must be mandatorily respected. (...) **Art. 12.** Without prejudice to other civil, criminal or administrative penalties, violations of the standards set forth in articles 10 and 11 are subject, as appropriate, to the following sanctions, applied in isolation or cumulatively: I – *warning*, with indication of the deadline for a corrective action to be taken: II – *fine of up to 10% (ten percent) of the revenues of the economic group in Brazil* in its prior financial year, excluding taxes, considering the economic condition of the offender and the principle of proportionality between the seriousness of the misconduct and the intensity of the penalty; III – *temporary suspension of activities* involving the acts referred to in article 11; or IV – *prohibition from carrying out activities* involving the acts referred to in article 11.	**Art. 52.** *Data processing agents* that commit infractions of the rules provided in this Law *are subject to the following administrative sanctions*, to be applied by the national authority: I – *warning*, with indication of the deadline for a corrective action to be taken; II – *simple fine* of *up to 2% (two percent) of a private legal entity's, group or conglomerate revenues in Brazil*, for the prior financial year, excluding taxes, *up to a total maximum of fifty million reais (R$ 50,000,000.00) per infraction*; III – *daily fine*, subject to the total maximum referred to in Item II; IV – *publicizing of the infraction* once it has been duly ascertained and its occurrence has been confirmed; V – *blocking of the personal data* to which the infraction relates to, until its regularization; VI – *deletion* of the personal data to which the infraction refers to; VII – (VETOED); VIII – (VETOED); IX – (VETOED); X – (VETOED); XI – (VETOED); XII – (VETOED). (...)

The first point to note is that BCFI makes it clear that the sanctions provided therein apply to "any operation" of "gathering, storage, custody and treatment" by "connection and internet application providers". In other words, yet leading to the same result, from a *functional* point of view[55], the BGDPL states that are subjected to the sanctions the "data processing agents". The BGDPL itself defines, in article 5, VI, VII and IX, "data processing agents" as an expression used to refer, collectively, to both controllers and processors. Therefore, even if they are not synonyms, as a rule, connection and internet application providers mentioned in the BCFI will also be considered as processing agents for the purpose of the BGDPL. That is, the *subjective scope of* the two laws at this specific point is quite similar. The same is true about the *objective scope*, that goes to say,

[55] BOBBIO, Norberto. *Da Estrutura à Função:* Novos Estudos de Teoria do Direito. Translation: Daniela Beccaccia Versiani. Barueri: Manole, 2007, p. 112.

the conducts that may be sanctioned. Consequently, it is possible for an offender to be *simultaneously subjected* to sanctions provided in the BCFI and in the BGDPL. In this case, it is necessary to answer the following question: which of these two laws should be applied?

The answer matters, among other aspects, because there are *considerable differences* between these two laws. In fact, with the exception of the warning, all other sanctions are provided differently in BCFI and in BGDPL.

In addition, article 55-K of the BGDPL clearly states that *only* the national authority can impose the sanctions provided in this law, whereas there is no similar restriction in the BCFI (because the aforementioned national authority did not exist when the BCFI was enacted, since it was created years later, by the Provisional Measure No. 869, from December 27th, 2018).

The following pages will examine how the various kinds of sanction are disciplined in the two laws.

As for the *simple fine,* article 12, II of the BCFI fixed it in up to *10% of the revenues* of the economic group in Brazil, calculated on the basis of its prior financial year, *without maximum limit.* As an example, a revenue of USD 1 billion could result in a fine of up to USD 100 million.

Unseemingly, article 52, II of the BGDPL admits up to *2 % of the revenue, limited to R$ 50 million* per infraction. Using the same example, instead of USD 100 *million,* the maximum fine due for infringement would be approximately USD 13 *million* (given the hypothetical dollar rate around USD 1 = R$ 3.90). In this example, the fine calculated on the basis of the BCFI would be more than *seven times bigger* than the one calculated on the basis of the BGDPL! That is a remarkable difference.

It is undeniable that in the matter of simple fines the BGDPL is much more lenient with the offender. It makes no difference that the daily fine provided in article 52, III (called "*astreintes*" in Brazil) could simultaneously be applied because, in any case, it will be capped to R$ 50 million per infraction.

Even more than being lenient with the offender, the fines provided in BGDPL are a step backwards considering the stablished Brazilian case-law. Let's explain it. Brazilian case-law[56] had already evolved to accepting that the maximum amount of the *astreintes* could legally *surpass* the amount of

[56] See, for example: BRAZIL. Superior Justice Tribunal. 3rd T., REsp. No. 1,352,426/GO, j. 05.05.2015, Rel. Minister Moura Ribeiro; BRAZIL. Superior Court of Justice. 3rd T., REsp. No.

the main debt *if* the delay in fulfilling the obligation is attributed exclusively to the conduct of the debtor. However, this rule cannot be applied to *astreintes* based on BGDPL, because this act expressly caps them to R$ 50 million per infraction, no matter if the debtor has used illegal means to delay the payment or not. That is definitely a step backwards.

Conclusively responding to the previous question, in the case of a simple fine, the law to be applied *momentarily* is the BCFI, because BGDPL is not yet into effect. However, *after entering into effect, solely the BGDPL should be applied*, since it is a special regulation and (unfortunately) more favourable to the debtor. That conclusion is in accordance with the principle by which "special provisions prevail over general rules in situations which they specifically seek to regulate" or in Latin "*lex specialis derogat legi generali*". It is worth highlighting that this conclusion applies only to the sanctions provided *both* on BCFI and BGDPL. For sanctions provided *only in one of these* acts, there is a different reasoning that will be further developed below.

This preliminary conclusion unveils a dangerous practical result. In the case of an infraction committed *before* the BGDPL has entered into effect, but whose ruling only occur *after* that moment, it is to be expected that the *Superior Tribunal de Justiça* (Superior Court of Justice of Brazil – STJ) would apply its dominant case-law to consider the *retroactivity of the most beneficial law*. Indeed, in administrative and civil cases, the STJ has decided in analogy to the retroactivity *in bonam partem* from Criminal Law that the most favourable law for the offender should apply retroactively to encompass conducts committed before it has entered into effect. STJ has even concluded that this would be an "implicit principle for administrative sanctions"[57]. The main practical consequence of that reasoning is

1,229,335/SP, j. 17.04.2012, Rel. Minister Nancy Andrighi; and BRAZIL. Superior Justice Tribunal. 3rd T., REsp. No. 1,135,824/MG, j. 21.09.2010, Rel. Minister Nancy Andrighi.

57 BRAZIL. Superior Justice Tribunal. 1st T., REsp 1,153,083/MT, j. 06.11.2014, Rel. orig. Minister Sérgio Kukina, Rel. Minister Helena Costa.
See also: BRAZIL. Superior Justice Tribunal. 1st T., RMS No. 37,031/SP, j. 08.02.2018, Rel. Minister Regina Helena Costa; BRAZIL. Superior Justice Tribunal. 1st T., REsp nº 1,605,661/MG, j. 25.05.2017, Rel. Minister Benedito Gonçalves; BRAZIL. Superior Justice Tribunal. 3rd Section, AR. No. 1,304/RJ, j. 14.05.2008, Rel. orig. Minister Maria Thereza de Assis Moura, Rel. Minister Napoleão Nunes Maia Filho.
And: OSORIO, Fábio Medina. *Direito Administrativo Sancionador*. 5. ed. São Paulo: Revista dos Tribunais, 2015, p. 284-291; and DELLIS, Georges. *Drot Pénal et Drot Administratif*: L'influence des Principes du Droit Pénal sur le Droit Administratif Répressif. Paris: LGDJ, 1997.

that offenders whose offense was committed before the entry into effect of the BGDPL would be rewarded with a drastic reduction in the amount of the fines. Of course, that is not a desirable result, but it seems to be the most probable outcome, given the current legal provisions of BGDPL and the STJ case-law.

Proceeding with the comparative analysis, sanctions of article 52, IV to VI of the BGDPL can be put aside, since there is no corresponding provision for them in the BCFI.

On the other hand, the most controversial part of this analysis concerns the penalties originally enshrined in sections VII to IX of the BGDPL, which were, respectively, "partial or total suspension of the right to operate a database" for up to 06 months; "suspension of the activity of processing personal data", also for up to 06 months; and "partial or total prohibition from carrying out activities involving data processing", for an indefinite period. All of them were *vetoed* by the President of the Republic. The reason for the veto was as follows:

> Administrative sanctions for suspending or prohibiting the operation/exercise of activities related to data processing may create insecurity for those responsible for such information, as well as making it impossible to use and treat databases essential to various activities, as those related to financial institutions, among others, and may adversely affect the stability of the national financial system.[58]

It is clear that the main reason for the veto was to keep the financial system running smoothly. At least the publicly stated reason... However, this veto may prove to be ineffective[59], as these sanctions are already provided in article 12, III and IV of the BCFI, which remains in effect as it has *not* been repealed or amended by the BGDPL.

The question then turns to: once the BCFI is in effect and it refers, at least partially, to the processing of personal data, will the penalties provided therein that *do not* find correspondence in the BGDPL remain applicable? In other words: will the provisions of the BCFI *without correspondence*

[58] BRAZIL. Presidency of the Republic. *Mensagem de Veto n. 451/2018.* Available at http://www.planalto.gov.br/ccivil_03/_Ato2015-2018/2018/Msg/VEP/VEP-451.htm. Accessed 07 Dec., 2018.

[59] REALE, Miguel. *Exposição de Motivos do Anteprojeto de Código Civil.* 16 Jan., 1975.

in the BGDPL still apply for data processing activities? It can be anticipated that the answer to this question is affirmative.

The first plea is that the *Lei de Introdução às Normas do Direito Brasileiro* (Introductory Act to the Rules of Brazilian Legal System) establishes in article 2 paragraph 1 that "the subsequent law revokes the former when it *expressly* stated it, when it is *incompatible* with the former or when it *regulates entirely* the matter dealt with by the previous law". Therefore, there are three circumstances in which the subsequent law could revoke the former. However, as it will be further explained, none of those circumstances can be taken into consideration in the current situation.

Sections III and IV of article 12 of the BCFI were *not* expressly revoked by article 60 of the BGDPL. This is undeniable. Equally unequivocal is the fact that the BGDPL does *not* entirely regulate the matter provided in the BCFI. Consequently, there would be only the discussion about the third circumstance, concerning the possible incompatibility between these provisions[60].

Nonetheless, there is no such incompatibility. Indeed, the incompatibility between legal provisions presupposes the *simultaneous existence* of two or more conflicting provisions. In the situation under analysis, however, *only the BCFI provisions are in effect.* The BGDPL equivalent provisions simply *never existed* in the Brazilian legal system, because they were vetoed. And *veto does not generate antinomy*[61] as it is a manifestation of *merely suppressive will*[62]. In other words, there is no incompatibility because there are no conflicting provisions *simultaneously* in place. Only article 12 of the BCFI is in effect and it alone should apply to real life situations.

It also makes no difference if the veto encompasses the whole article or just parts of it, as it occurs in the hypothesis under examination:

> Partial revocation may give rise to unusual situations, such as that in which the head (caput) of the article is eliminated, but its paragraph remains in effect. In this case, the rule inscribed in the paragraph is autonomous, since

[60] RAMOS, André de Carvalho and GRAMSTRUP, Erik Frederico. *Comentários à Lei de Introdução às Normas do Direito Brasileiro.* São Paulo: Saraiva, 2016, p. 32-33.

[61] COELHO, Fábio Alexandre. *Lei de Introdução às Normas do Direito Brasileiro*: Comentada. São Paulo: EDIPRO, 2015, p. 32; 50.

[62] CARNEIRO, André Côrrea de Sá. O Veto Parcial no Sistema Constitucional Brasileiro. *Revista E-Legis.* Brasília: Câmara dos Deputados, n. 02, p. 10-14.

its meaning is not inextricably linked to the meaning of the rule set forth in the caput, presenting sufficient independence to be the principal precept.[63]

Concluding this first plea, article 2, paragraph 2, of the Introductory Act to the Rules of Brazilian Legal System establishes that "the new law, which establishes general or special provisions along with those already existing, *does not revoke nor modify* the previous law". It adds that BGDPL, as a special regulation in relation to the BCFI, does not revoke nor modify the latter.

The second ground for the argument is the *theory of the "dialogue des sources"*[64], widely accepted by Brazilian case-law[65], especially when the case under ruling involves the protection of vulnerable groups. By and large, data subjects can be considered vulnerable with regard to processing agents. Therefore, that theory could be applied. And according to it, provisions more protective of the vulnerable group should overlap and apply to current cases, even if provided for in different laws. That is exactly what happens in the situation concerning the sanctions of article 12, III and IV of the BCFI, since they have *no* correspondence in the BGDPL and, therefore, are the only ones in effect providing these specific types of sanctions against processing agents.

A third ground for argumentation, also based on the theory of the "dialogue des sources" refers to the Consumer Protection Code. This code in article 56, VII to X also establishes similar sanctions (but not identical) to those discussed here. Therefore, even if the sanctions provided in the BCFI were not taken into account, the Consumer Protection Code would still provide similar sanctions that could be imposed to agents that illegally process consumers personal data. This reinforces the conclusion that the veto to article 52 sections VII to IX of the BGDPL does *not* forbid the application of the sanctions originally inscribed in these provisions, since they are also provided for in other laws, entirely in effect, such as article 12, III

[63] GOMES, José Jairo. *Lei de Introdução às Normas do Direito Brasileiro*: LINDB. São Paulo: Atlas, 2012, p. 48.

[64] Explaining how this theory is applied in Consumer Protection Law, see: BESSA, Leonardo Roscoe. *Relação de Consumo e Aplicação do Código de Defesa do Consumidor*. 2. ed. São Paulo: Revista dos Tribunais, 2009, p. 104.

[65] BRAZIL. Superior Justice Tribunal. 1st Section, REsp. No. 1,184,765/PA, j. 24.11.2010, Rel. Minister Luiz Fux.; and BRAZIL. Superior Justice Tribunal. 1st Section, REsp. No. 1,272,827/PE - Repetitive Appeal, j. 22.05.2013, Rel. Minister Mauro Campbell Marques.

and IV, of the BCFI and article 56, VII to X, of the Consumer Protection Code. There are also other grounds for this reasoning, but they will not be addressed in order not to lengthen this text.

Everything seemed to lead to the conclusion that, *technically speaking, it is possible to apply the sanctions provided in article 12, III and IV, of the BCFI to unlawful conducts committed after the BGDPL has entered into effect, resulting in temporary suspension or prohibition of activities related to the processing of personal data.* In this case, the *grading* of these sanctions could be made using the parameters contained in article 52, paragraph 1, of BGDPL, which brings an extensive list of criteria for defining a proportional penalty. Another issue – outside the scope of this paper – is to define if applying these sanctions is *desirable* and *proportional*, if it tends to foster or curtail technological development[66].

However, when the final version of the BGDPL seemed stabilized, an unexpected and unpredictable event surprised even the ones that have been following the legislative process. Indeed, in September 2019 the Brazilian National Congress decided to *overrule the vetoes related to the sanctions of suspension or prohibition* of carrying out activities involving data processing. Such an event had a tremendous reverberation in the news. As a consequence of the congressional decision, the aforementioned sanctions should be *reinserted* into the legal text, for all purposes. Therefore, it would be no longer necessary to reason by the BCFI in order to apply these sanctions, since they are now provided in the BGDPL itself. Nevertheless, until the moment we finished writing this article (in September 2019) the Brazilian National Congress *had not yet officially published* any report related to this subject. Moreover, article 52 sections X to XII of the BGDPL remain mentioned in the legal text as "vetoed"[67].

Summing up, the relationship between BCFI and BGDPL is much more complex than it seems at first sight. The two modifications in the BCFI expressly carried out by article 60 of the BGDPL certainly are *not* the only examples of interference from one law in the other. During the upcoming

[66] An example of this discussion was the recent controversy in Brazil about the legality – or even the constitutionality – of suspending the operation of WhatsApp in Brazil, due to the noncompliance with a court order to provide personal data of its users. The Brazilian Supreme Court dismissed this suspension: BRAZIL. Supreme Court. STF, Monocratic Decision, ADPF. No. 403/SE, j. 24.05.2017, Rel. Minister Edson Fachin.

[67] See: BRAZIL. National Congress. Vetoe No. 24/2019. Avaiable at https://www.congressonacional.leg.br/materias/vetos/-/veto/detalhe/12445#. Accessed 30 Sep., 2019.

years, real life situations are likely to challenge legal literature and case-law in order to solve other antinomies. This study anticipated two of these antinomies, even before the BGDPL comes into effect, providing the answers that, in the view of the authors, are the best legal reasoning to solve them.

4. International Aspects: BGDPL vs. GDPR

In an increasingly interconnected world, the processing of personal data usually has, in addition to the domestic dimension, a strong *international component*. Especially in the current generation of data protection laws[68], in which the extraterritorial scope seems to be considered in most of the regulations[69]. It means that the law of a given country, when certain requirements are met, can be applied to controllers and processors located *outside* that country's territory.

[68] On the various generations of data protection laws: TENE, Omer. Privacy Law's Midlife Crisis: A Critical Assessment of the Second Wave of Global Privacy Laws. *Ohio State Law Journal*. Columbus: Moritz College of Law. 74, n. 06, p. 1217-1261, Nov. 2013.
Also: SCHWARTZ, Paul M. The EU-US Privacy Collision: A turn to institutions and procedures. *Harvard Law Review*. Cambridge: Harvard University Press. v. 126, n. 07, p. 1966-2013, May 2013.

[69] DE HERT, Paul; CZERNIAWSKI, Michal. European data protection scope beyond territory: Article 3 of the General Data Protection Regulation in its wider context. *International Data Privacy Law*. Oxford: Oxford University Press. v. 06, n. 03, p. 230-243, Aug. 2016, p. 230. "Jurisdiction based solely on the territoriality principle is becoming less evident in the digital age. Not long ago, processing of personal data seemed easy to understand: a data controller, a data processor, a data subject, and all the means used for data processing operations were usually located in the same country. Processing operations were subject to a single legal regime. (...) In today's world, due to the wide introduction and use of the Internet, the situation has dramatically changed. (...) Technological progress resulted in the processing of EU resident's personal data outside the EU on a scale never seen before."
Also: AZZI, Adèle. The Challenges Faced by the Extraterritorial Scope of the General Data Protection Regulation. *Journal of Intellectual Property, Information Technology and Electronic Commerce Law – JIPITEC*. Göttingen: Universitätsverlag Göttingen. v. 09, n. 02, p. 126-137, Oct. 2018, p. 131; 136. "Regarding data privacy, extraterritorial claims become widespread. (...) In light of the international context and other domestic laws, the extraterritorial scope of the GDPR cannot be considered as an exception. It is part of a global trend to extend the scope of data protection laws to make them reflect the borderless nature of the Internet."
Specifically on the flow of data between the European Union and the United States of America, it is recommended: SCHWARTZ, Paul M.; PEIFER, Karl- Nikolaus. Transatlantic Data Privacy Law. *Georgetown Law Journal*. Washington: Georgetown Law School. v. 106, n. 01, p. 115-179. 2017.

The result is that each controller should be simultaneously compliant with data protection laws from various States, sometimes with conflicting provisions. That is true specially for multinationals in the technological sector, such as Facebook, Google, Microsoft and Apple[70]. One of the main strategies adopted by these companies is to *comply with the most rigorous law* as it increases the *probability*[71] of also being compliant with the milder laws. In such a "legislative race", the European GDPR seems to have achieved prominence, becoming the *de facto* standard for many companies worldwide[72].

Brazil is an example of the GDPR prominence. Indeed, Brazilian general data protection law (BGDPL) provides almost the same rights[73] and grounds for lawful data processing, as well as similar mechanisms for international data transfers. Although the justification attached to the original version of Bill Project No. 4,060/2012 (which later became the current BGDPL) did not expressly mention that aspect, later bills clarified it. For example, the justification attached to the Bill Project No. 5.276/2016 stated that "the debate on privacy and personal data covered by this Bill was also *strongly influenced by the international context*"[74].

[70] Even though the extraterritoriality is not confined exclusively to such companies. On the contrary, the extraterritoriality of current data protection laws reaches entrepreneurs of the most varied economic sectors and sizes.

[71] *Probability* but not *certainty:* SVANTESSON, Dan Jerker B. European Union Claims of Jurisdiction over the Internet: An Analysis of Three Recent Key Developments. Journal of Intellectual Property, Information Technology and Electronic Commerce Law – JIPITEC. Göttingen: Universitätsverlag Göttingen. v. 09, n. 02, p. 01-18, Oct. 2018, p. 06. "(...) while the EU's GDPR may be the strictest data protection regime as a whole, those who assume that compliance with the GDPR automatically ensures compliance with all other data protection schemes will soon be subject to a rude awakening."

[72] LYNSKEY, Orla. *The Foundations of US Data Protection Law.* Oxford: Oxford University Press, 2015, p. 41. "Data protection is one of the rare fields in which the EU could be said to exercise global regulatory supremacy; the EU rules have now been used as a blueprint for regulatory regimes across the Western world."

[73] Interestingly, one of the only rights of the data subjects established in the GDPR that was *not* foreseen in the BGDPL is the *right to be forgotten* (or, in the expression that seems technically more correct, *right to oblivion*). This occurred much more for political reasons than technical and legal. Another difference is the fact that the human review of automated decisions (*human in the loop*) was *removed* from BGDPL by the Brazilian Provisory Measure No. 869/2018.

[74] BRAZIL. Câmara dos Deputados. *Projeto de Lei nº 5.276/2016.* Available at http://www.camara.gov.br/proposicoesWeb/fichadetramitacao?idProposicao=2084378. Accessed 08 Dec., 2018.

Consequently, it is useful to briefly compare the GDPR and BGDPL, relating to the two subjects studied in the previous section: 1) how to obtain the subject's consent to the processing of their personal data; and 2) sanctions applicable to controllers and processors in case of non-compliance with legal provisions.

The provisions to be compared are the following:

GDPR	BGDPL
Article 4. Definitions For the purposes of this Regulation: (...) **(11) 'consent'** of the data subject means any freely given, specific, informed and *unambiguous* indication of the data subject's wishes by which he or she, *by a statement or by a clear affirmative action*, signifies agreement to the processing of personal data relating to him or her; **Article 83. General conditions for the imposition of fines** (...) **4.** Infringements of the following provisions shall, in accordance with paragraph 2, be subject to administrative fines *up to 10,000,000 EUR*, or in the case of an undertaking, *up to 2 % of the total worldwide annual turnover of the preceding financial year*, whichever is higher: (...) **5.** Infringements of the following provisions shall, in accordance with paragraph 2, be subject to administrative fines *up to 20,000,000 EUR*, or in the case of an undertaking, *up to 4 % of the total worldwide annual turnover of the preceding financial year*, whichever is higher: (...) **Article 84. Penalties** **1.** *Member States shall lay down the rules on other penalties applicable* to infringements of this Regulation in particular for infringements which are not subject to administrative fines pursuant to Article 83, and shall take all measures necessary to ensure that they are implemented. *Such penalties shall be effective, proportionate and dissuasive.*	**Article 5.** For purposes of this Law, the following definitions apply: (...) **XII – consent:** free, informed and *unambiguous* manifestation whereby the data subject agrees to her/his processing of personal data for a given purpose; **Art. 52.** *Data processing agents* that commit infractions of the rules provided in this Law *are subject to the following administrative sanctions*, to be applied by the national authority: I – *warning*, with an indication of the time period for adopting corrective measures; II – *simple fine of up to two percent (2%) of a private legal entity's, group or conglomerate revenues in Brazil*, for the prior financial year, excluding taxes, *up to a total maximum of fifty million reais (R$ 50,000,000.00) per infraction*; III – *daily fine*, subject to the total maximum referred to in Item II; IV – *publicizing of the infraction* once it has been duly ascertained and its occurrence has been confirmed; V – *blocking of the personal data* to which the infraction refers to until its regularization; VI – *deletion of the personal data* to which the infraction refers to; VII – (VETOED); VIII – (VETOED); and IX – (VETOED); X – (VETOED); XI – (VETOED); XII – (VETOED). (...)

Regarding the *data subject's consent,* both the GDPR and BGDPL have similar wording. On both the consent must be free, informed, for specific and unambiguous purpose. The GDPR only adds that solely the consent resulting from affirmative conducts of the data subject can be considered unequivocal. That is, mere omission or silence does not entail valid consent. This also applies to the BGDPL through the systematic interpretation of that act, although it is not expressed in its text.

Regarding the *sanctions,* however, there are several differences. Firstly, the GDPR simple fine can reach up to *4% of the total turnover* of the offender, *worldwide, limited to 20 million euros.* That sum is much higher than the limit established in the BGDPL, which not only considers as basis for calculation only the revenue of the offender *in Brazil,* but also caps it to *R$ 50 million* per infraction (approximately *11,6 million Euro,* given the hypothetical rate around 1 Euro = R$ 4.30). In fact, the high amount of the fines is one of the reasons that led the GDPR to achieve a worldwide prominence.

Moreover, only the BGDPL foresees four sorts of penalties: daily fines, publicizing of the infraction, besides blocking and/or deletion of the personal data, all of which do not find correspondence in GDPR. The European regulation delegates to the Member States powers to define other sanctions, through their internal legislation, as long as these new types of sanctions are effective and proportionate. Nevertheless, this delegation of powers can become a problem. After all, there is the risk of returning, at least in part, to the previous scenario, under Directive 1995/46/EC, where the multiplicity of national laws, often conflicting, jeopardized the harmony of the European data protection system as a whole[75].

Another interesting question: would it be possible for national data protection authorities to administratively impose any of these sanctions, provided neither in the GDPR nor in the internal regulations of a given country, solely on the basis of the agency's policy powers? Although this question triggers a lot of thoughts and interesting discussions, this paper will not deepen on the matter, as it should be the subject of a different study.

[75] See: CHEN, Jiahong. How the best-laid plans go awry: the (unsolved) issues of applicable law in the General Data Protection Regulation. *International Data Privacy Law.* Oxford: Oxford University Press, v. 06, n. 04, p. 310-323, Nov. 2016, p. 315.

For now, it is enough to highlight that the BGDPL was based on the GDPR. So much so that among the two aspects of this study, one of them (consent) is very similar – and functionally identical – in both. Contrarily, there are differences concerning the second aspect (administrative sanctions), since the BGDPL chose to provide a list of them, whereas the GDPR just provided the simple fine, granting each Member State powers to regulate further penalties within its territory, by means of national laws. With the risk of conflicts and discussions mentioned above.

These and other small differences between Brazilian GDPL and European GDPR will not prevent Brazil from getting international recognition after the BGDPL entries into effect, as a country that ensures an adequate level of protection for the processing of personal data. Indeed, in some provisions the Brazilian legislation is even more protective of data subjects than GDPR itself.

Conclusion

The need to create new acts to adapt Brazilian's legal system to the claims and challenges arising from technological developments has been discussed since the beginning of this century. Especially after the rapid expansion of the internet. The intention was to have three structural and interrelated laws, which should be understood and applied systemically: 1) Reform of the current Brazilian Copyright Law, in effect since the 1990s; 2) The Creation of the Brazilian Civil Framework of the Internet to regulate rights and duties of users and internet service providers; and 3) The Creation of a General Law for the Protection of Personal Data, inspired by the European GDPR.

To ensure that the new system would perform smoothly and with cohesion, the legislative plan was to enact these three laws concurrently. However, these three laws have had troubled legislative processes, conducted in different ways and very much influenced by external factors. As a result, the BCFI was published in 2014, the BGDPL in 2018 and the reform of the BCL has not yet been completed.

This temporal misalignment has led to some antinomies between the BCFI and the BGDPL. This text analysed two of them, regarding: 1) the proper way of obtaining the consent of data subjects; and 2) the administrative sanctions applicable to controllers and processors in case of non-compliance with the law.

The study sought to provide the interpretation which, in the view of the authors, is the most technical one to harmonize the legal provisions and to avoid negative results.

It is undisputed that the enactment of the BGDPL was a ground-breaking event for the country, celebrated not only by the legal market but also by companies from the most diverse sectors, by academics and internet activists. It surely has many more pros than cons. To start with the fact that it allowed Brazil to finally join the group of countries with a specific and comprehensive legislation on personal data protection, a matter of increasingly relevance in both the international and domestic levels.

Therefore, the analysis of antinomies carried out in this text is not intended to diminish the merits of the BGDPL (and the professionals that have worked hard for it), but to *contribute* to hone its application, giving legal certainty to all the players.

In the upcoming years, it is expected that the newly created National Data Protection Authority – ANPD uses the BGDPL long period of *vacatio legis* to edit rules and recommendations to clarify some legal provisions, helping Brazils consolidation as a nation internationally recognized for ensuring adequate level of protection for the processing of personal data. This paper was a small piece of contribution to the debate.

References

ARGENTINA. Presidencia de la Nación. *Mensage de Ley n. 147, de 19 de Septiembre de 2018.* Available at https://www.argentina.gob.ar/noticias/proteccion-de-datos-personales--al-congreso. Accessed 26 Dec., 2018.

AZZI, Adèle. The Challenges Faced by the Extraterritorial Scope of the General Data Protection Regulation. *Journal of Intellectual Property, Information Technology and Electronic Commerce Law – JIPITEC.* Göttingen: Universitätsverlag Göttingen. v. 09, n. 02, p. 126-137, Oct. 2018.

BESSA, Leonardo Roscoe. *Relação de Consumo e Aplicação do Código de Defesa do Consumidor.* 2. ed. São Paulo: Revista dos Tribunais, 2009.

BIONI, Bruno Ricardo. *Proteção de Dados Pessoais: A Função e os Limites do Consentimento.* Rio de Janeiro: Forense, 2018.

GOMES, Orlando. *Contratos.* 19. ed. Rio de Janeiro: Forense, 1999.

BIONI, Bruno Ricardo; LIMA, Cíntia Rosa Pereira de. A Proteção dos Dados Pessoais na Fase de Coleta: Apontamentos sobre a adjetivação do consentimento implementada pelo artigo 7, incisos VIII e IX do Marco Civil da Internet a partir da Human Computer Interaction e da Privacy By Default. *In:* DE LUCCA, Newton; SIMÃO FILHO, Adalberto; LIMA, Cíntia Rosa Pereira de (Coord.). *Direito & Internet III:* Marco Civil da Internet – Lei nº 12.965/2014. Tomo I. São Paulo: Quartier Latin, 2015.

BOBBIO, Norberto. *Da Estrutura à Função:* Novos Estudos de Teoria do Direito. Translation: Daniela Beccaccia Versiani. Barueri: Manole, 2007.

______. *Teoria do Ordenamento Jurídico.* 10. ed. Brasília: Universidade de Brasília, 1999.

BRAZIL. Câmara dos Deputados. *Consulta pública será base para projeto de lei sobre proteção de dados pessoais.* Available at http://www2.camara.leg.br/camaranoticias/noticias/administracao-publica/ 480920-consultation-publica-sera-base-for-project-of-law-on-protection-of-personal-data. html. Accessed 14 Jan., 2019.

______. *Projeto de Lei n. 3.133/2012.* Available at http://www.camara.gov.br/proposicoesWeb/fichadetramitacao?idProposicao=534039. Accessed 05 Jan., 2019.

______. *Projeto de Lei n. 4.072/2012.* Available at http://www.camara.gov.br/proposicoesWeb/fichadetramitacao?idProposicao=548155. Accessed 05 Jan., 2019.

______. *Projeto de Lei n. 84/1999.* Available at https://www.camara.gov.br/proposicoesWeb/fichadetramitacao?idProposicao=15028#portlet-navigation-tree. Accessed 28 Oct., 2018.

______. Projeto de Lei nº 2.126/2011. Available at https://www.camara.gov.br/proposicoesWeb/fichadetramitacao?idProposicao=517255. Accessed 28 Oct., 2018.

______. *Projeto de Lei nº 5.276/2016.* Available at http://www.camara.gov.br/proposicoesWeb/fichadetramitacao?idProposicao=2084378. Accessed 08 Dec., 2018.

BRAZIL. Federal Senate. *Atividade Legislativa:* Projeto de Lei da Câmara nº 53, de 2018. Available at https://www25.senado.leg.br/web/atividade/materias/-/materia/133486. Accessed 28 Oct., 2018.

______. Marco Civil da Internet foi reação brasileira a denúncias de Snowden Available at https://www12.senado.leg.br/emdiscussao/edicoes/espionagem-cibernetica/proposal-suppliers-want-intelligence-forte/marco-civil-da-internet-foi-reacao-brasileira-en-uniquidades- of-snowden. Accessed 28 Oct., 2018.

______. Senate Bill No. 330/2013. Available at https://www25.senado.leg.br/web/atividade/materias/-/materia/113947. Accessed 08 Dec. 2018.

BRAZIL. Ministério da Justiça. Marco Civil da Internet. Available at http://www.justica.gov.br/seus-direitos/elaboracao-legislativa/participacao-social/marco-civil. Accessed 28 Oct., 2018.

______. *Proteção de Dados Pessoais.* Available at http://pensando.mj.gov.br/dadospersonal/. Accessed 03 Dec., 2018.

BRAZIL. Ministério da Cultura. *Consulta Termina, Diálogo Continua* (1st Sep., 2010). Available at http://www2.cultura.gov.br/consultadireitoautoral/tag/forum-nacional-de-direito-autoral/. Accessed 05 Jan., 2019.

BRAZIL. National Congress. Law Nº 12,965 (Civil Framework of the Internet). Brasilia: 23 Apr. 2014.

______. Law Nº 13,709 (General Law on Data Protection). Brasília: 14 Aug., 2018.

______. Law Nº 9.610 (Copyright Law). Brasília: 19 Feb., 1998.

BRAZIL. Presidency of the Republic. *Mensagem de Veto n. 451/2018.* Available at http://www.planalto.gov.br/ccivil_03/_Ato2015-2018/2018/Msg/VEP/VEP-451.htm. Accessed 07 Dec., 2018.

BRAZIL. Rede Nacional de Pesquisa – RNP. *Nossa História.* Available at https://www.rnp.br/institucional/nossa-historia. Accessed 05 Jan., 2019.

BRAZIL. Superior Justice Tribunal. 3rd T., REsp. No. 1,229,335/SP, j. 17.04.2012, Rel. Minister Nancy Andrighi.

______. 1st Section, REsp. No. 1,184,765/PA, j. 24.11.2010, Rel. Minister Luiz Fux.

______. 1st Section, REsp. No. 1,272,827/PE - Repetitive Appeal, j. 22.05.2013, Rel. Minister Mauro Campbell Marques.

______. 1st T., REsp 1,153,083/MT, j. 06.11.2014, Rel. orig. Minister Sérgio Kukina, Rel. Minister Helena Costa.

______. 1st T., REsp nº 1,605,661/MG, j. 25.05.2017, Rel. Minister Benedito Gonçalves.

______. 1st T., RMS No. 37,031/SP, j. 08.02.2018, Rel. Minister Regina Helena Costa.

______. 3rd Section, AR. No. 1,304/RJ, j. 14.05.2008, Rel. orig. Minister Maria Thereza de Assis Moura, Rel. Minister Napoleão Nunes Maia Filho.

______. 3rd T., REsp. No. 1,135,824/MG, j. 21.09.2010, Rel. Minister Nancy Andrighi.

______. 3rd T., REsp. No. 1,352,426/GO, j. 05.05.2015, Rel. Minister Moura Ribeiro.

BRAZIL. Supreme Court. STF, Monocratic Decision, ADPF. No. 403/SE, j. 24.05.2017, Rel. Minister Edson Fachin.

CANADA. Office of the Privacy Commissioner of Canada. *Guidelines for obtaining meaningful consent.* Available at https://www.priv.gc.ca/en/privacy-topics/collecting-personal-information/consent/gl_omc_201805/. Accessed 06 Jan., 2019.

CARNEIRO, André Côrrea de Sá. O Veto Parcial no Sistema Constitucional Brasileiro. *Revista E-Legis.* Brasília: Câmara dos Deputados, n. 02.

CASTELLS, Manuel. *La Galaxia Internet.* Translation: Raúl Quintana. Barcelona: Plaza & Janés Editores, 2001.

CHAVES, Antônio. Direito de Autor: Apanhado Histórico. Legislação Brasileira de Caráter Interno. *Revista da Faculdade de Direito. Universidade de São Paulo*: São Paulo, 1985. v. 80, p. 284-303. Available at http://www.revistas.usp.br/rfdusp/article/view/67055. Accessed 05 Jan., 2019.

CHEN, Jiahong. How the best-laid plans go awry: the (unsolved) issues of applicable law in the General Data Protection Regulation. *International Data Privacy Law.* Oxford: Oxford University Press, v. 06, n. 04, p. 310-323, Nov. 2016.

COELHO, Fábio Alexandre. *Lei de Introdução às Normas do Direito Brasileiro:* Comentada. São Paulo: EDIPRO, 2015.

CRUZ, Francisco Carvalho de Brito. *Direito, Democracia e Cultura Digital*: A experiência de elaboração legislativa do Marco Civil da Internet. 2015. 138 f. Dissertation (Master in Philosophy and General Theory of Law) – Faculty of Law, University of São Paulo, São Paulo, 2015.

DE HERT, Paul; CZERNIAWSKI, Michal. European data protection scope beyond territory: Article 3 of the General Data Protection Regulation in its wider context. *International Data Privacy Law.* Oxford: Oxford University Press. v. 06, n. 03, p. 230-243, Aug. 2016.

DELLIS, Georges. *Drot Pénal et Drot Administratif:* L'influence des Principes du Droit Pénal sur le Droit Administratif Répressif. Paris: LGDJ, 1997.

DIAS, Guilherme Ataíde *et al.* Modernização da Lei de Direito Autoral: Transformações Evidentes nas Limitações aos Direitos Autorais. *Revista do Mestrado Profissional Gestão em Organizações Aprendentes (MPGOA).* Universidade Federal da Paraíba: João Pessoa, 2012, v. 01, n. 01, p. 33-47. Available at http://www.periodicos.ufpb.br/ojs/index.php/mpgoa/article/view/160 67/9191. Accessed 05 Jan., 2019.

EUROPEAN UNION. *European Data Protection Board. Opinion 5/2019 on the interplay between the ePrivacy Directive and the GDPR, in particular regarding the competence, tasks and powers of data protection authorities.* Brussels: 12 Mar., 2019. Available at <https://edpb.europa.eu/sites/edpb/files/files/file1/201905_edpb_opinion_eprivacydir_gdpr_interplay_en_0.pdf>. Accessed 25 Mar., 2019.

EUROPEAN UNION. European Parliament. *Copyright in the Digital Single Market: Amendments adopted by the European Parliament on 12 September 2018 on the proposal for a directive of the European Parliament and of the Council on copyright in the Digital Single Market* (COM (2016) 0593 – C8-0383 / 2016 – 2016/0280 (COD)). Available at http://www.europarl.europa.eu/sides/getDoc.do?pubRef=-//EP//NONSGML+TA+P8-TA-2018-0337+0+-DOC+PDF+V0//EN. Accessed 08 Jan., 2019;

EUROPEAN UNION. European Parliament. Regulation No. 2016/679/EC. Brussels: 27 Apr., 2016. Available at <https://eur-lex.europa.eu/legal-content/EN/TXT/?qid=1528874672298&uri=CELEX%3A32 016R0679>. Accessed 13 Jul., 2018.

FRANÇA, Rubens Limongi. *A Irretroatividade das Leis e o Direito Adquirido.* 6. ed. São Paulo: Saraiva, 2000.

GIL, Gilberto. *Opening Speech of the National Copyright Forum* (05 Dec., 2007). Available at http://www2.cultura.gov.br/consultadireitoautoral/2007/12/05/discurso-de-abertura-do-forum-nacional-de-direito-autoral-ministro-gilberto-gil/. Accessed 05 Jan., 2019.

GOMES, José Jairo. *Lei de Introdução às Normas do Direito Brasileiro*: LINDB. São Paulo: Atlas, 2012.

GRAU, Eros Roberto, FORGIONI, Paula A. CADE vs. BACEN: Conflitos de competência entre autarquias e a função da Advocacia-Geral da União. *Revista de Direito Mercantil, Industrial, Econômico e Financeiro.* São Paulo: Malheiros, year XLIII, n. 135, fls. 7-25, jul./sep., 2004.

LEMOS, Ronaldo. Uma Breve História da Criação do Marco Civil. *In:* DE LUCCA, Newton; SIMÃO FILHO, Adalberto; LIMA, Cíntia Rosa Pereira de (Coord.). *Direito & Internet III*: Marco Civil da Internet – Lei nº 12.965/2014. São Paulo: Quartier Latin, 2015. t. I, p. 23-79.

LESSIG, Lawrence. The Law of the Horse: What Cyberlaw Might Teach. *Harvard Law Review.* Cambridge: Harvard University Press, vol. 113, n. 01, p. 501-546, Apr. 1999.

LYNSKEY, Orla. *The Foundations of US Data Protection Law.* Oxford: Oxford University Press, 2015.

MONTEIRO, Renato Leite. *Lei Geral de Proteção de Dados do Brasil:* Análise Contextual Detalhada. JOTA (14 Jul., 2018). Available at https://www.jota.info/opiniao-e-analise/colunas/agenda-de-privacidad-e-da-proteca-de-dados/BGDPL-analysis-14072018. Accessed 29 Oct., 2018.

MORATO, Antônio Carlos; MORAES, Rodrigo. Breve Crônica dos Riscos de uma Lei Criada sob o Signo da Hostilidade à Criação Intelectual. *In:* DEL MASSO, Fabiano; ABRUSIO, Juliana; FLORÊNCIO FILHO, Marco Aurélio (Coord.). *Marco Civil da Internet:* Lei 12.965/2014. São Paulo: Revista dos Tribunais, 2014.

OSORIO, Fábio Medina. *Direito Administrativo Sancionador.* 5. ed. São Paulo: Revista dos Tribunais, 2015.

RAMOS, André de Carvalho and GRAMSTRUP, Erik Frederico. *Comentários à Lei de Introdução às Normas do Direito Brasileiro.* São Paulo: Saraiva, 2016.

RAMOS, Elival da Silva. *Ativismo Judicial:* Parâmetros Dogmáticos. 2. ed. São Paulo: Saraiva, 2015.

REALE, Miguel. *Exposição de Motivos do Anteprojeto de Código Civil.* 16 Jan., 1975.

SCHWARTZ, Paul M. The EU-US Privacy Collision: A turn to institutions and procedures. *Harvard Law Review.* Cambridge: Harvard University Press. v. 126, n. 07, p. 1966-2013, May 2013.

SCHWARTZ, Paul M.; PEIFER, Karl- Nikolaus. Transatlantic Data Privacy Law. *Georgetown Law Journal.* Washington: Georgetown Law School. v. 106, n. 01, p. 115-179. 2017.

SILVA, Cláudia et al. A Rede Nacional de Ensino e Pesquisa – RNP e o Marco Civil da Internet – MCI. Position Paper. Rede Nacional de Ensino e Pesquisa: Rio de Janeiro, 2018. Available at https://www.rnp.br/sites/default/files/artigo_-_a_rnp_e_o_marco_civil_da_internet.pdf. Accessed 05 Jan., 2019.

SOLAGNA, Fabricio. *A Formulação da Agenda e o ativismo em Torno do Marco Civil da Internet.* 2015. 199 f. Dissertation (Masters in Sociology) – Instituto de Filosofia e Ciências Humanas, Universidade Federal do Rio Grande do Sul, Porto Alegre, 2015.

SOUZA, Carlos Affonso Pereira de; LEMOS, Ronaldo. *Marco Civil da Internet: Construção e Aplicação.* Juiz de Fora: Editar, 2016.

SVANTESSON, Dan Jerker B. European Union Claims of Jurisdiction over the Internet: An Analysis of Three Recent Key Developments. Journal of Intellectual Property, Information Technology and Electronic Commerce Law – JIPITEC. Göttingen: Universitätsverlag Göttingen. v. 09, n. 02, p. 01-18, Oct. 2018.

TARELLO, Giovanni. *Trattato di Diritto Civile e Commerciale:* L'interpretazione della legge. Milano: Giuffre, 1980. v. I. t. 2.

TENE, Omer. Privacy Law's Midlife Crisis: A Critical Assessment of the Second Wave of Global Privacy Laws. *Ohio State Law Journal.* Columbus: Moritz College of Law. 74, n. 06, p. 1217-1261, Nov. 2013.

TRABUCCHI, Alberto. *Istituzioni di Diritto Civile.* 42. ed. Padova: CEDAM, 2005.

VALENTE, Mariana Giorgetti; MIZUKAMI, Pedro Nicoletti. *Copyright Week:* O que aconteceu com a Reforma do Direito Autoral no Brasil? (18 Jan., 2014). Available at https://creativecommons.org/copyright-week-en/. Accessed 05 Jan., 2019.

VARGAS, Joseph Israel. A Informação e as Redes Eletrônicas. *Revista Ciência da Informação. Instituto Brasileiro de Informação em Ciência e Tecnologia (IBICT):* Brasília, 1994, v. 23, n. 01. Available at http://revista.ibict.br/ciinf/article/view/562/562. Accessed 05 Jan., 2019.